信息检索与利用

主　编　刘双魁
副主编　曾丽霞

东南大学出版社
·南京·

图书在版编目(CIP)数据

信息检索与利用 / 刘双魁主编 . —南京：东南大学出版社，2010.8(2015.3 重印)

ISBN 978－7－5641－2365－9

Ⅰ.①信… Ⅱ.①刘… Ⅲ.①情报检索－高等学校－教学参考资料 Ⅳ.①G252.7

中国版本图书馆 CIP 数据核字(2010)第 152633 号

出版发行 东南大学出版社
社　　址 南京市四牌楼 2 号(邮编:210096)
出 版 人 江建中
印　　刷 常州市武进第三印刷有限公司
开　　本 787mm×1092mm 1/16
印　　张 17.75
字　　数 443 千字
版　　次 2010 年 8 月第 1 版
印　　次 2015 年 3 月第 5 次印刷
书　　号 ISBN 978－7－5641－2365－9
定　　价 35.00 元

前　言

自 1984 年 2 月教育部印发《关于在高等学校开设文献检索与利用课的意见》以来，高校文献检索课的发展经历了从讲座、公共选修课、选修课到必修课的过程。1998 年，教育部颁发《普通高等学校本科专业目录和专业介绍》，正式将文献检索课教学纳入高校绝大多数专业的正常教学轨道，像大学英语、大学计算机教育一样，成为大学的一门公共基础课程。

信息素质是现代人才的必备条件之一。具有信息素质的人，必须具有一种能够充分认识到何时需要信息，有效地发现、检索、评价和利用所需要的信息，并用之来解决当前存在问题的能力。信息素质主要包括信息意识、信息知识、信息道德、信息能力。这些实质上就是文献检索课教学的目的和内容。有鉴于此，2002 年 1 月，教育部高等学校图书情报工作指导委员会将文献检索课教学研讨会更名为"信息素质教育学术研讨会"，正式确认文献检索课教学其实质就是信息素质教育，是大学生素质教育的一个重要组成部分。这是文献检索课教学发展史上的一个新的重要里程碑。

随着现代技术的不断发展，信息资源数量增长飞快，类型繁多、文种复杂，内容重复、交叉分散，寿命缩短、更新加快，传播速度加快等等，这些给我们的信息检索和利用带来了巨大的挑战。编写一部既能适应当前信息数字化、网络化、超媒体化的发展趋势，又能兼顾传统、现代，而且自成体系的教材，已成为当务之急。本书试图就此作一尝试。

本书由苏州科技学院、苏州职业大学图书馆几位具有多年文献检索教学和检索实践经验的老师编写。全书共分为 10 章，第 1～2 章是基础理论知识，第 3～8 章是信息检索与实践，第 9～10 章是信息及检索的具体应用。全书结构清晰、条理分明、材料翔实，将理论与实践、传统与现代信息检索有机地融合在一起，是高校师生员工及科研人员的教学参考书。

本书第 1 章由曾丽霞撰写；第 2 章、第 3 章由陈钰撰写；第 4 章、第 6 章由刘双魁撰写；第 5 章由宋晓辉、陈钰共同撰写；第 7 章、第 8 章、第 9 章、第 10 章由张学梅撰写。全书由刘双魁策划，刘双魁、曾丽霞统稿。

本书在编写过程中参考了大量相关的文献资料，除在书后所附参考文献中列出之外，限于篇幅等原因，尚有少数未予著录。在此，谨向所有参考文献的作者表示诚挚的感谢。

信息瞬息万变，加之时间匆促、编者水平有限，书中谬误及疏漏之处，恳请方家批评指正。

编者

2010.5

目　　录

1 信息检索

1.1 信息概述

1.1.1 信息的概念

信息看不见也摸不着，它似乎与一切实有的存在都不同，但人们却越来越意识到信息的重要性。我们可以认为人类社会是沿着信息不断膨胀的轨迹向前发展、延伸着。信息量小、传播效率低的社会，发展速度缓慢；而信息量大、传播效率高的社会，发展速度就快。信息是社会进步的巨大推动力，信息的爆炸，使人类社会加速向前迈进。传统的信息传播形式正在发生变化，这种变化是深刻的。人们每天都从电视、收音机、电话、报纸、图书、杂志、电脑等各种媒体上接收大量的信息，我们现在一天中所获得的信息也许比我们的祖先一生中所获得的信息还要多。信息的高速传播促进科技的发展，而科技的发展又为信息的传播提供了全新的手段。电脑及光导纤维等的出现，最终导致了一个全球网络化时代的到来，从而使信息的传播从自然王国进入了自由王国。

现代社会正在从后工业化社会向信息化社会过渡，信息包围着我们的生活。在自然界、人类社会以及人类思维活动中，从日常生活到科学研究，信息和一切客观事物一样，无处不在、无时不有，在社会各个角落都能听到“信息”二字，“信息”成为当今世界使用频率最高、最时髦的词语之一。

那么，究竟什么是信息？“信息”一词有着很悠久的历史，早在两千多年前的西汉，即有“信”字的出现。“信”常可作消息来理解。作为日常用语，“信息”通常是指“音讯、消息”的意思。《辞源》(1989 年版)对信息的解释为：① 音讯，消息。② 通信系统传输和处理的对象，泛指消息和信号的具体内容和意义，通常需通过处理和分析来提取。这里将“信息”界定为：音讯、消息、信号的具体内容和意义。南唐李中《暮春怀故人》诗曰：“梦断美人沉信息，目穿长路倚楼台。”宋朝陈亮《梅花》诗：“欲传春信息，不怕雪埋藏。”其中的“信息”即为此意。在《说文解字》中，“信”的原意为“诚也，从人，从言”；“息”的原意为“喘也，从心从自”，即：尽管听人所言，还须自心体会。1948 年，美国数学家、信息论的创始人申农在题为“通讯的数学理论”的论文中指出：“信息是能够用来消除不确定性的东西。”同年，美国著名数学家、控制论的创始人维纳在《控制论》一书中指出：“信息就是信息，不是物质也不是能量。”我国信息理论界的学者周怀珍认为：“信息是物质和能量在空间和时间中分配的不均匀程度。”中国情报学专家严怡民教授在《情报学概论》一书中，将“信息”定义为：“生物以及具有自动控制系统的机器，通过感觉器官和相应的设备与外界进行交换的一切内容。”我国图书馆学界的一种观点认为：“信息不是事物的本身，而是由事物发出的消息、情报、指令、数据、信号等当中所包含的内容。”还有一种观点为：“信息是用文字、符号、图案、声音、数据、信号等形式，通过一定的载体或技术传递和处理来表现各种相互联系的客观事物在运动变化中所具有的特征内容的总称。”

以上种种观点都在一定程度上对信息的本质有所揭示，却都没有给信息一个明确的定义，但从人们对信息的认识中可以概括出信息的一些最基本的内核。第一，信息的内容是客观的，即信息得以产生的基础是客观的，是不以人们的意志为转移的；第二，信息的形式是主观的，即信息是人们对客观事物的认知，是通过人们对客观事物的判断、推理而形成的；第三，信息是一切物质的基本属性，任何物质都可以成为信息源，任何物质都可以产生信息，任何物质的运动过程都离不开信息的运动过程。从信息的基本内核来看，信息是物质的一种存在方式或状态，以及这种方式、状态的直接或间接的显示或表征。信息是事物本质、特征和运动规律的反映，它与事物同在，存在于整个自然界和人类社会。信息、物质和能量是构成客观世界的三个基本要素。

1.1.2 信息、知识、文献、情报的关系

1. 文献

信息本身是看不见的，要使存在于客观世界的信息保留下来并加以传播和利用，就必须使信息依附在某种载体上，文献就是这种依附于载体的信息的主要表现形式。

文献的概念有一个发展变化的过程。“文献”一词最早见于《论语·八佾》：“子曰：‘夏礼，吾能言之，杞不足徵也；殷礼，吾能言之，宋不足徵也。文献不足故也。足，则吾能徵之矣。’”汉代郑玄：“献，犹贤也，吾不以礼成之者，以此二国之君，文章贤才不足故也。”（何晏《论语集解·引》）宋代朱熹注：“文，典籍；献，贤也。”（《四书章句集注》）郑玄、朱熹之说大体一致。所谓文，指文章、典籍；所谓献，指贤人、贤才，自然亦包括他们所掌握的口耳相传的资料。明代以后，人们所指的文献，通常是指有参考价值的图书资料，如我国历史上规模最大的类书《永乐大典》，最初取名为“文献大成”。我国 1983 年颁布的《中华人民共和国国家标准·文献著录总则》中对“文献”的定义为“记录有知识的一切载体”。这个定义揭示了文献所包含的知识内容、信息符号、载体材料和记录方式 4 个基本要素。其中，知识内容是文献的灵魂所在，没有知识的任何载体是不能称之为文献的；信息符号是用以揭示和表达知识信息的标识符号，如文字、图像、符号、声频、视频、代码等；载体材料是可供记录信息符号的物质材料，如龟甲、兽骨、青铜器、竹帛、纸张、感光材料和磁性材料等；记录方式包括印刷、复印、篆刻、翻拍、录制等。将知识信息内容与载体统一称为文献。

由于文献信息符号、载体材料和记录方式的不同，文献的表现形式也不同，从古老的甲骨文、碑刻、竹简、帛书、纸质书刊到现代的电子图书、电子报刊、数据库等都是文献。

2. 知识

知识是日常生活的中心组成部分，哲学家、社会科学家和历史学家等对知识的确切定义都有着极大的兴趣。Purser & Pasmore 认为要精确地定义知识是非常困难的，但若无法回答知识是什么，将难以设计能产生更多知识及有效利用知识的组织。因此，他们将知识定义为：“用以制定决策的事实、模式、基模、概念、意见及直觉的集合体。”日本学者田中郁次郎则认为：知识是一种多元的概念，具有多层次的意义。知识牵涉到信仰、承诺与行动等，可分为内隐与外显知识。台湾图书馆学专家何光国教授认为，知识是：① 经验累积的记录；② 事实组织的系统化；③ 对事实的理解；④ 一种理解的行为或状态；⑤ 人的已知和未知。上述

对知识的论述可概括为:知识是抽象的,是传达概念的一种形式。

《辞海》(1999 年版)将“知识”定义为:“知识是人类认识的成果或结晶。”知识是人类在认识和改造世界的社会实践中获得的对客观事物本质和运动规律的认识,是人的大脑通过思维重新组合和系统化了的信息。知识必须具备 3 个特征:被证实的、真的、被相信的。

知识可分为理性知识和感性知识。理性知识是人们对客观事物本质和规律性的认识,是经过思维、逻辑加工的知识,构成知识体系;感性知识是对客观事物的描述和对现象、事实的感知,是未经逻辑加工的知识。因此人类不仅要通过信息感知世界、认识世界和改造世界,还要根据获得的信息组成知识。由此可见,知识是信息中最有价值的部分,知识一经产生,就以声像信息、实物信息、文献信息等形式加以传播。但信息能否转化为知识,转化得是否充分、完整,则完全因人而异,主要取决于信息接受方的认知能力。

3. 情报

什么是情报,学术界看法很不一致,至今没有定论。情报活动最早产生于军事领域。《辞源》(1915 年版)将情报定义为:“军中集种种报告,并预见之机兆,定敌情如何,而报于上官者。”《辞海》(1939 年版)解释为:“战时关于敌情之报告,曰情报。”

20 世纪中叶,情报的概念扩展到科技领域,苏联和西方科技情报工作的基本知识传入我国,“information”译为“情报”而流传我国(来自日语“情报”)。《辞海》(1979 年版)将情报定义修正为:① 以侦察手段或其他方法获得的关于敌人军事、政治、经济等各方面的情况,以及对这些情况进行分析研究的成果,是军事行动的重要依据之一;② 泛指一切最新的情况通报。《现代汉语词典》(1979 年版)定义情报为“关于某种情况的消息和报告,多带有机密性质”。《语言大典》(1990 年版)将情报定义为:① 关于某种情况的消息和报告,多带有机密性质;② 由别人传达得到的知识,或从调查、学习或教育中得到的知识;③ 已获得的敌方军事、政治、经济、科学技术、地理等方面的情况。

1989 年版《社会科学大词典》对情报如此表述:“关于情报的概念,目前有几十种看法,尚未取得一致的意见,但从中可以提出某些共同点,即它是传递中的、特定用户所需要的、原先未知的、必要的知识。传递性、效用性和知识性是情报的三个基本属性。”情报的知识性,是指情报的本质就是知识,但并不是所有的知识都是情报,只有经过筛选、加工为用户所需的知识才成为情报;情报的传递性,是指知识要转化为情报必须经过交流传递,并被用户接受或利用;情报的效用性,是指情报如果失去了它的时效性,不能有针对性地解决某一特定的问题,那么,这种陈旧的知识也就不能被称为情报。

4. 信息、知识、文献、情报的关系

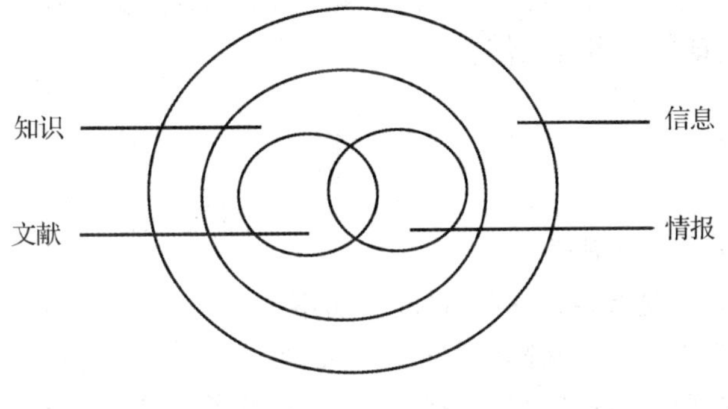

图 1-1-2-1

从信息、知识、文献、情报的定义概述来看：信息是事物运动的状态、方式及其反映；知识是人类通过信息对自然界、人类社会及其思维方式与运动规律的认识，是人的大脑通过思维重新组合的系统化的信息；情报是对用户有用的知识信息；文献是记录、存储、传播知识信息的载体，也是信息和情报的载体。因此，信息无处不在，信息的范围最大；知识是系统化的信息；文献是静态的、记录的知识；情报是动态的、传递的知识。目前学术界较一致的看法是信息＞知识＞情报（文献），其中文献和情报的关系较密切，并有所交叉，具体关系可用图 1-1-2-1 表示。

1.1.3 信息的类型

1. 按照信息描述的对象分类

按照信息描述的对象，信息可分为自然信息、社会信息。

(1) 自然信息：由自然界的物质运动发出的信息，通过声波、电磁波和物质的作用表现出来，如地震、火山爆发、海啸等自然现象，它的存在与人的认识无关，无论人们是否认识到它，这一信息始终存在。

(2) 社会信息：由人类社会活动发出，与人的认识有关，通过语言、文字、图像、符号、手势以及记录有上述内容的各种载体等形式表现出来，如各学科领域的知识等。

2. 按照信息的内容分类

按照信息的内容，信息可分为经济信息、科技信息、文化信息、管理信息、军事信息等。

3. 按照可开发程度分类

按照可开发程度，信息可分为潜在信息、现实信息。

(1) 潜在信息：人在认识和思维创造的过程中，存储在大脑中的信息。这类信息只能为本人直接利用，不能为他人利用。

(2) 现实信息：潜在信息资源通过特定的符号和载体表述后，可在特定社会条件下广泛传递并不断往返地为人类所利用的信息资源。

4. 按表述方式和载体分类

按表述方式和载体，信息可分为口语信息、体态信息、实体信息、文献信息。

(1) 口语信息：人类以口头方式表述但未被记录的信息资源。

(2) 体态信息：人类在特定文化背景下，以表情、手势、姿势等方式表述的信息资源。

(3) 实体信息：人类通过创造性劳动以实物形式表述的信息资源，如样品、模型等。

(4) 文献信息：人类用文字、数据、图形、声频、视频等方式记录在特定载体上的信息资源。本书中讨论的信息主要指文献信息。

1.1.4 信息的特征

1. 信息具有普遍性和客观性

世界是物质的，物质是普遍存在的，世间一切事物都在运动中，都具有一定的运动状态和状态方式的改变，因而一切事物随时都在产生信息。信息的产生源于事物，因此具有事物的普遍属性和客观存在性，因此它存在着产生、更新、演变的过程，是一种取之不尽、用之不竭的源泉。同时它可以被感知、处理、存储、传递和利用。

2. 信息具有相对性和特殊性

世间一切不同的事物都具有不同的运动状态和方式，并以不同的特征展现出来，因而不同的事物给人们带来不同的信息。

3. 信息具有识别性与再生性

信息是可以识别的。信息可采取直观识别、比较识别和间接识别等多种方式来把握。直接识别是指通过感官识别，间接识别是指通过各种测试手段识别，比较识别是通过比较的方法进行识别。不同的信息源有不同的识别方法，不同的人对相同信息的理解和感知程度也是有差异的。信息经过处理后，可以其他形式再生，如自然信息经过人工处理后，可用语言或图形等方式再生成信息；输入计算机的各种数据文字等信息，可用显示、打印、绘图等方式再生成信息。

4. 信息具有依附性和转换性

信息本身是抽象的，信息不可能不依附于任何物质载体而独立存在和交流。信息载体是多种多样的，如磁介质、电磁波、纸张、实物等；信息表现方式也是多种多样的，如语言、文字、符号、图像、代码等。物质载体的多样性决定了信息表现形式的多样性，使信息可以从一种载体形态转换成另一种载体形态，如自然信息可转换为语言、文字和图像等形态，也可转换为电磁波信号或计算机代码。同一信息可用多种不同的载体来表现，不同的信息也可以用同一载体来表现。

5. 信息具有共享性和传递性

从信息的客观存在到人们对信息的主观认识，是通过信息的传递来实现的。信息可以为全人类所享用，这种共享性是信息区别于物质和能量的最主要特征，即同一内容的信息在同一时间、同一地域可以被两个以上的用户分享，其分享的信息量不会因分享用户的多少而受影响，原有的信息量也不会因此而损失或减少。信息需要依附于某种载体进行传递，信息的传递是与物质和能量的传递同时进行的。语言、表情、动作、报刊、书籍、广播、电视、电话等是人类常用的信息传递方式。

6. 信息具有时效性和时滞性

信息在一定的时间内是有效的信息，在此时间之外就是无效信息。而且任何信息从信源传播到信宿都需要经过一定的时间，都有时滞性。

1.1.5 信息资源概述

1. 信息资源的定义

信息资源是指人通过一系列的认识和创造过程，采用符号形式储存在一定载体(包括人的大脑)之上的，可供利用的信息。构成信息资源的基本要素是信息、人、符号、载体。信息是组成信息资源的原料，人是信息资源的生产者和利用者，符号是生产信息资源的媒介和手段，载体是存储和利用信息资源的物质形式。

2. 文献信息资源的定义和特征

文献信息资源是以文字、图形、符号、声频、视频等方式记录在各种载体上的信息资源。它记录着无数有用的事实、数据、理论、方法、假说、经验、教训等，是人类进行跨时空交流、认识和改造世界的基本工具。文献信息资源是经过加工、整理的信息，较为系统、准确、可靠，便于保存与利用，但存在信息相对滞后、部分信息尚待证实的情况。其具有以下特征：

(1) 保存性：文献被记录在可长期保存的介质上，可在相当长的时间内被保存和利用。

(2) 流传性：文献可被跨时空地“阅读”、流传。

(3) 共享性：文献能为全人类所分享而不会失去其信息量。

(4) 再生性：文献可被反复利用而不丧失其价值，通过对它的开发和利用，文献内容会得到丰富和充实。

3. 文献信息资源的类型

(1) 以载体材料、使用方法为划分依据，文献信息资源可分为印刷型、缩微型、声像型、电子型。

① 印刷型：以纸质材料为载体，通过手写、油印、铅印、胶印、影印、复印等手段，将文字固化在纸张上所形成的文献。它是文献信息资源的传统形式，也是现代文献信息资源的主要形式之一。其优点是便于人们直接阅读和交流。缺点是存储密度低，占用空间大，整理、传递和保存比较麻烦。

② 缩微型：又称缩微复制品文献。它是以感光材料为存储介质，以缩微照相技术为记录手段，将文字、图像、影像等信息符号按照一定比例缩小后存储在感光材料上，并借助专用阅读器而使用的文献，如缩微胶卷、缩微胶片（平片）、缩微卡片等。其优点是存储密度高、体积小、质量轻（仅为印刷型的 1/100）、便于收藏和传递。缺点是制作、保存和使用条件严格；文字图像小，必须借助缩微阅读机或其他辅助设备才能阅读；设备投资较大；携带与保存要求条件较高。

③ 声像型：又称视听型文献。它是以磁性材料或光学材料为存储载体，采用磁录技术和光录技术将声音和图像记录存储在磁性或光学材料上，如录音带、唱片、录像带、幻灯片、电影胶卷等。其特点是信息存储密度高，用有声语言和图像传递信息，内容直观，表达力强，易被接受，但须借助一定的设备才能阅读。

④ 电子型：电子型文献是指采用电子手段，利用计算机及现代通信方式提供信息的一种新型文献类型，它们包括电子图书、电子报刊、电子名录、电子会议录、各种联机信息库和光盘数据库产品等等。电子型文献的版本是多样的，有磁带版（magnetic tape）、磁盘版（floppy disc）、光盘版（CD-ROM）、联机版（online）以及最新的网络版（network）。电子型文献不仅可以进行检索，还可以对文本进行有目的地抽取、排序、重新组合，从而产生新的信息产品。同时，它可以对文献内容各个知识单元甚至字频进行计算机分析，使文献计量分析得以深化。电子文献的特点是存储密度高、存取速度快、信息容量大、方便检索、易更新、易复制、可共享、具有交互性，但阅读依赖一定的设备。

(2) 以文献写作、出版特征为划分依据，文献信息资源可分为专著、报纸、期刊、会议录、学位论文、科技报告、技术标准、专利文献、产品样本、中译本、手稿、参考工具、图表、古籍等。

① 图书：图书是文献中最古老、最重要的类型，它是对已有的科研成果与知识系统地、全面地概括和论述。其优点是内容比较系统、全面，理论性强，成熟可靠。缺点是出版周期长，知识的新颖性不够。但对要获取某一专题较全面、系统的知识，或对于不熟悉的问题要获得基本了解的读者，参阅图书是行之有效的方法。

按照文种，图书可分为中文图书、日文图书、西文图书等；按照作用范围可分为通俗图书、学术性图书等；按照写作方式可分为专著、编著、汇编、翻译、编译等；按照出版卷帙可分为单卷本、多卷本等；按照版次情况可分为初版本、重版本、修订本等；按出版形式，可分为正式出版物和内部出版物，正式出版物以 ISBN 为标志；按装订手段，又可分为平装、精装和线装等；按图书的出版时间，可分为古籍和现代图书等等。

公开出版的图书都有一个国际标准书号（International Standard Book Number，简称ISBN），它是国际标准化组织于1972年公布的用于管理印刷型图书的唯一标识，由组号、出版社代号、书序号和计算机校验码组成，用10位数字表示，分4段，其间用"-"相连。如：7-121-00124-8，其中：7代表中国，121表示电子工业出版社，00124表示顺序号，8表示校验码。其构成具体为：

组号：代表出版者的国家、地理区域、语种等。其中："0"和"1"为英语区，包括美国、英国、加拿大、澳大利亚、南非、新西兰等国家；"2"为法语区；"3"为德语区；"4"为日语区；"5"为俄语区；"6"暂空；"7"为汉语区。组号是由国际标准书号管理机构（International ISBN Agency）分配的。

出版社代号：代表组内所属的一个具体出版者（出版社、出版公司等），一个出版商只有唯一的一个号码。由其隶属的国家或地区ISBN中心分配，出版商的规模越大，出书越多，其号码越短。

书序号：代表某出版社所出版的一种具体出版物的专用号。由出版社负责管理分配，出版社的规模越大，出书越多，序号越长。

校验码：1位数，是ISBN号的最后一位数值，校验ISBN是否正确。方法是将ISBN中的数字按序分别乘以10、9、8、7、6、5、4、3、2这9个数字，将这些乘积相加，总和用11去除，若无余数则校验码为"0"；若有余数，则以11减去余数，所得差数即为校验码，若差数为10，则以代表罗马数字10的"X"来表示。

鉴于目前国际上使用的国际标准书号资源几近枯竭，国际标准化组织于2007年1月1日将全球国际标准书号的格式由10位修订为13位。2007年1月1日以前，各国ISBN机构尚没有分配完的10位的ISBN可以在前面加前缀978，一旦现有的10位的ISBN号用完，新申请的ISBN号码全部以979开始。其校验码的加权算法与10位ISBN的算法不同，具体为：用1分别乘ISBN号前12位中的奇数位（从左边开始数起），用3乘以偶数位，将这些乘积相加，总和用10去除，若无余数则校验码为"0"；若有余数，则以10减去余数，所得差数即为校验码。

② 连续出版物：具有统一题名、定期或不定期以分册形式出版、用卷期或年月标识、计划无限期连续出版的文献。包括期刊、报纸、年度出版物等。连续出版物是与图书并列的最主要的文献类型，其特点是内容新颖、报道及时、出版连续、信息密集、形式一致。

期刊：是指具有相对固定的名称、编辑机构、版式装帧及出版周期的连续出版物。它是连续出版物和文献信息源的主体，期刊上刊载有大量的、原始性的第一手资料和原创性的观点和成果。期刊的出版频率较短，有周刊、旬刊、半月刊、月刊、双月刊、季刊、半年刊等。其特点是出版周期短、报道速度快、内容新颖、学科广、数量大、种类多、发行和影响面广。

公开发行的期刊都有国际标准连续出版物编号（International Standard Serial Number简称ISSN），由8位数字组成，分为两段，每段4位数字，中间用"-"隔开，前7位是刊名代号，末位是计算机校验码。校验码数值是先将前7位数字依次分别与8～2相乘，再将这些乘积相加的总和用11去除，余者同上。

报纸：是指每期版式基本相同的、以报道新闻及其评论为主的一种定期出版物。它的出版周期更短，信息传递更及时。它包括日报、隔日报、三日报、周报、旬报、月报等。其特点是内容丰富、信息量大、出版迅速、发行面广、读者众多，但资料庞杂零散，不易积累与保存。

年度出版物:是汇集年内重要资料、每年出版一次的连续出版物。包括年报、年鉴、年度进展、年度指南与手册等。其特点是内容较为系统、资料性强、便于查检。

③ 会议文献:以会议论文为主。其特点是文献针对性强,每个会议都有其特定的主题,因而会议文献所涉及的专业领域集中,内容专深,信息传递速度快。

④ 学位论文:是指高等院校、科研单位的研究生为获得学位,在导师指导下完成的研究或成果的学术论文。它包括学士论文、硕士论文、博士论文。

⑤ 研究报告:是表述实验、研究、鉴定等工作成果的报告。它包括社科报告、科技报告、咨询报告等。其特点是反映最新研究成果,应用价值高。按发行范围可分为绝密报告、机密报告、秘密报告、非密报告、解密报告。解密后或根据需要,研究报告可以正式发表,但多数不公开发表,仅供有关部门使用或参考。

⑥ 专利文献:是指专利申请人向自己国家或国外的专利局提出申请保护某项发明时所呈交的一份详细的技术说明,经专利局审查,公开出版或授权后所形成的文献。它包括专利申请书、专利说明书、专利公报等。其特点是内容新颖详尽、先进实用、准确可靠、数量庞大,是技术信息的主要来源。

⑦ 标准文献:是由权威机构批准颁布的,可供人们执行的技术规格的规范性文献。标准文献作为一种规章性的技术文件,具有计划性、约束性、针对性等特点,是从事生产和建设的一个共同技术依据和准则,它可以促使产品规格化、系列化,产品质量标准化,也是了解国家经济、文化和科技水平的重要信息资源。

⑧ 政府出版物:是指由政府部门及其专门研究机构发布或出版的文献,分为行政性和科技性两大类。行政性文献包括政府报告、会议记录、法令、条约、决议、规章制度、调查统计资料等;科技性文献包括科研报告、科普资料、科技政策、技术法则等。其特点是具有正式性、权威性。通过政府出版物可以了解国家的有关科技、经济发展政策及有关研究状况,是极重要的信息资源。

⑨ 产品样本:是厂商对定型产品的性能、构造、原理、用途、规格、使用方法和操作规程等所做的具体说明,它包括产品说明书、产品目录、产品手册、企业介绍等。其特点是内容详尽、可靠性强、形象直观,有助于了解有关领域的生产动态和发展趋势,是进行技术革新、开发新产品、设计、订货等方面不可缺少的信息源。

⑩ 档案:是国家、机构和个人从事社会活动留下的具有历史价值的文献。它包括信件、日记、备忘录、会议纪要、照片、报告、协议、证书等。档案是历史的原始记录,具有重要的凭证价值、参考价值和情报价值。按内容分,主要有政治档案、经济档案、科技档案等;按表现形式分,主要有书面档案、形象档案、声音档案等。

(3) 以文献的产生方式、目的和加工程度为划分依据,文献信息资源可分为零次文献、一次文献、二次文献、三次文献。

① 零次文献:是指非正式出版物或非正式渠道交流的最原始的文献,如手稿、个人通信、原始记录、设计草稿、企业活动中直接产生和记录的原始单据和凭证等。零次文献不仅在内容上有一定的价值,并且它能弥补一般公开文献从文献的形成到出版传播间周期长的弊端。它具有内容新颖、不成熟、不定型的特点,因不公开交流而难以获得。

② 一次文献:一次文献(Primary Document),又称原始文献,是指以作者本人的研究工作或研究成果为依据创作或撰写的文献,向社会公开后就成为一次文献,如专著、学术论文、专利说明、科技报告、新闻稿件等。一次文献在形式上具有多样性,内容上具有原创性,出处

上具有分散性，是文献的主体，是最基本的信息源。也有人将零次文献归入一次文献。

③ 二次文献：二次文献(Secondary Document)，又称检索性文献，是将分散的、无序的一次文献，按照一定的规则进行加工、整理、提炼，组织成便于存储、容易检索的文献系统，如目录、题录、文摘、索引等。二次文献在内容上不具有原创性，只是对一次文献的整理加工，提供有关一次文献的外部特征，如文献的题名、作者、出处或出版情况等，对一次文献起到报道和提示的作用，提供文献的线索。其特点是集中、系统、有序，有助于人们全面迅速地了解有关领域的情况，减少人们查找一次文献所花费的时间。

④ 三次文献：三次文献(Tertiary Document)，又称参考性文献，是围绕某个专题或出于特定目的，根据二次文献提供的线索，选用大量一次文献的内容，经过筛选、分析、综合和浓缩等深度加工而形成的文献，如综述、述评、进展报告、教科书、字词典、手册、年鉴、百科全书等。其特点是综合性和针对性强、系统性好、信息面宽，具有较高的使用价值。

综上所述，从零次文献、一次文献、二次文献到三次文献，是一个由分散到集中，由无序到有序，由详到略的对知识信息进行不同层次的加工过程。每一过程所含知识信息的质和量都不同，对人们利用知识信息所起的作用也不同。零次文献和一次文献是最基本的信息源，是文献信息检索和利用的主要对象；二次文献是对一次文献的集中提炼和有序化，是文献信息检索和利用的工具；三次文献是按照专题或知识的门类将零次文献、一次文献、二次文献进行综合分析、加工而成的成果，能直接提供答案，在功效上具有参考性。科学合理地利用好二次文献和三次文献，对提高文献信息资源利用的效率具有重要意义。

1.1.6 素质教育与大学生信息素养教育

1. 素质教育

(1) 素质教育的提出

素质教育是20世纪末中国高等教育改革的第一大潮。1993年《中国教育改革与发展纲要》对转变教育思想在教育改革中的重要性的肯定，为教育思想大讨论提供了政策法规上的依据。20世纪90年代，我国高等教育界围绕“把什么样的高等教育带入21世纪”这一课题展开了探索和思考，掀起了教育思想大讨论。通过讨论达成了共识：高等教育改革应以转变教育观念为先导，高等教育的培养目标应向多规格与个性化方面转变，高等教育改革的核心问题是变革人才培养模式。在此基础上，大学素质教育作为一种新的教育思想逐渐受到越来越多的关注。1994年，文辅相教授在《教育研究》上发表《提高学生整体素质，促进社会全面发展——对未来中国高等教育目标的思考》，1995年在《高等教育研究》上发表《论大学素质教育》，文中提出大学“素质教育”即是在一定范围内将现有的专业教育目标转变为“素质教育”目标。

重视受教育者在教育中的主动性是现代教育思想的共同特征，而素质教育不只是一般意义上肯定受教育者在教育活动中的主动地位，更强调将教育的基本着眼点放在受教育者主体性的发展上，同时受教育者的主体性发展也成为教育内容、方法与进程的依据。

(2) 素质教育的含义

① 素质的概念

对素质的界定可分为广义和狭义两类。狭义的“素质”即生理学和心理学意义上的素质，是对人的个性品质的浅层的静态的表述。它带有先天性，但其成熟和发展却有赖于后天的环境和教育。广义的“素质”是哲学与教育学意义上的素质，是指人在先天生理的基础上，受后天环境和教育的影响，通过个体的认识与社会实践，逐渐养成的比较稳定的基本品质及其动态发展可能性，是个体综合的、内在的及整体的身心特征体现，通常又称为“素养”。主要包括人的道德素质、智力素质、身体素质、审美素质和劳动技能素质等。

素质教育中的“素质”指的应该是广义的素质，或者说是哲学与教育学意义上的素质。从本质特性而言，素质是中性的。

② 素质教育的含义

原国家教委在《关于当前积极推进中小学实施素质教育的若干意见》中对“素质教育”解释为：“素质教育是以提高民族素质为宗旨的教育，它是依据《教育法》规定的国家教育方针，着眼于受教育者及社会长远发展的要求，以面向全体学生、全面提高学生的基本素质为根本宗旨，以注重培养受教育者的态度、能力，促进在德智体等方面生动、活泼、主动地发展为基本特征的教育。”素质教育是针对难以适应未来社会发展趋势的应试教育提出来的，立足点是面向未来社会发展需要与学生适应未来社会发展的要求。素质教育不仅要把已有知识经验传授给学生，更旨在培养学生预测未来发展变化的能力，主动寻找有用信息的能力，应用新知识、创造新知识的能力，自我修养、激励、管理、控制的能力等，即把学生培养成具有主体本质规定性的现代人。

素质教育的精髓是对人性的高度关注与培养。它的关注点是学生内在修养的提升，重视的是学生整体素质的提高，以及对他们今后发展至关重要的基础素质的培养。

③ 素质教育的内容

素质教育的立足点是培养能面向未来社会发展需要与适应未来社会发展要求的高素质人才。素质教育主要从以下几方面对学生进行培养与教育：

品德素质：培养学生具有过硬的思想政治素质，高尚的道德情操和文明的行为举止。思想道德素质应立于学生各项基本素质的首位，提高学生的为人能力。

身心素质：培养学生具有健康的体质，充沛的精力，端庄的举止，能承受挫折、打击的健康的心理素质。

文化素质：提高学生掌握人类在认识世界、改造世界过程中积累起来的科学技术成果和文化成果的程度，提高学生的认知能力。

技能素质：在知识的学习和技能的培养中，应厚基础、宽口径，教给学生学习方法，提高学生获取知识、交流知识的学习能力。

人文素质：通过素质教育，使学生具有一定的人文社会科学知识，有一定的美学修养和审美能力，有强烈的民族文化精神等。

创新素质：培养学生综合思维能力、抽象思维能力和创造性思维能力，使学生面对信息的海洋能进行综合、归纳、分析和判断，在激烈竞争的时代，具有自我更新知识去发现问题、解决问题、不断创新的能力。

2. 信息素养

(1) 信息素养的定义

“信息素养”，又称信息素质，最早是在 20 世纪 70 年代由美国信息产业协会主席保罗·泽考斯基提出：“人们在解决问题时利用信息的技术和技能。”1992 年，有关专家在《信息素养全美论坛的终结报告》中对信息素养概念如此表述：“一个有信息素养的人，他能够认识到精确和完整的信息是作出合理决策的基础；能够确定信息需求，形成基于信息需求的问题，确定潜在的信息源，制定成功的检索方案，基于计算机的和其他的信息源获取信息、评价信息、组织信息用于实际的应用，将新信息与原有的知识体系进行融合并在批判思考和问题解决的过程中使用信息。”

信息素养是指有关信息及其使用和创新方面的文化修养。它包括三个层面：文化层面(知识方面)、信息意识(意识方面)、信息技能(技术方面)，其内容主要由文化素养、信息意识、信息技能、信息伦理、信息道德等组成。信息素养是一种和信息结合在一起的综合能力，主要包括有强烈的信息意识，具有表达信息需求的能力、运用信息工具的能力、有效获取信息和正确处理信息的能力、科学生成新信息的能力等。在信息时代，一个人的学习、工作和生活能力在社会生产、科研和社会交往中的表现差异，都与对信息工具的掌握程度和使用密切相关。因此，开展信息教育、提高信息素养已成为当今世界教育改革的重要课题和发展趋势。

(2) 大学生信息素养的指标

2000 年 1 月，美国批准的《高等教育信息素养能力标准》认为，一个具备信息素养的人应该达到如下目标：① 确定所需信息的范围；② 有效地获取所需的信息；③ 鉴别信息及其来源；④ 将检索的信息融入自己的知识范围；⑤ 有效地利用信息去完成一个具体的任务；⑥ 了解信息所涉及的经济、法律和社会问题，合理合法地检索、搜集和利用信息。

1994 年澳大利亚的布鲁斯总结出信息素养的七个关键特征：① 具有独立学习能力；② 具有完成信息过程的能力；③ 能利用不同信息技术和系统；④ 具有促进信息利用的内在化价值；⑤ 拥有关于信息世界的充分知识；⑥ 能批判性地处理信息；⑦ 具有个人信息风格。

我国北京地区高校对学生应该具有的信息素养能力确定如下指标体系：

维度一：具备信息素质的学生能够了解信息以及在现代社会中的作用、价值与力量。指标为：

① 具备信息素质的学生具有强烈的信息意识。

② 具备信息素质的学生了解信息素质的内涵。

维度二：具备信息素质的学生能够确定所需信息的性质与范围。指标为：

① 具备信息素质的学生能够识别不同的信息源并了解其特点。

② 具备信息素质的学生能够明确地表达信息需求。

③ 具备信息素质的学生能够考虑到影响信息获取的因素。

维度三：具备信息素质的学生能够有效地获取所需要的信息。指标为：

① 具备信息素质的学生能够了解多种信息检索系统，并使用最恰当的信息检索系统进行信息检索。

② 具备信息素质的学生能够组织与实施有效的检索策略。

③ 具备信息素质的学生能够根据需要利用恰当的信息服务获取信息。

④ 具备信息素质的学生能够关注常用的信息源与信息检索系统的变化。

维度四：具备信息素质的学生能够正确地评价信息及其信息源，并且把选择的信息融入自身的知识体系中，重构新的知识体系。指标为：

① 具备信息素质的学生能够应用评价标准评价信息及其信息源。

② 具备信息素质的学生能够将选择的信息融入自身的知识体系中，重构新的知识体系。

维度五：具备信息素质的学生能够有效地管理、组织与交流信息。指标为：

① 具备信息素质的学生能够有效地管理、组织信息。

② 具备信息素质的学生能够有效地与他人交流信息。

维度六:具备信息素质的学生作为个人或群体的一员能够有效地利用信息来完成一项具体的任务。指标为:

① 具备信息素质的学生能够制定一个独立或与他人合作完成具体任务的计划。

② 具备信息素质的学生能够确定完成任务所需要的信息。

③ 具备信息素质的学生能够通过讨论、交流等方式,将获得的信息应用到解决任务的过程中。

④ 具备信息素质的学生能够提供某种形式的信息产品。

维度七:具备信息素质的学生了解与信息检索相关的法律、伦理和社会经济问题,能够合理、合法地检索和利用信息。指标为:

① 具备信息素质的学生了解与信息相关的伦理、法律和社会经济问题。

② 具备信息素质的学生能够遵循在获得、存储、交流、利用信息过程中的法律和道德规范。

综上所述,信息素养包含了技术和人文两个层面的意义:技术层面上,信息素养反映的是人们利用信息的意识和能力;人文层面上,信息素养反映了人们面对信息的心理状态。

(3) 大学生信息素养的构成要素

信息素养的内涵和其包含的构成要素使其成为素质教育的重要组成部分。信息素养包括信息理论、信息意识、信息技能、信息伦理等要素。

① 信息理论

信息理论是信息素养的基本要素,主要包括信息概念、类型、特点、作用以及信息源、信息存储和检索、信息应用检索等基本理论。

② 信息意识

信息意识是信息素养的关键要素,是一个人对信息的注意力和敏锐的觉察力,是内在素质的外在表现。信息意识的强弱和信息理论、个人爱好、学科专业、文化修养、工作岗位、年龄性别、籍贯经历、所学语言、身体状况、外部环境等许多因素密切相关。信息意识的高低决定着人们捕捉、判断和利用信息的自觉程度。信息意识的强烈与否对能否挖掘出有价值的信息和对文献获取能力的提高起着关键的作用。

③ 信息技能

信息技能是信息素养的重要因素,一般应包括计算机使用技能,网络应用技能,检索工具书和参考工具书的熟练使用技能,数据库和搜索引擎的使用技能,文字编辑和信息处理的技能,不同数据库的使用技巧和相关阅读工具的安装和使用技能,多媒体信息的浏览、播放、制作等技能,计算机及网络常用软件的安装使用技能,简单的编程技能,收发电子邮件以及网站设计技能等。随着信息通信技术的深入发展,对信息技能的要求也会继续提高。

④ 信息伦理

信息伦理是信息素养不可或缺的要求,尤其随着因特网的普及和泛化,信息伦理显得异常重要,并越来越受到人们的重视。信息伦理是包含信息道德等在内的多方面内涵的一个重要概念。信息伦理是指人们在获取、利用、加工和传播信息的过程中必须遵守不得危害社会或侵犯他人合法权益的伦理规范。信息道德左右着信息素养的方向,主要内容包括信息交流与社会整体目标协调一致;遵循信息法律法规,抵制违法信息行为,尊重他人知识产权,正确处理信息开发、传播、使用三者之间的关系等。信息伦理还应包含信息免疫力，尤其在因特网环境下，不同类型的读者都应具有对不良信息诱惑的抵制力、自控力，能够积极慎独，不沉迷于消极的垃圾信息陷阱中，要用积极的心态、理智的思维、长远的眼光来驾驭自我，健康向上地利用网络，高效科学地消费信息，开拓创新地创造信息，规范尚真地传播信息。

⑤ 信息资源

信息资源是信息素养的基础要素，信息资源或者说熟悉信息资源是信息素养的前提条件。历史考古信息资源，传统的印刷型文献信息资源，现代的电子型信息资源，各类学科专业文献信息数据库，网络海量信息资源，电视、电影、广播以及耳闻目睹的即时信息等，都是信息资源的有机组成部分。熟悉信息资源，首先应该熟悉和自身专业学习、兴趣爱好、生存发展密切相关的信息资源。

⑥ 信息整合

信息整合是信息素养的能力要素。“整合”一词由英文 integration 翻译而来，既准确表述了事物间的动态作用，又强调了事物间结成一个整体的独特性质。信息整合的基本思路就是将信息资源视为一个系统，通过对系统各要素的加工与重组，使之相互联系、相互渗透，形成合理的结构，实现整体优化，协调发展，发挥整体最大功能，实现整体最大效益。信息整合是综合利用逻辑学、系统论、信息论、控制论以及互动理论，按照一定的信息主题对散乱的信息进行重新组织并达到逻辑化和系统化。整合模式已经广泛地运用于政治、经济、军事、文化等领域，有知识整合、资源整合、理论整合、文化整合、语言整合、数据整合等等。一般来讲，信息整合是和文献信息检索结果的处理密切联系在一起的。

⑦ 信息创造

信息创造是信息素养的能动要素。信息创造是人们获取信息、整合信息、吸收利用信息、创造新知识的过程。信息创造是信息利用的重要目的，信息利用的过程也是信息消费的过程，而“消费过程应该是一种有意义的、有人性的、有创造性的体验”。信息创造和一个人的知识积累、创新意识、创造才能密不可分，同时也是信息素养高低的重要体现。

⑧ 信息美学

信息美学是信息素养的核心要素。信息美学在信息理论、信息意识、信息技能、信息伦理、信息资源、信息整合、信息创造等要素综合提炼的基础上，更加重视信息的真、善、美，从哲学的高度或视角审视信息，特别是信息内涵的真和善、信息载体或形式的美，并达到真、善、美的和谐统一。

3. 信息素养教育

(1) 信息素养教育的概念

信息素养教育是围绕信息领域基本内容，通过行之有效的途径和方法对学生等社会成员实行全面系统的教育活动，主要包括信息意识教育、信息知识教育、信息品德教育、信息能力教育和终身学习教育。信息意识教育，主要是对学生进行信息敏感度、信息价值观等方面的教育。信息知识教育，主要包括信息理论、信息方法和信息技术的教育，培养学生信息分析能力和解决问题的能力。信息品德教育，旨在加强学生的道德自律能力，同时使学生能树立法制观念，尊重法律法规，重视知识产权，自觉抵制违法行为，在道德和法制许可的范围内从事正常的信息活动。信息能力教育，培养学生信息收集、加工、交流、利用以及分析选择的能力，增强学生在信息活动中的独立自主的工作能力，从海量的信息中迅速准确地找到所需要的信息。终身学习能力，通过信息素养教育，使学生掌握再学习、再教育的能力，树立活到老学到老的品质。

(2) 信息素养教育是教育的变革工程

信息素养是贯串从信息获取到使用全过程的一系列思想、意识、技能和知识。信息时代，为有效应对知识信息急剧扩张和不断变化的环境，人们不仅需要恰当的知识基础，更需要有扩展其知识信息的意识和技能来与其已有的知识库相配合，并能在实践中得到使用。信息素养教育是一个循序渐进的系统工程，本质上来说是要教会学生学习，并且是使用现代技术和方法进行高效率的学习，树立起终身学习、在实践中学习的观念，真正成为学习的主人。

信息素养教育是一个多方参与的互动工程，是适应信息时代的一种教育革新，可以说是教育系统的一个变革工程。信息素养教育必须适应信息时代的需要，面对教育环境的变革，利用现代技术教育平台，从课程设置到教学手段，从教育理念到教育战略，进行一次学习过程的变革，创建一种新型的以教师引导下的、交互式的、自激励的学习方式，培养学生具有批判性的思维、自我解决问题的能力、知识创新的能力和学会如何学习，教会他们终身学习的能力。

(3) 信息素养教育的意义

① 信息素养是大学生未来生存和发展的基础

在瞬息万变的信息时代，大学生应该学会理性地思考，学会发现问题并解决问题，学会管理和获取信息，学习与他人进行信息交流，为适应信息社会和高科技产业做好准备。1991年美国监督和课程发展协会提出："信息素养使学生能充分利用全球化所带来的各种机会。信息素养应成为每个学生受教育经历的一部分。鼓励普通学校、专业学校和综合大学将信息素养课程融入所有学生的学习计划之中。"信息素养已成为大学生未来生存和发展的基础。

② 信息素养是大学生终身学习的前提和条件

信息素养教育的目的是教会学生如何学习。信息素养是受教育者终身学习的工具，它不仅为受教育者终身学习创造良好的条件，也是使受教育者成为信息社会合格公民的基本保证，因此高等教育必须帮助学生成为一个具有信息素养的人。信息素养能够使学生认识到信息的价值，并能利用信息在个人生活、工作和学习中做出正确选择。信息素养要求人们始终进行学习并不断地对信息做出评价，只有这样，终身学习才能成为可能。

③ 信息素养对于培养大学生的科学研究能力具有重要作用

传统的教学体制它无法教会人们如何去提问，如何去分析问题，如何去寻找答案。信息素养教育就是要教会学生如何获取信息、如何评判信息、如何分析问题和解决问题，培养学生批判性思维能力、终身学习能力，强化学生的适应社会能力和科学研究能力。

1.2 信息检索

1.2.1 信息检索概念

1. 信息检索的定义

"检索"一词源自英文"Retrieval"，即"查找"。什么是"信息检索"，目前国内外有不同的表述。《图书馆学百科全书》表述为"指知识的有序化识别和查找的过程"；武汉大学《信息检索》教材将“信息检索”表述为“是从任何信息集合中识别和获取信息的过程及其所采取的一系列方法和策略”。信息检索包括文献信息检索、数据信息检索和事实信息检索。

(1) 文献信息检索

文献信息检索(Document Information Retrieval)是以文献为检索对象，将存储于数据库中的关于某一主题文献的线索或文献查找出来的检索，它包括目录、索引、文摘和全文。凡为用户提供、满足用户信息需求的相关文献信息，如想要查找某一主题、时代、地区、著者等的有关文献，以及提供这些文献的出处和收藏处所等，都属于文献型信息检索的范畴。

文献信息检索是信息检索的核心部分，它较数据信息检索和事实信息检索内容更为丰富，方法更为多样。文献信息检索又可分为书目检索和全文检索。书目检索是以文献线索(即二次文献)为检索对象的文献检索，用户通过检索获得的是与检索课题有关的一系列文献线索，然后通过对这些文献线索的阅读进行取舍。全文检索是以原始文献(零次文献和一次文献)为检索对象的文献检索。

(2) 数据信息检索

数据信息检索(Data Information Retrieval)又称“数值检索”，是将经过选择、整理、鉴定的数值数据存入数据库中，根据需要查出可回答某一问题的数据的检索。它包括物理性能常数、统计数据、观测数据、电话号码、银行账号等数字数据，同时也能提供一定的运算、推导功能。数据检索是一种确定性检索，信息用户检索到的各种数据是经过专家测试、评价、筛选过的，可直接用来进行定量分析。数据信息检索主要借助于各种数值数据库和统计数据库。

(3) 事实信息检索

事实信息检索(Fact Information Retrieval)又称“事项检索”，是以从文献中抽取的事项为检索内容的信息检索，如某一事件发生的时间、地点、经过等情况。它既包括事实、概念、思想、知识等非数值信息，也包括数值数据的检索、运算、推导等数据信息，但要针对查询要求，由检索系统进行分析、推理后再输出最终结果。事实信息检索是信息检索中最复杂的一种，要求检索系统必须有一定的逻辑推理能力和自然语言理解功能。事实信息检索也是一种确定性检索，用户获得的是有关某一事物的具体答案。事实信息检索主要借助于各种指南数据库和全文数据库。

这是广义的信息检索概念，狭义的仅指其中的文献信息检索。

2. 信息检索的作用

当我们进入信息社会，信息获取能力则成为衡量人才的重要标准之一，而信息检索在信息管理中则占有重要的地位。信息检索在当今人们的工作和生活中起着重要的作用。

① 提高信息掌握度

信息检索的目的就是将人类社会中的有关信息加以汇集、整理、组织和积累，使之成为一个能随时存取的系统，以供人们在各种活动中作为知识来源的参考。通过有目的、较系统的信息检索，可以获得某一主题较全面的信息，避免零散的、片面的，甚至虚假信息的干扰。

② 增强决策科学性

掌握一定量的必要信息，是进行科学研究、提高工作效率的首要条件，也是进行正确决策的必不可少的前提条件。在信息搜集、经验借鉴、课题查新、文献索取、阶段评估、成果鉴定等各个环节，任何科研活动都离不开信息检索。信息检索是国家、部门、单位等决策者获取信息的重要途径，它能使国家、部门、单位甚至个人的决策建立在科学基础之上，从而增强决策的科学性，减少盲目性。

③ 提高信息获取效率

信息无处不在，无时不有，在当今信息社会，人们往往会被信息的海洋淹没，找不到彼岸。一般来说，公信度高的、较准确的信息才会被收集、组织和存储在检索工具或数据库中。有目的地利用检索工具所获得的有效信息往往比直接泛阅信息要快数十倍。因此，信息检索可以在信息的海洋中帮助用户尽快找到所需信息，提高信息用户的工作效率。

④ 提高自学能力

在能力培养方面，应注重终身学习、开拓创新、组织协调、信息处理等能力的培养，而信息检索的能力对一个人确立自学、求学、治学的方法和态度至关重要。因此信息检索是提高自学能力的有效途径，它能提高使用工具书的能力、文献信息的查找能力和科学阅读各种文献的能力等，这是一个人治学所必须具备的能力。

1.2.2 信息检索的类型

按照检索方式的不同，信息检索可分为手工检索和计算机检索。

1. 手工检索

手工检索(Hand Retrieval)是指通过人工来处理和查找所需信息的检索方式，即检索者依靠手、眼、脑进行对文献的查找和判断，无需借助任何辅助设备。它通常通过目录、索引、文摘等二次文献的检索，向用户提供所需相关信息。手工检索的特点是灵活、方便，判断直观，可随时修改检索策略，查准率高，但检索效率低，查全率不高，不便于进行复杂概念课题的检索。

2. 计算机检索

计算机检索(Computer Retrieval)是利用计算机和一定的通信设备查找、输出所需信息的过程。按机器检索的处理方式分，有联机检索和脱机检索；按存储方式分，有光盘检索和网络检索。计算机检索的特点是速度快，效率高，查全率高。不足之处是成本高，查准率不尽如人意。计算机检索虽然存在不足，但这种检索方式大大提高了检索效率，拓展了信息检索领域，丰富了信息检索的研究内容，适应现代信息社会日益增多的信息需求。目前，计算机检索已经具有全文信息检索、自动信息文摘、自动信息分类等功能，从单机的集中处理发展到了基于互联网的分布式信息处理，从简单的关键词检索发展到基于向量空间的统计方式，并正在向自然语言处理和基于内容、基于概念的方向发展。

1.2.3 信息检索的原理

信息检索是信息传递过程的一个重要环节，它介于信源与信宿之间，是二者得以良好契合的桥梁。一个完整的信息检索系统，一般必须包含信息组织和信息检索两个过程。信息组织是信息源的形成过程，通过对文献进行收集、标引及著录，根据信息资源的主题内容或外部特征，将无序的信息资源组织为有序集合的过程；信息检索是从大量的信息资源中查找出用户所需的特定信息的过程。信息组织是信息检索的基础，其目的是为了建立起信息资源收藏系统和检索工具，方便信息资源的开发和利用。信息检索在一定程度上可看作是信息组织的逆过程。如图 1-2-3-1 所示。

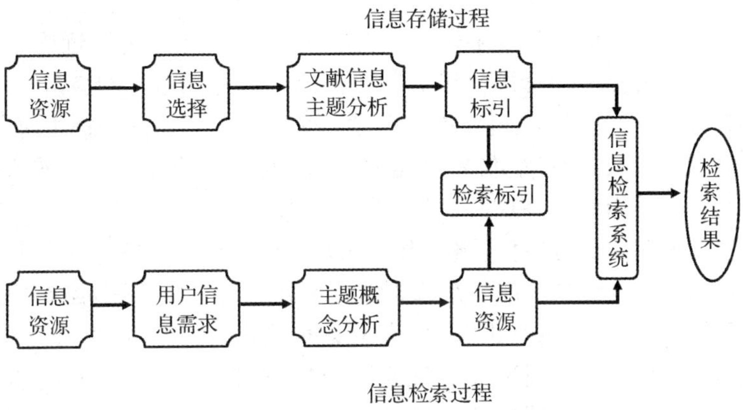

图 1-2-3-1 信息检索的原理

1. 信息组织

信息组织主要是由标引人员通过信息资源的阅读分析,对文献信息进行鉴别、提炼和浓缩,记录其特征,并根据需要进行必要标引以及相关处理,而后将这些信息资源记录或条目,按规定的方式输入到系统中,组成信息资源库或信息检索系统。主要有以下几个步骤:① 选择信息。根据信息检索系统的主题、性质及任务等,对信息资源进行适当评价,从中筛选出符合要求的文献信息。② 分析文献信息的概念。对所选文献信息进行主题分析,提炼出文献所论述的内容主题,最后确定这些主题概念之间的关系。③ 词汇转换。将文献信息的主题概念转换成适当的文献标识(即标引词),并以这些标识来表达文献信息的主题内容。④ 编制信息检索工具。信息检索工具是信息检索系统的核心和概括,这主要包括文献序列和文献标识序列。

2. 信息检索

信息检索是由检索人员根据用户的检索提问进行分析,提炼出用户检索的主题概念,并编制相应的检索策略。主要包括以下几个步骤:① 用户提问。用户将信息需求转变为具体的检索行为。② 分析检索提问。通过分析检索提问,识别检索的真正主题内容,将检索主题分析为若干概念,并确定这些概念间的关系。③ 词汇转换。将检索提问的主题概念转换为相应的提问标识(即检索词),并通过这些标识来表达检索提问的主要内容。④ 实施检索。根据提问标识,在文献标识序列中,对文献标识与提问标识进行匹配比较。如果文献标识与提问标识相同,表明包含有该标识的文献与用户提问符合,该文献可检索输出;如果文献标识与提问标识不相同,则表明该标识的文献与用户提问不符合,该文献将予以排除。

1.2.4 信息检索的方法与步骤

1. 信息检索方法

(1) 手工信息检索方法

信息检索方法是指通过一定的方法以期获得最佳检索效果而采取一定的检索程序。检索方法主要有工具法、追溯法等。

① 工具法。通过利用各种检索工具进行文献查找的方法。这是一种常用的检索方法。

工具法主要有以下几种方法可供选择。

顺查法。以信息检索课题起始年代为起点，按照时间顺序由远至近逐年查找信息的方法。查找前需摸清课题提出的背景及其简略的历史情况，选用适宜的检索工具，从课题发生的年代开始查起，直到信息够用为止。优点是通过所获取的文献能全面了解课题的过去、现状及发展趋势，不易误检、漏检，查准率、查全率较高，通常在撰写学科发展动态、综述、述评等论文或申请专利时采用此法。缺点是费时费力。

倒查法。根据课题需要，逆时间顺序由近及远逐年查找信息的方法。通常是对新兴科学、新课题、有新内容的老课题或解决某些关键技术问题时采用此法，需要的是最近发表的文献，一旦掌握了所需信息即可终止检索。优点是可检索到内容新颖的文献，花费时间较顺查法少；缺点是漏检率较高，可通过查阅综述文献进行补救。

抽查法。是一种针对研究课题发展的特点，抓住学科发展迅速、发表文献较多的年代进行查找的方法。优点是花费时间少，缺点是查准率、查全率低。这种方法要求检索者必须掌握该学科的发展特点，并了解相关文献发表的大概时间和范围，才能取得较好检索效果。

② 追溯法。利用原始文献所附的参考文献进行追溯查检的方法。优点是直观方便，不断追溯可查到某一专题的大量参考文献，有时能获得较好效果；缺点是工作量大，漏检率高，有时检出的文献较陈旧。此法通常在检索工具不齐全或不占有检索工具时使用。如美国的《科学引文索引》，通过从某一特定著者的一篇论文为起点，从该论文发表 1 年后跟踪查找同行著者引用的情况。这种方法可以避开分类法或主题法检索文献的难点，只要准确知道某作者的姓名，就可滚雪球似的把同行专家的最新论文检索出来。中国科学院文献情报中心编辑出版的《中国科学引文索引》也能收到同样的追溯检索效果。

③ 循环法。先利用检索工具查出一批有用文献，然后再利用这些文献末尾所附参考文献的线索进行追溯查找。此法的优点是在检索工具缺年、缺卷时，也能连续获得所需年限内的文献资料。

(2) 计算机信息检索的方法

借助计算机、网络等现代技术进行信息检索的方法。在此主要介绍以下几种方法。

① 联机信息检索。一般是指信息用户利用终端设备，通过通信网络与世界各地的信息检索系统联机，进行人机对话，从检索系统的数据库中查找出用户所需信息。优点是：检索速度快，检索范围广而全，检索途径多，检索质量高，检索内容新，检索辅助功能完善，使用方便，检索结果输出方式灵活。缺点是：主机负担重，一旦出现故障，则整个网络都将瘫痪；信息组织方式以线性为主，不够灵活，没有网络使用方便。

② 光盘信息检索。光盘是继纸张、缩微胶片、磁存储器之后的一种用激光束记录和再现信息的存储载体。用于检索和阅读的光盘通常为只读光盘。光盘是一种信息载体，而要对其中的信息进行检索和利用则需要计算机的配合。优点是：可免除联机检索系统所必须使用的电信设备，免除由通信线路传输过程所造成的失误；存储容量大、耐用、复制费用低。缺点是：与联机、网络相比，光盘容量有限；在信息需求的适时性上，光盘检索不如联机检索系统，光盘只能定期提供；购置费用大。

③ 网络信息检索。目前 Internet 已成为世界上最大的信息资源宝库，网络信息的查找和检索已远远超出了信息检索领域，基于 Internet 的信息检索系统成为网络信息检索阶段的代表。优点是：信息检索范围宽，用户操作方便。缺点是：信息检索查准率不高。

2. 信息检索步骤

(1) 分析研究信息检索课题,明确检索要求

分析研究检索课题是确定信息检索策略的根本出发点,是实施信息检索过程的最重要一步,是信息检索效率高低的关键。信息检索者首先要对信息检索课题做综合分析,明确检索要求,制定相应的检索策略。课题分析中需考虑以下几个问题:

① 明确信息课题所涉及的学科范围,从而形成主要概念和次要概念,选取主题词。

② 明确所需信息的文献类型。在检索工具中收录了来自各种不同的文献信息,课题性质不同,所需的文献类型也不同。如欲了解某一知识或某一概念,可选用图书;项目研究或技术攻关,可选用科技论文、学位论文、会议文献等;产品设计,可选用专利说明书、标准文献等。

③ 确定检索的时间范围。每一项理论或技术都有其发生、发展和形成的过程,为避免浪费时间和精力,检索时应根据研究课题的背景确定检索的时间范围。

④ 明确所需信息的主语种。

⑤ 明确信息检索课题对查新、查准、查全等方面的指标要求。

(2) 选择信息检索工具或检索系统

信息检索工具是人们为了充分、准确、有效地利用已有的信息资源而编制的用来报道、揭示、存储和查找信息资源的卡片、表册、特定出版物等。检索工具或检索系统选择是否适当将直接影响检索质量。可从两方面考虑:收录文献的覆盖面及文献类型、学科范围;与信息检索主题内容对口的信息检索工具。

(3) 确定信息检索途径

检索途径即开始查找的切入点。有以下几个途径:

① 分类途径,是利用目次表分类索引进行的检索。关键是确定分类类目或分类号。当课题涉及多个学科时,应注意从不同类目交叉进行。

② 主题途径,是利用主题索引进行的检索。关键是确定主题词或关键词。

③ 著者途径,是利用著者索引进行的检索。关键是要准确书写著者的姓名。

④ 序号途径,是利用代码(代码编排的)索引进行的检索。包括专利号索引、标准号索引、化学分子式索引等。

(4) 掌握获取原文的线索

当完成课题分析并选择好检索工具后,即可按照一定的检索途径和检索方法实施检索。在检索过程中,除著者、序号等几种反映文献外表特征的途径所用的检索目标可事先确定外,按主题途径或分类途径事先选择的主题词或分类号标识,往往与具体的检索工具所提供的标识有差异,此时应作相应调整,使其趋向检索工具中的标识。

(5) 索取原始文献

获取原始文献是信息检索的最后一步,在做这步前,还需识别出文献出处的类型以及文献出处为期刊时的缩写刊名还原等问题。

① 文献类型的辨别:检索工具著录的文献出处款目项中,一般对文献类型不加说明,需检索者自己识别。检索刊物所收藏的文献大多只有图书、期刊、会议文献、科技报告及专利文献等几种,但均可从“文献出处”款目项中加以判断。

② 缩写刊名还原成全称:此问题主要在国外的检索工具中。西文期刊的缩写变为全称,可利用检索工具中的“期刊表”对照转换;对于非拉丁语系的刊名还原,首先使用检索工

具中提供的“期刊表”将其缩写刊名变成全称，再借助《科技期刊与连续出版物名称对照手册》等工具书，将其全称还原为通用刊名，即可直接索取原文。

1.2.5　学习信息检索的意义

当今社会，信息已经成为人类赖以生存和发展的不可或缺的重要资源，是科学研究和生产发展的重要基础。而信息检索则是对这一资源的开发和利用的主要手段。1984 年，原国家教委就要求各高校开设“文献检索课”，目的是培养大学生的信息意识和获取文献信息的技能。随着计算机和通讯技术的发展，社会信息进程加剧，信息、物质、能源成为人类社会三大财富。信息在社会生活中的作用凸显，信息检索与利用这门课程的作用也日显重要。其意义在于：

1. 培养信息意识，更新学习理念

信息意识，是人们对自然界和社会的各种现象、行为理论观点等从信息的角度理解、感受和评价，即面对不懂的东西，能积极主动地去寻找答案，并知道到哪里、用什么方法去寻找答案。学习信息检索可提高受教育者的信息意识，从而可有效地提高自学能力。当前，各级各类教育业已关注、重视学生能力的培养，包括学习方法、思维模式、动手能力等。中国的高等教育正日趋强调学生的能力培养，要求学生在掌握基础知识和专业理论的同时，要具备较强的自学能力、思维能力、研究能力、表达能力和组织能力，而提高信息意识、掌握信息获取方法是提高这些能力的有效武器，它们能从方法和意识上更新受教育者的理念，提高其学习效益，并使其从意识上关注前沿及动态信息的进展，提高学习的动力和自觉性。

2. 增强信息能力，提高科研成效

信息能力是指人获取信息、加工处理信息和利用信息的能力，它包括确定信息需求，选择信息获取方法，采取适当的信息检索策略，管理信息，评估检索获得的信息和信息源，提炼和综合观点，形成新结论，用信息成果有效解决原始问题，有效传播信息成果等能力。科研离不开信息，科研的一项重要工作就是搜集信息资料，它即是研究的需要，更是创新的需要。学会信息检索可以缩短信息检索时间，提高检索效率。做任何一项科学研究或学术活动，都要花大量时间对相关信息进行全面调查研究，了解现状、把握前沿、善于借鉴、勇于发现、积极创新。掌握信息检索技能有利于拓展思维和技术创新。

3. 提高自学能力，提升竞争优势

信息时代，知识更新频率加快，要求教育向着包括整个社会和个人终身的方向发展。由于知识更新速度加快，参加工作的大学毕业生，无需太久就会面临知识陈旧、知识不够用的困境，要提高生存技能、提升竞争优势，必须不断学习，保持与社会发展同步的知识结构和思维方式，即必须具有终身独立学习的能力，而信息检索教育则能培养学生获取新信息和自我知识更新的能力，从而提高其工作效率、科研能力和竞争能力。

1.2.6　信息检索的基本要求

信息检索应具备以下几项基本要求：

1. 准确性

信息检索的准确性是指检索到的文献信息要尽可能地准确，符合课题检索的需求。随着当代科学技术的发展，一方面导致科学研究越来越专门化，另一方面学科之间相互渗透交叉又形成新的门类，因此在检索过程中要掌握学科，尤其是交叉学科和新兴学科的发展脉络，获取的信息应有深度和广度。

2. 及时性

信息检索的及时性是指快速、准确地搜集所需要的最新信息，即要做到检索速度快，检索及时，并迅速在科研过程中发挥作用。信息检索的及时性是信息时代的客观要求，也是检索者的主观愿望，它要求检索者有较高的网络查询、信息搜集和分析研究能力，并能熟练掌握各种新型的信息获取方式。

3. 全面性

信息检索的全面性，一方面是指检索过程中使用工具或系统的全面性，另一方面是指在信息搜集中对学科本身的发展、变化把握的全面性，即根据课题要求把相关资料、文献信息搜集全面。信息检索不全面，会导致以偏概全，降低科学研究的效率。

4. 灵活性

信息检索的灵活性是指要主动按照课题需要采取灵活多样的检索手段，灵活选择检索工具，灵活确定检索途径，灵活构建检索方式，以达到全面、准确、及时的检索要求。

5. 新颖性

信息检索的新颖性是指按照课题的需要获取的信息是最新的，具有前沿性和开拓性。信息检索的新颖性要求数据库资源、网络信息资源必须时时更新。

2 检索基础知识

2.1 检索语言

语言是人们用来交流沟通的重要工具。人机对话，需要用计算机语言，而人与检索系统对话来进行检索操作，则需要有检索语言(retrieval language)作为桥梁。

检索语言是用于描述检索系统中信息的内部及外部特征和表达用户信息提问的一种专门语言，检索的匹配是通过语言的比较匹配来实现的。

检索语言也称为索引语言，后者是从检索系统的标引角度出发的，而前者是从用户的信息检索角度出发的。换言之，检索语言就是为沟通文献标引与文献检索而编制的人工语言，也是连接信息存储和检索两个过程中标引人员与检索人员双方思路的渠道，是用于文献标引和检索提问的约定语言。如果没有检索语言作为标引人员和检索人员的共同语言，就很难使得标引人员对文献信息内容的表达与检索人员对相同文献信息内容需求时的表达取得一致，信息检索也就不可能顺利实现。

2.1.1 检索语言的概念

传统意义上的检索语言仅指根据信息检索需要而创制的人工语言，其实质是用于表达一系列概括文献信息内容的概念及其相互关系的概念标识系统。它可以是从自然语言中精选出来并加以规范化的一套词汇，可以是代表某种分类体系的一套分类号码，也可以是代表某一类事物的某一方面特征的一套代码(如化合物的各种代码)，用于对文献内容进行主题标引、特征描述或逻辑分类。

检索语言又称情报语言、情报存储与检索语言、文献语言、文献工作语言、标引语言、标识系统等。

随着计算机技术的发展，检索语言的概念也发生了变化。目前，检索语言有广义和狭义之分，广义的检索语言泛指信息检索过程中涉及的人工语言和自然语言。人工语言是根据一定的规则人为编制而成的检索语言，它有着严格的使用规则，可用于表述文献主要内容，建立信息检索系统。自然语言是人类交流时使用的语言，不受任何限制，未经加工和规范。将自然语言用于检索，更符合用户日常表达的习惯，也显现出信息检索系统的易用性和亲和力。狭义的检索语言仅指根据信息检索的需要，按照一定的规则对自然语言进行规范，并专门用于信息标引和用户检索的人工语言。

检索语言在信息存储和检索系统中的作用，如图 2-1-1-1 所示。

当存储信息时，检索系统对文献内容进行分析，概括分析出若干能代表文献内容的词语，并赋予一定的标识，如题名、著者、主题词等，作为存储与检索的依据，被纳入索引体系中。

当检索信息时，检索人员首先要对检索课题进行分析，同样形成若干能代表信息需求的词语，然后通过检索系统在索引体系中匹配具有同样词语和标识的文献，找到自己所需要的信息。

检索语言由词汇和语法组成。词汇是登录在类表、词表中的全部标识，一个标识（分类号、检索词、代码）就是它的语词，而分类表、词表则是它的词典；语法是指如何创造和运用那些标识（单个标识或几个标识的组合）来正确表达信息内容和信息需要，以有效地实现信息检索的一整套规则，在检索过程中起着非常重要的作用。

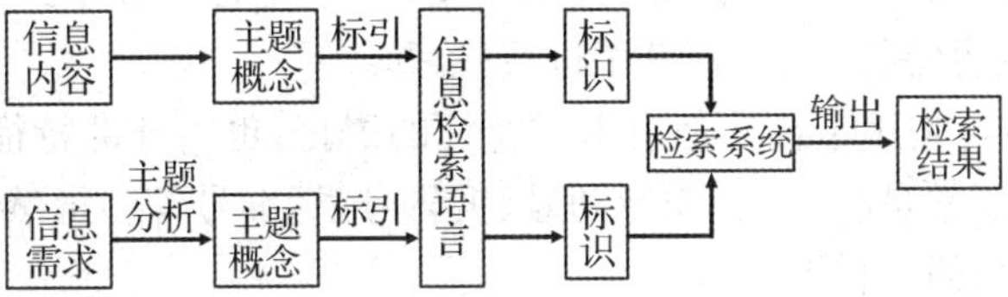

图 2-1-1-1 检索语言在信息存储与检索系统中的作用

1. 标引信息内容特征及某些外表特征，保证不同标引人员表达信息的一致性

检索语言是标引人员对信息内容特征以及部分外表特征进行描述的重要依据，信息标引人员在分析信息的基础上，用检索语言将文献的内容特征和外表特征表述出来，形成信息标识，如分类号、主题词等，然后将标引记录存放在系统中，以供用户检索使用。信息标引是一个群体行为，只有共同依据检索语言，才能保证标引信息的一致性。

2. 对内容相同及相关的文献信息加以集中或揭示其相关性

检索语言采用等级结构、参照系统、轮排聚类法、范畴聚类法等显示概念之间关系的方法，来实现对内容相同及相关的信息加以集中或揭示其相关性的功能。

（1）等级结构是显示概念之间关系的一种最重要的方法，它将各种概念按相关性排列成一个具有隶属关系或并列关系的秩序井然的概念等级体系。

（2）参照系统是主题词语言显示概念之间关系的主要方法，其功能是将具有相关性但因为按照字顺排列而被分散在各处的概念联系起来。

（3）轮排聚类法是将表达复杂概念或多因素主题的标识，按它们所表达出来的每个有检索意义的概念因素或主题因素进行轮排，当某一概念因素或主题因素轮排到检索入口位置时，就能使具有统一概念因素或主题因素的概念或主题的标识排在一起，从而起到聚类的作用，显示出概念之间的相关性。

（4）范畴聚类法可以表明同一范畴的检索词都属于某一学科或专业范围。

3. 使信息的存储集中化、系统化、组织化，便于检索人员按照一定的排列次序进行有序化检索

检索语言将表达成千上万信息主题概念的全部信息标识排列成一个有序的系统。排列信息标识的方法主要有三种：分类排列法，用于号码标识系统；字顺排列法，用于语词标识系统和代码标识系统；分类和字顺结合的排列法，即先按照分类排，再按字顺排，用于语词标识系统（如分类主题目录等）

4. 便于将标引用语和检索用语进行相符性比较

一般来说，任何一种检索语言都有便于将标引用语和检索用语从整体上进行相符性比较（即判断标引用语是否与检索用语完全相符）的功能。大部分检索语言都可以将标引用语和检索用语从局部上进行相符性比较(即判断标引用语是否与检索用语部分相符)。

2.1.2 检索语言的类型

检索语言根据不同的分类方法可以作如下分类:

1. 按照描述信息的特征划分:内容特征语言和形式特征语言。

(1) 内容特征语言是用来描述信息内容特征的语言,也叫内部特征语言,如主题词、分类号、代码等。代码直接取自信息内容,如化学结构式、化合物分子式等。内容特征语言可以直接揭示信息的内容特征,从内容着手进行检索。

(2) 形式特征语言是用于描述信息形式特征的语言,也叫外部特征语言,如作者、机构、题名、编号等。编号通常是唯一的,如专利号、报告号、标准号等。虽然形式特征语言不能揭示信息内容,但比较简便、直接。

2. 按照检索工具编排体系划分:分类语言和主题词语言。

(1) 分类语言是按照学科范畴划分而构成的一种语言体系,它集中反映学科的系统性,反映它们的相关、从属、派生等关系,从总体到局部分层、分面展开,形成分类体系。由类目号码及名称作为检索语言,构成分类类目表。国内外比较重要的分类语言表有《国际专利分类表》、《杜威十进分类法》、《中国图书馆图书分类法》(简称《中图法》)、《中国人民大学图书资料分类法》(简称《人大法》)等。

(2) 主题词语言是用词语直接揭示信息的概念和内容,包括关键词语言、单元词语言、标题词语言、叙词语言等,他们有不同的主题词表。主题词表达概念本身,在主题词表中通过参照系统来指示词汇之间的关系。

3. 按照规范化程度划分:人工语言(规范语言)和自然语言(非规范语言)。

(1) 人工语言是对自然语言中的同义词、近义词、反义词、多义词、上位词、下位词、相关词等经过一系列规范化处理的语言。规范化处理的目的是确保一个词只能表达一个概念,一个概念只能用一个词表达,必要时还可以对概念进行扩大、缩小和延伸。标题词、单元词、叙词以及分类号都属于人工语言,他们分别取自于人工编制的标题表、单元词表、叙词表和分类表。人工语言的特点是保证信息存储与检索双方的用语一致,不会发生偏差,但要求用户在使用人工语言进行检索时必须熟悉和掌握词语规范化的规则,从而大大增加了用户的额外负担。目前,人工语言较多地用于联机检索中。

(2) 自然语言是没有经过任何规范化处理的语言,如关键词、自由词等。自然语言的特点是用户可以使用自己熟悉的词语进行检索,不必考虑是否规范,没有额外负担,但不能保证信息存储与检索双方的用语一致,从而降低了查全率和查准率,目前自然语言多用于网络检索中。

2.2 计算机信息检索

计算机信息检索,简称机检。是指利用计算机存储和检索信息。具体说,就是用户利用计算机设备和通信网络,与计算机信息检索系统相连接,运用系统特定的指令和检索方法,组织检索策略,从存储了大量记录的数据库中检索出所需要的信息,继而再由终端设备显示或打印的过程。

为实现计算机信息检索，必须事先对大量原始信息进行加工处理，并以数据库的形式存储在计算机中待用。因此，广义上的计算机信息检索是包括信息的存储和检索这两方面的内容的。而狭义的计算机信息检索是指人们在计算机和计算机检索网络或终端上，使用特定的检索指令、检索词和检索策略，从计算机检索系统的数据库中检索出所需要的信息，然后再由终端设备显示和打印的过程。

2.2.1 计算机信息检索概述

计算机信息检索产生于20世纪50年代，发展于80年代中期，90年代后随着互联网技术的发展而进入了一个崭新的时期。计算机信息检索主要涉及互联网和数据库检索，所以相对于手工检索，无论是在检索途径、检索速度，还是在检索范围、检索时差方面，均有很大的优势，因而得到广泛应用。其特点主要有：

1. 检索范围大

由于计算机的运算速度高和数据库存储量大，计算机信息检索系统收录了数量巨大、内容全面的信息。仅联机检索系统就能提供成百上千个数据库的检索，涵盖主题十分广泛，几乎覆盖了人类社会生活的各个领域。国际联机检索集成计算机技术、通信技术和高密度存储技术，使得计算机检索具备了时效性、完整性、广泛性和准确性的特点，能在短时间内检索世界范围内的有关文献信息资料，真正达到了人类知识的共享。搜索引擎收录了庞大的网络信息资源，成为人们获取互联网信息资源的最重要的计算机检索系统。

2. 检索速度快

计算机的快速运算能力保证了计算机检索系统的检索速度，手工检索需要数日甚至数周的课题，计算机检索只需要数分钟甚至几秒就可以完成，大大提高了检索速度，节约了检索时间，提高了检索效率。

3. 检索功能强，组配灵活

计算机信息检索系统一般都提供布尔逻辑检索、截词检索、词组检索、字段限定检索，各类检索词之间可以灵活组配，满足多途径的检索要求。

4. 检索途径多

一般来说，计算机检索系统除具有手工检索中采用的途径外，还能满足多途径交叉检索的需要，尤其适用于综合性课题的检索。大部分计算机检索系统能够提供题名、分类、主题、作者、关键词、机构、中英文摘要、全文等检索途径。

5. 数据更新及时，时效性强

利用计算机检索的文献信息更新周期短，计算机检索系统根据自身的特点更新周期不同，如光盘多为每月更新一次，网络多为每日更新，甚至更新周期更短，而手工检索工具的更新周期一般都比较长。

6. 检索结果输出形式多样

检索结果可以选择直接浏览、打印、存盘或者电子邮件传送检索结果，部分计算机检索系统还提供不同字段的输出方式，或者选择简单格式和详细格式两种结果显示形式。

随着现代技术的飞速发展，计算机检索已经成为我们生活不可或缺的一个重要组成部分，在手工检索和计算机检索都可进行的情况下，人们首选计算机检索。因此，本书主要以讲述计算机检索为主。

2.2.2　计算机信息检索系统的构成

计算机信息检索系统主要由服务器、通信网络、检索终端和数据库组成，如图 2－2－2－1 所示。

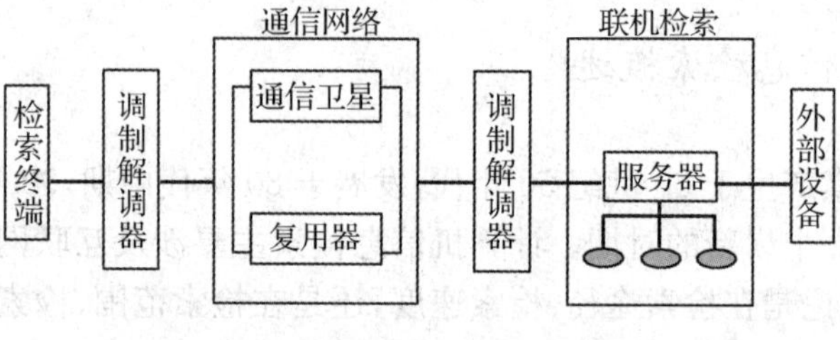

图 2－2－2－1　计算机信息检索系统的构成

1. 服务器

服务器是检索系统的核心部分，在检索过程中需要处理大量的指令和数据，一般要求服务器必须有相当高的运算速度和处理能力，并且具有相当大的存储能力。服务器通常包括硬件和软件。相对来说，硬件决定了系统的检索速度和存储容量，而软件部分则是充分发挥硬件的功能，进行信息的存储、处理、检索以及整个系统的运行管理。服务器的硬件和软件的组成反映了整个信息检索系统的检索能力。

2. 通信网络

通信网络是连接检索终端与计算机主机的桥梁，其作用是确保信息传递的畅通。它是实现联机检索和网上检索的必要条件。国际上大型联机检索系统的主机与世界各地的数据通信网络相连，在网络上设有端口，检索用户通过公用电话或专用线路与本地区的数据通信网络相连，然后拨号，通过卫星通信与主机联机。

3. 检索终端

检索终端是实现用户与检索系统传递信息，进行“人机对话”的装置，主要有电传终端、数据终端和微机终端等几种。现在基本上都是用微机终端，由计算机、打印机及调制解调器组成，调制解调器的作用，主要是在计算机和通信网络之间进行模拟信号和数字信号的转换。

4. 数据库

数据库是一系列信息记录的集合，是检索系统中的信息源，其作用类似于手工检索工具书。

2.2.3　数据库的基本概念

1. 数据(data)

所谓数据就是描述事物的符号。在我们的日常生活中，数据无所不在。数字、文字、图表、图像、声音等都是数据。人们通过数据来认识世界，交流信息。

2. 数据库(Database)

数据库，顾名思义，就是数据存放的地方，是按照数据结构来组织、存储和管理数据的仓库。在计算机中,数据库是数据和数据库对象的集合。所谓数据库对象是指表(Table)、视图(View)、存储过程(Stored Procedure)等。

3. 数据库的种类

按照国际上通用的分类方法,数据库通常划分为以下几类:

(1) 参考数据库

参考数据库是指用户在这些数据库中获取信息线索后,还需要进一步查找原文或其他资料的一类数据库。它包括书目数据库和指南数据库。书目数据库是存储某个学科领域的二次信息资源的数据库,其显著特征是向用户提供信息线索,只能检索出信息的标题、出处、著者、主题等。例如,《美国化学文摘数据库》、《中文科技期刊篇名数据库》等。指南数据库是存储能够提供用户参考、给予用户指南的各类信息,如商业、企业等机构名称、地址电话、人物、出版物、项目、活动等简要描述性信息的一类数据库,也称为指示性数据库。例如:公司名录数据库、人物传记数据库、技术标准数据库等均属此类。

(2) 源数据库

源数据库在欧洲也称为数据银行。它是能够直接为用户提供原始资料或具体数据的一类数据库,主要有以下几种:

① 数值型数据库:专门提供以数值方式表示的一种源数据库。例如各种统计数据库、财务数据库等。

② 文本—数值数据库:能同时提供文本信息和数值数据的源数据库。例如:企业信息数据库、产品数据库等。

③ 全文数据库:存储文献全文或其中主要部分的一种源数据库,简称全文库。例如:《中文科技期刊全文数据库》、《法律法规全文数据库》等。

④ 术语数据库:专门存储和检索名词术语、词语信息等的一种源数据库。例如:名词术语信息库等。

⑤ 图像数据库:用来存储和检索各种图像或图形信息及有关文字说明资料的一种源数据库。例如,用于各种建筑、产品、广告设计、图片或照片等资料类型的计算机存储与检索。例如《姑苏桥图片数据库》。

⑥ 新闻数据库:用来存储大量新闻消息的一种源数据库,其特点是收录的新闻内容范围十分广泛,时间性强,更新极为迅速。例如:《纽约时报》。

除了上述几种类型的数据库外,还有能同时存储多种不同类型数据的数据库,即混合型数据库。另外,数据库按其载体不同又可分为磁媒体数据库、光盘数据库和多媒体数据库等。

4. 数据库的结构

数据库主要是由文档、记录和字段这三个层次构成。

(1) 文档:是文献检索系统中数据组成的基本形式,是由若干个逻辑记录构成的信息集合。一般来说,一个数据库至少包括一个顺排文档和一个倒排文档。

① 顺排文档:构成了数据库的主体内容,它是将数据库的全部记录按照文档记录的顺序(存取)号一个接一个存放起来形成的文档,是完整的顺序信息记录,存取号越大,记录越新。在顺排文档中存储了数据库中所有的记录,并且存储了每篇文献的最完整的信息,因此又称为主文档。顺排文档的这种存储结构特性决定了对其进行检索时,只能顺序逐条读取其中的记录,要查找其中某一条记录,只有扫描完整个文档才算结束。因此比较费时。

② 倒排文档：是将主文档中的可检字段（如著者、主题词、题名、分类号字段等）按照某种顺序加以组织后得到的一种文档。

为了解决顺排文档检索不方便的问题，数据库设计人员想到像手工检索工具一样编制一种索引，对顺排文档（相当于检索工具的正文）再一次进行浓缩。倒排文档就是这样一种相当于索引的文档，它是抽取文献记录中一切可检字段按某种顺序排列而成的文档。不同的字段可以组成不同的倒排文档，如出版年倒排文档、著者倒排文档、题名倒排文档等。另外，还可以将几个字段混合排序组成混合倒排文档，这也相当于索引中的复合索引。

(2) 记录与字段

文档是由若干条记录构成。记录是数据库文档的基本组成单位，它在文档中是描述某一实体属性的数据集合。在书目型数据库中，一条记录相当于一条文摘或者题录，或者相当于图书目录中的一个款目，而在全文数据库中一条记录则相当于一篇完整的文献。在数据库的记录中，字段与文献的著录项目相对应。在一个记录中通常含有题名字段、著者字段、主题字段、文摘字段、分类号字段等，这些字段通常又可分为基本字段和辅助字段两类。

5. 数据库的主要特点

(1) 数据的共享性

数据共享包括所有用户可同时存取数据库中的数据，也包括用户可以用各种方式通过接口使用数据库，并提供数据共享。

(2) 数据的结构化

数据的结构化即按一定的数据模型来组织和存储数据，也称数据集成化。数据的结构化保证了对数据的集中控制，减少了数据冗余数度，节约空间，也减少存取的时间。

(3) 数据的独立性。

数据的存储独立于一般的应用程序，必须要使用特定的软件才能建立、维护和使用数据库。

(4) 数据实现集中控制。

文件管理方式中，数据处于一种分散的状态，不同的用户或同一用户在不同处理中其文件之间毫无关系。利用数据库可对数据进行集中控制和管理，并通过数据模型表示各种数据的组织以及数据间的联系。

(5) 数据的安全性

通常，用户不能自行修改、增删库中的数据内容。

2.2.4　计算机信息检索发展概况及功能

自从 1946 年世界上第一台计算机诞生以来，人们快速而准确地获取信息的要求成为可能。20 世纪 50 年代，国外开始了计算机在信息管理中应用的研究。50 多年来，随着现代计算机技术、通信技术以及存储介质的发展，计算机信息检索大体经历了以下五个发展阶段：

1. 脱机检索阶段

此阶段是从 20 世纪 50 年代中期到 60 年代中期。进入 20 世纪 50 年代后，在计算机应用领域“穿孔卡片”和“穿孔纸带”数据录入技术及设备相继出现，以它们作为存储文摘、检索词和查询提问式的媒介，使得计算机开始在文献检索领域中得到了应用。

1954 年，美国海军兵器中心利用 IBM-701 型电子管计算机建立了世界上第一个实验性的计算机信息检索系统。标志着人类开始步入利用计算机进行信息检索的新的历史时期。此后不断加以改进，计算机文献检索得到了长足的发展。1964 年，美国国立医学图书馆建立了计算机数据库，即医学文献分析与检索系统，不仅可以进行逻辑“或”、“与”、“非”等布尔检索，而且还可以从多种途径检索文献。

在这一时期，计算机还没有连通通信网，也没有远程终端装置，主要是利用计算机进行现刊文献的定题检索和回溯性检索。这一阶段主要以脱机检索的方式开展检索服务，其特点是不对一个检索提问立即做出回答，而是集中大批提问后进行处理，且进行处理的时间较长，人机不能对话。因此，检索效率往往不够理想。

2. 联机检索阶段

此阶段是从 20 世纪 60 年代中期到 70 年代初。早在 20 世纪 60 年代初，就有了联机检索的研究与实验，1962 年美国麻省理工学院进行了世界上最早的联机信息检索实验。

1965 年以后，第三代集成电路计算机进入实用化阶段，软件上采用分时技术，存储介质发展为磁盘和磁盘机，存储容量大幅度增加，数据库管理及通信技术有了深入的发展，特别是计算机技术与远程通信技术的结合，为计算机检索提供了通信网络，这些为联机检索系统的发展创造了客观条件。1965 年美国系统发展公司开始研制交互式的联机检索系统，该系统能够使用户直接与检索的数据库进行会话式交流。1966 年，洛克希德空间与导弹公司(后来的 DIALOG 情报服务公司)建立了 DIALOG 系统，并于 1969 年将其投入运行。在欧洲，于 1965 年建立的欧洲空间研究组织空间文献服务处(SDS)是提供联机检索设施的首批情报中心之一。经过几年的发展，至 20 世纪 70 年代初，联机检索系统在美国和欧洲得到了广泛的应用。这一时期还出现了其他一些联机检索系统，如 IBM 公司的“文献处理系统”(DPS，即 STAIRS 的前身)，欧洲空间组织的 ESA-IRS 系统等。

进入 70 年代后，利用专用通信设备或卫星通信系统、公用电话线将终端设备与计算机相连接，使终端用户可以进行远程数据检索，从而形成了世界范围的联机检索系统网络。

联机检索系统是一种使用便利的计算机检索系统，它允许用户以联机会话方式直接访问系统及其数据库。只要利用一个电话和一个终端，就可以联机到许多计算机系统，而不管它们位于何处。

这个时期，由于计算机处理功能的加强，数据存储容量的扩大和磁盘机的应用，为建立大型的文献数据库创造了条件。国际上几大主要的联机检索系统都是在这个时期开始研制并逐步发展起来的，并且均在国内或组织范围内得到实际应用。主要的国际联机检索系统有：

① MEDLARS(医学文献分析检索系统)：该系统由美国国立医学院图书馆研制与开发，是当今世界上最有权威的医学文献数据库检索系统；

② DIALOG：该系统是当今世界上最大的国际联机检索系统，隶属美国 Kniht-Ridder 公司。数据库系统创建于 1963 年，因研制了 GIALOG 人机对话情报检索软件而得名。目前拥有 320 个数据文档，存储记录超过 1 亿条。该系统的服务方式有追溯检索、定题检索联机订购原文等。

③ ORBIT：该系统由美国系统发展公司研究开发，是世界第二大联机检索系统，其检索功能和服务方式与 DIALOG 系统基本相同。

联机检索是科技信息工作、计算机、通信技术结合的产物，它标志着 20 世纪 70 年代计算机检索的水平。

3. 光盘检索阶段

20世纪80年代以来，一种新型信息载体——激光光盘在信息检索系统中得到越来越广泛的应用。光盘是一种用激光记录和读取信息的盘片，具有信息存取密度高，容量大，读取速度快，信息类型多，保存时间长，成本低等优点。这是一种在计算机技术，激光技术和精密伺服电机技术等现代科学技术成果的基础上发展起来的新型电子出版物。一张CD-ROM光盘的存储容量为650 MB，是磁盘容量的500倍。自1984年美、日、欧洲开始利用只读光盘存储专利文献、技术资料和工程图纸；1985年，世界上第一个商品化的CD-ROM数据库——Bibiofile(美国国会图书馆机读目录)推出以后，大量的数据库以其为载体迅速涌现，使得光盘检索系统以其操作方便、不受通讯线路的影响、不必支付的高昂的通讯费和联机系统使用费等特点得到了蓬勃的发展。尤其是光盘塔及光盘网络系统的出现和广泛应用，更提高了光盘的利用率，使光盘的多用户检索和共享成为现实，大大降低了检索费用。光盘检索其实也是一种联机检索。它既可以进行单机检索，又可以实现网上共享，还可以与远程联机检索系统联网。光盘检索系统除了可以提供追溯检索、定题服务外，还可以用于“自建库”、培训用户和作联机检索前的预处理。

4. 网络化联机检索阶段

随着美国和欧洲的通信网络相继投入商用，通信网络与公用电话线相连，为远距离终端联机检索提供了条件。1972年MEDLINE率先加入TYMNET通信网，然后又加入TELENET通信网。随后，DIALOG、ORBIT等系统也相继进入网络。这使得国际通信网所及之处，都可以进行联机检索，并且各大系统的主机也通过通信网彼此相连。这样，通过国际通信网，实际上是许多计算机检索系统一起构成了一个庞大的联机检索网络。在网络中，各检索系统的主机成了网络上的节点，而每个节点又连接着许多终端，这样，可以检索网络种任意一台主机的信息，真正实现了信息资源的共享。进入20世纪80年代，随着TCP/IP通信协议的普遍采用，以及美国国家科学基金会的介入，以ARPAnet为主干网的国际计算机互联网络Internet进入高速发展期。1990年3月，ARPAnet停止运转，NSFNET便成了Internet新的主干网。Internet实际上是一个网络中的网络，具有分布式控制的松散结构，它不受任何政府或某个中心的管理或控制，包含了无数个相互协作的组织和网络，网络上的用户既是网络资源的索取者，也是网络资源的提供者。

20世纪80年代出现的多媒体技术，集成了文本、声音、图像甚至动画等各种媒体信息，同时将计算机技术、网络通信技术和信息处理技术有机结合起来，为信息检索系统的发展注入了新的活力。目前，多媒体信息系统已广泛地应用于科技、娱乐、服务、商业、教育等领域。这使信息检索在深度和广度，以及完整性方面与传统信息检索相比有了较大的飞跃。同时，由于其与计算机技术和通信技术相结合，因而能够实现多媒体信息的远程检索通信。

5. 基于WEB的现代网络检索阶段

随着互联网的出现，用于检索网络信息的搜索引擎和浏览目录也应运而生。一般来说，人们习惯于用WEB替代互联网，用搜索引擎替代网络检索工具。但WEB只是互联网的一部分，而搜索引擎也只是网络检索工具中的一种而已。虽然WEB与互联网并不是同义词，但它已经名副其实地成为了信息检索最主要的平台，且有发展成信息检索唯一的平台的趋势。我们现有的三大类信息检索系统——数据库检索系统、联机公用图书馆目录检索系统和网络检索工具将WEB作为了共同的信息检索平台。WEB检索服务是信息检索标准Z39.50的应用的推广，为适应日益兴起的信息开放获取的需求提供保证。随着WEB检索服务的推广和应用，在网络环境下通过始终如一的界面检索，各式各样的信息将不再是用户的期盼，而应是网络检索的现实。

2.2.5 我国计算机信息检索的发展与现状

我国的计算机信息检索起步较晚，与国外相比大约落后10至15年。主要历程为：从引进国外的文献数据库到逐步建立我国自己的数据库；从定题服务逐步发展到联机追溯检索；从利用国际联机检索终端逐步发展到建设自己的联机系统；从单机检索逐步向网络化方向发展。主要有以下几个方面：

1. 开展国际联机检索服务

我国计算机信息检索的研究始于20世纪70年代中期，1975年，由中国科技情报所和北京图书馆联合发起，组织了500余个单位，花了3年时间编制成有10余万条主题词的综合型《汉语主题词表》，为发展汉字信息检索打下了物质基础。1976年利用引进的美国《政府研究报告》磁带进行计算机检索试验获得成功，接着机械工业部情报所、北京文献服务处等许多单位先后利用国外文献磁带开展定题检索和国内联机检索服务。1980年由中国建筑技术发展中心文献部等11个单位联合在香港租用国际联机检索系统终端，为国内各有关部门的科研、设计使用、生产教学和管理进行国际联机检索服务。1981年，北方科技信息研究所在北京建立了第一个国际联机终端用户。1982年中国科技情报研究所建立了中国药学文摘汉字数据库。1983年中国科技情报研究所设立国际联机检索数据终端，与美国DIALOG系统和欧洲的ESA/IRS系统连接，开展国际联机检索服务。随后，华东工学院(南京理工大学)、上海交通大学等高校也纷纷建立了自己的国际联机检索终端。1983年，"科技情报计算机检索系统"的开发任务列入"六五"国家重点工程项目，计算机信息检索掀起了高潮，我国联机检索事业得到了飞速的发展。

2. 发展光盘检索

1986年4月，中国海洋情报研究所从国外引进水产科学和渔业文献光盘(ASFA)。此后，全国各大科研机构和高等院校的情报部门纷纷从国外引进相关学科的光盘数据库，着手发展光盘检索。

1992年，我国第一张商业化光盘数据产品《中文科技期刊篇名库》问世后，其他学科的光盘也相继出版，并已开始走出国门。

3. 自建数据库

我国从20世纪80年代初就开始建设自己的中文数据库。如今，自建数据库事业有了长足的发展，数据库质量不断提高，数据库规模日益扩大。

4. 加入Internet，开展网上文献检索服务

1994年4月，通过登记注册，中国科学院高能物理研究所、中国科学院网络中心率先正式和Internet联网。随着中国经济的不断发展，中国的Internet用户正在迅速发展壮大，开展网上丰富多彩的文献信息资源的检索服务正成为社会生活中不可或缺的一项工作。

2.2.6 主要检索功能

计算机信息检索是计算机检索系统针对数据库进行的，检索过程是在人与计算机的协同作用下完成的，匹配是由机器完成的。计算机信息检索主要能够实现回溯检索、定题检索、随机问答、联机订购等功能。

1. 回溯检索

回溯检索(Retrospective Searching，简称 RS)，指追溯查找过去的信息。进行回溯性检索，也可以查找最新的信息，能适应多数用户的查询需求。可用于申请专利时的新颖性检索、科研课题的立项或鉴定时的查新、撰写综述性论文以及编写教材时信息的收集等。

2. 定题检索

定题检索(Selective Dissemination of Information，简称 SDI)，是根据用户检索课题的内容，定期地从新到资料数据中为特定用户提问进行计算机情报检索的服务方法。一次性输入事先确定好的检索提问式保存在检索系统中，检索系统根据数据库更新周期，定期地对保存的检索提问式进行检索，将检索出的最新文献信息提供给用户。它具有定期性、新颖性和批处理式的特点。

3. 随机问答

随机问答是指用户根据自己的信息需求，直接利用终端检索，检索系统即时提供用户所需要的文献信息。

4. 联机检索

联机检索(Online Retrieval)，是指检索者通过检索终端和通信线路，直接查询检索系统数据库的计算机信息检索方式。

2.3 主要检索技术

计算机信息检索技术是用户信息需求和文献信息集合之间的匹配比较技术。而在信息检索过程中，为了保证检索结果的快、全、准，仅靠一个检索词(关键词、主题词)难以满足检索的需要，有时需要用各种算符将若干个检索词(关键词、主题词)组成检索式进行检索。所以检索式就是用户需求与信息集合之间匹配的依据，信息检索技术的实质就是检索式的构造技术。

2.3.1 布尔逻辑检索

规定检索词之间的逻辑关系的运算符，称为布尔逻辑运算符。布尔逻辑运算符包括逻辑“或”、逻辑“与”和逻辑“非”，其关系图见图 2-3-1-1。利用布尔逻辑运算符进行检索词或代码的逻辑组配，是现代计算机检索的基本技术。

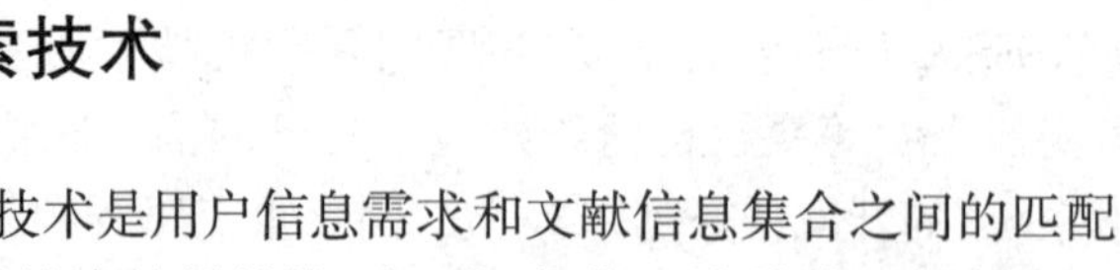

图 2-3-1-1　布尔逻辑运算符示意图

(1) 逻辑“或”

逻辑或可以用“OR”或“+”表示，它用于两个或两个以上概念之间的并列关系运算。

其含义是检出的记录中至少含有两个检索词中的一个。OR 运算符的基本作用是扩大检索范围，增加命中文献量，提高检索结果的查全率。

【例】 足球＋篮球(也可表达为：足球 OR 篮球)，表示命中的文献内容只要包含“足球”或“篮球”中的一个即可，当然也可同时包含这两个词。

(2) 逻辑“与”

逻辑“与”可以用“AND”或“ * ”表示，它用于两个或两个以上概念之间的相交关系或限定关系的运算。其含义为：检出的记录中，必须同时含有所有的检索词。AND 运算符的基本作用是缩小检索范围，减少命中文献量，提高检索结果的查准率。

【例】 足球 * 篮球(也可表达为：足球 AND 篮球)，表示命中的文献内容必定同时含有这两个词，即命中文献既是讨论足球的，同时也是讨论篮球的。

(3) 逻辑“非”

逻辑“非”可以用“NOT”或“－”表示，它用于在某一检索范围中排除不需要的检索词，即检出的记录中含有 NOT 运算符前的检索词，但同时又不能含有其后的词。NOT 运算符的基本作用也是缩小检索范围，但不一定提高检索结果的准确性，一般只起到减少文献输出量的作用，在联机检索中可降低检索费用。由于 NOT 运算符有排除掉相关文献的可能，因此，在实际检索中应慎重使用。

【例】 足球－中国(也可表达为：足球 NOT 中国)，表示命中的文献内容中含有“足球”这个词，但不能含有“中国”这个检索词，意指讨论的不是中国足球。

在构造逻辑表达式的时候，应根据不同的信息需求、不同的检索策略来构造。一般来说，对于以查全为目标的检索课题，在检索式的构造过程中，用“与”连接的概念不能太多，应增加用“或”连接的相关检索词；对于以查准为目标的检索课题，其检索式的构造一般可以增加逻辑“与”的使用。

布尔逻辑组配检索已经广泛地运用到了各种数据库和互联网的检索当中，是检索技术中运用最多的。通过布尔逻辑检索符构造出来的逻辑表达式易于理解，便于使用。它可以表达与用户思维习惯相一致的查询要求，与计算机逻辑运算功能一致，表达意义比较明显直观。在使用布尔逻辑运算符时要注意如下事项：

① 在使用逻辑运算符时，可用括号“( )”改变执行顺序。

② 检索式中有多个逻辑符时，不同的计算机检索系统对 AND、OR、NOT 的优先级顺序可能有不同的规定，无括号的时候按优先级顺序执行，有括号的时候按先括号内后括号外的顺序执行。

③ 不同的检索系统，对于布尔检索的运算符形式可能会有所不同，应在实际运用中了解具体检索系统的规定。

④ 慎重使用逻辑非，以免排除有用的文献信息，造成漏检。

2.3.2 截词检索

截词检索就是使计算机保留检索词中的相同词干部分，允许检索词有一定范围的变化，这种检索功能可以减少输入步骤，简化检索程序，获得较高的查全率。尤其是英语的单词词尾变化较多，为避免输入过多的词容易出现失误或漏检，经常要使用截词来检索。不同的检索系统有其不同的截词符，故应注意不同系统中截词符的形式，但其功能基本相同。截词的用法主要有两种形式："限制截词"和"非限制截词"。

截词包括后截、中截、前截等。不同检索系统截词符各有规定，常用的符号有："?"、"*"、"$"等

在 DIALOG 国际联机检索系统中，用"?"作为截词符，主要包括下列情形（见图 2-3-2-1）：

1. 后截断

后截断是最常用的截词检索技术。将截词符号放置在一个字符串右方，满足截词符左方所有字符的记录都为命中记录。这是一种"前方一致"的检索。

【例】　输入"computer?"，可检出含有"computers"、"computering"、"computerigation"、"computered"等词的文献。

输入"computer??"，则可检出含有"computer"、"computers"、"computered"的文献。

需要注意的是，在使用后截断的时候有可能检索出无关词汇，尤其是在使用无限截断时，所选词干不能太短，否则将造成大量误检，或是发生溢出，导致检索失败。

符号	意义	实例	
?	后截断（非限制截词）	computer?;	
	中截一字符	wom?n	
? ?	后截一字符	computer? ?	
??	后、中截二字符	act??;	??computer
???	后、中截三字符	commutat???	

图 2-3-2-1

2. 前截断

前截断是将截词符号放置在一个字符串左方，满足截词符右方所有字符的记录都为命中记录。这是一种"后方一致"的检索。在检索复合词较多的文献时，前截断比较多见。

【例】　输入"? computer"，可检出含有"minicomputer"、"microcomputer"等词的文献。

3. 中截断

中截断是将截词符号放在一个字符串的中间，满足截词符前、后方所有字符的记录都为命中记录。这是一种"前后方一致"的检索。

【例】　输入"m? n"，可以检出含有"man"、"men"等词的文献。

输入"organi? ation"可分别检出 organization 和 organisation 两词。

总之，信息检索系统提供不同类型的截词检索方法，能够提高查全率，扩大检索范围，减少检索词的输入量，简化检索步骤，从而节省检索时间，降低检索费用。

2.3.3 位置限定检索

位置算符是表示检索词之间位置关系的一种运算符。两个概念的不同相对位置常反映它们的不同语义关系。由于英文中对一句话有多种表达方法，写法可能不同，如："GPS在铁路桥中的应用"，用英文表述可以是"Using of GPS in Railway Bridge"，也可以表述为"Using of GPS in Bridge of Railway"。我们可以通过位置算符来限定Railway和Bridge两个词之间的前后顺序和相隔距离来提高检索的准确率。一般的数据库检索中所提供的位置运算符主要有(W)和(nW)、(N)和(nN)、(F)和(S)等，具体含义如下：

1. (F)：是field的缩写，表示两个检索词必须同时出现在一个字段中，但两词间插入的词数和词序都不限。

2. (S)：是subfield或sentence的缩写，表示两词必须在记录中的同一个句子或同一个子字段中出现，词序可变。

3. (W)：是with的缩写，表示它连接的两个检索词不能有其他词汇，只能有一个空格或一个标点符号，且前后顺序不能颠倒。

4. (nW)：表示由它连接的两个检索词间最多能插入n个词，且两词的顺序不可变。

5. (N)：是near的缩写，表示由它连接的两个检索词之间不得插入词汇，必须紧挨着，但词序可变。

6. (nN)：表示由它连接的两个检索词间最多能插入n个词，且两词的顺序可以变化。

2.3.4 字段限定检索

限定检索是一种用于限定提问关键词在数据库记录中出现的区域，控制检索结果的相关性，缩小检索范围，提高检索效果的检索方法。限定检索的使用相当广泛，限定的检索条件多种多样，其中最常用的是字段限定检索。

在检索系统中，数据库设置的可供检索的字段通常有两种：表达文献主题内容特征的基本字段和表达文献外部特征的辅助字段。基本字段包括篇名、文摘、叙词、自由标引词等4个字段，辅助字段包括除基本字段以外的所有字段。每个字段一般采用2个字母表示字段标识符，常用的字段代码有标题(TI)、文摘(AB)、叙词或受控词(DE或CT)、标识词或自由词(ID或UT)、作者(AU)、语种(LA)、刊名(JN)、文献类型(DT)、年代(PY)等。

2.4 计算机检索的步骤

2.4.1 分析检索主题，提取检索词

分析检索主题是检索的准备阶段，是为了确立检索需求，是整个检索过程的出发点，包括了对课题类型、背景知识、概念及知识体系的分析，并提出拟解决的问题，要求分析仔细、全面。

1. 分析检索主题,明确检索要求

(1) 分析检索主题的中心内容和所属学科范围,以便准确选择反映文献内容特征的主题词、关键词和学科范畴;

(2) 明确检索需求、要求,即弄清检索目的以及要解决的问题。用户的检索目的和要求是多种多样的,是撰写学位论文,还是申报科研课题,是技术革新还是成果鉴定,目的不同,检索策略和范围也不同。检索需求、要求,主要反映在用户对命中文献的类型、语种及所需文献的年代等方面的要求;

(3) 了解要求收集的资料是数据、事实还是相关文献,是寻找针对具体问题的准确答案、数据,或解决问题、或作为论据和引证的依据;

(4) 确定信息收集的时间范围,是近年、过去的一个时期,还是对未来的预测,或者两者都需要;

(5) 所需求的信息被加工深度是多少,只是获取原文,还是只需要相关线索,或者是需求综述性、评论性的资料;

(6) 所需求资料的文献类型是哪些,是图书、期刊、报纸、学位论文、专利、会议、标准、科技报告、网络信息或是几种类型的综合;

(7) 根据提出的问题,用什么主题词去实施检索,是一个还是一组,分别是什么。

2. 选择检索方法

是用常用法、还是选用追溯法、循环法。

3. 选择检索系统和数据库

在分析检索课题,明确检索要求的基础上,必须综合考虑检索系统的特点、收录的学科范围、各数据库的专业范围、主题内容、数据来源与文献类型、标引的深度及准确度、技术含量、数据的存储年限、更新频率、检索速度、界面的友好程度以及检索费用、使用方法等因素。

4. 确定检索项与检索途径

检索项主要指文献记录中的文献特征标识,包括反映文献外表特征和内容特征的两种标识。反映文献内容特征的标识如标题词、叙词和关键词等;反映文献外表特征的标识如作者、语种、文献类型等。其中内容特征标识是检索的关键。在选择检索词时应考虑将课题内容分解或综合成某些概念,提炼核心概念,发掘隐含概念,排除非核心与宽泛概念,力求检索词能反映用户信息需求和检索主题内容。另外应遵循优先使用规范性的受控词,其次是关键词,然后再根据实际情况恰当使用自由词的选词原则。同时要灵活使用同义词、多义词和近义词。

检索途径指主题检索途径、分类检索途径、作者(作者单位)检索途径和其他检索途径。

5. 正确应用各种算符,构建基本的计算机检索式

如:计算机在城市规划中的应用可构建检索式:计算机 * 城市规划 * 应用。

2.4.2 利用检索系统特定的指令正确实施检索

不同的检索系统所提供的检索技术也有所不同,比如默认字、词检索、位置算符、截词算符、引号、限定条件等不同的表示方法。因此上机检索之前必须对要实施检索的数据库的结构、检索方式以及检索技术有一定的认识,使已制定的检索策略与检索系统提供的检索方式相匹配,保证检索策略能够顺利、正确地实施。

2.4.3 通过人—机对话的方式不断调整、修改检索策略

由于在检索过程中，用户需求的随机性、对用户信息需求分析和表达的主观性，以及检索提问式的构造不完善等，制定检索策略的过程中必然会存在一些产生检索失误的潜在根源，所以为了最终满足信息需求，需要随时调整、修改和优化检索策略，减少漏检和误检，提高查全率和查准率。我们可以通过扩大字段范围（如题名字段检索改为文摘字段或全文检索等），使用布尔逻辑或连接上位词、近义词、同义词，利用截词检索以及模糊检索等方法扩大命中文献数量以提高查全率。也可利用缩小字段范围（如检索词限定在篇名和主题词字段）、使用下位检索词、运用逻辑非去掉无关信息、运用逻辑与限定相关主题等方法缩小检索范围以提高查准率。

2.4.4 输出检索结果，并根据文献线索通过以下途径获取原文

1. 查找图书馆馆藏书目系统（OPAC），确定是否有纸本馆藏
2. 查找图书馆订购的全文数据库
3. 通过搜索引擎查找互联网开放存取的免费全文信息
4. 通过馆际互借/文献传递从其他图书馆获取文献原文

3 基于搜索引擎的网络信息资源检索

3.1 网络信息资源

Internet,中文正式译名为因特网,又叫做国际互联网,是一组全球信息资源的总汇,将以往相互孤立的、散落在各地的单台计算机或是相对独立的计算机局域网,借助通信网络,通过一定的通信协议来实现更高层的互联。所谓网络信息资源,是指以数字化形式记录且以多种媒体形式表达的,分别存储在因特网不同主机上并通过计算机网络通信方式进行传递的信息资源的集合。

3.1.1 网络信息资源的类型

互联网上信息资源的传输与共享要遵循一定的协议,包括访问 WEB 服务器的 http 协议、连接到 FTP 服务器的文件传输协议(FTP)、远程登录协议(Telnet)等。网络信息资源按照其遵循的网络传输协议的不同,可分为 WWW 资源、FTP 资源和 Telnet 资源等。

1. WWW 资源

WWW(world wide web),即环球信息网,又称万维网或简称 3W,这是一种建立在 Internet 上的全球性的、交互的、动态、多平台、分布式图形信息系统,是基于超文本(Hypertext)方式的信息查询工具。WWW 以 Client/Server 模式进行数据通信。

2. FTP 资源

FTP(file transfer protocol,文件传输协议),用于 Internet 上的控制文件的双向传输,同时,它也是一个应用程序(application)。用户可以通过它把自己的计算机与世界各地所有运行 FTP 协议的服务器相连,访问服务器上的大量程序和信息,既可以将文件从远程计算机上拷到本地计算机,也可将本地计算机的文件送到远程计算机上。通过 FTP 获取的信息源主要是免费软件、共享软件、书籍的电子版、电子期刊、一些政府机构发布的信息及研究报告和学术论文等。

3. Usenet/Newsgroup

Usenet,又称新闻讨论组,是 Uses Network 的缩写,它由个人向世界各地的千万个互联的新闻服务器(News Server)投递的新闻邮件组成,但这里的邮件不再是发给某一个特定的用户,而是全世界范围内的新闻组服务器。Usenet 用户写的新闻被发送到新闻组后,任何访问该新闻组的人都有可能看到这个新闻。新闻组服务器由公司、群组或个人负责维护,它可以管理成千上万个新闻组,每个新闻组都有一个特殊主题,它允许世界上任何地方的对此有兴趣的用户参与,可以与全球对此主题有兴趣的人共同讨论,因此又称“电子论坛”、“网上论坛”等。每个新闻组有一个名字,用下圆点分开,名字的第一部分定义了组的类别,如:alt. 代表除正式的社交活动之外的各种组;comp. 代表与计算机相联系的组;hk. 代表香港地区的新闻组；sci.表示科学方面的组(不包括计算机)；soc.表示有关的社会科学等等，以上所列的名称是一组顶级组名。

4. BBS

电子公告(bulletin board service，BBS)，最初只提供消息传递和阅读功能，使用者通常是些计算机爱好者。由于用户的需求不断增加，现在的BBS已不仅仅是电子布告栏而已，它具有供用户自我选择阅读若干感兴趣的专业组和讨论组内的信息、在站点内发布消息或文章、进行评论、获取免费软件和文件传输以及同站点内的用户互通电子邮件，进行实时对话等功能，成为直接交流讨论及获取学术信息的一个重要渠道。

5. Telnet

Telnet即Internet远程登录协议，是TCP/IP协议族中的一员，是Internet远程登陆服务的标准协议和主要方式。Telnet协议为用户提供了在本地计算机上完成对远程主机工作的能力。在终端使用者的电脑上使用Telnet程序，用它连接到服务器，终端使用者可以在Telnet程序中输入命令，这些命令会在服务器上运行，就像直接在服务器的控制台上输入一样，可以在本地就能控制服务器。要开始一个Telnet会话，必须输入用户名和密码来登录服务器。Telnet是常用的远程控制Web服务器的方法。

3.1.2 网络信息资源的特点

1. 极强的时效性

与传统媒介的生产发行手段相比，网络信息的制作与传播的速度要快得多。网络使信息传播“及时性”的标准不断攀升，现已可以达到“即时”传播的效果。

2. 广泛的传播面

网络传播是主要基于Internet进行的信息传播。根据中国互联网信息中心2010年1月发布的最新调查结果，截止到2009年12月，上网用户总人数为3.84亿，WWW站点总数为323万个，网页数量达到了336亿个。

3. 多媒体化的信息

网络传输的信息多媒体化，包括文字、图片、图表、动画、音频、视频等。

4. 突破线性限制的超链接方式

目前正在使用的最流行的系统叫“环球信息网WWW”(World Wide Web)。从技术角度上说，环球信息网是Internet上那些支持WWW协议和超文本传输协议HTTP(Hyper Text Transport Protocol)的客户机与服务器的集合，透过它可以存取世界各地的超媒体文件，内容包括文字、图形、声音、动画、资料库，以及各式各样的软件。

5. 不断增强的互动性

可使用一种超文本文件，就是其中的某些字、符号或短语起着“热链路”(Hotlink)的作用，在显示出来时其字体或颜色变化或者标有下横线以区别于一般的正文。当鼠标器的光标移到某个热链路上，并且按一下鼠标键之后，鼠标器光标便沿着这条链路跳到该文件的另一处或另一个文件。

6. 灵活多变的传播模式

传统媒体的信息传播都是“点到面”的传播。而使用网络信息，受众在接收信息时，有更多的自主性。可以更自由地选择自己需要的信息，包括选择信息的内容及接收信息的时间与方式。此外,受众也有机会成为信息的传播者。

3.2 搜索引擎概述

随着互联网爆炸性的发展,普通网络用户想在互联网上找到自己所需的资料简直如同大海捞针,这时为满足大众信息检索需求的专业搜索引擎网站就应运而生了。

3.2.1 搜索引擎的概念及其功能

搜索引擎(Search Engines),又称为搜索机,它是指根据一定的策略、运用特定的计算机程序搜集互联网上的信息,并对全球 WWW 网络中所有信息资源进行集合、整理与分类等处理后,将信息显示给用户,为用户提供检索服务的系统。它包括信息搜集、信息整理和用户查询三部分。

从使用者的角度看,搜索引擎提供一个包含搜索框的页面,在搜索框输入词语,通过浏览器提交给搜索引擎后,搜索引擎就会返回与用户输入的内容相关的信息列表。

3.2.2 搜索引擎的类型

搜索引擎从不同的角度,有不同的划分方法。

1. 按检索方式分为主题式搜索引擎、目录式搜索引擎

(1) 主题式搜索引擎:由网络搜索软件 Robot 等按照某种策略自动地在互联网中搜集和发现信息,索引软件为搜集到的信息建立索引,检索软件根据用户的查询输入检索索引库,并将查询结果返回给用户。其优点是信息量大、更新及时、无须人工干预;其缺点是返回信息过多,可能有很多无关信息。代表有 Google、AltaVista、Excite、East Search、Hotbot、百度、天网等。

(2) 目录式搜索引擎:把因特网中的资源服务器的地址收集起来,按资源的类型分成不同的层次型目录,用户寻找信息可按它们的分类一层层地进入,就能达到目的。其优点是信息准确、导航质量高;其缺点是需要人工介入、维护量大、信息量少、信息更新不及时。代表有 YAHOO、搜狐、Direct Hit、Britannica、Open Directory。

2. 按检索特性划分为独立型搜索引擎、多元型搜索引擎

(1) 独立型搜索引擎:一般拥有自己的索引数据库,为用户提供基于自身索引库的查询服务,并根据从索引库中自动搜索的具体情况,反馈相应的查询信息或链接站点。常见的目录式搜索引擎与主题式搜索引擎均属于独立型搜索引擎。代表有 Yahoo、Excite、AltaVista 等。

(2) 多元型搜索引擎:亦称元搜索引擎(Meta-Searcher),它没有网页索引数据库,而是将用户的查询请求同时向多个搜索引擎递交,再将返回的结果进行重复排除、重新排序等处理后,作为自己的结果返回给用户。在实际中应用的效果并不理想。代表有 MetaCrawler、Search. Com、Dogpile 等。

3. 按检索内容分为综合性搜索引擎、专题性搜索引擎

(1) 综合性搜索引擎:提供多类型、多主题网络信息检索服务,既可提供网上 Web 文本、图像、声音、新闻组等不同类型的信息，也可提供主题涉及科学、人文、生活、新闻、娱乐等方面的信息，代表有 Google、Yahoo、Sohu、Go(Infoseek)、Excite 等。

(2) 专题性搜索引擎：专门用于搜索网上某一类型或某一主题领域的信息，涉及的信息类型比较单一或主题的学科范围比较狭窄，搜索的结果比较精确性，相关性也比较高。它是搜索引擎发展的方向之一。代表有 Meta-list. net(专门用于查询网上邮件列表)；LIBClient-IRISWeb 系统(专门用于查询网上法律信息)。

4. 按其工作方式可分为为全文搜索引擎、目录索引类搜索引擎和元搜索引擎

(1) 全文搜索引擎(Full Text Search Engine)：通过从互联网上提取各个网站信息(以网页文字为主)而建立起来的数据库，检索与用户查询条件匹配的相关记录，然后按一定的排列顺序将结果返回给用户，因此它们是名副其实的搜索引擎。代表有 Google、AltaVista、Baidu、Inktomi、Teoma、WiseNut 等。

从搜索结果来源的角度，全文搜索引擎又可细分为两种：一种是拥有自己的检索程序(Indexer)，俗称"蜘蛛"(Spider)程序或"机器人"(Robot)程序，并自建网页数据库，搜索结果直接从自身的数据库中调用，如上面提到的 6 家搜索引擎；另一种则是租用其他引擎的数据库，并按自定的格式排列搜索结果，如 Lycos 引擎。

(2) 目录索引类搜索引擎(Search Index/Directory)：目录索引类搜索引擎虽然有搜索功能，但在严格意义上算不上是真正的搜索引擎，仅仅是按目录分类的网站链接列表而已，用户完全可以不用进行关键词(Keywords)查询，仅靠分类目录也可找到需要的信息。其最具代表性的莫过于大名鼎鼎的 Yahoo，其他还有 Open Directory Project(DMOZ)、LookSmart、About、搜狐、新浪、网易搜索等。

(3) 元搜索引擎 (Meta Search Engine)：在接受用户查询请求时，同时在其他多个引擎上进行搜索，并将结果返回给用户。著名的有 InfoSpace、Dogpile、Vivisimo、搜星搜索引擎、万维搜索等。在搜索结果排列方面，有的直接按来源引擎排列搜索结果，如 Dogpile，有的则按自定的规则将结果重新排列组合，如 Vivisimo。

除上述三大类引擎外，还有以下几种非主流形式：

(1) 集合式搜索引擎：如 HotBot 在 2002 年底推出的引擎，类似 META 搜索引擎，但区别在于不是同时调用多个引擎进行搜索，而是由用户从提供的 4 个引擎当中选择，因此叫它"集合式"搜索引擎更确切些。

(2) 门户搜索引擎：如 AOL Search、MSN Search 等，虽然提供搜索服务，但自身既没有分类目录也没有网页数据库，其搜索结果完全来自其他引擎。

(3) 免费链接列表(Free For All Links，简称 FFA)：这类网站一般只简单地滚动排列链接条目，少部分有简单的分类目录，不过规模比起 Yahoo 等目录索引来要小得多。

由于上述网站都为用户提供搜索查询服务，为方便起见，我们通常将其统称为搜索引擎。

3.2.3 搜索引擎的工作方式

搜索引擎的主要工作包括：页面收录、页面分析、页面排序及关键词查询。

1. 页面收录

页面收录是指搜索引擎通过蜘蛛程序在互联网上抓取页面进行储存的过程，它为搜索引擎开展各项工作提供数据支持。

2. 页面分析

搜索引擎首先对原始页面建立索引，实现对页面的快速定位；然后提取页面的正文信息，并对正文信息进行分析并为这些信息(关键词)建立索引，从而得到页面与关键词的对应关系；最后搜索引擎对关键词进行重组，并建立关键词与页面间对应关系的反向索引列表，从而实现根据关键词快速定位至相应的页面。

3. 页面排序

搜索引擎结合页面的内外部因素计算出页面与某个关键词的相应程度，从而得到与该关键词相关的页面排序列表。

4. 关键词查询

搜索引擎接受来自用户的查询请求，并对查询信息进行分析及匹配后，再向用户返回相应的页面排序列表。

3.2.4 搜索引擎的检索方法和技巧

人们在网络检索实践中往往对检索结果不满意，如何提高检索的精度和广度，如何加快检索速度，这对于专业检索人员也是一种挑战，但也并非无法实现。因此，要熟悉和掌握一些常用的搜索引擎以及其性能、特点和使用方法，尽可能地使用一些专业搜索引擎，尤其是搜索引擎提供的特色检索功能。

搜索引擎一般具备关键词检索、布尔逻辑组配检索、词位限定检索、字段检索、截词检索等检索功能，但不同的搜索引擎提供的检索功能与查询规则不尽相同，而且同一种检索功能与查询规则在不同的搜索引擎中其表现也可能不完全一样，如：布尔逻辑检索在数据库检索中是必备的功能，而有少数搜索引擎却不支持这一功能，或者支持的程度不高，或表达的形式有别。由于各个搜索引擎所采用的查询规则不尽相同，我们在此介绍的是常用的一般查询规则。

1. 布尔逻辑检索

几乎在所有的搜索引擎中，都将布尔逻辑操作符作为最基本的语法规则，但不同的搜索引擎对布尔逻辑检索的支持程度和逻辑运算不完全相同，具体表现为：

(1) 完全支持：即支持 AND、OR、NOT 三种运算方式，如 Excite、Infoseek 等；

(2) 部分支持：即仅支持 AND、OR 两种运算方式，如 Yahoo；

(3) “高级检索”模式中完全支持，“简单检索”模式中部分支持，如 Hotbot、Lycos；

(4) 提供的运算方式不同：大部分搜索引擎采用常规的命令驱动方式，而一部分搜索引擎采用菜单驱动方式，即用菜单选项代替布尔运算符进行逻辑运算，如 HotBot、Lycos 提供两个菜单选项“All words”和“Any of the words”，用以代表 AND 和 OR 运算。

2. 截词检索

截词符一般用星号(*)表示。当“ * ”置于一个词的末尾时，表示将相同词干的词全部检索出来。如检索式“trans * ”，则表示可以检索到 translation、transfer、transformer 等词。有一些搜索引擎支持自动截词，用户不需要专门输入截词符，系统自动将相同词干的词全部显示出来。注意：“ * ”不能用在检索词的开始和中间。

3. 空格、逗号、括号、引号的作用

(1) 空格

空格的作用和逻辑“与”(AND)相同。在汉字作为关键词输入时,切记不要在构成关键词的两个字之间插入空格,否则,就会发生两个字之间进行逻辑“与”的检索错误,如:“火车”与“火 车”。

(2) 逗号

逗号(,)的作用类似于逻辑“或”(OR),也是查找那些至少含有一个指定关键词的页面。区别是,检索结果输出时,包含指定关键词越多的页面,其排列的位置越靠前。例如,检索式“计算机,网络,多媒体”,可查出包含三个关键词中的任何一个或几个的页面,而同时含有“计算机”、“网络”和“多媒体”的页面输出时排在前面。

(3) 括号

括号“(( ))”的作用是使括在其中的运算符优先执行,用于改变复杂检索式中固有逻辑运算符优先级的次序。

例如,检索式“多媒体 and (计算机 or 网络)”,表示要求先执行括号中的“OR”运算,再执行括号外的“AND”运算。

(4) 引号

引号(“ ”)的作用是括在其中的多个词被当作一个短语来检索。绝大部分主要搜索引擎都支持短语检索,找到含有与短语词序和意义完全相同的页面,提高检索的精度和准度。例如,检索式“electronic magazine”,表示把 electronic magazine 当作一个短语来搜索。如果不加引号,搜索引擎就会把两词之间的空格按“与”处理,查出包含 electronic 和 magazine 的页面,结果应与用户要求的主题内容相去甚远。

(5) 连接符

连接符有加号“+”和减号“-”,在检索词前使用“+”时,表示所有检索结果的页面中都必须包含该词。例如:检索式“+A+B”,表示查得的页面中应出现“A”和“B”方面的信息;而检索式“A+B”,则表示在检索结果页面中一定含有“B”,但不一定有“A”的信息。检索词前使用“-”时,表示任何检索结果的页面中都不能包含该词。例如:检索式“microwave-ceramic”,则表示查找关于 microwave 的页面,但排除那些和 ceramic 有关的页面。

4. 字段限制检索

(1) 标题检索

标题检索就是在网页的标题中查找输入的检索词,使用的命令一般是“title”,其格式为 title:检索式。例如: title:mars;title:mars landings;title:“mars landings”。

(2) 站点检索

站点检索就是在网站地址域名中检索输入的词,以查找用户指定站点上的所有页面,使用的命令一般是“host”,格式为 host:域名中的词,如检索式“host:digital. com”,表示可以检索出 WWW 服务器中主机名为“digital. com”的网页;如想要查找关于火星着陆方面的资料,并且只想在教育网站(后缀为. edu)中查找,可以输入这样的检索式:“mars landings”+host:edu。

(3) URL 检索

有些搜索引擎提供在 URL 的文本中进行检索的功能,这和站点检索非常相似,使用的命令一般是“url”,其格式为 url:URL 中的词。例如,检索式“url:home. html”可以检索出在网页地址中含有“home. html”的页面。

(4) 链接检索

链接检索就是在与特定网页或域有链接的所有网页中进行检索，使用的命令一般是“link”，其格式为 link:特定网页或域中的词。例如，检索式“link:thomas. gov”可以检索出与“thomas. gov”至少有一次链接的页面。

5. 词位限制检索

搜索引擎此项功能比较薄弱，只提供一种类似邻近位置运算(near)的词位限制检索。邻近符(near)指定了检索词之间的距离。用 near /n(n 为 1,2,3…)精确控制检索词之间的距离，表示检索词的间距最大不超过 n 个单词。例如：检索式“computer near/10 network”，可查找出 computer 和 network 两词之间插入不大于 10 个单词的文献，检索结果输出时，间隔越小的排列位置越靠前。

6. 自然语言表达式检索

搜索引擎支持直接采用自然语言中的字、词甚至整个句子作为提问式进行检索。例如：用自然语言表达式“ What is the weather in New York”作为检索提问式进行检索。其检索式的构造简单而明确，搜索的结果也直接而切题，很适合非信息专业的一般用户使用。

7. 附加搜索功能

(1) 网页快照(Snap Shot)

网页快照可以直接从引擎数据库的储存(Cache)中调出该网页的存档文件，而不实际连接到网页所在的网站，方便用户在预览网页内容后决定是否访问该网站。

(2) 网站内部查询

用户查到某个网页后，搜索引擎提供查询该网站其他页面的功能，类似“host”命令。

(3) 横向相关查询

用户查到某个感兴趣的网页后，搜索引擎提供查询其他内容近似网页的功能(不限于同一网站)。

(4) 概念延伸查询

在以某个关键词查询时，搜索引擎列出相关领域的其他搜索条件，以供选择。比如，输入“furniture”，搜索引擎会列出“outdoor furniture”、“patio furniture”、“office furniture”等相关信息，供查询时选择。

8. 模糊检索

不少搜索引擎提供模糊检索功能，允许被检索信息和检索提问式之间存在一定的差异，这些差异或源于用户的输入错误，或源于不同国家或者地区的不同形式。如输入关键词“蛋吵饭”，将提示“蛋炒饭”。另外，不少搜索引擎不区分英文字母大小写。

3.3 目录型搜索引擎

3.3.1 目录型搜索引擎的工作原理

目录型搜索引擎利用人工完成信息的收集与分析，并将分析结果形成分类目录呈现出来供用户检索。分类目录一般都有专门的编辑人员，负责收集网站的信息。随着收录站点的增多，现在一般都是由站点管理者递交自己的网站信息给分类目录，然后由分类目录的编辑人员审核递交的网站，以决定是否收录该站点。如果该站点审核通过，分类目录的编辑人员还需要分析该站点的内容，并将该站点放在相应的类别和目录中。所有这些收录的站点同样被存放在一个“索引数据库”中。用户在查询信息时，可以选择按照关键词搜索，也可按分类目录逐层查找。如以关键词搜索，返回的结果根据信息关联程度排列网站。需要注意的是，分类目录的关键词查询只能在网站的名称、网址、简介等内容中进行，它的查询结果也只是被收录网站首页的 URL 地址，而不是具体的页面。分类目录就像一个电话号码簿一样，按照各个网站的性质，把其网址分门别类排在一起，大类下面套着小类，一直到各个网站的详细地址，一般还会提供各个网站的内容简介，用户不使用关键词也可进行查询，只要找到相关目录，就完全可以找到相关的网站(注意：是相关的网站，而不是这个网站上某个网页的内容，某一目录中网站的排名一般是按照标题字母的先后顺序或者收录的时间顺序决定的)。

3.3.2　常用的目录型搜索引擎及其检索方法

著名的目录型搜索引擎有 Yahoo、Galaxy、搜狐、新浪、Open Directory Project、Infoseek、The WWW Virtual Library、BUBL LINK、AOL Search、蓝帆等。

Yahoo 分类目录

网址：http://search.yahoo.com/dir

1. 概述

Yahoo 是全球第一家提供 Internet 导航服务的网站，是世界上最著名的网络资源目录。最初的 Yahoo 是 1994 年 4 月，由斯坦福大学电子工程系的两位学生 Jerry Yang 和 David Filo 将 Internet 上他们感兴趣的站点编制而成的一个站点目录。1995 年，Yahoo 公司成立。同年，Netscape Navigator 引用 Yahoo 作为浏览器的 Internet 搜索引擎。目前，Yahoo 在全球共有 24 个站点，12 种语言版本，雅虎中国网站(http://cn.yahoo.com)于 1999 年 9 月开通，是 Yahoo 在全球的第 20 个网站。

Yahoo 的分类目录是最早的分类目录，也是目录式搜索引擎的典型代表。Yahoo 主要采用人工方式采集和处理网络信息资源，由信息专家编制主题目录，按主题目录对网络资源进行筛选、归类和组织，并编制索引数据库，利用人的智力克服单纯由搜索软件自动分类所带来的缺陷，增强了分类的合理性，提高了检索的准确性，从而保证了目录编制的质量。Yahoo 以其精心挑选的站点、广泛的内容成为广大用户网上查询的首选工具。Yahoo 的收录范围包括网站、Web 页、新闻组资源和 FTP 资源等，分类目录页面如图 3-3-2-1 所示。

2. 检索

Yahoo 主要提供主题分类目录浏览检索和关键词检索两种检索方式。

(1) 主题分类目录浏览。主题分类的信息组织方式是一种按层次逐级分类的类目体系。在基本大类之下又将每一个基本大类细分成不同层次的子类目，层次越深，主题专指性越强，逐级链接，最后与其他的网站、Web 页、新闻组资源、FTP 站点等相链接，从而形成了一个由类目、子类目构成的可供浏览的目录等级结构，可以逐层进入进行检索，也可以直接录入关键词对“分类网站”进行搜索。Yahoo 的这种目录模式，成为后来其他网络资源目录效仿的范例。

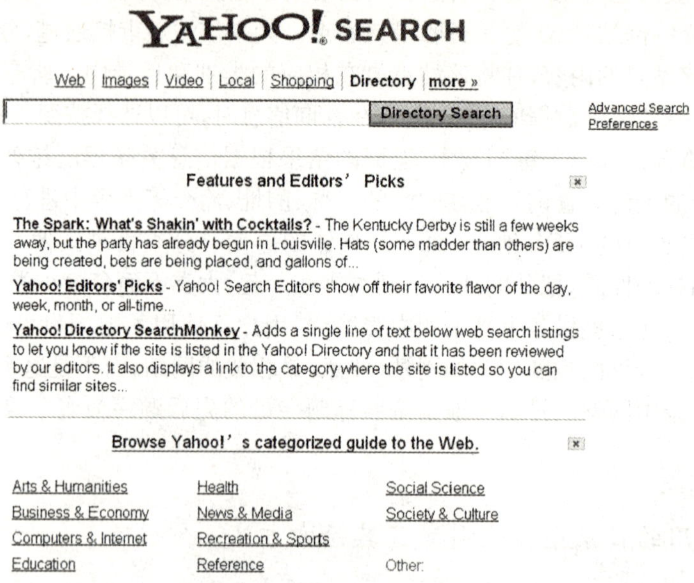

图 3-3-2-1　Yahoo 分类目录

(2) 关键词检索。关键词检索是采用 Web 索引程序 Yahoo Slurp 从 Internet 上采集文档而建立的一个可搜索的网页索引系统，可以检索网页、图片、新闻、音乐等信息。关键词检索分为两种方式：类目下的检索(Directory Search)和高级检索(Advanced Search)。

(3) 结果显示。检索结果以记录的形式显示，记录中包含网页的标题、作者、发布网站、发布时间等信息。此外，检索结果页中还包含相关搜索链接，通过链接可以查看与网页内容相关的其他内容，还可以在检索结果中进行二次检索。

2004 年 6 月，Yahoo 公司利用全球领先的 YST(Yahoo Search Technology)技术，在中国推出了独立的搜索门户——易搜(http://www.yisou.com)，提供全球网页的搜索、图片搜索、新闻搜索和音乐搜索等功能，网页搜索支持 38 种语言。易搜以其简洁方便的检索界面，先进的搜索分析和排序技术保证了搜索结果的客观与精确。

目前，雅虎中国已不在其主页上提供分类目录，而主要提供一种称之为“雅虎全能搜索”的关键词搜索服务(http://www.yahoo.cn)作为搜索版首页。

新浪分类目录

网址：http://dir.iask.com/

1. 概述

新浪网创建 1998 年 12 月，现在是一家服务于中国内地及全球华人社群的领先在线媒体及增值资讯服务提供商。新浪可以提供包括地区性门户网站、移动增值服务、搜索引擎及目录索引、兴趣分类与社区建设型频道、免费及收费邮箱、博客、影音流媒体、网络游戏、分类信息、收费服务、电子商务和企业电子解决方案等在内的一系列服务。

新浪搜索引擎收录各类中英文网络资源，资源十分丰富。新浪的分类目录(如图 3-3-2-2 所示)，将所有资源分成了娱乐休闲、求职与招聘、艺术、生活服务、文学、计算机与互联网、教育就业、体育健身、医疗健康、社会文化、科学技术、社会科学、政法军事、新闻媒体、参考资料、个人主页、商业经济、少儿搜索等 18 个大类，1 万多个纲目。采用主题和学科相结合的分类原则，采用字顺和频率相结合的类目排序体系，提供数十万个网站的网址、网页、新闻、图片、音乐、地图等资源的查询服务。

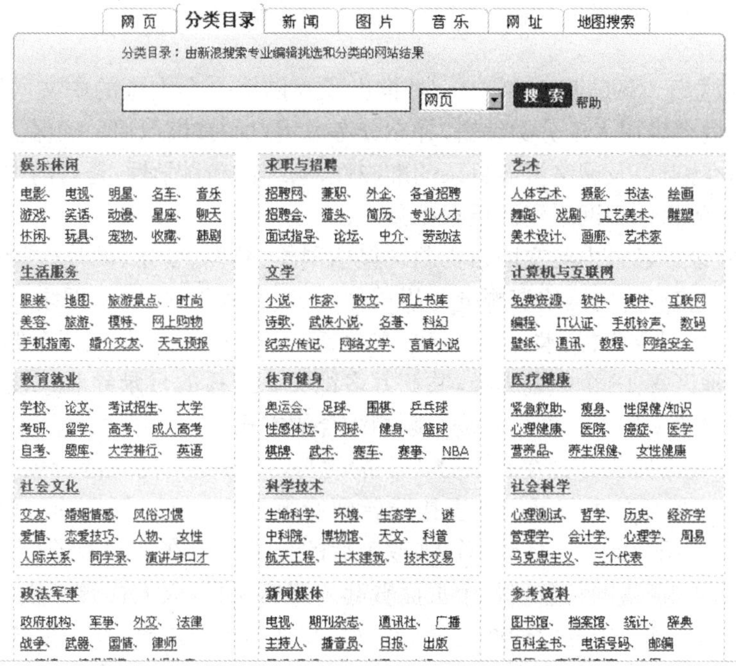

图 3-3-2-2 新浪分类目录

2000 年前的几大门户网站都有分类目录的栏目，那时候网民还没有习惯使用搜索引擎，而是更习惯使用分类目录。

新浪的分类目录最早是放在 http://www.sina.com.cn/ 的首页，共有 14 大类目录，一万多个细目和二十余万个网站，是当时互联网上最大规模的中文搜索引擎之一。除了人工的分类目录以外，还使用了百度提供的网页搜索技术。

随着搜索引擎技术和市场的发展，2005 年新浪推出独立的爱问 http://www.iask.com/，以后分类目录转到 http://dir.iask.com/。与百度搜索分开后，新浪开发了自己的爱问搜索技术和平台，但后来又放弃自己的技术，改与 Google 合作。

2. 检索

新浪网提供分类目录检索和关键词词检索两种检索方式，检索时支持使用逻辑运算符。

(1) 分类检索。分类检索是从分类目录首页，按照树状的主题分类逐层单击来查找所需的信息资源的一种方法。

(2) 关键词检索。关键词检索是用所需要信息的主题(关键词)进行查询的方法。使用关键词方法进行检索时，只要在新浪分类目录页面中的检索框中输入关键词，然后在资源列表中选择查询的资源类型(网页、图片、MP3、新闻标题、新闻全文、企业)，并单击“搜索”按钮即可。

(3) 检索结果。新浪的检索结果页面能够返回网页、新闻、视频、音乐、图片、地图、知识、百科等多种形式的检索结果。可以按照需要，单击各检索形式的超级链接进入任意一种检索形式并查看相应形式的检索结果。如果要在检索结果页面中继续查找信息，可以选择“在结果中再查”选项。

搜狐分类目录

网址:http://dir. sogou. com

1. 概述

搜狐公司成立于1996年,1998年2月推出了我国第一个大型的中文网络资源目录系统,站点的全部内容采用人工分类编辑,并充分考虑用户的查询习惯。确保了分类体系和网站信息的人性化特点以及网络资源目录的准确性、系统性和科学性,是目前中国影响力最大和国内用户首选的目录型网络资源检索工具。

搜狐全面收录了各式中英文网络资源。包括网页、新闻、音乐、图片、视频、说吧和地图等各类信息,并将将所有的网络资源分为娱乐休闲、国家和地区、电脑网络、工商经济、教育培训、生活服务、公司企业、艺术、社会文化、文学、新闻媒体、政治军事、体育健身、科学技术、社会科学、国家地区等16个主题大类,共5万多细类。搜狐的目录导航式搜索引擎完全由人工完成,大类设置采用了按学科和按主题相结合的方式。

为了进一步突出搜狐分类在目录分类上的优势,搜狐分类目录清新版于2005年7月15日隆重上线,原搜狐分类目录网址直接跳转到新版界面(http://dir. sogou. com)。新版的分类目录更注重用户的使用体验,首先,改版后的分类目录在界面上进行了设计优化,增加了新的艺术元素,清透的灰色使整个页面看起来清爽悦目,大大提升了用户的视觉体验;同时,不同分类标准和分类逻辑的类目分层显示,使整个页面逻辑清晰,更快捷的引导用户查找信息。其次,此次改版特意增加了编辑对重要类目的详细注释,便于用户了解搜狐分类体系的建设思想和逻辑关系,理解每个类目下网站的收录标准;同时,为了延展用户的查询需求,此次改版还增加了类目间的参见关系。再次,新版的分类目录增加了类目的隐藏功能,用户可以根据自己不同的查询需求选择“显示”或“隐藏”类目,增加用户获得信息的通道。新版分类目录的这些新功能对网站分类目录进行了一次颠覆性的革新,为分类目录产品注入了新的年轻的活力,大大提升了搜狐分类目录在行业中的竞争力。

2. 检索

搜狐搜索引擎主要有分类目录导航检索和关键词检索两种检索方式。关键词检索又包括简单检索和高级检索两种形式。

(1) 分类目录导航检索。分类目录导航检索是按照信息所属的类别,使用分类目录,层层单击进入查找所需的信息。查询结果会提供有关该主题的全部网站。因此,使用分类目录导航检索的关键是要考虑清楚查询的信息所属的类别。

(2) 简单检索。简单检索可以使用中、英文两种方式。在简单检索中,用户只要在分类目录主页的检索框中输入查询的关键词或者关键词的逻辑组合,就可以检索到相关的信息

(3) 结果显示。搜狐搜索引擎会根据分类类目及网站信息与关键词(组)的相关程度来排列出相关的类目和网站,相关程度越高,排列位置越靠前。此外,检索结果页中还有“相关搜索”链接,与“高级检索”链接。

(4) 高级检索。目前,搜狐只提供网页和图片资源的高级检索。选择搜狐分类目录页面中“网页”或者“图片”,然后单击“搜索”按钮旁边出现的“高级”链接,进入高级检索页面。高级检索提供了检索的各项限制条件。如“搜索结果”供用户输入或排除查找的关键词;“呈现方式”用来限制搜索结果的显示顺序和指定查询关键词出现的位置;“准确定位”用来指定搜索的范围和搜索的文件类型。此外,还可以通过“搜索特定网页”中的“链接查询”,将检索结果限制在指定网址的网页中;“类似网页查询”可以将搜索结果限制在有类似域名的网页

中;“site 查询”可以将搜索结果限制在某域名下包含的所有网页中。

目前,搜狐推出了第三代互动式搜索引擎——搜狗(http://www. sogou. com),其主页如图 3-3-2-3 所示,在用户输入一个检索词后,尝试理解用户可能的检索意图,给出多个主题概念的查询提示,并通过人机交互过程智能展开多组相关的主题概念,引导用户快速准确定位自己所关注的内容。另外,搜狗还推出了“直通车搜索”,即将检索关键词提交给“直通车”中列出的其他搜索引擎(包括 Google、Yahoo、百度等),可在同一个窗口中得到想要的结果,也可以按主题(包括新闻、音乐、图片、购物、软件、商业等)查询。此外,搜狗将每天接收的用户访问形成搜索排行榜,再按照关键词的属性分成 30 大类,这就是搜索指数,通过搜索指数能够了解用户的关注点是什么。

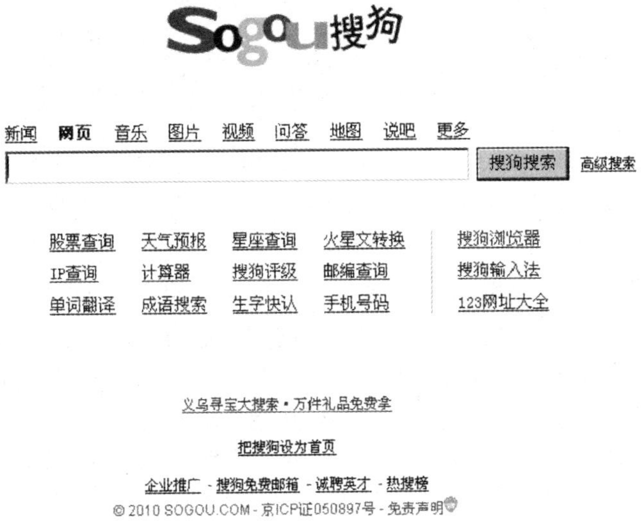

图 3-3-2-3 搜狗搜索

其他目录型搜索引擎网址介绍

1. Infoseek 网址:http://go. com
2. BUBL LINK 网址:http://bubl. ac. uk
3. Dmoz(Open Directory Project) 网址:http://www. dmoz. org
4. 美国在线(AOL Search) 网址:http://search. aol. com
5. Open Dictionary 网址:http://www. w3k. org
6. About. com 网址是 http://www. about. com
7. 万维网虚拟图书馆(The WWW Virtual Library) 网址:http://www. vlib. org
8. 网易 网址:http://www. 163. com

3.4 全文搜索引擎

3.4.1 全文搜索引擎的工作原理

全文搜索引擎的“网络机器人”或“网络蜘蛛”是一种网络上的软件,它遍历 Web 空间,能够扫描一定 IP 地址范围内的网站，并沿着网络上的链接从一个网页到另一个网页，从一个网站到另一个网站采集网页资料。它为保证采集的资料最新，还会回访已抓取过的网页。网络机器人或网络蜘蛛采集的网页，还要有其他程序进行分析，根据一定的相关度算法进行大量的计算建立网页索引，才能添加到索引数据库中。我们平时看到的全文搜索引擎，实际上只是一个搜索引擎系统的检索界面，当你输入关键词进行查询时，搜索引擎会从庞大的数据库中找到符合该关键词的所有相关网页的索引，并按一定的排名规则呈现给我们。不同的搜索引擎，网页索引数据库不同，排名规则也不尽相同，所以，当我们以同一关键词用不同的搜索引擎查询时，搜索结果也就不尽相同。

3.4.2　常用的全文型搜索引擎及其检索方法

常见的全文型搜索引擎有 Google、Baidu、AltaVista、Lycos、Excite、Alltheweb、Inktomi、天网搜索等。

Google

网址：http://www.google.com

1. 概况及特点

Google 公司是由两个斯坦福大学博士生拉里·佩奇(Larry Page)和谢尔盖·布林(Sergey Brin)于 1998 年 9 月组建的，公司提供的核心服务就是搜索引擎。Google 来自于"Googol"，是一个数学名词，表示一个 1 后面跟着 100 个零，Google 使用这一术语体现了公司整合网上海量信息的远大目标。自 2000 年开始商业运作以来，通过几年时间的发展，Google 以其先进的技术、全面的检索功能和简单有效的服务，在全球范围内拥有了大量的用户，目前已经发展成为世界范围内规模最大的搜索引擎和最优秀的搜索引擎之一。

Google 搜索引擎的成功得益于其强大的功能和独到的特点。Google 采用超文本链接结构分析技术和大规模的数据挖掘技术，能根据 Internet 本身的链接结构对相关网站用自动方法进行分类，提供了最便捷的网上信息查询方法，并为查询提供快速准确的结果。Google 支持使用中、英、德、日、法等 57 种语言，支持新闻组的 Web 方式浏览和张贴、目录服务、PDF 文档搜索、地图搜索、工具条、搜索结果翻译、搜索结果过滤等功能。

Google 拥有世界上最大的搜索引擎数据库，收录的资源类型包括网页、图像、多媒体数据、新闻组资源、FTP 资源和其他各类资源等。除了 HTML 文件外，支持 13 种非 HTML 文件的搜索，如 PDF、DOC、PPT、XLS、RTF、SWF、PS 等。Google 数据库现存超过 81 亿个 Web 文件，每天处理超过 10 亿次的搜索请求，而且这一数字还在不断增长。据尼尔森在线(Nielsen Online)的监测数据，2007 年 12 月份，Google 的美国搜索市场份额为 56.3%，美国网民通过 Google 进行了 41 亿次搜索。

Google 不仅拥有自身的独立搜索引擎网站，还将其搜索引擎技术出售给世界上许多公司，目前，包括美国在线(AOL)在内的全球 150 多家公司采用了 Google 搜索引擎技术。

2. 检索

在地址栏中输入 http://www.google.com 打开 Google 首页，它会根据国内的用户所使用的浏览器(如 IE、Netscape 等)自动出现 Google 的简体中文版界面，如图 3-4-2-1 所示。Google 有基本查询和高级搜索两种查询方式，还提供多样的检索功能和多元化的服务。

图 3-4-2-1　Google 搜索引擎

(1) 基本查询。在搜索框内输入需要查询的内容，单击“Google 搜索”按钮进行检索。Google 具有自己独特的语法结构，它不支持 AND、OR 和“×”等符号的使用，而是自动带有 AND 功能。由于不支持 OR 查找，用户如需获取两种不同的信息，则需分开检索。Google 不支持词干法和通配符，不区分英文字母大小写，它要求所输入的关键词完整、准确，才能得到最准确的资料。要获得最实用的资料，并逐步缩小检索范围，则需要增加关键词的数量，词与词之间加空格表示逻辑“与”，加“－”号表示逻辑“非”。在检索词组上加标“ ”号(英文状态)表示该检索词组是一个完整的检索单元。此外，Google 有 9 个禁用词，如 to、by、with、the 等助词或冠词，通常这些词无助于检索，却降低了检索的效率，Google 在搜索过程中会自动忽略这些词。

(2) 高级搜索。单击 Google 中文主页中的“高级搜索”链接，进入高级搜索页面。在高级搜索方式下，用户可以通过检索文本框和下拉列表来确定搜索条件，除了可对关键词的内容和匹配方式进行限制外，还可以从语言、文件格式、日期、字词位置、网域、使用权限、搜索特定网页和特定主题等方面进行检索条件和检索范围的限定。此外，Google 允许用户按照个人爱好设置“使用偏好”，并可以保存以供将来使用。

(3) 搜索范围限制功能。除了高级搜索提供的多种搜索条件选择外，Google 还提供按链接和网域等进行搜索范围的限制。用“site:”表示搜索结果局限于某个具体网站；用“link:”表示搜索在某一特定网址的网页中进行；用“filetype:”表示搜索的关键字包含在某一类文件中；用“inurl:”表示搜索的关键字包含在指定的 URL 链接中；用“intitle:”表示搜索的关键字包含在特定的网页标题中。例如：搜索新浪网(http://www.sina.com.cn)上关于“王菲”的网页，只需要在检索框中输入：“王菲 site:sina.com.cn”就可以了。

(4) 查询结果。用户提交查询后，系统根据用户的检索词和查询选项返回查询结果。在搜索结果页面的右上方显示搜索结果命中记录数量和耗时，每个搜索结果记录包括网页标题、网页摘要、URL、网页大小、更新时间、类似网页等内容。Google 将检索词用黑体加下划线的方式显示，单击这些词可以进入其他有用的资源链接。Google 不仅可以自定义每页显示的结果数量(10、30 或 100)，还能根据网页级别，对结果网页排列优先次序。此外，它还具有帮助用户找寻性质相似网页和推荐网页的功能。

(5) 特色查询功能。Google 还提供一些特色的查询功能，如“手气不错”、集成化工具条、网页快照、类似网页、网页翻译、单词英文解释和搜索结果过滤功能等。

① 手气不错。Google 和一家名为 Realnames(简称 RN)的网络关键词管理公司有合作

关系，其网络关键词可以链接到网站的商标、产品、服务或者公司名称，起网络中的注册商标的作用。当关键词与 Google 推荐的网站匹配时，在搜索结果中就会显示 RN 标记。如果在输入关键词后选择“手气不错”按钮，Google 将带你到它所推荐的网页，无须查看其他结果，省时方便。如在其主页输入框内输入“苏州职业大学”，点击“手气不错”（如图 3－4－2－2 所示），可见图 3－4－2－3 所示界面。

图 3－4－2－2

图 3－4－2－3

② 网页快照。网页快照是 Google 为网页做的一份索引快照，用户通过“网页快照”功能，可以直接查看数据库缓存中该网页的存档文件，而无需连接到网页所在的网站。

③ 类似网页。如果用户对某一网站的内容很感兴趣，但网页资源却有限，可以单击图 3－4－2－4中“类似结果”，Google 会帮你找寻并获取与这一网页相关的网页和资料。

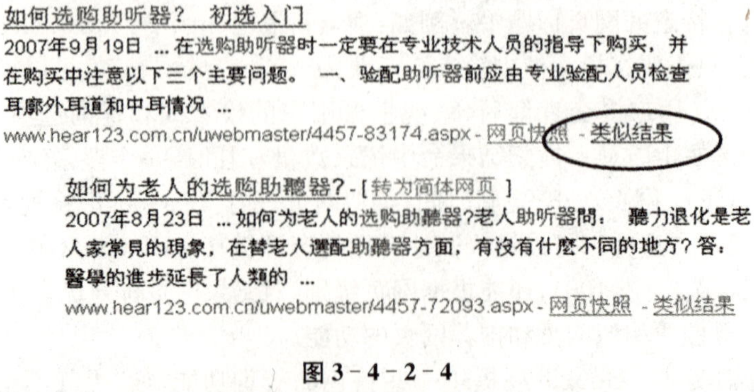

图 3－4－2－4

④ 集成化工具条。为了方便检索者，Google 提供了工具条，集成在 IE 浏览器中，用户无需打开 Google 主页，就可以在工具条内输入关键字今次那个检索。此外，利用 Google 工

具条，用户可以快捷的在 Google 主页、目录服务、新闻组搜索、字典、高级搜索和搜索设定之间进行切换，可以访问 http://www. toolbar. google. com，按页面提示来自动下载并安装 Google 工具条。

⑤ 多元化服务。除了提供 Web 信息资源的检索外，Google 还推出了许多的服务，如计算器、天气查询、股票查询、邮编区号、电子邮件等。图 3－4－2－5 为 Google 的扩展功能列表。

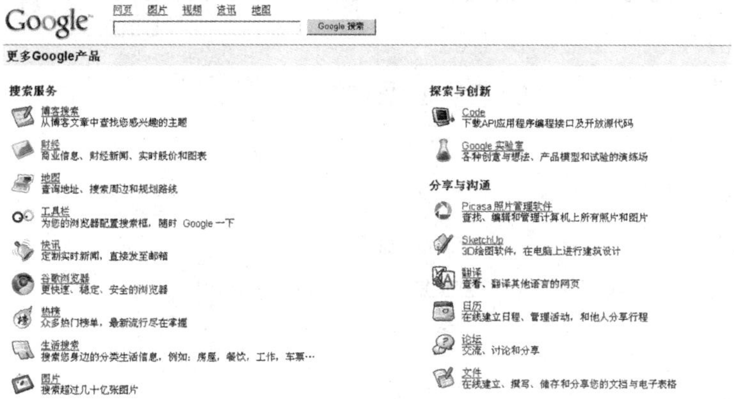

图 3－4－2－5

百度

网址：http://www. baidu. com

百度由李彦宏、徐勇于美国硅谷创建。2000 年，百度回国发展。“百度”一词源自中国宋朝词人辛弃疾的《青玉案・元夕》诗句：“众里寻他千百度”，象征着百度对中文信息检索技术的执著追求。百度是目前全球优秀的中文信息检索与传递技术供应商。百度在中国各地和美国均设有服务器，搜索范围涵盖了整个中国和新加坡等话语地区以及北美、欧洲的部分站点。百度主要支持对中文信息的检索，收录范围包括 GBK(汉字内码扩展规范)、GB2312(简体)，BIG5(繁体)，并且能够在不同的编码之间转换，是目前更新时间最快、数据量最大的中文搜索引擎。除了收录了中文网站和网页，百度还收录了大量的 Flash，可以对 50 000 个 Flash 进行检索。

百度主页如图 3－4－2－6 所示，支持多种检索功能，首先，百度支持“＋”(AND)、“－”(NOT)、“|”(OR)。如果检索框中的两个关键词之间用空格隔开，则默认为是“＋”连接。其次，百度提供相关检索功能，可以先输入一个简单词语进行检索，然后百度搜索引擎会提供“相关搜索”做参考，点击任何一个相关搜索词，都能得到那个相关搜索词的搜索结果。第三，提供限定检索，“link:”用于搜索链接到某个 URL 地址的网页，例如，“link: www. jssvc. edu. cn”表示检索有链接到指向 www. jssvc. edu. cn 的网页。用户使用这项功能，可以知道某网页的受欢迎“site:”表示在指定网站内搜索，如“电话 site: www. baidu. com”表示在 www. baidu. com 网站内搜索和“电话”相关的资料。“intitle:”表示在标题中搜索。“inurl:”表示在 URL 中搜索。

此外，百度还有一些特色功能，如 MP3 搜索、Flash 搜索、IE 搜索伴侣、百度搜霸、百度快照等。

在众多中文搜索引擎中，百度是一个比较优秀的搜索引擎，它查询速度快，响应时间短，检索结果相关度高。但数据库资源类型还是偏少，信息服务种类比较简单。

图 3－4－2－6

Alta Vista

网址：http://www. altavista. com

Alta Vista是由数字设备公司1995年12月开发的，寓意为高瞻远瞩（“a view from above” or “high view”），初衷是通过对整个Web做全文索引，来展示数字设备公司的alpha服务器的强大。其出色的性能，令Alta Vista在1996年便成为Yahoo！的关键词搜索合作伙伴，一跃成为当时最大的基于Robot/Spider的自动搜索引擎。

AltaVista主页如图3－4－2－7所示，提供常规搜索、高级搜索和主题搜索，主题包括图像(Images)、MP3/Audio & Video等。主页显示LookSmart的索引目录并提供LookSmart注册。高级搜索提供用户以日期、语种、布尔逻辑和近似条件搜索。常规及高级搜索均允许针对Title、URL或特定的域名进行检索。用户还可以在定制的搜索条件(包括Title、URL、Host、Links(如anchor、applet、image和text)等)输入框中填入文字，以此为条件进行搜索。

图 3－4－2－7 Alta Vista搜索引擎

它允许以25种不同的语言进行搜索，并提供英、法、德、意、葡萄牙、西班牙语双向翻译。其他特色服务包括重大新闻(发生于6小时至14天之间)，新闻组及购物查询。

搜索规则：进行精确匹配查询时可使用“”号，但多数时候即使不用“”号，AltaVista 也默认以精确匹配方式查询；不支持自动截词查询，但允许使用通配符“ * ”。区分字母大小写。当以大写字母查询时，默认为精确匹配，即查询结果不包括小写的关键词；而以小写字母查询时，则同时查找大写和小写。

搜索结果页面首先列出 3 个“Featured Sites”，来源自 Overture 的付费网站。随后如果有与查询条件相关的新闻，则列出数条新闻链接。接着是从自己数据库中查到的网页。某些时候，页面下端于“Extend Your Search”标题下还会再列出 4 个来自 Overture 的付费网站。

AltaVista 的“蜘蛛”程序名为“Scooter”。AltaVista 曾是登录速度最快的搜索引擎，一般从提交到被索引只需 1～2 周，最快的只需 3 天。目前由于经历改组，更新速度受到很大影响。

其他全文型搜索引擎网址介绍

1. Lycos 网址：http://www.lycos.com
2. Alltheweb 网址：http://www.alltheweb.com
3. LookSmart 网址：http://www.looksmart.com
4. Oingo 网址：http://www.oingo.com
5. Hotbot 网址：http://www.hotbot.com
6. ASK Jeeves 网址：http://www.ask.com
7. 天网搜索 网址：http://www.tianwang.com
8. 中国搜索 网址：http://www.zhongsou.com
9. 有道搜索 网址：http://www.yodao.com

3.5 元搜索引擎

3.5.1 元搜索引擎的工作原理

元搜索引擎又称多元搜索引擎或集合式搜索引擎。元搜索引擎是一种将多个独立搜索引擎集成在一起，提供统一的检索界面，将用户的检索提问同时提交给多个独立的搜索引擎，并将检索结果一并返回给用户的网络检索工具。

这类搜索引擎一般都没有自己网络机器人及数据库，它们的搜索结果是通过调用、控制和优化其他多个独立搜索引擎的搜索结果并以统一的格式在同一界面集中显示。元搜索引擎虽没有“网络机器人”或“网络蜘蛛”，也无独立的索引数据库，但在检索请求提交、检索接口代理和检索结果显示等方面，均有自己研发的特色元搜索技术。比如“metaFisher 元搜索引擎”(http://www.hsfz.net/fish/)，它就调用和整合了 Google、Yahoo、AlltheWeb、百度和 OpenFind 等多家搜索引擎的数据。

3.5.2 常用的元搜索引擎及其检索方法

Vivisimo

网址：http://vivisimo.com

1. 简介

Vivisimo 是一种聚类元搜索引擎，主页如图 3－5－2－1 所示。它以文档自动聚类中的领头羊著称于世界。Vivisimo 公司是由卡内基梅隆大学(CMU)计算机科学家在 2000 年 6 月创立的。它的聚类引擎(Vivisimo Clustering Engine，简称 VCE)是一种将其他单一搜索引擎的搜索结果进行自动聚类的软件，VCE 把搜索结果聚类成各种类目，从而让用户能够对搜索结果一目了然。

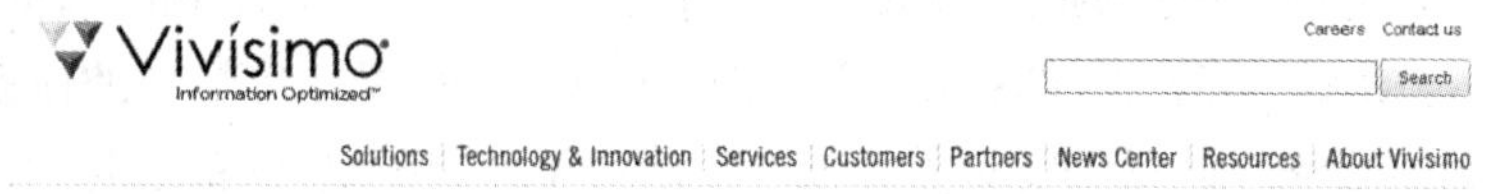

图 3－5－2－1 Vivisimo 搜索引擎

2. 特色及评析

网上搜索引擎能够让我们方便地找到自己所需要的信息，但没有进行分类处理的搜索结果让人眼花缭乱，无从选择。搜索结果聚类及可视化技术能很好地解决这个难题，为用户挑选所要的检索结果减轻了负担。Vivisimo 先从搜索结果中挑选检索词或短语，然后以文件夹形式将它们按等级分层次聚类成各种类目，给用户带来了很大的方便。其特点有：

(1) 类目与检索结果同步更新；

(2) 全自动分类；

(3) 人工级的精确度；

(4) 直观而熟悉的文件夹组成的界面。

3. 检索功能

(1) 将用户查询请求转换为底层单个搜索引擎支持的查询语法，支持“＋”、“－”、“()”、AND、OR 等布尔逻辑运算符；

(2) 一次最多可以选择 15 个单一搜索引擎；

(3) 可以对返回检索结果的数目进行设置；

(4) 可以进行内容过滤的设置。

万纬搜索(http://www.widewaysearch.com)

1. 简介

万纬是颇具特色的优秀中文元搜索引擎，由上海万纬信息技术有限公司开发，能并行搜索国内外多个著名搜索引擎，它搜索的搜索引擎目前包括三个英文搜索引擎 Google、HotBot、Yahoo! 和六个中文搜索引擎如新浪、中文雅虎、搜狐、天网、中文 Google 和百度。用户可以根据需要自由选择其中的搜索引擎进行同步搜索，搜索结果可按相关度、时间、域名和引擎进行排序。支持完全匹配和部分匹配，可以设置最大结果等待时间等。

2. 使用方法

用户在检索框中输入关键词，在返回检索结果数目的下拉列表框中选择一项，然后点击“万纬搜索”即可提交查询。从检索方式看，万纬支持简单查找和高级搜索。简单查找界面有结果数量选择菜单，为节省用户时间而提供的“精确查找”功能，是采用了网页智能分析和精确网络环境模拟技术，可在最短时间内为用户提供最符合关键词的 10 条结果。

3. 注意事项

(1) 时间选择。用户可以根据不同的地区和时段的网络情况社情自己的查询时间，7 秒到 60 秒不等。当搜索 10 个查询结果时，用户可以将时间放到 7 秒。搜索越多查询结果，需要时间越长。

(2) 查询结果选择。用户可以选择查询结果的记录条数 10～150 条不等。但是无论选多少条,最大等待时间都是 60 秒。如果网络速度较慢,查不到需要的记录数,用户可以使用“继续查”。

(3) 一般搜索。提供两种检索模式:一般查找和精确查找。一般查找为本引擎默认的搜索方式,采用系统规定方式。搜索精确查找时,本引擎将使用网页智能分析和精确网络环境模拟技术,以提供用户更接近的结果。

3.5.3 其他多元型搜索引擎网址介绍

Mamma(http://www.mamma.com/)
Search.com(http://www.search.com)
SurfWax(http://www.surfwax.com)
ByteSearch(http://www.bytesearch.com)
InfoGrid(http://www.infogrid.com)
Ithaki(http://www.ithaki.net/dir.html)
Kartoo(http://www.kartoo.com)
索天下(http://www.suotianxia.com)
聚合搜索/一网搜(http://www.1soso.com)
元搜索(http://www.seekle.cn)

3.6 学术搜索引擎

3.6.1 学术搜索引擎的概念

学术搜索引擎是一项免费服务,是专门用于检索因特网上的学术信息的专业搜索引擎,通常包括图书、论文、期刊、文档、题录等学术资源和学术站点,对学习和科研有很大的帮助。

需要注意的是,学术搜索引擎仅仅提供学术信息资源的发现服务,往往只能够查找到这些学术资料的线索,如全文下载地址、报告、摘要及引用内容而已,全文的获得与之无关。随着开放获取信息资源越来越多,这些搜索引擎在学术研究中也有非常大的作用,学术搜索引擎不仅为我们了解相关领域的研究概况提供信息,而且越来越多的学术资料能直接下载全文。

在不同的信息环境中使用学术搜索引擎其所获得的服务和全文获得性也会有不同。如不同的学校由于购买相关在线数据库的不同,其全文链接也有不同,这一点在谷歌学术搜索中表现得非常明显。

3.6.2 常用的学术搜索引擎

Google 学术搜索

网址:http://scholar.google.com

2006 年 1 月 11 日，Google 公司宣布将 Google 学术搜索（Google Scholar）扩展至中文学术文献领域。Google 学术搜索是一项免费服务，可以帮助用户快速寻找到学术资料，如专家评审文献、论文、书籍、预印本、摘要以及技术报告。作为此次扩展的一部分，Google 学术搜索在索引中涵盖了来自多方面的信息，除可以搜索外文文献信息外，中文资源包括万方数据资源系统，维普资讯，主要大学发表的学术期刊、公开的学术期刊、中国大学的论文以及网上可以搜索到的各类文章。Google Scholar 同时提供了中文版界面，供中国用户更方便地搜索全球的学术科研信息。

Google Scholar 具有以下特点：

① Google 学术搜索滤掉了普通搜索结果中大量的垃圾信息，排列出文章的不同版本以及被其他文章的引用次数。

② 每一条搜索结果会提供文章标题、作者、引用者、相关文章以及出版、收藏情况等编目信息，并可查看引用者、相关文章、图书馆链接和同组文章等信息。

③ 搜索结果的排序会考虑到每篇文章的全文内容、作者影响度、发表文章刊物的权威性以及该文章被其他学术著作引用的次数等要素。

④ 搜索不仅仅针对文字信息，还包括评论等其他方面。

百度国学搜索

网址：http://guoxue. baidu. com

百度国学搜索是百度与国学公司合作推出的针对中国传统文化方面的专业搜索，提供了大量的丰富的古典名著、历史资料、人名书名等，为传播中华古代文明和国学研究提供使用的便利。

“百度国学”作为全球第一个国学搜索频道，免费为广大用户提供国学相关信息的特色搜索服务，提供高品质的古代文化典籍在线搜索及阅读功能。目前，“百度国学”资源囊括 10 多万网页，1.4 亿字。内容经过精心校勘，收录大部分上起先秦、下至清末两千多年的以汉字为载体的历代典籍。内容涉及经、史、子、集各部。更多的资源还在不断地增加和更新中。百度致力于和世界最为优秀的中国古籍电子化企业合作，打造一流的国学网络应用平台。百度国学搜索，尽览传统文化精华。

Scirus

网址：http://www. scirus. com

Scirus 是由享誉世界的荷兰 Elsevier Science 经多年研究于 2001 年 5 月推出的专为搜索科学信息而设计的搜索引擎，是迄今为止国际互联网上最全面、综合性最强的科技信息检索引擎之一。其口号为“for scientific information only”。它以自身拥有的资源为主体，对网上具有科学价值的资源进行整合，集聚了带有科学内容的网站及与科学相关的网页上的科学论文、科技报告、会议论文、专业文献、预印本等。其目的是力求在科学领域内做到对信息全面深入的收集，以统一的检索模式面向用户提供检索服务。Scirus 覆盖学科广泛，可搜索 4.15 亿个与科学有关的网页，包括互联网上详尽的科学、学术、技术与医学数据，其中有 Medline、ScienceDirect、Beilstein、BioMed Central 等知名数据库的文摘或全文，最早的文献可以追溯至 1900 年以前。

Scirus 覆盖的学科范围包括：农业与生物学，天文学，生物科学，化学与化工，计算机科学，地球与行星科学，经济、金融与管理科学，工程、能源与技术，环境科学，语言学，法学，生命科学，材料科学，数学，医学，神经系统科学，药理学，物理学，心理学，社会与行为科学，社会学等。

Scirus 的检索界面友好，简洁方便，可分为基本检索（Basic Search）和高级检索（Advanced Search）两种方式。默认方式为基本检索。

Scirus 基本检索非常简单，用户仅需输入检索词，按回车键，或单击“Search”按钮即可得到相关资料。在基本检索的操作中，用户可以选择检索结果的来源，如来自于期刊或来自于网络。用户还可以选择检索结果与输入词组是否精确匹配。

Scirus 高级检索支持逻辑检索。“AND”表示检索结果中必须包括所有的检索词、“OR” 表示检索结果中至少包含一个检索词、“AND NOT”表示前面的检索词将一定包含于检索结果中，而后面的检索词则一定不出现在检索结果中。在高级检索的操作中，用户还可以选择检索字段、年限、信息来源等来限定检索结果。

Scirus 用户可以进行个性化检索设置，如每屏显示的检索结果数等。用户可以保存检索设置，以便在今后的检索中继续沿用此设置。

ResearchIndex

网址：http://citeseer. ist. psu. edu

1. 简介

ResearchIndex 又名 CiteSeer，是 NEC 研究院在自动引文索引（Autonomous Citation Indexing，ACI）机制基础上建设的一个学术论文数字图书馆，它提供了一种通过引文链接检索文献的方式，免费提供检索互联网上 Postscript 和 PDF 文件格式的学术论文。目前其数据库中已有 500 000 多篇论文，主要涉及计算机科学领域，涉及的主题包括互联网分析与检索、数字图书馆与引文索引、机器学习、神经网络、语音识别、人脸识别、元搜索引擎、音频/音乐等。系统全天 24 小时实时更新。

2. 常用功能

(1) 检索相关文献，浏览并下载 PS 或 PDF 格式的全文，支持布尔逻辑检索。

(2) 查看某一具体文献的“引用”与“被引”情况。ResearchIndex 列出该文献的主要参考文献，包括每条参考文献的被引频次、参考文献在来源文献中的上下文及参考文献的全文；同时还可以获得该文献被其他后继文献引用的信息，包括的内容同上。

(3) 查看某一文献的相关文献。ResearchIndex 应用特殊算法计算文献相关度。默认的检索结果排序方式为命中文献的被引频次。

(4) 图表显示某一主题文献（或某一作者、机构所发表文献）的时间分布，可依此推测学科热点和发展趋势。

3. 检索

进入 ResearchIndex 的主页，在检索框内输入检索式，单击“Search Documents”就可以开始查询。也可以点击“Search Citations”查询引文信息，点击每条引文左侧的“Context”会得到进一步的引文与全文信息。两种查询都使用全文检索技术。

在查询结果页中，单击其中一篇，就可以看到这篇文章的记录。右上角可以浏览并下载该论文的多种格式的全文；在 Abstract 下面是论文的被引情况，通过这些引文链接可以了解有哪些后继文献引用了该论文。“Context of citations to this paper”中可以直接看到引文的上下文。所有引文都可以进一步查看其引用与被引情况，绝大部分可得到全文；“Active bibliography” 列出了按照相关系数排序的该论文的相关文献。

文章记录页面下方“Citations (may not include all citations)”列出了该论文主要的参

考文献，每条参考文献前方的数字代表该参考文献的被引次数。绝大多数可得到全文。参考文献下方的图表直观地显示该篇学术论文参考文献的时间分布，但是只有当著录的参考文献中给出论文发表年时，才会在图表中显示出来。

在运用 ResearchIndex 进行查询的时候，有几点需要注意：

① ResearchIndex 在进行引文统计时，通常单独考虑作者自引的情况。

② 当两个或多个相连的词作为检索词输入时，如果没有“and”、“or”等布尔算符出现，系统将其近似当成一个词处理，即检索词出现的顺序必须严格匹配。

③ 若以作者为检索词，尽量只使用作者的 last name，或列出在引文中所有可能出现的该作者的著录形式，中间用“or” 连接。

INFOMINE

网址：http://infomine. ucr. edu

1. 简介

INFOMINE 是为大学教师、学生和研究人员建立的网络学术资源虚拟图书馆。它建于 1994 年，由加利福尼亚大学、威克福斯特大学、加利福尼亚州立大学、底特律一麦西大学等多家大学或学院的图书馆联合建立。它拥有电子期刊、电子图书、公告栏、邮件列表、图书馆在线目录、研究人员人名录，以及其他类型的信息资源 40 000 多个。INFOMINE 对所有用户免费开放，但是它提供的资源站点并不都是免费的，能否免费使用，取决于用户所在图书馆是否拥有该资源的使用权。

INFOMINE 共包括 12 个数据库：生物、农业和医学数据库，商业和经济数据库，多样性文化及种族资源数据库，电子期刊，政府信息数据库，教育资源数据库(K-12)，教育资源数据库(大学)，Internet 利用工具，地图和地理信息系统(GIS)数据库，物理、工程、计算机和数学数据库，社会学和人类学数据库，视觉艺术和表演艺术数据库。INFOMINE 报道款目的著录内容包括资源名称、简介、URL、相关资源链接、人工选择或专家选择、收费情况，并为用户提供了对资源发表评论的平台。

2. 检索

INFOMINE 的检索界面友好，主要包括基本检索、高级检索和浏览三种方式。

(1) 基本检索

在 INFOMINE 首页的检索框中直接输入检索词(主题词、作者、关键词等)，单击“Search” 或回车键就可以检索出相关资料。

(2) 高级检索

输入检索词，可使用逻辑检索(AND、OR、AND NOT)或特定符号(* 、| |、()、“”等)来扩大、缩小检索范围。在高级检索中，通过点选菜单和下拉菜单的组合使用，可以限定检索范围(如关键词、主题词、资源描述、作者、标题等)、限定检索的数据库范围、限定资源的类型和路径，以及检索结果的显示方式，每页显示的检索结果数和检索结果的排序方式。

(3) 浏览

对普通用户而言，浏览是一种有效和常用的检索方式。INFOMINE 在基本检索、高级检索和每个数据库的页面下，都提供了浏览功能，可以从目次表、美国国会主题词表、标题、关键词和作者等途径进行浏览，查找所需的资料。

3. 读秀搜索

参见 5. 3. 3 主要资源共享系统的读秀知识库。

3.6.3 其他学术搜索引擎网址介绍

BASE(http://www.base-search.net)

BASE 是德国比勒费尔德(Bielefeld)大学图书馆开发的一个多学科的学术搜索引擎，提供对全球异构学术资源的集成检索服务。它整合了德国比勒费尔德大学图书馆的图书馆目录和大约 160 个开放资源(超过 200 万个文档)的数据。

Vascoda(http://www.vascoda.de)

Vascoda 是一个交叉学科门户网站的原型，它注重特定主题的聚合，集成了图书馆的收藏、文献数据库和附加的学术内容。

Findarticles(http://www.findarticles.com)

Findarticles 是一个检索免费 paper 的好工具。进入网页以后，可以看到它有三个功能：driectory，web，article。其中 article 对用户很有帮助，用户可以尝试输入要找的文章，会有很多发现的！

OJOSE(http://www.ojose.com/)

OJOSE(Online Journal Search Engine，在线期刊搜索引擎)是一个强大的免费科学搜索引擎，通过 OJOSE，用户能查找、下载或购买到近 60 个数据库的资源。

cnpLINKer(http://cnplinker.cnpeak.com)

为了给读者用户提供一个方便快捷的查阅国外各类期刊文献的综合网络平台，中图公司组织开发了 cnpLINKer(cnpiec LINK service)在线数据库检索系统，并正式开通运行。cnpLINKer 即“中图链接服务”，目前主要提供约 3 600 种国外期刊的目次和文摘的查询检索、电子全文链接及期刊国内馆藏查询功能，并时时与国外出版社保持数据内容的一致性和最新性。

4 期刊数据的检索与利用

4.1 《中国知识资源总库》

4.1.1 《中国知识资源总库》概述

网址：http://www.cnki.net

1. CNKI 工程

CNKI 概念源于世界银行《1998 年度世界发展报告》：发展中国家应着重建设国家知识基础设施(National Knowledge Infrastructure，NKI)，以尽快缩小与发达国家的差距，提高国家知识和技术的创新能力，增强国际竞争力，是中国知识基础设施工程(China National Knowledge Infrastructure)的简称，由清华同方光盘股份有限公司、清华大学光盘国家工程研究中心、中国学术期刊(光盘版)电子杂志社、清华同方光盘电子出版社、清华同方知识网络集团、清华同方教育技术研究院联合承担建设，是采用现代信息技术，可以进行知识整合、生产、网络化传播扩散和互动式交流合作的一种社会化知识基础设施的国家级大规模信息化工程。1999 年 6 月开始实施，被科技部 5 部委确立为“国家级重点新产品重中之重项目”，被科技部列为国家级火炬计划项目。

经过多年努力，CNKI 工程建成了世界上全文信息量规模最大的“CNKI 数字图书馆”，并正式启动建设《中国知识资源总库》，通过“中国知网”数字出版平台，进行产业化运作，为全社会知识资源高效共享提供最丰富的知识信息资源和最有效的知识传播与数字化学习平台。

2.《中国知识资源总库》

(1) 概况

《中国知识资源总库》，简称《总库》(下同)，是“CNKI 平台”资源基础，是具有完备知识体系和规范知识管理功能的、由海量知识信息资源构成的学习系统和知识挖掘系统，由清华大学主办、中国学术期刊(光盘版)电子杂志社出版、清华同方知网(北京)技术有限公司建设、发行。目前，《总库》拥有国内 8 200 多种期刊、700 多种报纸、600 多家博士培养单位优秀博硕士学位论文、数百家出版社的图书、全国各学会/协会重要会议论文、百科全书、中小学多媒体教学软件、专利、年鉴、标准、科技成果、政府文件、互联网信息汇总以及国内外上千个各类加盟数据库等知识资源，并且其数据库的种类在不断增加，每日新增数据上万条。根据规划，三年内，《总库》将囊括我国 80%的知识资源。这些巨大的数据库，分布在全球的不同地方，分属不同行业，具有不同的媒体性质、不同数据格式、不同检索方法、不同应用环境，都由“CNKI”平台，以开放式资源网格系统的形式，将这些知识资源集成整合为内容关联的知识网络，通过中国知识门户网站—“中国知网”进行实时网络出版传播，为用户提供在资源高度共享基础上的网上学习、研究、情报和知识管理等综合性知识增值应用服务。

(2) 主要资源

① CNKI 系列源数据库

《中国期刊全文数据库》

收录 1994 年至今 8 200 多种期刊，现有文献 2 200 多万篇，每日更新，年新增文献 100 多万篇。

《中国期刊全文数据库(世纪期刊)》

收录回溯 1979 年至 1993 年的 4 195 种期刊，部分期刊回溯至创刊，最早回溯至 1887 年。现有文献 500 多万篇，数据每月更新。

《中国博士学位论文全文数据库》

收录 1999 年至今 420 个博硕士培养单位的学位论文，现有论文 12 万多篇。

《中国优秀硕士学位论文全文数据库》

收录 1999 年至今 652 个博硕士培养单位的学位论文，现有论文 90 万多篇。

《中国重要报纸全文数据库》

收录 2000 年至今 1 000 多种重要报纸，现有文章 645 万多篇，每日更新，年新增文章 120 万篇。

《中国重要会议论文全文数据库》

收录 2000 年至今 1 200 多家学术团体的会议论文，现有论文近 58 万篇。

《中国图书全文数据库》

一期工程即将完成，首批 3 万种新书已上网服务，数据每日更新，年新增图书 10 万本。

② CNKI 系列专业知识仓库

《中国医院知识仓库》

收录 1 400 多种医学期刊，108 家医学博硕士培养单位学位论文，内容每日累增。

《中小学多媒体数字图书馆》

收录 500 余种教育类期刊，2 000 多种相关期刊，400 余种相关报纸，以及多媒体教育教学素材、高初中同步教学辅导、高考中考名师辅导等，内容每日累增。

《中国企业知识仓库(CEKD)》

收录国内 5 400 余种核心与专业特色期刊、博硕士论文、报纸、行业标准、法律法规、行业经济数据统计、行业深度研究报告、技术发展动态、国外经济发展动态等信息，涵盖钢铁冶金、铝业、石油化工、石油天然气勘探、电力、发电、电网、金融、保险、证券、基金等的技术创新、经营决策、企业管理、WTO、行业动态等专业资料信息。内容每日累增。

③ CNKI 系列知识元数据库

《数值型知识元库》

包括从各类统计年鉴及各种专业文献中抽取的统计数据和科学实验数据。

《理论与方法型知识元数据库》

包括从各种百科全书中抽取的专业术语解释及从各种专业论文中抽取的观点、理论、方法和技巧等知识元。

④ 正在建设中的各类 CNKI 系列数据库

包括年鉴全文数据库、标准数据库、科技成果数据库、各行业百科数据库、地方志全文数据库等。

⑤ 国内外各类加盟数据库

包括全球 20 000 多个图书馆资料目录的 OCLC 数据库、美国专利库、美国地震局地震目录查询库、微生物物种编目数据库、农业生产资料数据库、影片资料库等 400 多个行业数据库，后续的加盟数据库在不断增加。

⑥ 互联网信息数据库

包括利用清华同方互联网资源整合系统(3I)整合加工的互联网信息库和用 Google、Yahoo、百度等网络搜索引擎搜索的互联网信息库。

(3) 访问方式

中国知识资源总库的访问方式有：

① 免费使用。中国知识资源总库中所有全文的数据均可免费检索、浏览和下载包括文摘在内的文献详细信息及扩展信息。用户在其主页(见图 4－1－1－1)中点击“进入总库检索”即可。

图 4－1－1－1

② 按年包库或镜像，或者两者兼用。固定于某一 IP 地址或某 IP 范围内无限量使用。按年度收费，不计流量，不限次数，不限使用时间。用户在其主页点击“IP 登录”即可，有镜像的用户也可从镜像站点进入。

③ 购买充值卡。此种方式不受 IP 地址限制，凭用户名与密码可在任何地点访问，全文下载或在线阅读按 0.5 元/页计费。

4.1.2 《中国知识资源总库》检索

以包库的方式介绍检索情况。登录进入主页后，选择所用的数据库。如果只选用一个数据库，则进行单库检索。如果选用两个或两个以上的数据库，则点击跨库检索。此处以跨库检索为例。单库检索参见本章《中文期刊全文数据库》检索。跨库检索提供简单检索、标准检索、高级检索、专业检索、引文检索、学者检索、科研基金检索、句子检索、工具书及知识元搜索、文献出版来源检索等方法。

1. 简单检索

进入跨库检索界面，选择数据库(一次最多只能选择 8 个)点击“简单检索”，可见图

4-1-2-1所示界面，选择学科领域（CNKI 的所有数据库都分为 10 个专辑 168 个专题 3 600个子目），在检索词输入框中输入检索词，点击其左边的“简单检索”按钮即可。

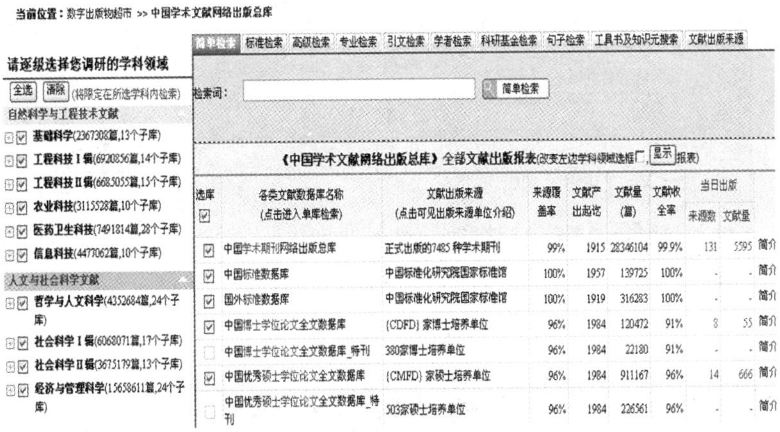

图 4-1-2-1

2. 标准检索

点击“标准检索”，可见图 4-1-2-2 所示界面，分为上下两部分。上半部分是检索范围控制条件，包括发表时间、文献出版来源、国家及各级科研项目、作者、作者单位。发表时间具体日期可直接输入，也可在下拉菜单中选择最近一周、最近一月、最近半年、最近一年中的任一时间；文献出版来源可直接输入，也可点击“文献来源列表”按钮，可见图 4-1-2-3 所示界面，在各下拉菜单中选择相应条件，输入相应的检索词进行检索；国家及各级科研项目可直接输入，也可点击“基金列表”选择。下半部分是目标文献内容特征，检索字段有全文、题名、主题、关键词、主题、中图分类号，其逻辑运算并含、或含、不含分别相当于逻辑与、逻辑或、逻辑非。点击符号“ ⊞⊟ ”可分别增加或减少输入框（下同），点击 图标，可以显示以输入词为中心的相关词（下同），图 4-1-2-4 是以“文学”为中心词的相关词界面。点击词频，可以选取最近输入的 10 个检索词（下同）。支持精确与模糊检索，可进行中英文扩展检索。选择好检索入口，输入相应检索词，点击“文献检索”即可。

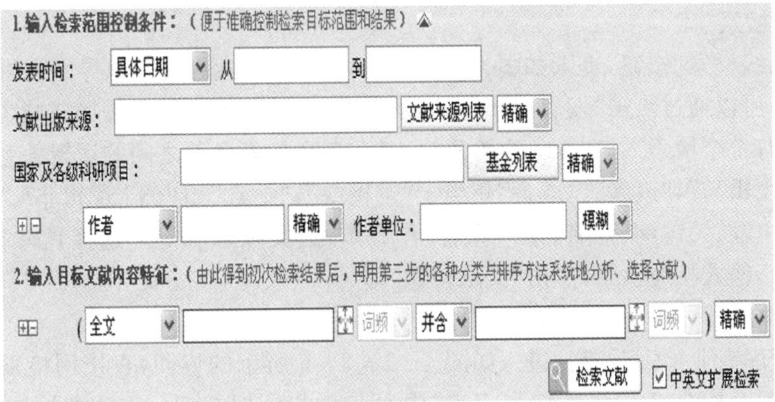

图 4-1-2-2

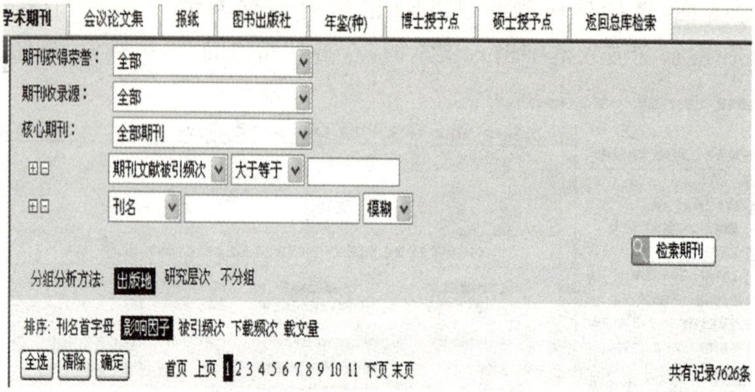

图 4-1-2-3

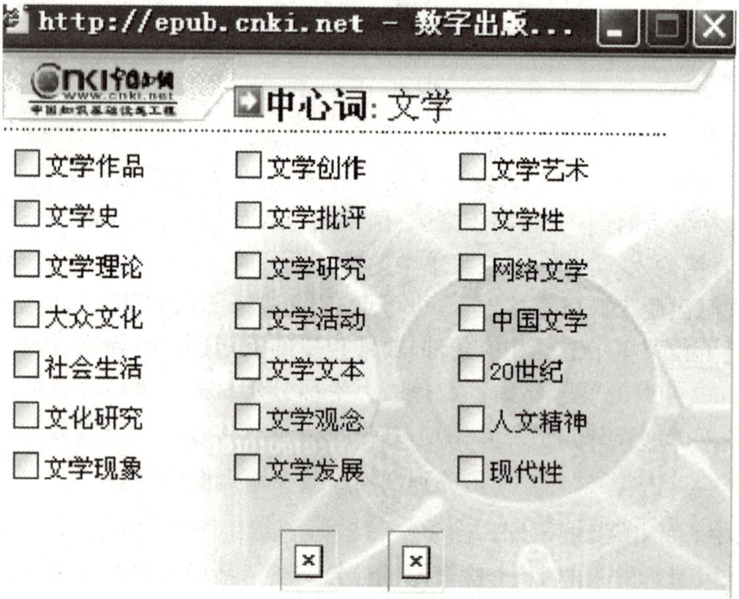

图 4-1-2-4

3. 高级检索

点击“高级检索”按钮，进入如图 4-1-2-5 所示的检索界面。该界面提供了多个检索条件输入框，可以通过点击“发表时间”四字下方的“+”、“-”符号来增加或减少检索条件输入框。最多有 7 个检索入口共 14 个检索输入框，各个检索条件之间的逻辑关系“并且”、“并含”相当于“逻辑与”，“或者”、“或含”相当于“逻辑或”，“不含”相当于“逻辑非”。检索入口有全文、题名、主题、关键词、作者、第一作者、作者单位、文献来源等。选择具体日期、检索入口、逻辑关系，输入相应检索，点击“文献检索”即可。

4. 专业检索

点击“跨库专业检索”按钮，进入如图 4-1-2-6 所示的界面，直接用检索表达式来进行检索。如不会构造检索表达式，可点击“检索表达式语法”按钮。需注意的是：所有符号和英文字母，都必须使用英文半角字符；逻辑关系符号“与”(AND)、“或”(OR)、“非”(NOT)前后要空一个字节，它们的优先级相同，如要改变组合的顺序，要使用英文半角圆括号“( )”将条件括起；使用“同句”、“同段”、“词频”时，需用一组西文单引号将多个检索词及其运算符括起。其检索项有：SU＝主题，TI＝题名，KY＝关键词，AB＝摘要，FT＝全文，AU＝作者，FI＝第一责任人，AF＝机构，JN＝中文刊名 & 英文刊名，RF＝引文，YE＝年，FU＝基金，CLC＝中图分类号，SN＝ISSN，CN＝统一刊号，IB＝ISBN，CF＝被引频次。如要求检索钱伟长在清华大学或上海大学时发表的文章，其检索表达式为：AU＝钱伟长 and（AF＝清华大学 or AF＝上海大学）；如要求检索钱伟长在清华大学期间发表的题名或摘要中都包含“物理”的文章的检索表达式为：AU＝钱伟长 and AF＝清华大学 and（TI＝物理 or AB＝物理）

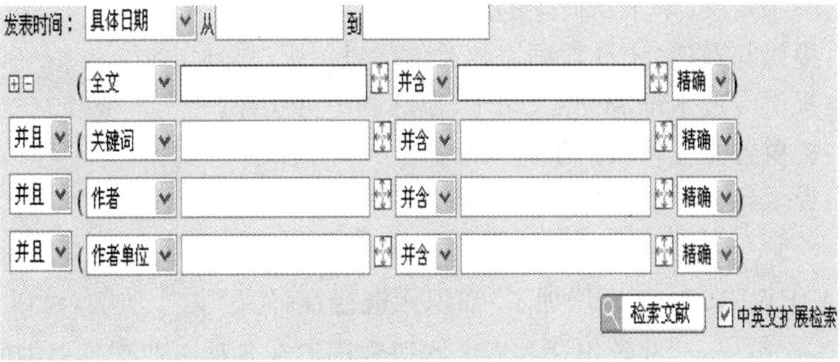

图 4－1－2－5

图 4－1－2－6

5. 引文检索

引文检索界面如图 4－1－2－7 所示，“＋”、“－”可分别增加或减少输入框，支持逻辑与“并且”、逻辑或“或者”、逻辑非“不含”，分别可选被引频次、下载频次、被引年份或被引文献题名、被引文献关键词、被引文献摘要、被引文献中图分类号作为检索入口，还可选等于、大于、小于、大于等于、小于等于，输入检索词，点击“检索文献”。支持精确、模糊检索。

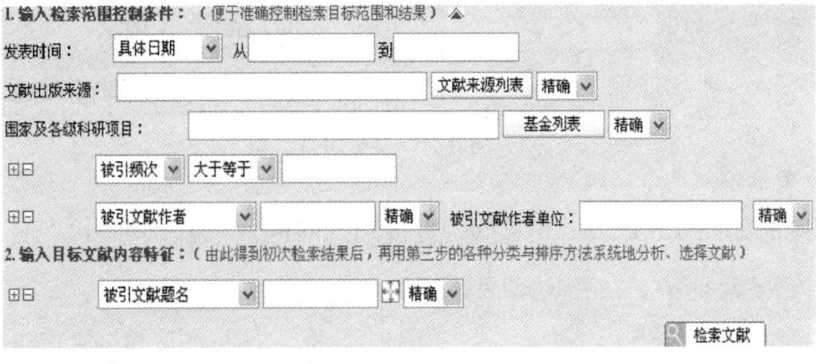

图 4－1－2－7

6. 工具书及知识元搜索

点击“工具书及知识元搜索”按钮，可见如图 4－1－2－8 所示界面，在输入框内输入相应的检索词，点击“知识元搜索”按钮，可得检索结果。

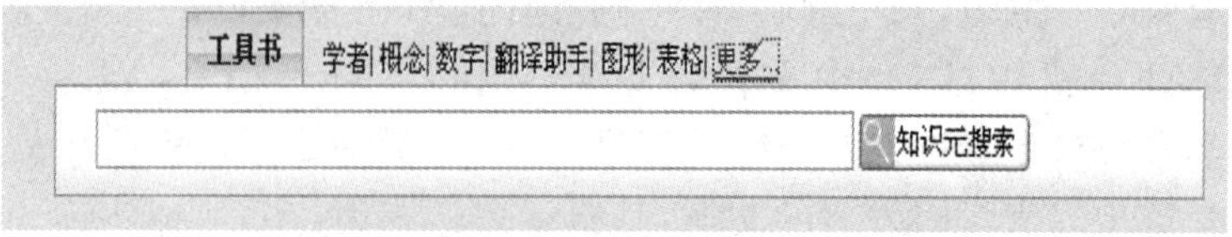

图 4-1-2-8

工具书搜索:提供关键词的概念解释。

学者搜索:提供学者的发文情况、文献影响力及研究进展等详细信息。

概念搜索:学术定义、学术新概念的解释。

数字搜索:提供与数值、统计数据表相关的信息。

翻译助手:提供专业术语和词汇、句子、段落的中英互译。

图形搜索:提供各专业珍贵的学术图片。

表格搜索:提供各专业珍贵的学术表格。

……

另外 CAJVIEWER 7.02 新增加了"知识元链接及释义" 功能,可以对每篇文章的专业术语和词汇作出标示,并给出这些专业术语和词汇在各种专业工具书中的权威释义。

7. 学者检索

学者检索界面如图 4-1-2-9 所示,输入相应检索词即可。

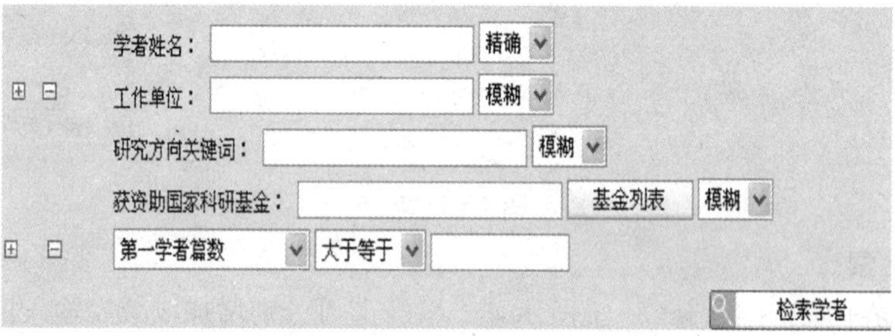

图 4-1-2-9

8. 科研基金检索

科研基金检索界面如图 4-1-2-10 所示,直接输入或从基金列表中选择即可。

图 4-1-2-10

9. 句子检索

句子检索界面如图 4-1-2-11 所示,直接输入时间及检索词即可。

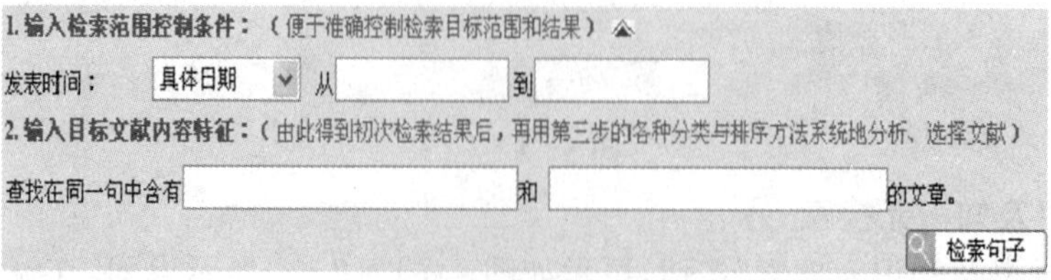

图 4-1-2-11

10. 检索结果及智能分析

(1) 检索界面

如检索“网络数据库的安全性研究”方面的文献，在“高级检索”界面的题名框中分别输入“网络”、“数据库”和“安全”，时间为 1979～2010 年，选择“并且”执行检索后会显示如图 4－1－2－12所示界面。其左侧有“首先选择学科领域”、“检索筛选历史”、“按学科组别分组”、“检索词在工具书中的解释”四个栏目。“选择学科领域”是指 10 个专辑 168 个专题 3 600个子目；“检索筛选历史”包括本次检索条件、查看检索历史、我收藏的检索式；“学科组别分组”是检索结果在各学科中具体数量。右侧上部是检索区，可以重新检索或进行二次检索(在结果中检索)；二次检索可多次进行。右侧中部有“检索结果分组筛选”，分检索结果不错、生成检索报告、定制或收藏本次检索式及分组分析法。分组分析法包括学科类别、中文关键词、研究层次、文献作者、出版单位、文献出版来源、研究获得资助、为源数据库、发表年度、不分组等项。排序法分为相关度、发表时间、被引频次、下载频次；显示方式有列表和摘要；显示记录有 10、20、50(每页)，下面紧接着是此次检索文献数 103 条，可全选、清除、定制、存盘，可翻页查看。右侧下部分分别是当前检索词的相似词、当前检索词的相关词。

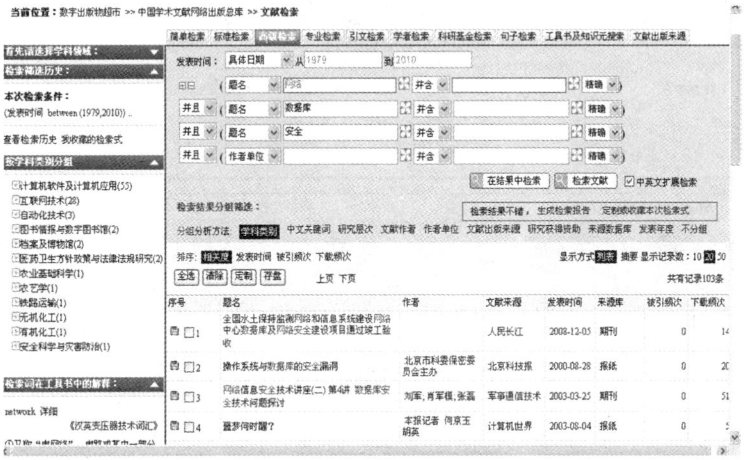

图 4－1－2－12

(2) 检索结果

列表状态下点击某篇文献的题名，则显示如图 4－1－2－13 所示界面。在文献篇名下可分别点击“下载阅读 CAJ 格式全文”和“下载阅读 PDF 格式全文”(需先下载、安装相应的浏览器)，可以查看全文。如点击“PDF 下载”，可以存盘或打开，如打开，可见图 4－1－2－14 所示全文页面，也可以对此保存、打印。

另外图 4－1－2－13 界面还提供了英文篇名、作者中英文名、作者单位、文献出处、中英文关键词、中英文摘要、DOI、参考文献、引证文献、共引文献、同被引文献、二级参考文献、读者推荐文章、相似文献、相关研究机构、相关文献作者、文献分类导航、相关期刊等信息，通过点击这些相关信息的链接(可进行多次链接)，可以进一步全面了解该知识领域的详尽信息。

参考文献：列出该篇文献的所有参考文献，点击其中任一篇名链接，即可直接打开该篇参考文献的摘要方式，如图 4－1－2－13。此界面又可进一步点击相关的链接。此方式适用总库及单库的所有链接。

共引文献:与该篇文献共同拥有相同参考文献的文献。

读者推荐文献:在同类文献中访问量较高的文献。

相似文献:系统通过对文献进行聚类分析,为用户推荐的与该篇文献比较相似的文献,分别按所选数据库进行显示(下同)。

中图法分类文献导航:列出该文献的中图分类法。

每条数据都注明来源库名称;在每个数据库中的文献数。单击数据库名,可单独显示在该数据库中的检索结果。

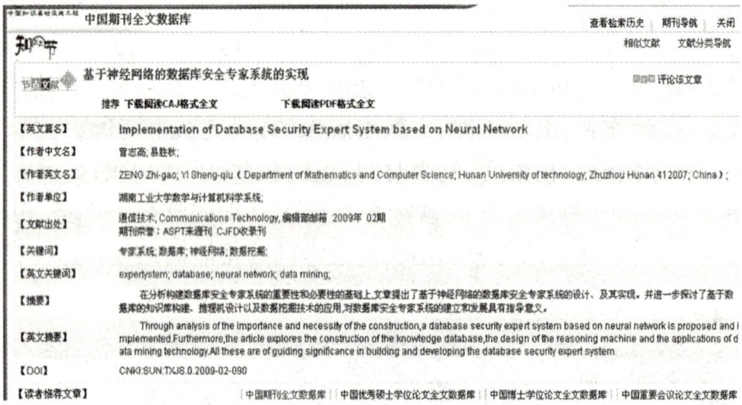

图 4-1-2-13

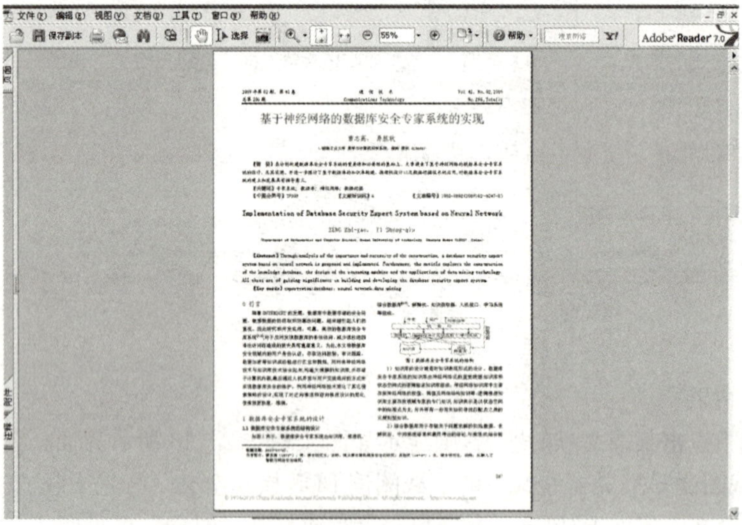

图 4-1-2-14

4.1.3 《中国期刊全文数据库(CJFD)》

1.《中国期刊全文数据库》简介

《中国期刊全文数据库(CJFD)》收录国内 1994 年至今(部分刊物回溯至创刊)9 100 多种综合期刊与专业特色期刊的全文,全文文献总量 3 252 多万篇,年新增文献 100 多万篇,是目前世界上最大的连续动态更新的中国期刊全文数据库,以学术、技术、政策指导、高等科普及教育类为主，同时收录部分基础教育、大众科普、大众文化和文艺作品类刊物，内容覆盖自然科学、工程技术、农业、哲学、医学、人文社会科学等各个领域。产品分为十大专辑：理工A、理工B、理工C、农业、医药卫生、文史哲、政治军事与法律、教育与社会科学综合、电子技术与信息科学、经济与管理。十个专辑下有分为168个专题及3 600个子栏目(CNKI所有产品均如此分类，下略)。其产品形式有WEB版(网上包库)、镜像站版、光盘版、流量计费等几种方式。中心网站及数据库交换服务中心数据每日更新5 000～7 000篇，各镜像站点通过互联网或卫星传送数据可实现每日更新，专辑光盘每月更新，专题光盘年度更新。

2.《中国期刊全文数据库》检索

中国知识资源总库及其他每个数据库都提供初级检索、高级检索和专业检索三种检索功能，其中高级检索功能使用最多。每个库的检索方法相同，只是不同的数据库，其检索入口不同，检索界面略有差异。此处以中国期刊全文数据库为例讲解其单库的检索方法。

中国期刊全文数据库有初级检索、高级检索和专业检索、期刊导航检索四种方式。在每种方式的检索结果(包括二次检索的检索结果)里都可以进行二次检索，可以无数次的进行，逐步缩小检索范围，直至检索结果为零。

(1) 初级检索

在图4-1-2-1中点击“中国期刊全文数据库”按钮，进入图4-1-3-1所示界面，此为初级检索的默认界面。除在界面右侧下方是介绍中国期刊全文数据库、上方工具栏中多了更新时间的选择、期刊范围的选择及每页显示的文献数外，其余界面同跨库初级检索界面，其检索方法也相同，可以分为专辑导航检索和直接输入检索词检索。

① 专辑导航检索

依次逐级点击页面左侧所需检索的专辑、大类、小类，可以得到此数据库中该专辑下某子目的文献资料。

② 直接输入检索

在其页面左侧选择所需检索的专辑、类目，可以全选，可以只选一个子目，然后选择检索时间、更新(全部数据、最近一周、最近一月、最近三月、最近半年)、范围(全部期刊、EI来源刊、SCI来源刊、核心期刊)、匹配(模糊、精确)、排序(时间、无、相关度)每页(10、20、30、40、50)及检索入口，在检索框中直接输入检索词，进行检索。其检索项有：篇名、主题、关键词、摘要、作者、第一作者、单位、刊名、参考文献、全文、年、期、基金、国图分类号、ISSN、统一刊号等可供选择。其检索框下的“+”、“-”可增加或减少检索框，最多五个、最少一个，各检索框之间支持并且、或者、不包含的逻辑关系。图标，前者为显示最近输入的十个词，后者为显示以输入词为中心的相关词。检索结果界面中部有一工具栏如图4-1-3-2所示，可以知道用户是否已订购、是否登录、共有多少记录，提供翻页、转页功能；可以在数据前复选框中选择所需的数据，也可点击“全选”，对所检数据不满可“清除”后重新检索；将鼠标放在所需数据上，点右键存盘，也可点“存盘”按钮，全部存盘. 如果所检文献量太大，可以在右侧上方的检索框中再输入相应的检索词，点击“在结果中检索”按钮，进行二次检索。二次与一次检索之间相当于“逻辑与”的检索，可以进行多次的二次检索，逐步缩小检索范围，提高文献的查准率。

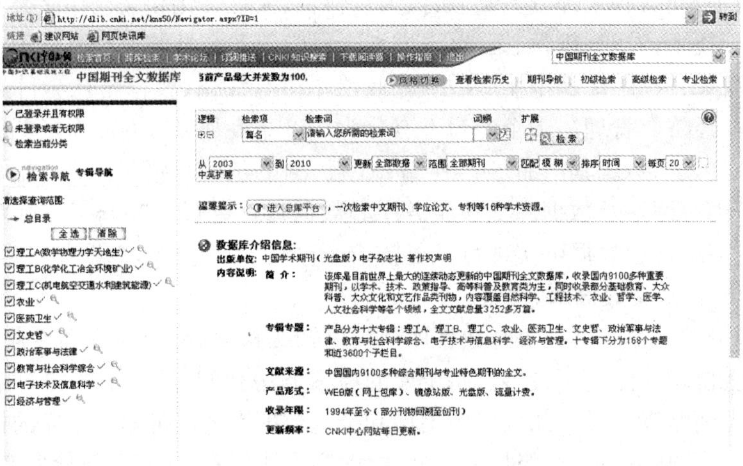

图 4-1-3-1

图 4-1-3-2

(2) 高级检索

点击“高级检索”按钮,其界面与初级检索界面相比,只是多了几个检索输入框,其检索方法同“跨库高级检索”。初级检索中的二次检索,相当于高级检索中逻辑与检索。

(3) 专业检索

点击“专业检索”按钮,可见图 4-1-3-3 所示界面,采用检索表达式输入法后点击“检索”按钮。每个检索词两边需加单引号,逻辑运算符两边各空一半角空格。支持括号、优先运算等。

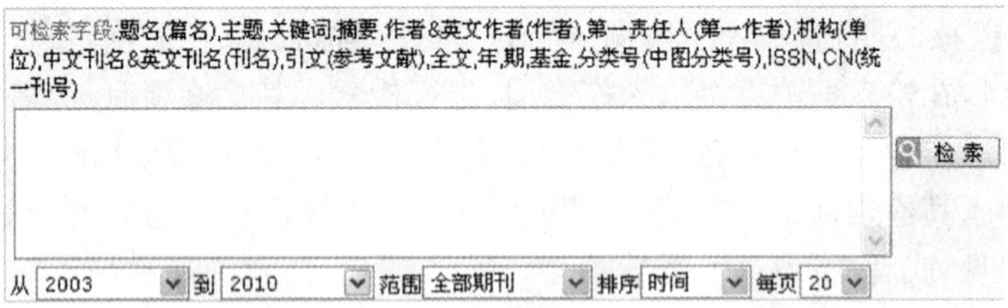

图 4-1-3-3

(4) 期刊导航

中国知识资源总库每个数据库都提供“期刊导航”功能。在上面几个图中点击“期刊导航”按钮,均可见图 4-1-3-4 所示界面,提供专辑导航、数据库刊源导航、刊期导航、出版地导航、主办单位导航、发行系统导航、期刊荣誉榜导航、世纪期刊导航、核心期刊导航、中国高校精品科技期刊、首字字母导航和检索框直接输入法等检索方法。

图 4-1-3-4

① 直接输入法

直接输入法只需从刊名、ISSN、CN 中选择检索入口，直接输入相应的检索词即可。如选择刊名，输入“计算机学报”点击“检索”可见图 4-1-3-5 所示界面，此是图形方式，另有列表及详细显示方式，检索结果不合要求，可在上方的检索框中重新检索。点击“计算机学报”图或刊名，可见图 4-1-3-6 所示界面，显示该数据库中共收录本刊年代列表，可以在右上侧的检索框内输入检索词，对本刊内容进行检索，检索字段及检索过程、方法同初级检索；还可直接点击所需查找的年份，选择所需期号查看。如点击 2010 年第 3 期，可见图 4-1-3-7 所示界面，其余同初级检索。

图 4-1-3-5

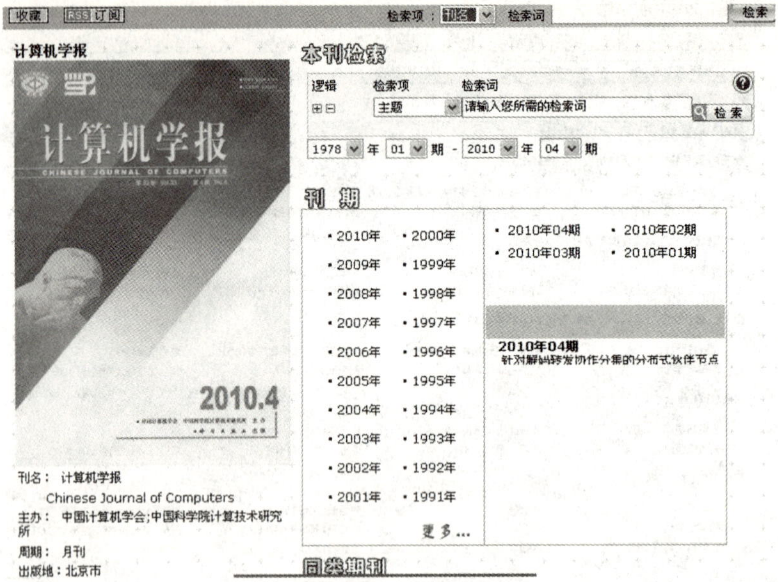

图 4-1-3-6

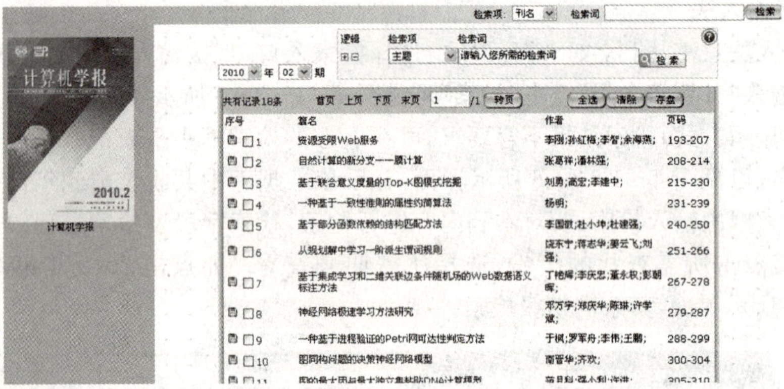

图 4-1-3-7

② 首字母导航

本数据库将所收期刊的刊名按英文 26 个字母的顺序排列，点击刊名的首字字母即可显示以该字母开头的所有期刊，然后点击自己所需检索的期刊刊名，进行检索。

③ 专辑导航

专辑导航，直接点击界面下方的十大专辑下的 168 个专题，可检索出该数据库该专题收录了多少种期刊，然后点击自己所需期刊。

④ 其他导航

点击相应的按钮后再逐级点击所需期刊进行检索。

4.2 维普资讯系统

4.2.1 重庆维普资讯概述

网址：http://www.cqvip.com

重庆维普资讯有限公司是科学技术部西南信息中心下属的一家大型专业化数据公司，是国内中文数据库事业的奠基人和开拓者，前身是中国科技情报所重庆分所数据库研究中心。公司自1993年成立以来，一直致力于电子信息资源的研究、开发和应用，业务范围包括数据库出版发行、知识网络传播、期刊分销、电子期刊制作发行、网络广告、文献资料数字化工程以及基于电子信息资源的多种个性化服务，拥有自主开发的中文搜索引擎技术，强大的文献数字化加工能力，以及遍布全国的营销服务网络。主要产品有：《中文科技期刊数据库》、《中文科技期刊数据库》(引文版)、《外文科技期刊数据库》、《中国科技经济新闻数据库》、《中国科学指标数据库 CSI》、《图书馆服务平台 LDSP》、《维普考试资源系统 VERS》。其数据通过维普资讯网进行发布。该网建于2000年，经过多年的商业建设，已经成为全球著名的中文信息服务网站，是中国最大的综合性文献服务网，并成为 GOOGLE 搜索的重量级合作伙伴，是 Google Scholar 最大的中文内容合作网站。

4.2.2 《中文科技期刊数据库》

1. 数据库概况

《中文科技期刊数据库》原名《中文科技期刊篇名数据库》，是维普公司于1989年开发的一种光盘数据库检索系统，是我国最早进行商业化运作的光盘产品。它原是二次文献库，后来改名为《中文科技期刊篇名数据库》，并逐步发展成全文库、题录文摘库两个版本，其内容一一对应。该库收录了1989年以来(部分文献回溯到1955年)国内出版的中文科技期刊9 000余种期刊(包括部分港台期刊)刊载的2 000余万篇文献，并以每年300万篇的速度递增。其数据每半年(分别为2月和8月)更新一次，是维普资讯的主打产品，历获多种国家、省、市奖项，是中国最大的数字期刊数据库。该数据库的内容按《中国图书馆图书分类法》进行分类，分为21类，所有文献又被分为社会科学、自然科学、工程技术、农业科学、医药卫生、经济管理、教育科学和图书情报8个专辑，专辑下又分为28个专题。

2. 数据库检索

该数据库通过包库和镜像方式提供服务，包库分用户名、密码和IP地址控制两种方式。此处检索方法及过程以镜像站为例。镜像站界面如图4-2-2-1所示，提供快速检索、传统检索、分类检索、高级检索、期刊导航等检索方式。

(1) 快速检索

快速检索界面是镜像站的默认界面。检索字段有：M=题名或关键词、K=关键词、J=刊名、A=作者、F=第一作者、S=机构、T=题名、R=文摘、C=分类号、Z=作者简介、I=基金资助、L=栏目信息、Y=参考文献(每个字段名前的英文字母为检索途径代码，供构造检索表达式时使用)。从中选定一个检索入口后，在右侧输入框中输入检索条件，点击“检索”

按钮，即可实现检索。检索结果如不符要求，可以重新检索。检索结果如果太多，可进行检索条件的再限制，进行二次检索，各个字段之间可实现组配检索。如果检索特殊字符必须加上英文双引号，比如检索 C++检索表达式中就应写为“C++”。点击检索的文献篇名，可实现题录文摘的查看或下载，及全文下载功能。

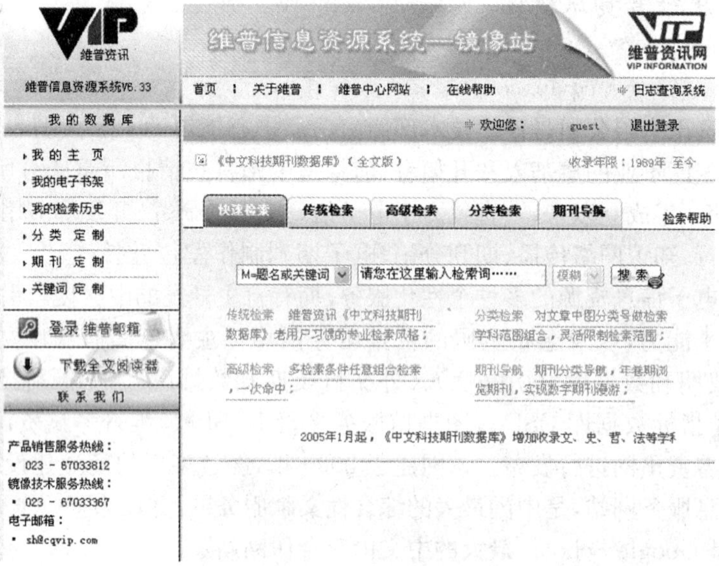

图 4-2-2-1

(2) 分类检索

点击“分类检索”按钮，可见如图 4-2-2-2 所示界面。在左边的分类列表中按照学科类别逐级点开进行查找定位，在分类表中所选学科前的 中打上“√”，并点 >> 按钮将类别移到右边的方框中，即完成该学科类别的选中，可同时选多个类别。通过专业的学科分类表，可以选择不同的学科范围进行检索。如果要删除某一所选分类，可在点击该分类后直接双击删除。在选中学科类别以后，在页面下侧的检索框处选择检索入口(同快速检索)，输入检索条件，进行再限制检索，获取检索结果。

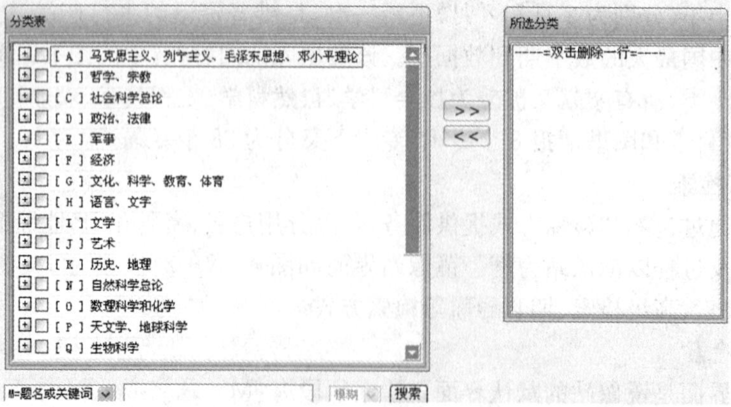

图 4-2-2-2

(3) 期刊导航

其检索页面如图 4-2-2-3 所示，根据期刊名称字顺或学科类别对数据库收录的所有期刊进行浏览，或通过刊名或 ISSN 号查找某一特定刊，并可按期查看该刊的收录文章，同时可实现题录文摘或全文的下载功能。

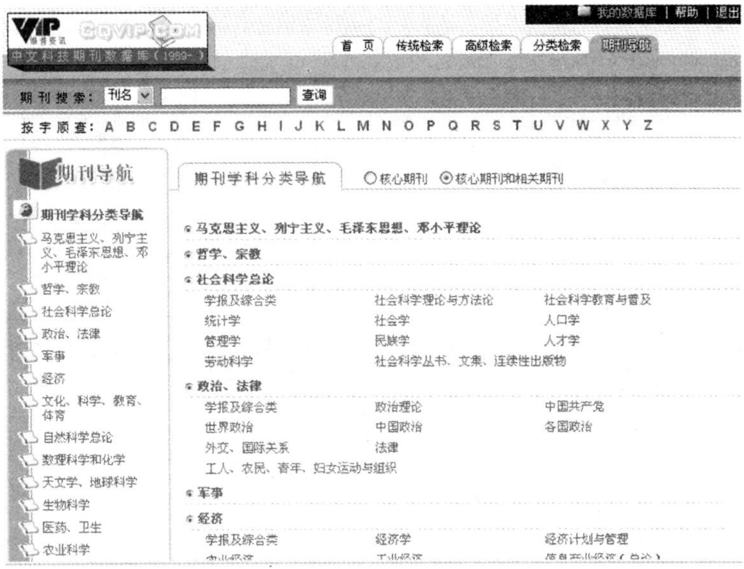

图 4-2-2-3

① 按字顺查：点击期刊名的第一个字的首字字母顺序进行查找。

② 按期刊学科分类导航查：点击学科分类名称，选择“核心期刊”或“核心期刊和相关期刊”即可查看到该学科涵盖的所有期刊。如选择“核心期刊”，则只能查看到所选学科类别下涵盖的核心期刊

③ 按期刊查：输入框内直接输入相关检索词进行检索，提供刊名和 ISSN 号的两个检索入口。ISSN 号检索必须是精确检索；刊名的检索是模糊检索。在检索结果的基础上，还可以重新输入检索词，点击“在结果中检索”，进行二次检索，可进行多次二次检索。

以上检索出所需期刊后，单击该刊名栏的链接即可出现本数据库所收该刊的年份表，再点击某年即可检出本年的卷、期数。如此向下点击即可浏览该期共收多少篇文章，再点击文章的题名，则可浏览、下载。

(4) 高级检索

点击“高级检索”按钮，进入如图 4-2-2-4 所示界面，它提供向导式检索和直接输入检索式检索两种方式。

① 向导式检索：界面上部提供分栏式检索词输入方法。在其左侧有五个检索输入框，选择相应的检索入口，输入检索词，运用逻辑与(并且)、逻辑或(或者)和逻辑非(不包含)的组配关系，点击“检索”，可以查找同时满足几个检索条件的文献资料。其检索顺序严格按照检索框由上到下进行。检索结果如果不满意，可以重置后再检索。“模糊”和“精确”检索功能，只有在选定“关键词”、“刊名”、“作者”和“第一作者”和“分类号”这五个字段进行检索时，才生效。系统默认“模糊”检索，用户可选“精确”。

检索界面右侧扩展功能按钮有：查看同义词、同名/合著作者、查看分类表、查看相关机构、期刊导航、扩展检索条件，可以有选择地扩大或缩小检索的命中范围。

同义词：该功能默认关闭，选中即打开(只有在选择了关键词检索入口时才生效)。例：

输入关键词“自行车”检索时，系统会提示单车、多速自行车、脚踏车、轻便自行车、山地车、越野自行车、折式自行车等是否同时选中作为检索条件。如果全选，会扩大检索的范围，提高查全率。

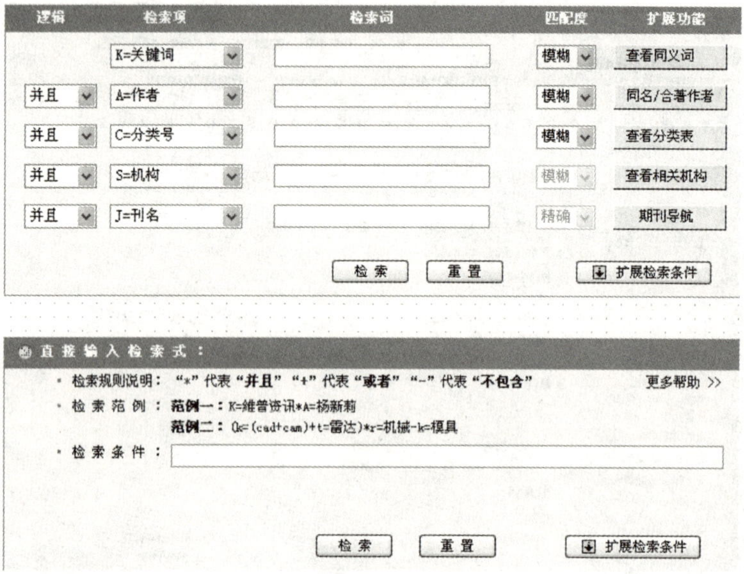

图 4-2-2-4

同名/合著作者：该“同名作者库”功能默认关闭，选中即打开（只有在选择了作者、第一作者检索入口时才生效）。例：输入作者张毅后，点击查看同名作者的单位列表有《财经》杂志社编辑部等 5 612 家单位，我们可以选择作者单位来限制同名作者范围，点击页底的确定即可精确检出。为了保证检索操作的正常进行，系统规定选择的数据最多不超过 5 个。

查看分类表：直接点击按钮，会弹出分类表页，操作方法同分类检索。

查看相关机构：输入机构名称后点击此键。比如用户可以输入中华医学会，点击“查看相关机构”，即可显示与此相关的 2 531 个机构。为了保证检索操作的正常进行，系统规定一次最多只能选择 5 条数据。

期刊导航：同前面期刊导航检索。

扩展检索条件：点击“扩展检索条件”，可以根据需要，以时间条件、专业限制、期刊范围进一步限制范围，缩小检索范围，获得更符合需求的检索结果，提高查准率。其界面如图 4-2-2-5所示。

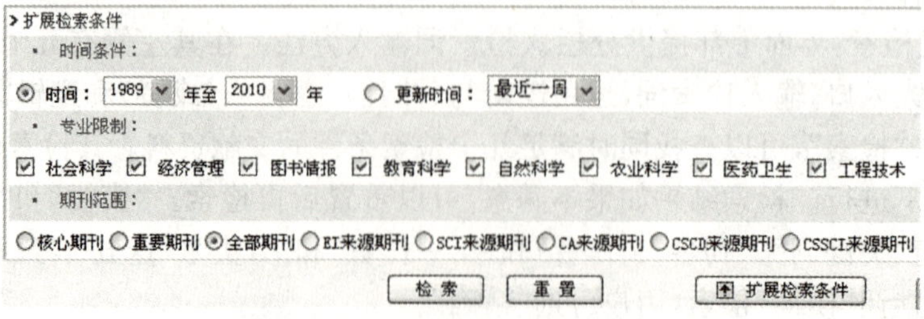

图 4-2-2-5

② 直接输入检索式检索

在检索界面下部的检索框中直接输入检索表达式，即可进行检索。支持逻辑运算符、字段标识等。无括号时逻辑与“ * ”优先，有括号时先括号内后括号外。如想缩小检索范围，可点击“扩展检索条件”并对相关检索条件进行限制后再点“检索”按钮即可。“扩展检索条件”同上。

(5) 传统检索

是原网站的《中文科技期刊数据库》检索模式，经常使用本网站的老用户可以点击此链接进入如图 4-2-2-6 所示的检索界面，可采用直接输入检索式、专辑导航、分类导航等方式进行检索。

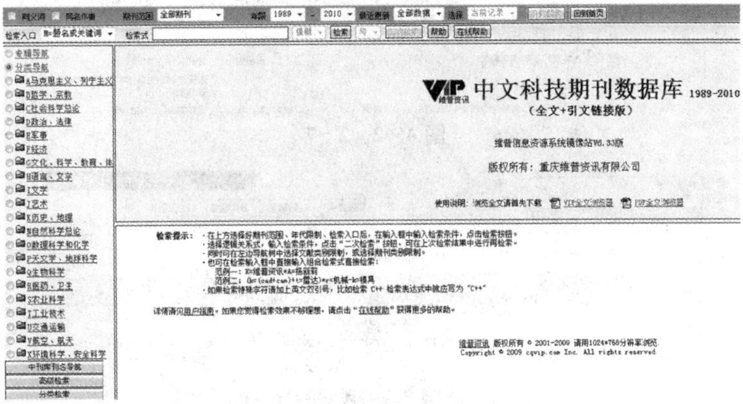

图 4-2-2-6

① 直接输入检索式检索

在界面上方选择好期刊范围、年代限制、检索入口后，在输入框中输入检索条件，点击检索按钮。年限默认为 1989～2001，也可以逐年限定。期刊范围默认为全部期刊，可选择只检索核心期刊。还可同时在左侧“专辑导航”或“分类导航”中选中某文献类别后再进行检索。这样，任何检索都局限于此类别，可以缩小检索范围，提高查准率。

② 专辑导航

逐级点击专辑导航树即可。

③ 分类导航：逐级展开点击“分类导航”至最后一节点时，可直接显示所选小类的文献。

这三种检索，都可在上次检索结果基础上选择逻辑关系式，输入检索条件，进行再检索，并且可以进行多次二次检索。

需注意的是：检索范围的限定功能（年限、期刊范围、所输入的检索式）在进行导航树学科范围浏览时始终生效，所以在浏览区显示的文章篇数并不一定是该学科的文章记录总数。且检出题录显示最大条数为 1 000 000（一百万）条。

在上述检索中，如果检索条件一致，多次“二次检索”与高级检索及检索表达式检索的结果相同。例如：先选“关键词”，输入“电脑”，检索，再选择“刊名”、“并且”，输入“电子技术”，点击“二次检索”，输出的结果与直接输入检索式：K＝关键词 * J＝电子技术及在高级检索界面选“关键词”入口输入电脑、选“刊名”输入电子技术并选“并且”的逻辑运算符的检索结果是一样的（年代等限制条件一致）。

(6) 检索结果及智能分析

检索结果如图 4-2-2-7 所示，点击文献题名可见的题录（图 4-2-2-8），提供细致到作者简介、基金赞助等 20 余个题录文摘的输出内容。如需全文，点击“PDF 全文下载（需先下载、安装专用浏览器）”可进行浏览、保存等操作。点击作者名，可检索出数据库中该作者所有的文章;点击刊名,可检索出本数据库共该刊多少期、每期多少篇文章,每篇文章都可打开,可进行多次链接(所有链接都可打开),实现各种检索功能间的无缝链接。

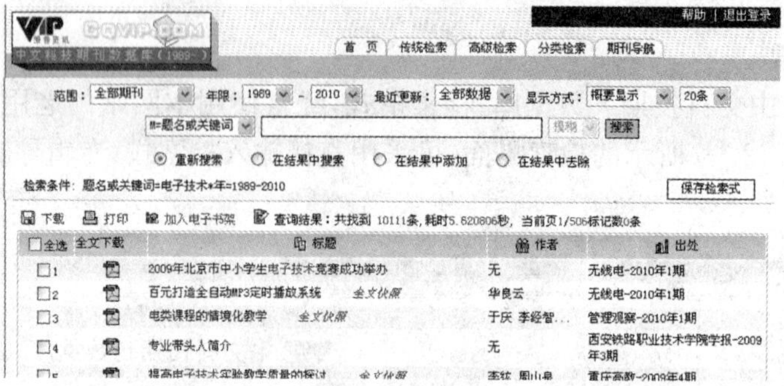

图 4-2-2-7

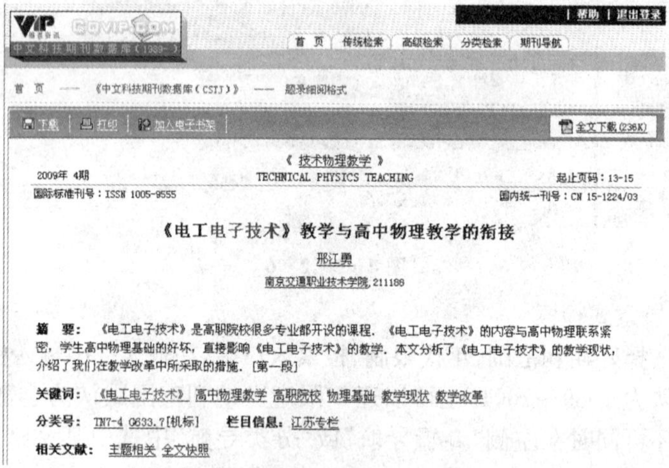

图 4-2-2-8

4.2.3 其他数据库

以下数据库的检索过程及方法与《中文科技期刊数据库》相同,不再重复。

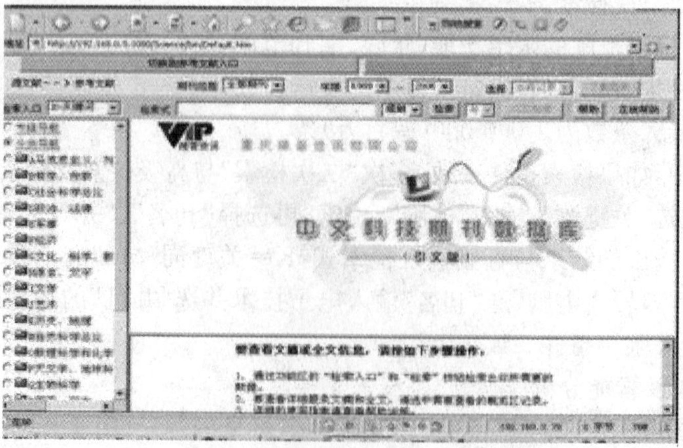

图 4-2-3-1

1.《中文科技期刊数据库》(引文版)

(1) 数据库概况

《中文科技期刊数据库》(引文版)是以全文版为基础开发而成,是目前国内检索期刊种类最多的引文数据库。收录1989年以来国内5 000多种重要期刊(含核心期刊)中482万余篇论文的参考文献1 830余万篇,每年新增50余万,数据每周更新。其收录内容与分类与《全文库》相同。用户若同时购买了全文数据库和引文数据库,还可以通过开放接口将引文检索功能整合在全文数据库中,实现引文检索与全文检索的无缝链接操作,是科技文献检索、文献计量研究和科学活动定量分析评价的强力工具。

(2) 数据库检索

该数据库检索平台(见图4-2-3-1)包括两个检索界面:源文献检索和参考文献,两个检索界面可互相切换。用户可以直接检索这482万余篇文献所引用的1 830万余篇参考文献,也可以查看参考文献的参考文献,越查越老;或参看引用文献的引用文献,越查越新,实现文献关联漫游,提高知识获取的效率。其检索字段有K=关键词、J=刊名、A=作者、F=第一作者、S=作者机构、T=题名、R=文摘、C=分类号(源文献检索入口界面)、I=题名、N=刊名、W=作者(被引文献检索入口界面)等。

2. 外文科技期刊数据库

《外文科技期刊数据库》,收录1992年以来世界上30余个国家的11 300余种期刊的800余万条外文期刊文摘题录信息,并对题录字段中刊名和关键词进行汉化,帮助用户更好利用外文文献资源。它还联合国内20余个图书情报机构提供方便快捷的原文传递服务。检索字段有:A=作者、T=题名、D=文摘、J=刊名、N=刊号、U=任意字段、ISSN号等。其检索界面如图4-2-3-2所示,检索结果为文本格式,包括标题、作者、刊名、ISSN号、刊号、出版国、文摘、馆藏等信息。逻辑非不能用"—",它易与英文的连字符混淆。如果需要原文,可向维普公司索取、通过检索出来的馆藏信息,向最近的图书馆索取原文、向刊发这篇文章的期刊编辑部索取、直接通过搜索引擎搜索。

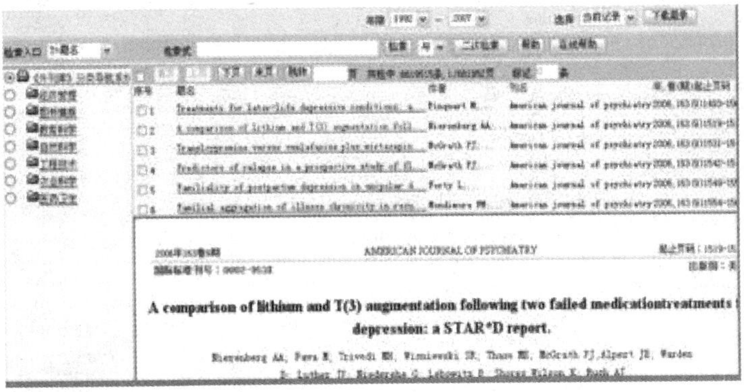

图4-2-3-2

3.《中国科技经济新闻数据库》

《中国科技经济新闻数据库》,收录1992以来国内420多种中国重要报纸和12 000多种科技期刊的305余万条新闻资讯,每年新增15万条,数据每周更新。其内容覆盖各行各业的新产品、新技术、新动态、新法规等信息资源,分9个专辑:科研、工业A、工业B、工业C、农业、医药、商业、经济、教育,各专辑细分类别,是科研机构、企业、政府部门获取行业动态,把握市场走向,建立竞争情报系统的重要信息来源,尤其是科技查新单位进行科技查新时重要的查询数据库之一。其检索界面如图 4-2-3-3 所示。

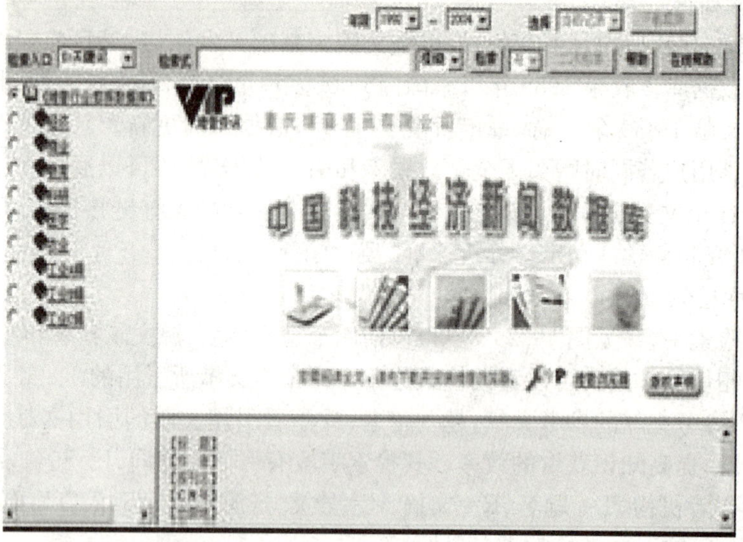

图 4-2-3-3

4.《中国科学指标数据库》

《中国科学指标数据库》(China Science Indicators System，简称 CSI)(主页如图 4-2-3-4 所示)是维普公司于 2009 年 6 月正式推出的一款全新资讯类产品，是目前国内规模最大的基于引文评价的事实型数据库，是衡量国内科学研究绩效、跟踪国内科学发展趋势的有力工具。4 000 余种中文期刊和百万级中国海外期刊发文数据为依据的文献计量类数据库，评价时间从 2000 年至今，内容涵盖了包括理、工、农、医和社会科学在内的 39 个学科，数据每双月更新。用户可以通过本产品查看关于学者、机构、地区、期刊的科研水平及影响力评价，并了解当前国内的科研动态、研究热点和前沿。

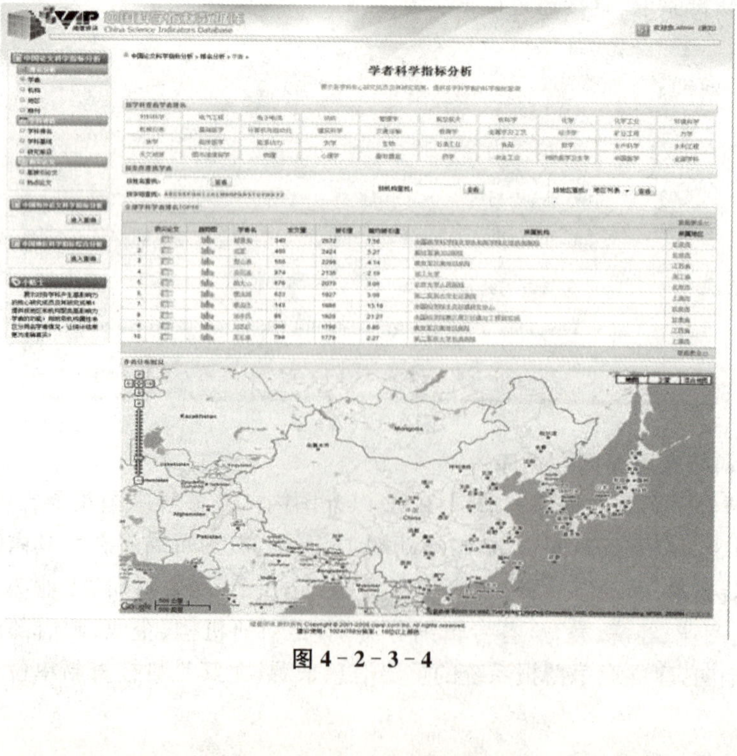

图 4-2-3-4

5.《图书馆学科服务平台(LDSP)》

《图书馆学科服务平台》(见图 4-2-3-5),是一个学科馆员的网络服务平台,可以为特定目标用户提供专业、主动服务的信息服务,主要有:学科体系设置、个人作品仓储、异构资源收割、学科资源推送、学科参考咨询、学科定题服务、短信/邮件服务、问卷调查、学科馆员工作分析。其工作原理如图 4-2-3-6 所示。

图 4-2-3-5

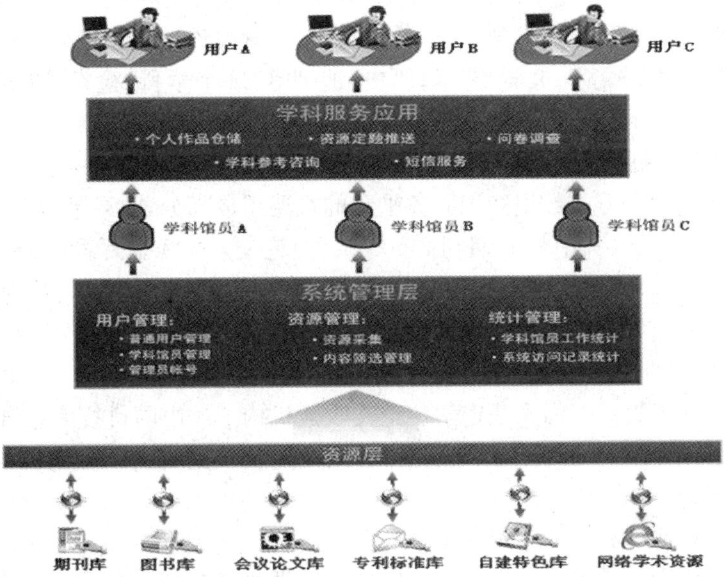

图 4-2-3-6

6.《VERS 维普考试资源系统》(VERS)

《VERS 维普考试资源系统》是维普资讯专门研发的集平常学习、考前练习、在线考试、模拟测试等功能于一体的大型教育资源数据库。它是拥有包括英语、计算机、公务员、司法、经济、考研、工程、资格、医学等九大领域 200 多个细分考试科目 2 万余套试卷的服务系统,数据每月更新。该系统采用开放、动态的系统架构,将传统的考试、练习模式与先进的网络应用相结合,可使学生完全根据个性化需要来进行有针对性的学习和考前练习。

4.3 万方数据资源系统

4.3.1 万方数据资源系统简介

网址：http://www.wanfangdata.com.cn

1. 万方数据股份有限公司

万方数据股份有限公司是由中国科技信息研究所以万方数据(集团)公司为基础，联合山西漳泽电力股份有限公司、北京知金科技投资有限公司、四川省科技信息研究所和科技文献出版社发起组建的高新技术股份有限公司。它是国内第一家以信息服务为核心的股份制高新技术企业，是集信息资源产品、信息增值服务和信息处理方案为一体的综合信息服务商。

2. 万方数据资源系统

万方数据资源系统是万方数据股份有限公司开发的网上数据库联机检索系统，以万方数据知识服务平台提供服务，集成了学术期刊论文、学位论文、会议论文、科技成果、中外专利、中外标准、法律法规、科研机构与企业等众多信息资源，是一套权威、翔实的科技信息资源服务系统。

3. 主要资源

其资源分为马克思主义、列宁主义、毛泽东思想、邓小平理论；哲学、宗教；综合性图书；自然科学总论；数理科学和化学；天文学、地球科学；生物科学；医学、卫生；农业科学；工业技术；交通运输；航空、航天；环境科学、安全科学；社会科学总论；政治、法律；军事；经济；文化、科学、教育、体育；语言、文字；文学；艺术；历史、地理等 22 个学科，检索、浏览文献简要信息免费，浏览详细信息、下载全文需购买万方会员充值卡或设立镜像站点。

(1) 学术期刊数据库

学术期刊数据库是万方数据知识服务平台的重要组成部分，收录了自 1998 年以来国内出版的 6 000 余种期刊(其中核心期刊 2 500 余种)论文 1 500 余万篇，每年约增加 200 万篇，每周两次更新。内容包括论文标题，论文作者，来源刊名，论文的年、卷、期，中图分类法的分类号，关键字，所属基金项目，数据库名，摘要等信息。

(2) 学位论文数据库

学位论文数据库收录了国家法定学位论文收藏机构——中国科技信息研究所提供的自 1980 年以来我国自然科学领域各高等院校、研究生院及研究所的硕士研究生、博士及博士后论文 160 余万篇。

(3) 会议论文数据库

会议论文数据库收录由中国科技信息研究所提供的国家级学会、协会、研究会组织召开的各种学术会议论文(以一级以上学会和协会主办的高质量会议论文为主)160 余万篇。

(4) 专利技术数据库

专利技术数据库收录了国内外的发明、实用新型及外观设计等专利 2 600 余万条。

(5) 中外标准数据库

中外标准数据库收录了由国家技术监督局、建设部情报所、建材研究院等单位提供的相关行业的各类标准 25 万多条记录。

(6) 科技成果数据库

科技成果数据库主要收录了国内的科技成果及国家级科技计划项目59万余条，内容涉及自然科学的各个学科领域，数据每月更新。是题录资源。

(7) 政策法规数据库

政策法规数据库收录自1949年新中国成立以来全国各种法律法规约30多万条。内容不但包括国家法律法规、行政法规、地方法规，还包括国际条约及惯例、司法解释、案例分析等，被认为是国内最权威、全面、实用的法律法规数据库。

(8) 机构数据库

机构数据库收录了国内外企业机构、科研机构、教育机构、信息机构各类信息。其中，企业信息49万余条，包括企业名称、负责人姓名、注册资金、固定资产、营业额、利税、行业SIC、行业GBM等基本信息，详细介绍了企业经营信息，包括商标、经营项目、产品信息、产品SIC、产品GBM以及企业排名，尤其全面收录了企业的联系信息，包括行政区代号、地址、电话、传真、电子邮件、网址等。科研机构信息包括机构名称、曾用名、简称、负责人姓名、学科分类、研究范围、拥有专利、推广的项目、产品信息等，尤其收录了科研机构的联系信息，包括行政区代号、地址、电话、传真、电子邮件、网址等。教育机构信息包括机构名称、负责人姓名、专业设置、重点学科、院系设置、学校名人等信息，以及详细的联系信息，包括行政区代号、地址、电话、传真、电子邮件、网址等。信息机构信息包括机构名称、负责人姓名、机构面积、馆藏数量、馆藏电子资源种类等信息，以及详细的联系信息，包括行政区代号、地址、电话、传真、电子邮件、网址等。

(9) 科技专家数据库

科技专家数据库收录了7千余条国内自然科学技术领域的专家名人信息，包括各专家的基本信息、受教育情况及其在相关研究领域内的研究内容及其所取得的进展，有助于用户掌握相关研究领域的前沿信息。

(10) 外文文献数据库

外文文献数据库包括外文期刊论文数据库和外文会议论文数据库，为全文资源。它收录了1995年以来世界各国出版的12 634种重要学术期刊，部分文献有少量回溯。每年增加论文约百万余篇，每月更新。外文会议论文收录了1985年以来世界各主要学协会、出版机构出版的学术会议论文，部分文献有少量回溯。每年增加论文约20余万篇，数据每月更新。

(11) 地方志数据库

地方志数据库收录了1949年以后出版的中国地方志。地方志书是由地方政府、单位或民间组织组织专门人员，按照统一体例编写，综合记载一定行政区域内、一定历史时期的政治、经济、文化及自然资源的综合著作。

4.3.2 万方数据资源系统检索

万方数据资源系统提供简单检索、高级检索、跨库检索及知识脉络检索四种方法。此处以镜像站点为例介绍。

1. 简单检索

进入镜像站点，可见图4-3-2-1所示界面，点击所需检索的数据库名，在输入框中输入相应的检索词，点击“检索”即可。如选择“期刊”，输入“传感器”，可检索出图4-3-2-2所示界面，分左、右两侧。左侧分为三个部分，上部为二次检索条件输入区，可以标题、作者、关键词、摘要、年份、全文等方面缩小检索范围；中部为检索出的各年份及数据总量，下部为所检数据在数据库所收刊物中的分布数量。右侧分为五个部分，首先是检索输入框，可以输入检索词进行重新检索，也可在缩小检索范围的基础上显示二次检索的检索表达式(可以实现多次二次检索)；紧接着是检索数据在数据库的 22 个类别中的数量；再是检索结果，可选择全部论文或可下载的论文，这些论文可按相关度优先、新论文优先、经典论文优先来排序，可以全选、清除、全部清除、导出，也可就简单题录查看或下载具体某一篇的全文(需先安装相应的浏览器)。如直接点击篇目名称，显示图 4－3－2－3 所示页面：既可查看全文、下载全文、导出，也可看到包括文摘，篇名，作者，作者单位，刊名，英文刊名，年、卷(期)，分类号，关键词，机标分类号，机标关键词，基金项目，DOI 等题录项，还可点击看到参考文献、相似文献、相关博文、相关检索词、相关专家、相关机构。点击这些链接，又可得到与图 4－3－2－3 所示页面类似的界面。上述操作可以重复进行。

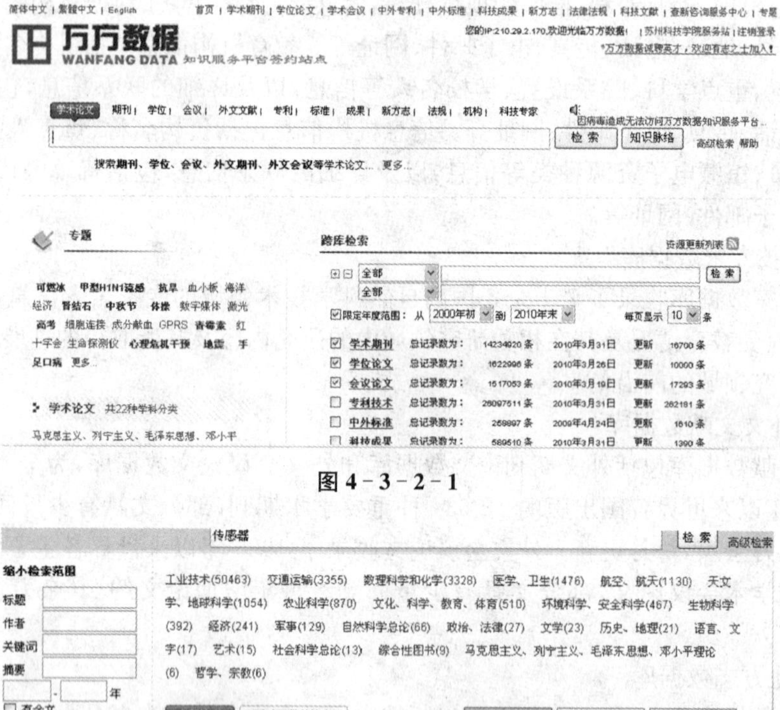

图 4－3－2－1

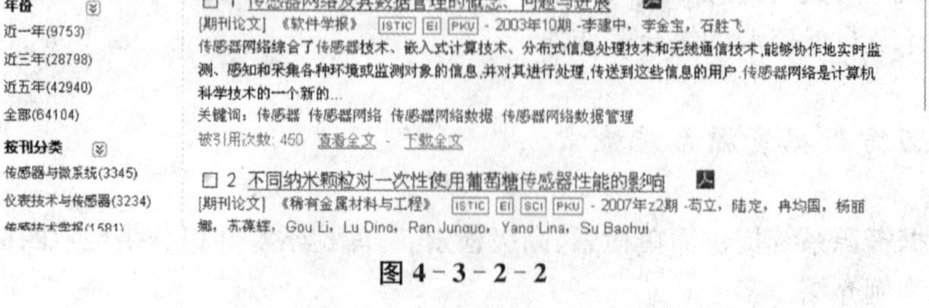

图 4－3－2－2

图 4-3-2-3

2. 高级检索

点击“高级检索”，见图 4-3-2-4 所示页面，有三种检索方式：高级检索、经典检索和专业检索。

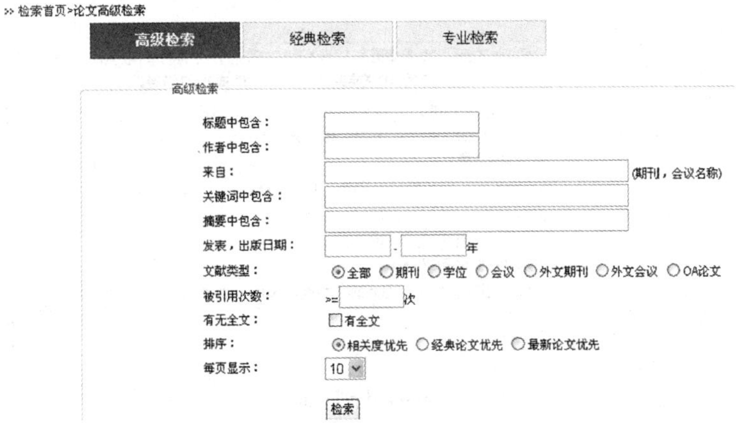

图 4-3-2-4

(1) 高级检索

默认界面为高级检索，其输入框有：标题中包含；作者中包含；来自(期刊、会议名称)；关键词中包含；摘要中包含；发表，出版日期；文献类型(全部、期刊、学位、会议、外文期刊、外文会议、OA 论文)；被引用次数；有无全文；排序(相关度优先、经典论文优先、最新论文优先)；每页显示(10、20、30)。输入相应的检索词，选择相应的条件，点击“检索”即可得与图 4-3-2-2 类似的界面，可重复初级检索中的操作。各检索条件间的逻辑关系相当于“逻辑与”。

(2) 经典检索

点击“经典检索”，可见图 4-3-2-5 所示界面，检索入口有：标题、作者、作者单位、中图分类、关键词、摘要，在相应的检索框输入相应的检索词即可检索，各检索条件间的逻辑关系相当于“逻辑与”。

(3) 专业检索

专业检索是使用检索表达式检索，点击可见图 4-3-2-6 所示界面。可用字段为：title(题名)、creator(作者)、source(来源)、keywords(关键词)、abstract(文摘)，“逻辑与”用 and 表示，“逻辑或”用 or 表示。含有特殊字符或空格的检索词需用双引号。如检索题名中包含“电子线路”且关键词为“传感器”的文献，可用检索式“title=电子线路 and keywords=传感器”。

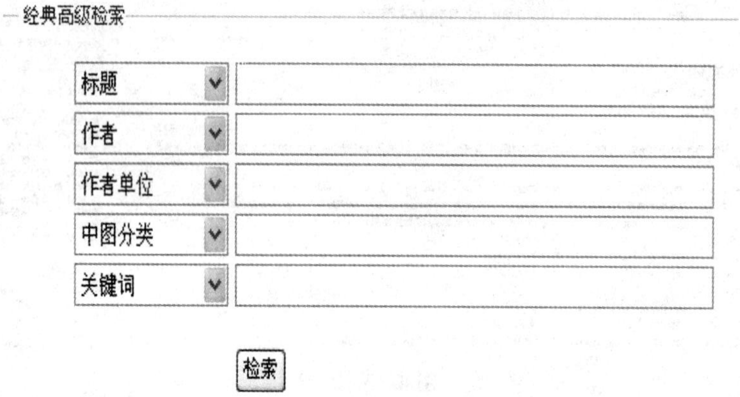

图 4－3－2－5

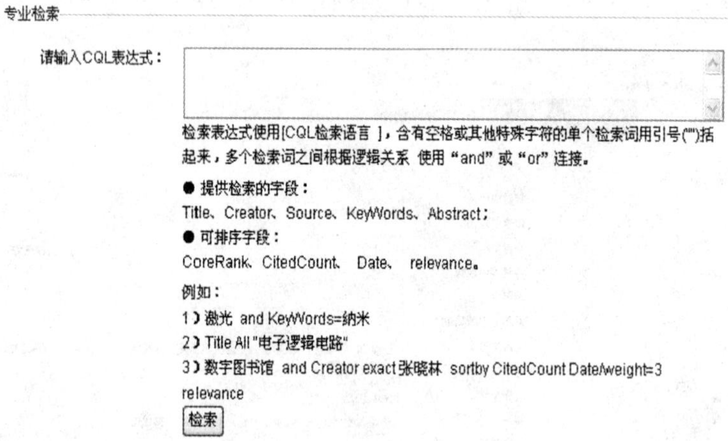

图 4－3－2－6

3. 跨库检索

跨库检索界面见图 4－3－2－1，点"＋"可增加检索输入框，最多只能 5 个，点"－"可减少检索输入框，最少 1 个。检索字段有标题、作者、单位、中图分类、关键词、摘要，时间跨度从 1982 年至 2010 年。确定好检索时间及所需检索的数据库，选择好检索入口，输入相应检索词即可检索。各检索条件间的逻辑关系相当于"逻辑与"。检索数据可设定每页显示 10 条、20 条或 30 条。

4. 知识脉络检索

在图 4－3－2－1 所示页面上点击"知识脉络"，在输入框内输入检索词，可进行"知识脉络检索"、"比较分析"检索。如输入"数字图书馆"进行知识脉络检索，可见图 4－3－2－7 所示界面：上部分是数字图书馆研究趋势图，下部分是与被检索词共现次数较多的热词。进行"比较分析"检索，可得图 4－3－2－8 所示界面，为相关词的文献命中数图表比较，最多可选 8 个相关词。

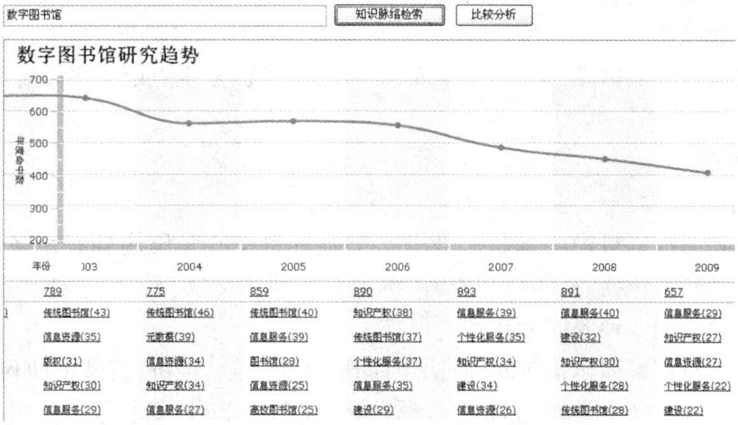

图 4-3-2-7

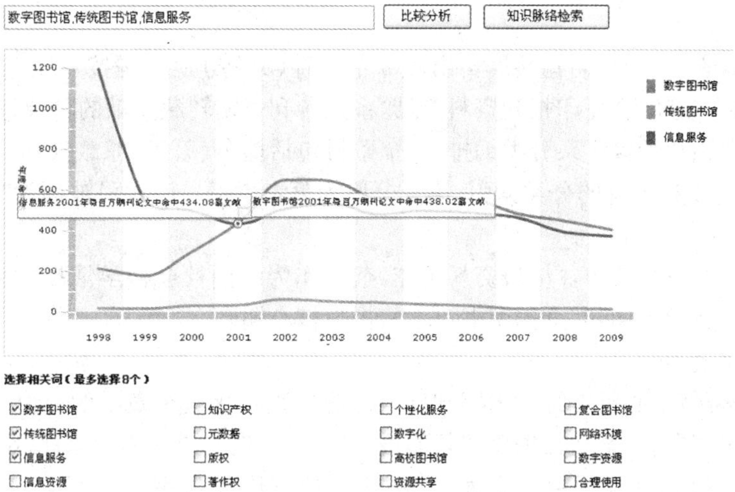

图 4-3-2-8

4.4 《中国人民大学复印报刊资料全文数据库》

4.4.1 中国人民大学书报资料中心

网址:http://www.zlzx.org

1. 简介

中国人民大学书报资料中心成立于1958年,是新中国最早从事人文社会科学信息资料搜集整理、编辑加工、信息发布的信息资料提供机构。经过50余年的发展,目前已发展成为集期刊出版、网络电子出版、信息咨询、广告、发行等于一体的综合性、跨媒体的现代出版机构和学术信息服务机构。书报资料中心《复印报刊资料》的转载量(率)被学界和期刊界普遍视为人文社科期刊领域中一个客观公正的评价标准。中心的系列数据库在新闻出版总署主办的第二届中国数字出版博览会上荣获“2006～2007 年度数字出版推荐品牌”称号，在第三届中国数字出版博览会上再获“2008～2009 年度数字出版知名品牌”称号。中心研发的“精选人文社科学术文献数据库”于 2008 年入选《“十一五”国家重点电子出版物出版规划》选题目录。

2. 主要资源

(1) 纸质出版物

期刊出版是书报资料中心的核心业务。书报资料中心是国内拥有最多刊号的法人单位，出版 148 种期刊，包括“复印报刊资料”系列 118 种、“文摘”系列 14 种、“报刊资料索引”系列 8 种和原发期刊 8 种等四大系列。

“复印报刊资料”系列包括哲学、政法类期刊 39 个专题，经济、管理类期刊 30 个专题，教育类期刊 24 个专题，文史类期刊 23 个专题，综合文萃类 2 种，囊括了人文社会科学领域中的各个学科相关专题的期刊文章。

“文摘”系列期刊，共出版有 14 个专题，涉及哲学、法学、经济学、管理学、教育学、文学及历史学等学科。

“报刊资料索引”系列期刊共编辑出版 8 个品种(8 个分册)，是按年度编排的大型检索工具书。它将本年度内“复印报刊资料”专题系列各刊每期转载文献的目录与未转载的题录集中起来，按专题和学科体系分类编排，每个条目包括篇名、著者、原载报刊等项目。第 1～7 分册为按专题学科编排的分类索引，第 8 分册为著者索引。该索引被称为“全国四大文献检索索引”之一。

原发性期刊 8 种，其中，《情报资料工作》杂志作为中国社会科学情报学会学报，是图书馆学、情报学专业学术期刊，全国图书馆学情报学核心期刊。

(2) 数字出版物

人大书报资料中心是传统学术期刊出版行业中数字化起步最早的单位之一，目前编辑出版有“复印报刊资料”全文数据库、“复印报刊资料”专题目录索引数据库、中文报刊资料摘要数据库、中文报刊资料索引数据库、专题研究数据库和数字期刊库等六大系列数据库产品。

① “复印报刊资料”全文数据库

“复印报刊资料”全文数据库收录 1995 年至今(部分专题已回溯到创刊年)“复印报刊资料”纸质期刊的内容。该库现有两种呈现方式：学术论文型和数字期刊型。学术论文型呈现方式基于学科类别展现篇目内容；数字期刊型呈现方式是以整刊形式展现。

② “复印报刊资料”专题目录索引数据库

“复印报刊资料”专题目录索引数据库是题录型数据库，汇集了 1978 年至今“复印报刊资料”系列期刊的全部目录，按专题和学科体系分类编排而成，累计数据达 90 多万条。每条数据包含专题代号、类目、篇名、著者、原载报刊名称及刊期、选印在“复印报刊资料”上的刊期和页次等多项信息。该数据库为订购“复印报刊资料”系列刊物的用户查阅全文文献资料提供了极大的便利。

③ 中文报刊资料索引数据库

题录型数据库，汇集了自 1978 年至今的国内公开发行人文社科报刊上有关文献的全部题录。按专题和学科体系分为九大类，包括法律类、经济学与经济管理类、教育类、历史类、文学与艺术类、文化信息传播类、哲学类、政治学与社会学类和其他类，各大类之下设置四级类目，个别类目已深入揭示到七级。数据量470多万条，每条数据包含专题代号、类目、篇名、著者、原载报刊名称及刊期、复印专题名称及刊期等多项信息。

④ 中文报刊资料摘要数据库

中文报刊资料摘要数据库是人文社科文献要点摘编形式的数据库。该数据库收集了1995年至今中心出版的14种专题文摘，累积5万余条数据，内容均为经过高等院校和研究单位的专业人员提炼和浓缩的学术资料。对于分类号、作者、主题词、关键词、期刊等字段均具备无限链接功能。

⑤ 专题研究数据库

专题研究数据库包括在线版专题研究数据库和光盘版专题研究数据库。

在线包库型专题研究数据库于2008年10月建成，是根据特色选题，通过分类整理、合理组合，从“复印报刊资料”全文数据库中整理生成各类专题研究资料，从而形成的新的数据库产品。该库主要设有25种专题，其中包括中国立法、司法、政治、民族、社会等方面的问题研究，共收录20余万篇文章，每个专题下又设若干子库。

光盘版专题研究数据库包括：

专题名称	数据年限	更新频率
《当代文萃》光盘版	2002～2009年	季度更新
《家庭教育导读》光盘版	1995～2009年	季度更新
《素质教育》光盘版	2002～2009年	季度更新
《精神文明导刊》光盘版	1996～2009年	季度更新
《“三个代表”重要思想研究(资料汇编)》光盘版	2000～2003年	
《中国共产党(珍藏版)》光盘版	1949～2000年	

3. 访问方式

(1) 镜像方式

将数据库管理系统和用户订购的文献数据安装在机构用户的内部网服务器上，按其所购数据库产品及其并发用户数计算和支付数据库使用费。数据通过网络每周更新。

(2) 包库方式

用户通过互联网访问中国人民大学书报资料中心在线服务网站，在限定的IP范围内可不限次数使用中心的数据库产品，按使用时间、订购内容、并发用户数来计算和支付数据库使用费。主要有在线订购和在线订阅两种方式。在线订购方式是指机构用户购买数据库产品全部或某一部分数据，购买后可以长期使用。在线订阅方式是指机构用户购买数据库某一时间段的使用(浏览、阅读、下载)权，在其已付费的使用期内，可在中心在线服务网站上浏览或下载已购买的数据库内容。

(3) 个人在线阅读方式

用户购买阅读卡登录并访问中心在线服务网站，查询阅读所需文献。根据用户所使用资源的类型与下载文献的篇数，计次收费。

(4) 光盘版

中心可根据用户指定选题采集、加工用户所需文献信息，配以方便快捷的检索系统，制作书报资料中心现有系列专题刊物的题录数据库和原文数据库光盘。包括个人用户单机版光盘和定题制作版光盘两种。

4.4.2　数据库检索

人大书报中心的资源，目前以使用电子资源为主，使用最为广泛的是《复印报刊资料》全文数据库、《复印报刊资料》目录索引数据库和《复印报刊资料》索引总汇。此处以镜像站“人大《复印报刊资料》全文数据库”为例介绍数据库的检索。检索默认页面如图 4-4-2-1 所示，提供浏览检索、简单检索和高级检索等三种检索方式。

图 4-4-2-1

1. 浏览检索

在页面左侧可选资源下点击所需数据库的名称“人大复印资料全文库”，可见图 4-4-2-2所示界面，右侧可见该库各年份的专辑“库中文献数”、“命中篇数”，点击后面的“查阅”或专辑名即可显示该年份的专辑中文献列表(图 4-4-2-3)，点击篇名可看到如图 4-4-2-4 所示页面，除篇名及全文外，还有原文出处、原刊地名、原刊期号、原刊页号、分类号、分类名、复印期号、作者、作者简介、责任编辑等条目；还可输入检索词，在“结果范围内再检索”，进一步缩小检索范围。

序号	库名	库中文献数	命中篇数	查阅否
1	人大全文1997年经济类专题(JC)	7431	7431	查阅
2	人大全文1996年政治类专题(MB)	7340	7340	查阅
3	人大全文1997年政治类专题(MC)	7309	7309	查阅
4	人大全文2001年经济类专题(JH)	7274	7274	查阅
5	人大全文1998年政治类专题(MD)	7251	7251	查阅
6	人大全文2000年经济类专题(JF)	7232	7232	查阅
7	人大全文1995年政治类专题(MA)	7223	7223	查阅
8	人大全文1996年经济类专题(JB)	7169	7169	查阅
9	人大全文2004年政治类专题(MK)	7154	7154	查阅
10	人大全文2003年经济类专题(JJ)	7131	7131	查阅
11	人大全文2000年政治类专题(MF)	7054	7054	查阅
12	人大全文1999年政治类专题(ME)	6953	6953	查阅
13	人大全文1995年经济类专题(JA)	6947	6947	查阅
14	人大全文1998年经济类专题(JD)	6946	6946	查阅
15	人大全文2002年经济类专题(JI)	6927	6927	查阅
16	人大全文2001年政治类专题(MH)	6921	6921	查阅
17	人大全文2005年政治类专题(ML)	6790	6790	查阅
18	人大全文2004年经济类专题(JK)	6737	6737	查阅
19	人大全文2004年文史类专题(YK)	6650	6650	查阅
20	人大全文1999年经济类专题(JE)	6611	6611	查阅

图 4-4-2-2

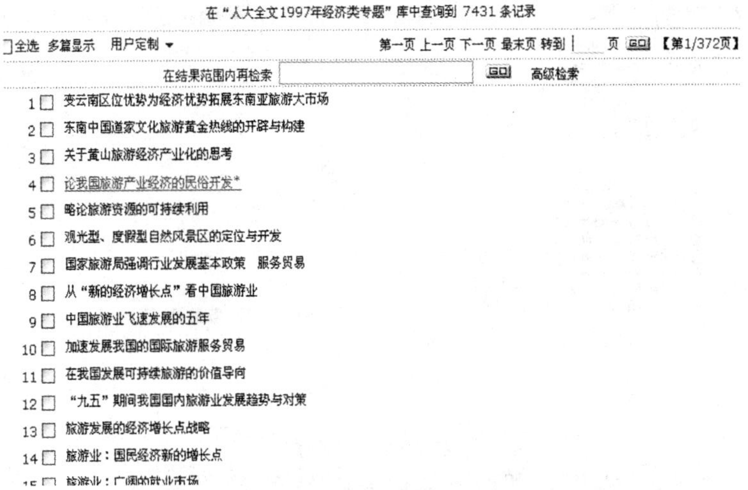
在“人大全文1997年经济类专题”库中查询到 7431 条记录

全选 多篇显示 用户定制 ▾ 第一页 上一页 下一页 最末页 转到 页 GO 【第1/372页】

在结果范围内再检索 GO 高级检索

1 变云南区位优势为经济优势拓展东南亚旅游大市场
2 东南中国道家文化旅游黄金热线的开辟与构建
3 关于黄山旅游经济产业化的思考
4 论我国旅游产业经济的民俗开发*
5 略论旅游资源的可持续利用
6 观光型、度假型自然风景区的定位与开发
7 国家旅游局强调行业发展基本政策 服务贸易
8 从“新的经济增长点”看中国旅游业
9 中国旅游业飞速发展的五年
10 加速发展我国的国际旅游服务贸易
11 在我国发展可持续旅游的价值导向
12 “九五”期间我国国内旅游业发展趋势与对策
13 旅游发展的经济增长点战略
14 旅游业：国民经济新的增长点

图 4-4-2-3

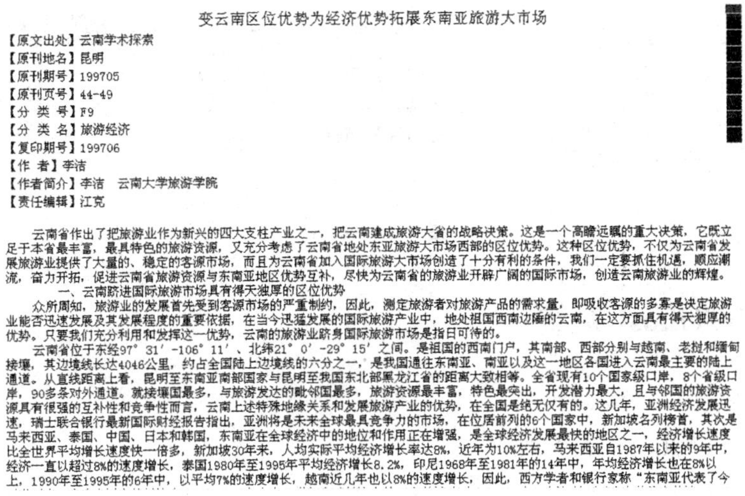
变云南区位优势为经济优势拓展东南亚旅游大市场

【原文出处】云南学术探索
【原刊地名】昆明
【原刊期号】199705
【原刊页号】44-49
【分 类 号】F9
【分 类 名】旅游经济
【复印期号】199706
【作 者】李洁
【作者简介】李洁 云南大学旅游学院
【责任编辑】江克

云南省作出了把旅游业作为新兴的四大支柱产业之一，把云南建成旅游大省的战略决策。这是一个高瞻远瞩的重大决策，它既立足于本省最丰富，最具特色的旅游资源，又充分考虑了云南省地处东亚旅游大市场西部的区位优势。这种区位优势，不仅为云南省发展旅游业提供了大量的、稳定的客源市场，而且为云南省加入国际旅游大市场创造了十分有利的条件，我们一定要抓住机遇，顺应潮流，奋力开拓，促进云南省旅游资源与东南亚地区优势互补，尽快为云南省的旅游业开辟广阔的国际市场，创造云南旅游业的辉煌。

一、云南跻进国际旅游市场具有得天独厚的区位优势

众所周知，旅游业的发展首先受到客源市场的严重制约，因此，测定旅游者对旅游产品的需求量，即吸收客源的多寡是决定旅游业能否迅速发展及其发展程度的重要依据，在当今迅猛发展的国际旅游产业中，地处祖国西南边陲的云南，在这方面具有得天独厚的优势。只要我们充分利用和发挥这一优势，云南的旅游业跻身国际旅游市场是指日可待的。

云南省位于东经97° 31′-106° 11′、北纬21° 0′-29° 15′之间。是祖国的西南门户，其南部、西部分别与越南、老挝和缅甸接壤，其边境线长达4046公里，约占全国陆上边境线的六分之一，是我国通往东南亚、南亚以及这一地区各国进入云南最主要的陆上通道。从直线距离上看，昆明至东南亚南部国家与昆明至我国东北部黑龙江省的距离大致相等。全省现有10个国家级口岸，8个省级口岸，90多条对外通道。就接壤国最多，与旅游发达的毗邻国最多，旅游资源最丰富，特色最突出，开发潜力最大，且与邻国的旅游资源具有很强的互补性和竞争性而言，云南上述特殊地缘关系和发展旅游产业的优势，在全国是绝无仅有的。这几年，亚洲经济发展迅速，瑞士联合银行最新国际财经报告指出，亚洲将是未来全球最具竞争力的市场，在位居前列的6个国家中，新加坡名列榜首，其次是马来西亚、泰国、中国、日本和韩国，东南亚在全球经济中的地位和作用正在增强，是全球经济发展最快的地区之一，经济增长速度比全世界平均增长速度快一倍多，新加坡30年来，人均实际平均经济增长率达8%，近年为10%左右，马来西亚自1987年以来的9年中，经济一直以超过8%的速度增长，泰国1980年至1995年平均经济增长8.2%，印尼1968年至1981年的14年中，年均经济增长也在8%以上，1990年至1995年的6年中，以平均7%的速度增长，越南近几年也以8%的速度增长，因此，西方学者和银行家称“东南亚代表了今

图 4-4-2-4

2. 简单检索

选择好数据库，在检索框内输入检索词，点击“查询”即可知哪年哪种专辑里有多少文献，点击“查阅”或专辑名即可。检索字段有：任意词、标题、正文、作者、分类名、分类号、关键词。检索框后两个方框可供选择：前者为“是否扩检”，后者为“是否相关排序”。

3. 高级检索

点击“高级检索”，可见图 4-4-2-5 所示界面，选择好专辑后，在检索输入框内输入检索词，点击“查询”。共有五个输入框，检索入口有：任意词、原文出处、原刊地名、原刊期号、原刊页号、分类号、分类名、复印期号、标题、英文标题、标题注释、文章日期、作者、作者简介、译者、内容提要、编者按、摘要题、英文摘要、关键词、正文、责任编辑、校对者、参考文献。“逻辑与”用“并且”表示，“逻辑或”用“或者”表示，“逻辑非”用“除了”表示。输入框下方可以添加检索条件扩大检索范围，也可以清空检索条件重新检索。如点击“帮助”按钮，可见图 4-4-2-6 所示界面，可以输入获取帮助的条件。

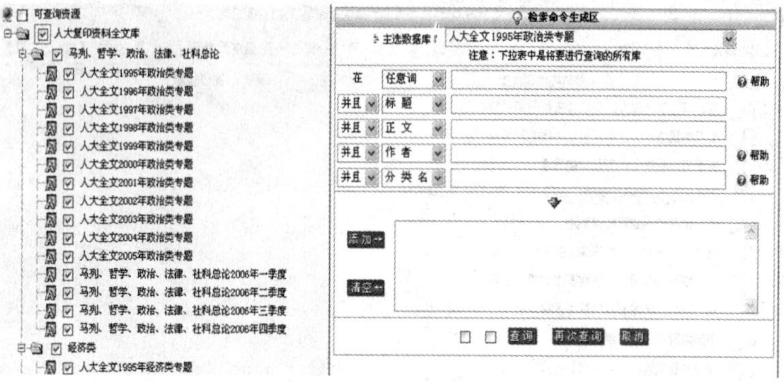

图 4－4－2－5

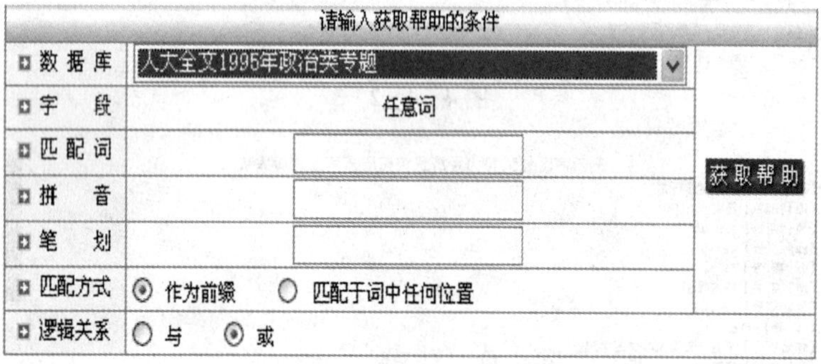

图 4－4－2－6

4.5 EBSCOhost 系统

4.5.1 EBSCOhost 系统概况

1. EBSCOhost 简况

EBSCO 是目前世界上最大的提供学术文献服务的专业公司之一，提供数据库、期刊、文献订购及出版等服务，总部位于美国，在全球 19 个国家设有办事处。它开发了 300 多个在线文献数据库产品，涉及自然科学、社会科学、生物医学、人文艺术等多学科领域。

EBSCOhost 由 EBSCO 旗下的专门经营印刷型期刊、电子期刊发行和电子文献数据库出版发行业务的 EBSCO Publishing 出版，是可以通过互联网直接连接的在线参考信息系统平台，提供多种 EBSCO 自己的全文数据库和其他著名信息提供商提供的数据库。目前在中国内地提供 Academic Source Premier、Business Source Premier、ERIC、History Reference Center、MasterFILE Premier、MEDLINE、Newspaper Source、Professional Development Collection、Regional Business News、Vocational and Career Collection 等 12 个数据库的服务，覆盖 10 000 多种期刊、报纸、人物传记信息等。

2. 主要数据库

(1) Academic Source Premier(学术期刊库 ASP)

该库收录 7 800 种期刊(4 700 种为全文期刊，并且 Peer-reviewed 占 3 600 种以上)，为全球最大的综合性学科全文数据库之一，其中近 1 600 种全文期刊同时收录在 ISI-Web of Science 内。研究领域涵盖社会科学、教育、法律、哲学、心理学、文学、语言学、生物科学、计算机科学、传播学、物理、化学、公共管理、艺术、工程技术、医药卫生、历史、军事、妇女研究等。所收录的许多文献为该数据库所独有，无法在其他数据库中获得。数据最早回溯至 1965 年，每日更新。

(2) Business Source Premier(商业资源精粹全文库 BSP)

这是业界使用最多的商业研究数据库，收录各类出版物 8 800 多种，其中学术类期刊 1 093 种、贸易和商业杂志 1 262 种，专著、国家经济报告、产业报告、年鉴以及市场研究报告 5 000 余种，其中全文出版物超过 6 800 种。学科领域包括：管理、市场、经济、金融、会计、国际贸易、法律等，与商业相关的所有主题范围几乎均包括在内。提供可追溯至 1965 年的全文(部分回溯到 1922 年)及可追溯至 1998 年的可检索参考文献。数据每日更新。

(3) ERIC(教育资源信息中心)

ERIC(Educational Resource Information Center)是由美国教育部、美国国家教育图书馆和教育研究与发展办公室资助的国家信息系统，提供 2 200 多篇文摘和附加信息参考文献以及 1 000 多种教育或与教育相关的期刊引文和摘要。EBSCO 的 Premier 版数据库用户可通过 ERIC 链接到 500 种期刊的全文。

(4) History Reference Center(历史资料中心)

History Reference Center 提供了 1 000 多部历史参考书和百科全书的全文、60 种历史杂志的完整全文、58 000 份历史资料、43 000 篇历史人物传记和 12 000 多幅历史照片、地图及 80 多个小时的历史影片和录像。

(5) EBSCO Animals：自然与动物方面的文献。

(6) MEDLINE：医学资源文摘数据库。

(7) Newspaper Source：报纸资源数据库，每日更新。

(8) Professional Development Collection：500 多种教育核心期刊全文数据库。

(9) Regional Business News：75 种美国区域商业文献全文数据库。

(10) MasterFILE Premier：1 700 种一般参考全文。

(11) Vocational and Career Collection：350 种相关职业技术行业的期刊全文。

(12) Library，Information Science & Technology Abstracts：图书馆、情报技术方面 600 多种期刊、图书及研究报告等。

4.5.2　EBSCOhost 检索

EBSCO 数据库设置了“基本检索”和“高级检索”两种检索界面。其中又分别提供“主题”(Subjects)、“出版物”(Publications)、索引(Indexes)、公司概况(Company Profiles)、作者简介(Author Profiles)等多种检索途径。两大类检索方式除关键词检索功能不同外，其他检索功能均相同。此处介绍镜像站点的检索。

1. 基本检索(Basic)

(1) 关键词检索(Keywords)

进入数据库，可见图 4－5－2－1 所示界面。为了更好地使用数据库，EBSCO 公司提供了包括英语、简体中文在内的 24 种语言的检索界面，英语是默认界面。如选择简体中文，可见图 4-5-2-2 所示界面(为图 4-5-2-1 的翻译版)。其检索框上方为所检索的数据库名,只显示了一个数据库,点击"显示全部",可见所选的全部数据库,也可点击"选择数据库",见图 4-5-2-3,可选择所需的数据库(以下每种检索均需选择数据库,同此,不再多述),然后在检索框内输入检索词,点击"检索选项",见图 4-5-2-4 所示界面,可以进一步限定检索范围,具体有:检索选项、限制结果、特殊限定条件用于 Academic Source Premier、Business Source Premier、ERIC、MEDLINE、Newspaper Source、Library, Information Science & Technology Abstracts、Teacher Reference Center 等。检索选项有检索模式、应用相关字词,也可以在文章的全文范围内搜索。检索模式包括布尔逻辑算符/词组、查找全部检索词语、查找任何检索词语、智能文本检索提示。限制结果为全文、有参考、学术(同行评审)期刊、出版日期、出版物、图像快速查看……点击"检索"(Browse)按钮开始检索。需注意的是,这是外文数据库,以英文为主,简体中文只是帮助英文程度不是很好的人更好地进行检索,因此检索词以英文为主,绝不能输入中文检索词。

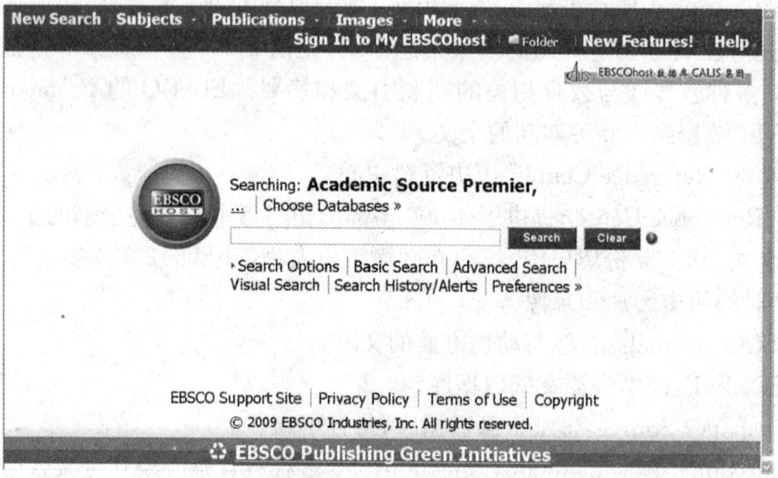

图 4-5-2-1

图 4-5-2-2

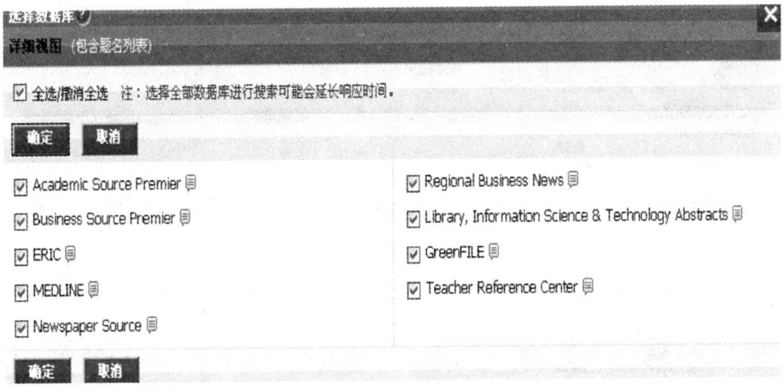

图 4-5-2-3

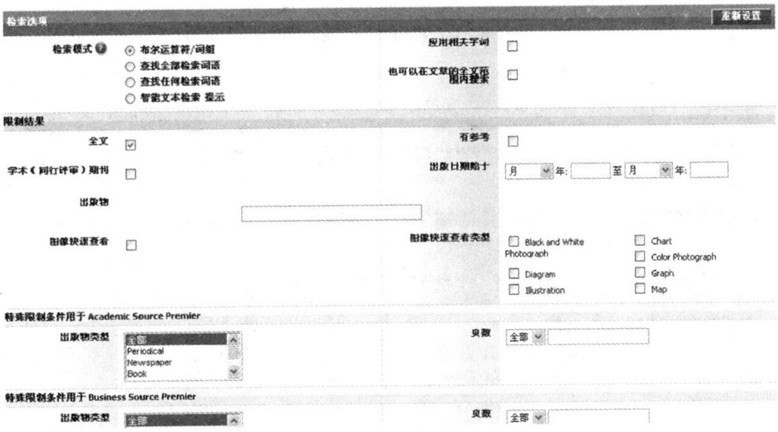

图 4-5-2-4

其工具栏 New Search(重新检索)，删除当前检索词，重新开始新的检索；View Folder (浏览个人文件夹)，在建立个人信息档案后，把检索所得文献放入这个文件夹，供随时浏览；Preferences(个人爱好设置)，选择每屏显示记录数和每条记录详略程度；Help(在线帮助)，为读者提供可在线浏览和检索的使用手册。

(2) 主题检索(Subjects)

点击主页面“Subjects”(主题检索)按钮，可见图 4-5-2-5 所示界面，可以点击输入框后的“浏览”，选择主题词，也可在输入框内直接输入主题词进行检索。输入或选择的主题词可先选择词语字母的开始、词语包含、相关性排序后，再选择词语、添加词语(单击所添加的词语，可以显示详细资料，添加时可选择 and、or、not，进一步扩大或缩小检索范围)，点击“检索”(Browse)按钮开始检索。检索到的主题下方会显示出符合条件的文献，点击文献链接可看到文献详情。

(3) 出版物检索 (Publications)

点击主页面“出版物” (Publications)按钮进入如图 4-5-2-6 所示出版物检索界面后，可直接点击“浏览”按钮，选择“按字母顺序”(Alphabetical)、“按主题和说明”(By Subject & Description)或“匹配任意关键字”(Match Any Words)方式，直接浏览期刊，也可在输入框内输入刊名进行检索。

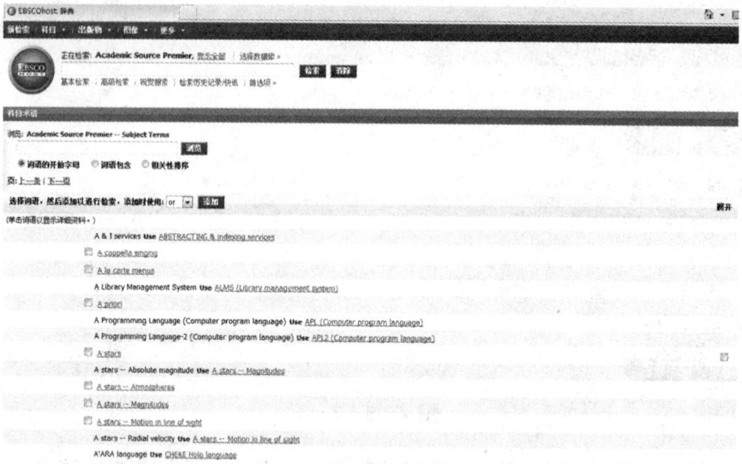

图 4-5-2-5

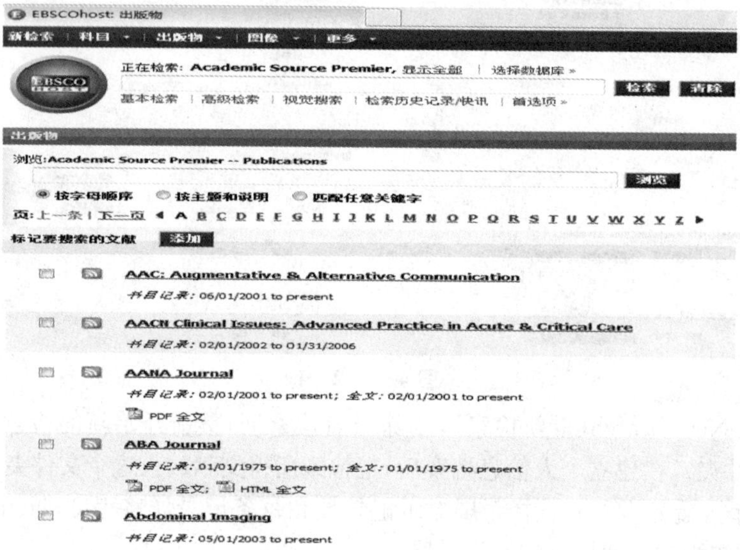

图 4-5-2-6

(4) 图像检索(Images)

点击主页面“图像”(Images)按钮,进入如图 4-5-2-7 所示的图像检索界面,在检索框内输入检索词,选择检索模式:布尔逻辑算符/词组、查找全部检索词语、查找任何检索词语、智能文本检索;限定检索结果:图像显示为 photos of people、natural science photos、photos of places、historical photos、maps、flags,点击“检索”(Browse)按钮开始检索。本数据库可供下载使用的图片有 115 000 多张。

(5) 其他检索

本数据库还提供索引检索(Indexes)、公司概况检索(Company Profiles),作者简介检索(Author Profiles),其检索方法同上。

2. 高级检索(Advanced)

在主页面点击“高级检索”(Advanced)按钮,进入如图 4-5-2-8 所示的界面,数据库的选择同基本检索,输入框有三个,可选字段代码及字段有 TX All Text、AU Author、TI

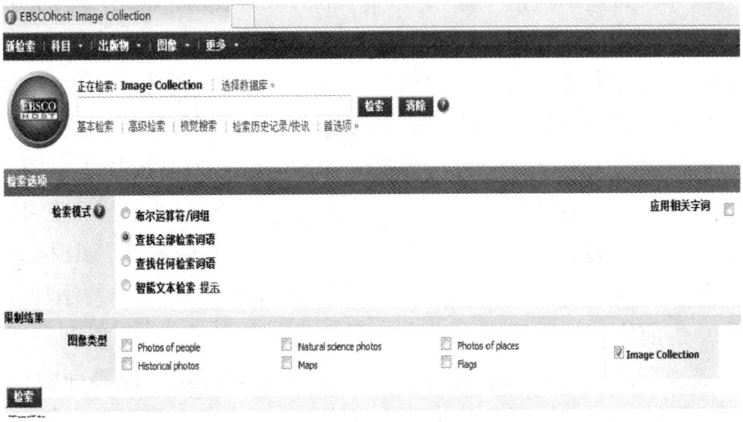

图 4-5-2-7

Title、SU Subject、SO Source、AB Abstract、IS ISSN 等，选择相应的检索入口，输入相应的检索词语(可用检索表达式)，选择相应的逻辑关系 and，or 或 not，选择检索选项、限制结果、特殊限制条件用于等检索条件(其设置同基本检索)，点击“检索”(Browse)按钮开始检索。词组检索需用“”；可以用逻辑算符(AND，OR，NOT)来连接多个关键词并用括号( )来控制“与、或、非”的优先级，如果两个关键词之间无逻辑算符，则按照固定词组处理。也可以用(“”)表示对引号内的关键字进行精确匹配。需注意的是：the，for，of 和 after 等代词、介词不列入匹配范围。对有运算符的检索式进行字段限制时要用括号括起检索。另外，位置算符 Nn 表示词序可换；Wn 表示词序不可换；Nn 表示间隔 n 个单词。截词符 * 只用于词尾(自动单复数检索)；通配符？用于词中替代一个字母。

图 4-5-2-8

高级检索同时还提供“主题”(Subjects)、“出版物”(Publications)、索引(Indexes)、公司概况(Company Profiles)、作者简介(Author Profiles)等多种检索途径，具体方法同基本检索。

在主页面还提供了“视觉搜索”(Visual Search)按钮，无论是基本检索，还是高级检索状态，点击后，数据库会自动演示其检索过程。

3. 检索结果

检索结果页面上默认显示方式为“概要显示”，概要显示的内容包括：文章的标题、文章作者、文章出处、主题等。如基本检索中输入“lung cancer and tomography”可得图 4－5－2－9 所示界面，左侧是缩写结果方式，右侧是限制结果选择，中间是检索的文献列表，可按日期降序排列、日期升序排列，还可按来源、相关性排列；有引文、添加至文件夹、打印、电邮或保存等项目按钮。点击某篇的文章标题，可查看到该篇文章的详细显示页面，提供文章的标题、作者、来源、文献类型、作者提供的关键字、摘要、作者单位、ISSN(论著为 ISBN)号、入藏编号、此记录的永久性链接网址、数据库、相似结果。下方提供如图 4－5－2－10 所示的工具栏，点击与文章对应的引文和全文下载图标即可阅读，有 PDF 格式、文本格式或 HTML 格式；另外，还有打印、电子邮件、另存为文件、引用文本、导出至书面管理员、添加至文件夹、添加注释等按钮可以执行相应的操作。当前检索的数据库中没有收录这篇文章的全文，可以利用系统提供的整合服务和链接功能链接查询国内馆藏或电子期刊网站中全文链接。此界面数据库所提供的作者、来源、作者所提供的关键字均可进一步点击查询。

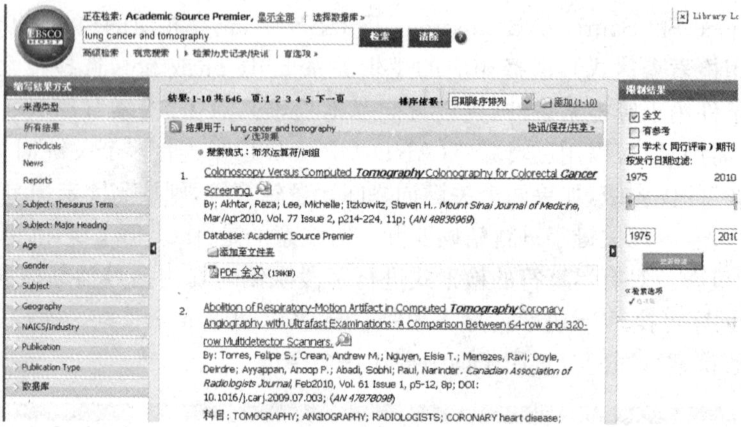

图 4－5－2－9

图 4－5－2－10

4.6 SpringerLink 数据库

4.6.1 SpringerLink 简介

网址：http://springer.lib.tsinghua.edu.cn(中国镜像站)

1. Springer

Kluwer Academic Publisher 与 Springer 于 2002 年、2003 年分别被两家英国投资银行收购，并于 2004～2005 年整合成为全球最大学术与科技图书出版社(每年出版 4 000 种新书)，采用 Springer 品牌。其出版物涵盖了从自然科学、数学、工程学和计算机科学到医学和心理学等领域。2006 年 8 月，全新的 SpringerLink 正式上线。

2. SpringerLink 数据库概况

SpringerLink 数据库是居全球领先地位的、高质量的科学技术和医学类全文数据库，由德国 Springer(施普林格)出版社出版，通过 SpringerLink 系统提供包括原 Springer 和原 Kluwer 出版的全文期刊、图书、科技丛书和参考书的在线服务。现有 1 500 种全文期刊(大部分回溯到 1996 年)、10 000 余册在线系列丛书，其中 90%为英文。内容格式多样，包括多媒体格式、各种链接到第三方的选项(Google)。每年新增 10 万余篇高水平新科技研究成果。中国网站于 2006 年 12 月底全面开通，镜像站点设在清华大学。此处所讲数据库即为中国镜像站点数据库。

3. 主要资源

(1) SpringerLink 的网络版全文文献划分为 13 个学科，并由此构成了 SpringerLink 的 13 个电子图书馆系列。其所提供全文电子期刊的学科范围及数量如下：

Architecture and Design(建筑和设计)：3 446

Behavioral Sciences(行为科学)：73 398

Biomedical and Life Science(生物医学和生命科学)：994 876

Business and Economics(商业和经济)：136 097

Chemistry and Materials Sciences(化学和材料科学)：700 516

Computer Science(计算机科学)：365 508

Earth and Environment Science(地球和环境科学)：353 976

Engineering(工程学)：228 255

Humanities，Social Sciencesand Law(人文、社科和法律)：231 159

Mathematics and Statistics(数学和统计学)：315 252

Medicine(医学)：920 619

Physics and Astronomy(物理和天文学)：477 098

Professional and Applied Computing(计算机职业技术与专业计算机应用)：9 754

(2) SpringerLink 特色图书馆，主要有：

中国在线科学图书馆：70 976

俄罗斯在线科学图书馆：526 486

4. 服务方式

SpringerLink 通过国内的清华镜像站和德国站点提供服务，数据同步更新。任何用户均可登录 SpringerLink 的国内外站点浏览和检索文献的卷期、文章题录和文摘。阅读全文需以团体用户订购 Springer 的产品和服务，获得通过 IP 控制的使用权。

另外 SpringerLink 提供的个性化服务包括：

回顾检索历史(History)

在系统中保存检索结果(Saved Items)

个人收藏夹(Favorites)

电子通告服务(Alert)

4.6.2 SpringerLink 检索

数据库主页如图 4-6-2-1 所示，其左侧显示了登录信息和系统检测到的使用者的 IP

地址，当遇到问题需要帮助时，这些信息有助于客户服务人员和技术人员确定问题所在；右侧上方有语言选择框，有中文简体、中文繁体、英语、日语、韩语、法语等十种语言选择。需注意的是，此为以英文为主的数据库，“中文简体”等语言只是为帮助用户更好地使用数据库，而不能输入中文等的检索词。

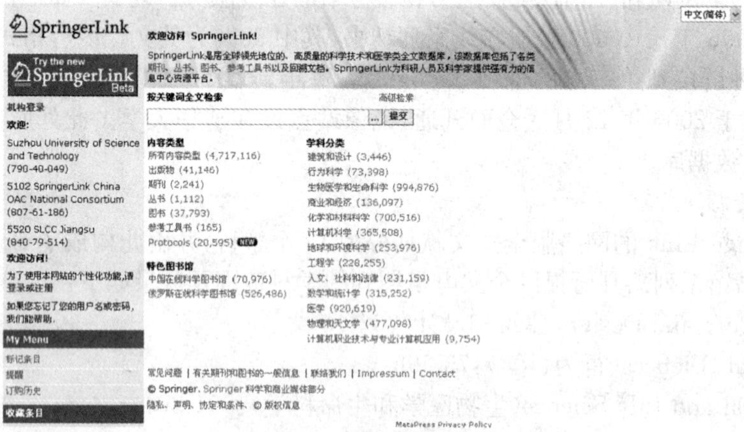

图 4-6-2-1

该数据库提供 search(检索)和 browse(浏览)两种检索途径。search 具有检索功能(可以输入检索词)；browse 只具有浏览功能，不能输入检索词检索，只能浏览查找，但二次检索可以输入检索词进行检索。

1. Search(检索)

其检索分为简单检索和高级检索两种方式。

(1) 简单检索

简单检索界面为默认页面，如图 4-6-2-1 所示，在检索框内输入检索词，点击“GO”按钮即可。关键词可以是一个单词，也可以是多个单词组合而成的检索表达式。点击检索框后 **...** 按钮，可见如图 4-6-2-2 所示界面，支持逻辑运算符 AND、OR、NOT 及优先级运算符号( )、截词符 *(无限后截断)、精确检索。其停用词包括 the，is 等，在执行检索前它们就被系统的搜索引擎排除在外，如作为词组检索，加双引号。对于符合预期的检索结果可以进行标记，标记过的记录可以暂时保存在系统中，也可以通过个性化服务功能，进行永久保存(下同)。

构建检索表达式对话框	清除 | 关闭
标题 (ti)	与
摘要 (su)	或
作者 (au)	非
ISSN (issn)	(
ISBN (isbn)	)
DOI (doi)	* (通配字符)
	"" (exact)

图 4-6-2-2

(2) 高级检索

在图 4-6-2-1 检索框右上方点击“More Options”(高级检索)可见图 4-6-2-3 所示界面,在检索入口全文、标题、摘要、作者、编辑、ISSN、ISBN、DOI、日期等后面的检索框内输入相应的检索即可。排序可选相关性或出版日期。

图 4-6-2-3

2. Browse(浏览)

浏览检索可分为学科分类浏览检索、内容类型浏览检索两种方式。

(1) 学科分类浏览检索

在主页上点击学科分类下 13 个分类,即可显示该学科的所有数据列表(分简单列表和详细列表)。如点击“Architecture and Design”(建筑和设计),可见如图 4-6-2-4 所示界面。其左侧是数据详细列表,有数据总量及页码、内容类型(图书、图书章节等)、标题、出版项、DIO、全文等,可以选择浏览。需浏览、下载全文,点击“PDF”即可(需先安装浏览器)。右侧分别为检索框、起始字母输入框、SpringerLink Data、内容类型、学科、语种、版权、作者、编辑。检索输入框内输入检索词,可以在检索结果内进行二次检索,也可以在所有内容内进行重新检索;紧挨其下的起始字母输入框,与上面的检索框作用相同;右侧中部的 SpringerLink Data 显示所检数据中一周内、半月内、一月内、半年内、一年内各有多少;内容类型表示所检数据中各类型数据量。

(2) 内容类型浏览检索

SpringerLink 数据库还将所收文献内容类型分为:ALL(所有内容类型)、Publications(出版物)、Journals(期刊)、Books Serces(丛书)、Reference Works(参考工具书)、Protocols。

内容类型浏览检索在主页上直接点击以上六种类型名称即可显示该类型所有文献的列表。如点击期刊,可见图 4-6-2-5 所示的检索界面,中间为本数据库所收数据的详细列表(另有简单列表),右侧界面及功能与学科浏览检索相似(下同,不再介绍)。选定某种期刊,点击其刊名,可见如图 4-6-2-6 所示界面,上半部分是该刊的详细信息,下半部分左侧是 SpringerLink 数据库中收录该刊的数据详细列表(另有编辑信息界面、简要列表界面,下同,不再介绍),下半部分右侧同前(可以进行二次检索)。点击选定所需的卷期,可见如图 4-6-2-7 所示界面,详细列出共收录该期多少篇文献。

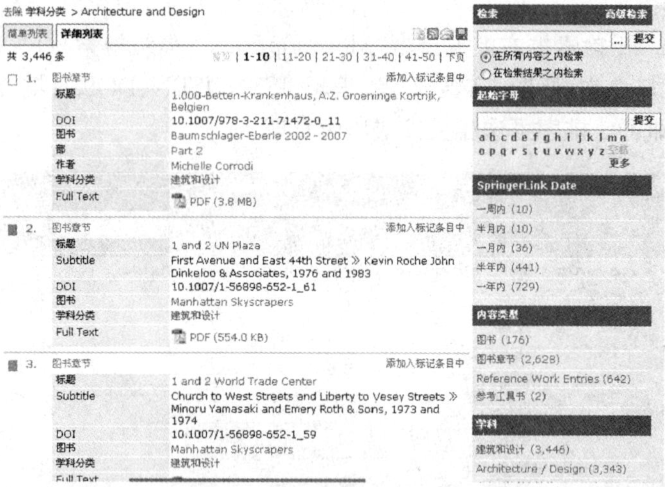

图 4-6-2-4

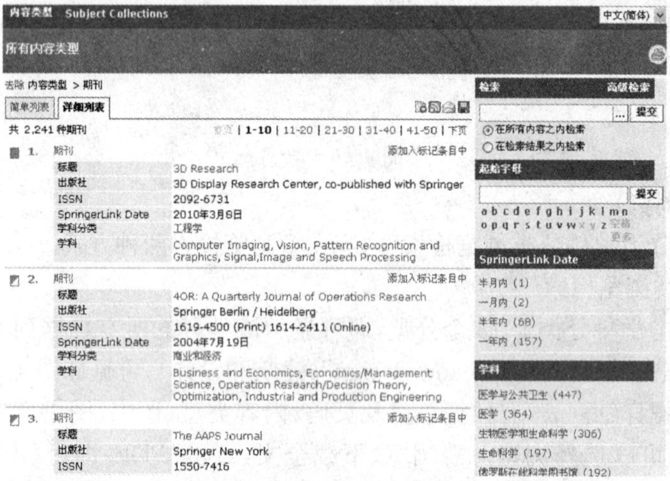

图 4-6-2-5

图 4-6-2-6

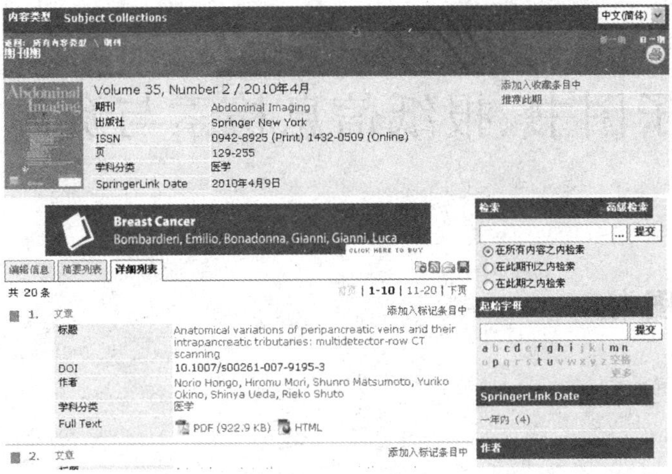

图 4-6-2-7

(3) 检索结果

检索结果显示方式有简单题录、详细题录及全文。数据库所收文献分为所有内容皆可全文访问、部分内容可全文访问、不可访问全文数据三种,分别用图标 ■、◤、□ 表示;全文有 PDF 格式、HTML 格式,分别点击相应图标即可对该文章全文进行在线浏览、打印、存盘,或者通过 E-mail 发送到邮箱中等操作。

如果知道期刊(或图书、丛书等)的名称,想看其中的某一册,最好用内容类型浏览方式;如果想看看某一学科的出版物,请用学科浏览方式;如想查找某一主题的文章,但不知道出版物的任何信息,最好用简单检索功能。

5 电子图书、报纸信息检索与资源共享

5.1 电子图书

5.1.1 概述

1. 电子图书概念

电子图书(Electronic Book,简称 e-Book,e 书),是指以数字代码方式将图、文、声、像等信息存储在磁、光、电介质上,通过计算机或类似设备使用,并可复制发行的大众传播体,也称为电子书、数字图书等。其类型有:电子图书、电子期刊、电子报纸和软件读物等。

电子图书第一次出现是在 1971 年,当时美国的 Michael Hart 提出了"古腾堡计划",即将一批没有版权的经典文学作品,输入电脑并发布在网上供人们阅读和下载。"古腾堡计划"的实施,开创了将纸质图书规模化地转化为电子图书的先河。时至今日,电子图书逐步被人们所接受并处于快速发展时期。目前,美国出版发行的电子图书占出版总额的 20%,同时日本也有 400 多家书店竞相发行电子图书。伴随着国外电子图书的迅猛发展,我国电子图书的发展也日趋活跃。2004 年 3 月,以"e-Book 的嬗变"为主题的"2004 中国 e-Book 产业年会"在杭州召开,标志中国 e-Book 产业向新的发展历程迈进。

2. 电子图书的优点

(1) 容量巨大,便于收藏。如 74 卷的《中国大百科全书》总字数达 12 568 万,总插图有 49 765 幅,其光盘版只用了 4 张光盘。它不仅可以大大节省存储空间,而且可以通过网络供不同的读者同时阅读或下载。

(2) 功能齐全,阅读检索方便快捷。电子图书除具有纸质图书的阅读方式外,读者可以根据各自的喜好选择字体、页面、个人书签、个人书架;可以加批注、画线、折页,并可以进行全文检索。这种在大量文献信息中对所需信息实现快速检索的便利是普通书籍无法具备的。

(3) 独立载体,结构紧凑,支持多媒体功能,如支持文字、图片、动画等。

(4) 价格低廉,出版周期缩短。电子图书出版不需要传统印刷文献出版所需的打样、晒版、印刷、装订、运输等一系列繁杂的工序,因此发行费用极低,出版周期短,相应的电子图书的价格也比较低廉。

(5) 共享性强。电子图书存储、复制方便,便于通过网络等进行快速低成本传输,实现信息资源共享。

3. 电子图书的缺点

(1) 内容形式单一。目前电子图书内容上涉及的主题范围比较有限,多为文学艺术或计算机类图书以及工具书,且文本形式居多,多媒体形式相对较少。近年来一些电子图书服

务商已考虑用户需求，引进大量学术性图书，学科范围正在逐步扩大。

(2) 质量良莠不齐。一般说来，网上免费的电子图书多为个人业余制作，质量不高，但一些较具规模的技术开发商或网络服务商或资源服务商所提供的大型电子图书服务系统，如美国的 NetLibrary，超星，书生之家，北大方正 A-pabi 数字图书馆等制作和提供的电子图书内容与质量相对较好。

(3) 电子图书格式多样，给用户阅读带来不便。当前各家公司制作的电子图书阅读器互不兼容，使用一种电子图书，必须下载安装一种浏览器。

(4) 知识产权问题尚未解决。目前已有数图、超星、百博、书生、方正等数字图书馆陆续向读者开放，这些正规的数字图书馆对于有著作权属的作品，一般都经过作者或出版社的许可。但是，网络上也可找到大量免费盗版图书的下载站点，盗版书往往在质量、外观上与正版书一模一样，使正版电子图书的商业价值大打折扣。

4. 电子图书的类型

(1) 按媒体形态划分，可分为软盘(FD)电子图书、光盘电子图书、网络型电子图书、便携式电子图书等。

光盘电子图书包括只读光盘(CD-ROM)、交互光盘(CD-I)、图文光盘(CD-G)、照片光盘(CD-P)，只能在计算机单机上阅读；网络型电子图书主要有一些免费的网络电子图书和一些电子图书系统；便携式电子图书特指一种存贮了电子图书内容的电子阅读器。人们可以在这种电子阅读器的显示屏上阅读各种存放在其中的图书，一个电子阅读器中可存放成千上万页的图书内容，并且图书内容可不断购买增加，如 NuvoMedia 公司的 Rocket e-Book、Librius 公司的 Millennium Reader 及 SoftBook 出版公司的 SoftBook、EveryBook 公司的 EB DedicatedReader、津科公司的翰林电子书等。

(2) 按内容划分，可以说是涉及了各个学科，如数学、物理、化学、生物、环境、医学、经济、管理、文学、历史等。但总体而言，涉及最多的应该是工具书(词典、百科全书)、文学艺术类图书、计算机类图书等。

(3) 按存储的文件格式划分，可分为图像格式、文本格式、HTML 格式、PDF 格式、EXE 格式、CEB 格式、CHM 格式、HLP 格式、PDG 格式、WDL 格式、SWB 格式、LIT 格式、EBK 格式、EBX 格式等。

图像格式：实际上就是用扫描仪把原有的印刷版书籍扫描到计算机中，然后采用图像方式保存下来，用户必须借助于专门软件对其进行阅读。

文本格式：采用最原始的文本文件格式，优点是文件体积小，在网络速度不是太快的今天，可以为读者节省更多的时间；缺点则主要是显示效果差。

HTML 格式：采用目前互联网上最流行的显示格式——HTML，其特点是显示效果好、表现力强且文件较紧凑，不会占用太多磁盘空间，并且良好的兼容性保证了其在 Window9X/NT/2000/XP 操作系统下均可阅读。

PDF 格式：PDF 为 Portable Document Format 的简称，是美国 Adobe 公司开发的电子读物文件格式，其文件格式是电子发行文档事实上的标准，由于此种格式的文本图文并茂，阅读时给人赏心悦目的感觉，因而深受大众的青睐。但它不支持 CSS、Flash、Java、JavaScript 等基于 HTML 的各种技术，所以它只适合浏览静态的电子图书。这种文件格式的电子读物需要下载该公司的 Adobe Acrobat Reader 来查看、阅读和打印。

EXE：这种格式的电子读物制作简单，界面精美，阅读方便，无需专门的阅读器支持就可以阅读，但大都不支持 Flash、Java 及常见的音频视频文件，无法直接获取其中的文字图像资料，需要 IE 浏览器才能支持。

CEB：CEB 格式是由北大方正公司独立开发的电子书格式，由于在文档转换过程中采用了“高保真”技术，从而可以使 CEB 格式的电子书最大限度地保持原来的样式。正是基于这种特点，不少电子书发行机构和数字化图书馆都已经开始采用这种格式，国家有关部门还把 CEB 格式作为电子公文传递的标准格式。方正 Apabi Reader(阿帕比)是 CEB 格式的指定阅读软件，Apabi Reader 还具有字体缩放、书签、做笔记、书籍管理、翻译和文字部分拷贝功能，能尽量符合广大读者传统的阅读习惯。

PDG：超星公司已经通过全国各家图书馆，收集了大约 30 万册左右的各种图书，并且把书籍经过扫描后存储为 PDG 数字格式，存放在超星数字图书馆中。如果你要想阅读这些图书，则必须安装超星阅览器(Superstar Reader)。

HLP 和 CHM：这种文件格式的读物一般也不需要安装专门的阅读工具，因为这两种格式是微软力推的，其支持文件在用户安装 Windows 操作系统时已经安装。

WDL：是北京华康公司开发的一种电子读物文件格式，目前国内很多大型的电子出版物都使用这种格式，需使用阅读器 DynaDoc Reader 来阅读。该阅读器可以从该公司的网站免费下载，但对打印和拷贝作了限制。

SWB：是比较少见的一种电子读物文件格式。它是软件 WinEbook Compiler(原名 Super Winbook 98 Compiler)的一种专有格式，需要安装有该软件的阅读器方可浏览。

LIT：这种格式是美国微软公司开发的软件 Microsoft Reader 的一种专有的文件格式。该文件格式由于刚刚推出，目前还不支持与 HTML 相关的各种技术，只是支持图片的浏览。但是，该格式对中文支持得不是很好，目前国内还没有普及。

EBK：该格式是 Voyager 公司的 MAC 机(也有 PC 格式)读书软件格式。目前国内某些站点已经开始使用这种格式了。最著名的是“百博电子书城”(http://www.bbook.net)率先使用了这种文件格式来发布电子读物。这种格式的电子读物的特点是先下载一个客户端软件，然后在软件指定的站点上登录后，才能下载图书。

EBX：该格式也是最近才出现的，它的阅读风格与微软的 Microsoft Reader 很相似，可以使用名为 the Glassbook Reader 的阅读器来阅读，还可包括 sound、wave 等多媒体文档。目前美国 BARNES&NOBLE 公司提供了大量的关于这种格式的电子读物。

5. 电子图书网络出版的运作模式

电子图书网络出版的运作模式目前共有四种：

(1) 作者自行出版(self publishing)：即作者就是出版人、发行人，他们将自己的作品通过各种加密软件制作成可供交易的 eBook，然后“贴”(post)到某个知名网站或自己的网站上，供读者下载，付费浏览阅读。

(2) 网络公司运作出版：即网络公司争取各出版商 e-Book 制作代理权，然后制作 e-Book，并将其放在网络公司的网站上，在付费情况下提供读者下载、阅读。

(3) 出版商自行制作出版：即出版商将自己制作的 e-book 在自己的网站上发布，向读者出售比纸质图书更便宜的电子版图书。这是一种省略图书发行商的运作模式，出版商就是图书发行商。

(4) 广告商出版：这是一种由微软公司创造的 e-book 经营模式，由广告商掏钱来支付作者、出版商和制作商的费用，读者免费阅读网上可下载的 e-book，条件是在看书时看广告。

5.1.2　主要数字图书系统

超星数字图书馆

网址：http://www.ssreader.com

1. 超星数字图书馆概况

超星数字图书馆是国家“863”计划中国数字图书馆示范工程项目，由北京世纪超星信息科技有限责任公司制作，2000 年 1 月正式开通，是目前全球最大的在线中文数字图书馆。内设文学、历史、法律、军事、经济、科学、医药、工程、建筑、交通、计算机和环保等二十个分馆，它包括文学、经济、计算机等五十余大类，数十万册电子图书、300 万篇论文，全文总量 4 亿余页，数据总量 30 000 GB，并且每天仍在不断地增加与更新。

2. 主要资源

它分为免费图书馆、会员图书馆、电子书店三个部分，除会员图书馆增加论文文献、知识库两类外，都将其图书分为哲学宗教、社会科学、经济管理、文化艺术、语言|文字、文学、历史|地理、教育、自然科学、数理化、医学、工业技术、建筑交通、计算机通信、综合性图书等类。其中，免费图书馆有万余册电子图书，供用户免费使用；会员图书馆有 36 万多册电子图书，供会员使用；电子书店有 40 多万册电子图书供在线购买阅读。

3. 访问方式

(1) 免费使用。超星数字图书馆的数据均可免费检索；免费图书馆的数据可以免费阅读和下载；会员图书馆的数据可以免费试读部分内容。

(2) 镜像。固定于某一 IP 地址或某 IP 范围内无限量使用，按年度收费，不计流量，不限次数，不限使用时间。用户直接从镜像站点进入。

(3) 赠送的作者卡。凡直接与超星公司签订授权协议，同意将自己的作品交由超星数字图书馆收藏并通过数字化图书和网络的形式提供给广大读者的作者，可免费获得超星数字图书馆十年的免费读书卡一张，凭用户名和密码使用，不限次数。至今已有 33 万余位授权作者。

(4) 购买充值卡。此种方式不受 IP 地址限制，凭用户名与密码可在任何地点访问，全文下载或在线阅读或购买网上图书。

需建立书签的用户要在超星主页(见图 5-1-2-1)上进行新用户注册，然后再行登录。

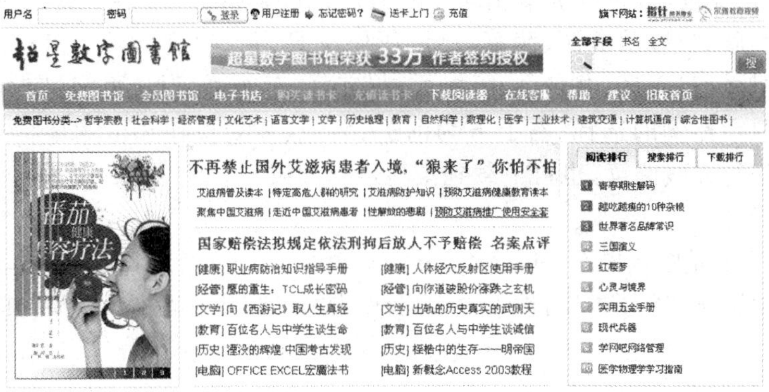

图 5-1-2-1

4. 数据库检索

其镜像的检索界面如图 5-1-2-2 所示，它提供分类检索、初级检索和高级检索三种方法。

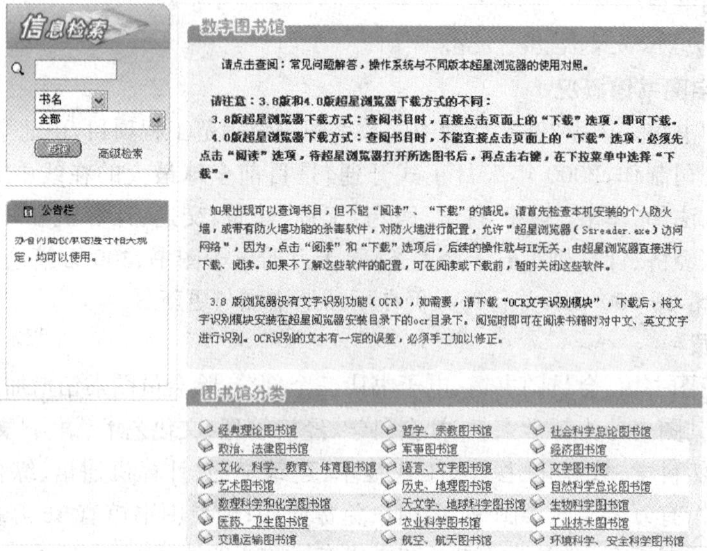

图 5-1-2-2

(1) 分类检索

超星数字图书馆将资源分为经典理论图书馆，哲学，宗教图书馆，社会科学总论图书馆，政法，法律图书馆，军事图书馆，经济图书馆，文化，科学，教育，体育图书馆，语言，文字图书馆，文学图书馆，艺术图书馆，历史地理图书馆，自然科学总论图书馆，数理科学和化学图书馆，天文学，地球科学图书馆，生物科学图书馆，医药，卫生图书馆，农业科学图书馆，工业技术图书馆，交通运输图书馆，航天航空图书馆，环境科学，安全科学图书馆，综合性图书馆。每个图书馆又包含很多的分类，读者可以根据自己所需要的类目逐级点击可得此类目所有图书列表(如图 5-1-2-3 所示)，然后从中选择自己所需的图书，可以阅读或下载(必须安装浏览器)。如点击“结晶学及矿物学”一书名下“阅读”按钮，可见如图 5-1-2-4 所示页面。上面工具栏各图标的含义依次为：显示/隐藏章节目录、主页、前进、后退、正常拖动、选择图像进行文字识别、区域选择工具、图书标注、添加书签、调整到屏幕相同宽度、调整到屏幕相同高度、目录页、到指定页、上一页、下一页。左侧工具栏分别表示：隐藏/显示资源、隐藏/显示历史记录、隐藏/显示采集窗口。下方工具栏分别表示：目录页、封面页、书名页、版权页、前言页、正文页、附录页、封底页的显示选择；前进、后退及显示比例的选择；右上方为前进、后退、采集按钮。可用鼠标点击选择需要阅读的内容，进行在线阅读，也可下载到本机进行阅读。

(2) 初级检索

初级检索界面是默认界面，其检索字段如图 5-1-2-5 所示，有书名、作者、索书号、出版日期，选择全部或单个图书馆，输入检索词，点击“查询”即可得检索结果，其余同上。

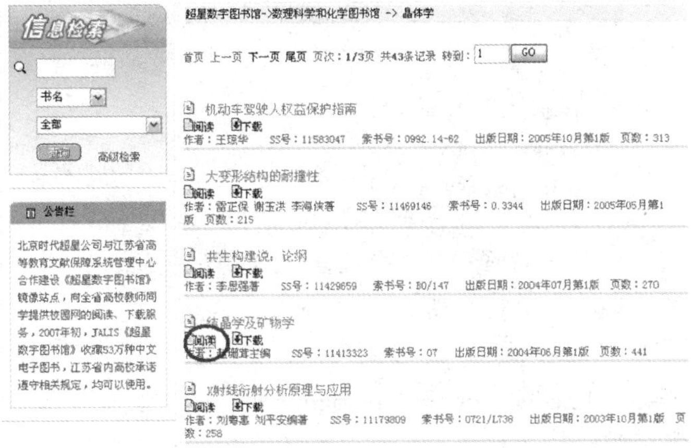

图 5-1-2-3

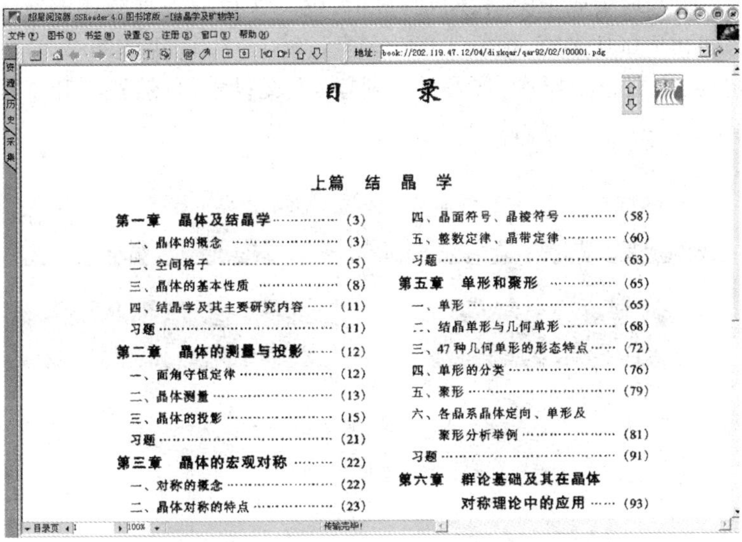

图 5-1-2-4

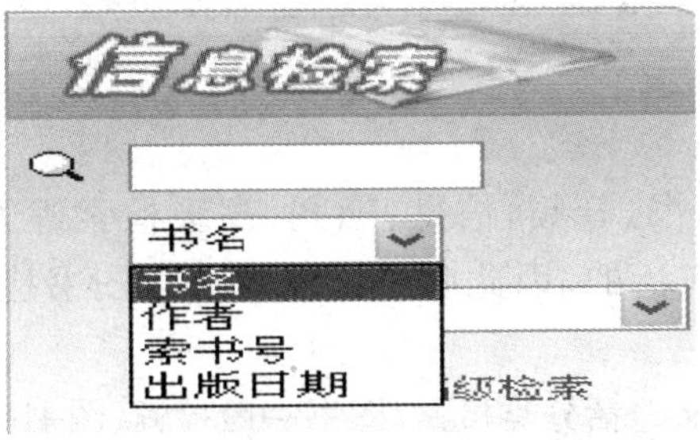

图 5-1-2-5

(3) 高级检索

点击“高级检索”按钮，可见图 5-1-2-6 所示页面，第一个框用于选择全部或单个图书馆，其下为四个字段及其检索输入框，在相应字段输入检索词，点击“检索”按钮，即可显示出检索结果，其余同上。其输入框左侧有“包含”和“等于”两种选择，“包含”是指结果中含有输入的检索词即可，“等于”则要求结果与输入检索词完全一致，是精确检索。

图 5-1-2-6

书生之家

网址：http://www.21dmedia.com/index/login.vm

1. 书生之家简介

书生之家是由北京书生数字技术有限公司于2000年正式推出的数字图书馆系统（主页如图5-1-2-7所示），集成了图书、期刊、报纸、论文、CD等各种载体的资源，收录入网出版社500多家，期刊7 000多家，报纸1 000多家，2000～2004年的图书23万余册，内容分为书（篇）目、提要、全文三个层次，涉及社会科学、人文科学、自然科学和工程技术等领域。提供四级目录导航。

图 5-1-2-7

2. 书生之家检索

书生之家检索分为图书、音频、信息、期刊、高级检索等方式。书生之家的图书检索是其检索中使用最为广泛的，因此此处以镜像站点图书检索为例，介绍书生之家的检索。

书生之家的图书检索又包括分类检索、图书一般检索、图书高级检索、图书组合检索、图书高级全文检索、一站式高级检索六种检索方式。

(1) 分类检索

书生之家数字图书馆将全部电子图书按中图法分成31个大类如图5-1-2-8左侧所示，分别为：文学艺术A、文学艺术B、计算机及通信与互联网、经济金融与工商管理A、经济金融与工商管理B、语言文化教育体育、教材参考与考试A、教材参考与考试B、生活百科、少儿图书、综合性图书与工具书、法律、军事、政治外交、社会科学、哲学宗教、历史地理、科普知识、知识信息传媒、自然科学、农业科学、医药卫生、一般工具技术、矿业工程、冶金与金属、石化与能源动力、电工技术、轻工业与手工业、电子及电信与自动化、其他工业技术、建筑及交通运输与环境。每个大类下面又有若干小的类目,依次逐级细分,共有四级。如点击建筑、交通与环境类可见图 5-1-2-8 右侧所示的界面,再点击环境保护与安全科学,可见图 5-1-2-9 所示界面,为该类目所包含的全部图书列表,点击某篇名,如“绿色食品发展研究”,可见如图 5-1-2-10 所示页面,有该书的简要介绍;点击图 5-1-2-9 或图 5-1-2-10 中的“全文”按钮,可见图 5-1-2-11 所示界面,可在线阅览(需安装浏览器)。

(2) 图书一般检索

在其主页点击“图书”,进入图书检索界面如图 5-1-2-10 左上侧所示,在检索输入框左面下拉菜单中选择图书名称、出版机构、作者、丛书名、ISBN 号、主题、提要等中的一个字段作为检索入口,在检索输入框输入相应的检索词,点击“立即检索”即可,其余同上。支持模糊检索。

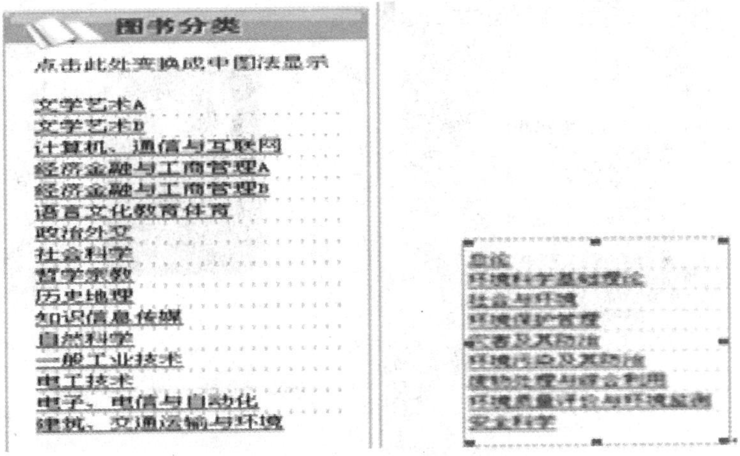

图 5-1-2-8

图 5-1-2-9

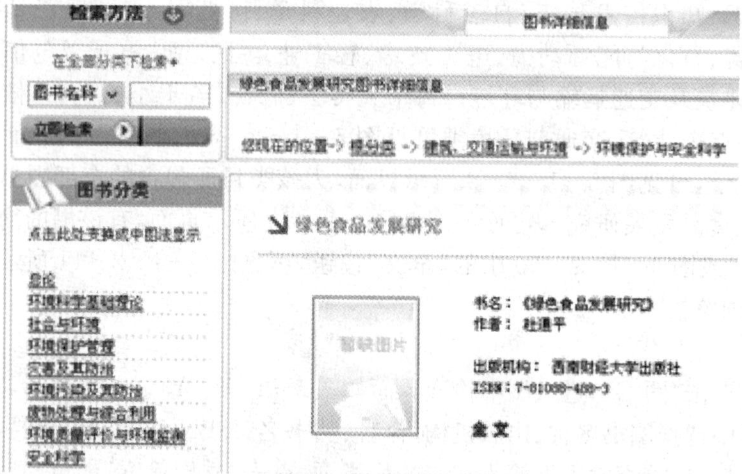

图 5－1－2－10

图 5－1－2－11

（3）图书高级检索

点击首页的“图书”标记，在图书检索页面下，又可细分为“图书全文检索”、“组合检索”、“高级全文检索”。

“图书全文检索”界面如图 5－1－2－12 所示，有“按图书内容进行查找”和“按图书目录进行查找”两个检索框，分别输入检索词，选择好分类后，点击“提交”即可。

（4）图书组合检索

点击页面上的“组合检索”按钮，可见如图 5－1－2－13 所示界面，有 6 个检索框，检索字段有图书名称、出版机构、作者、丛书名称、ISBN 号、主题，选择好检索项入口后，在检索框内输入检索词，选择逻辑“与”或者“或”，点击“查询”即可。

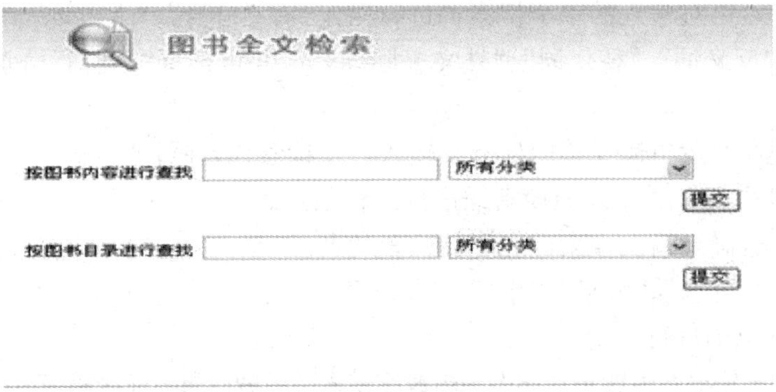

图 5-1-2-12

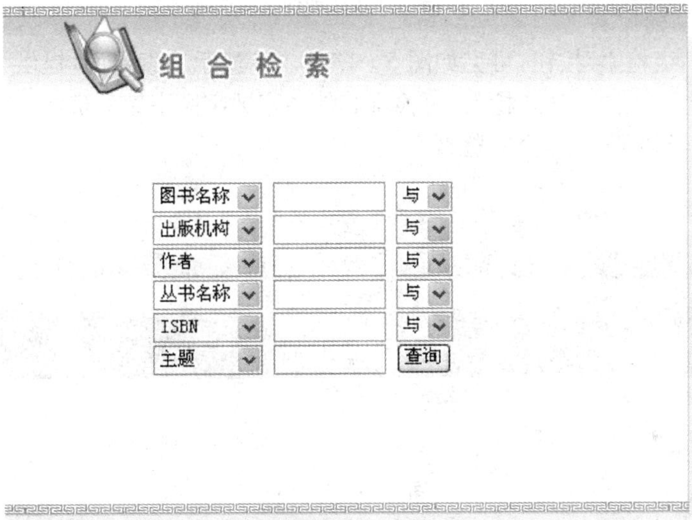

图 5-1-2-13

(5) 图书高级全文检索

点击“全文检索”可见如图 5-1-2-14 所示检索页面，先选择所需查找的类目，再选择在“全文”或是“目录”中查找，然后再选择“单词检索”或者“多词检索”或“位置检索”或“范围检索”，在其后的检索输入框内输入相应的检索词，进行检索。检索出相关图书，可以直接进行阅读。

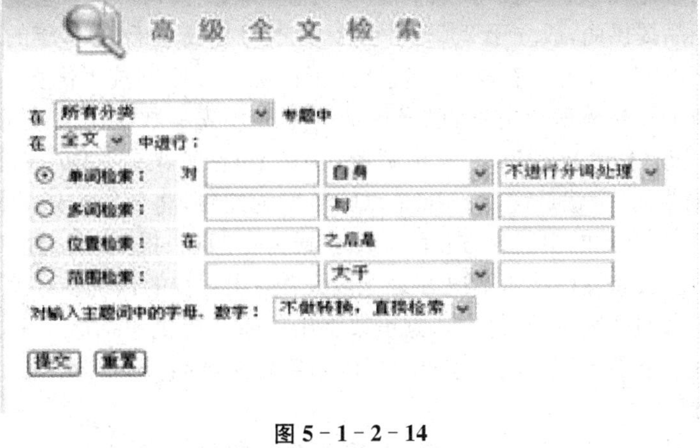

图 5-1-2-14

① 单词检索:可对输入的单个检索词进行限定,有“自身”、“上位词”、“下位词”、“等同词”、“同义词”、“反义词”、“替代词”、“外文等同词”等,并可选择“不进行分词处理”或是“进行分词处理”。

② 多词检索:在逻辑运算符前后分别输入一个检索词,并可通过选择“与”、“或”、“非”、“亦或”等布尔逻辑算符对输入的检索词进行逻辑限定。

③ 位置检索:确定输入检索词之间的位置关系。

④ 范围检索:可选择“大于”、“小于”、“等于”、“不小于”、“不大于”、“不等于”等选择项对输入的检索词范围进行限定。

此外,还可以对输入主题词中的字母、数字进行“不做转换、直接检索”、“同时检索全半角”、“转换成全角后检索”、“转换成半角后检索”等精确处理。

(6) 一站式高级检索

点击首页“高级检索”按钮,可见如图 5－1－2－15 所示检索界面,提供“一站式检索”和“全文检索”两种方式。“一站式检索”可检索其他各家数字图书馆的资源。“全文检索”可以实现图书、期刊、音频、视频等全文检索。

图 5－1－2－15

另外,还可以实现期刊阅读、借阅功能;实现在线音乐的播放功能;实现在线视频的下载功能。

书生之家首页还提供荐购系统、广播管理区、个人管理区。

方正 Apabi 数字图书

网址:http://www.apabi.cn

1. 方正 Apabi(阿帕比)

北京方正阿帕比技术有限公司(以下简称“方正阿帕比公司”)是方正集团旗下专业的数字出版技术及产品提供商,成立于 2006 年 4 月,其前身是成立于 2001 年的北京北大方正电子有限公司数字内容事业部。在继承并发展方正传统出版印刷技术优势的基础上,自主研发了数字出版技术及整体解决方案,已发展成为全球领先的数字出版技术提供商。Apabi 分别代表着 Author(作者)、Publisher(出版者)、Artery(流通渠道)、Buyer(读者,即购买者)以及 Internet(网络)。也就是说,Apabi 是以因特网为纽带,将传统出版的供应链有机地联结起来,实现完全数字化的出版。方正阿帕比公司为出版社、报社、期刊社等新闻出版单位提供全面的数字出版和发行技术解决方案。它依靠与出版社的传统友好关系,在 2000 年就开始着手于电子书的开发应用。目前,方正数字出版系统提供包括电子书、数字报、移动阅读以及数字内容阅读平台等在内的丰富多样的数字资源产品。

2. 主要资源

主要资源有电子书、数字报、工具书、年鉴、特色资源、移动阅读。

(1) 电子书包括电子书资源全文数据库、教参全文数据库、企鹅英文原版书库、阅读中国——当代文学精品库、中小学“学与教”精品电子书库、文渊阁四库全书、行业知识资源库等资源。

① 电子书资源全文数据库

电子图书资源库是方正阿帕比数字内容资源的核心部分。截止到2010年初，在销电子图书达50万种，涵盖了社会学哲学、宗教、历史、经济管理、文学、数学、化学、地理、生物、医学、工程、机械等多种学科，社科、人文、经管、文学、科技等类，其中，2006年后出版的新书占到了70%，计算机类、教材类图书收录较全，每年增加12万种。与500多家的出版社合作，并且部分出版物已经实现与出版社同步出版，形成最大的文本电子图书资源库。

平台界面按中图法进行书目分类，更有深度检索功能，方便查找书目，支持在线和下载两种阅读方式，通过Apabi Reader下载阅读更可具有逼真于纸书的阅读视觉，还有批注注释等功能。

② 教参全文数据库

收录400多家出版社提供授权的高校教学参考书8万种左右，按照高校学科设置归类成库，所有书目均由北京大学、清华大学、人民大学、复旦大学等51所211院校专家进行权威审定和学科划分，并定期更新。

③ 企鹅英文原版书库

主要包括文学类、商业类、社科类、生活类经典原版书，除此之外还有大量健康、科普、艺术、兴趣类的图书。

④ 阅读中国——当代文学精品库

“阅读中国——当代文学作品(数字)推荐工程”是由文化部中国国家图书馆、教育部中国高等教育文献保障系统管理中心、中国作家协会中国作家出版集团三方发起，联合《长篇小说选刊》杂志社共同提名组成专家团队进行作品遴选，由方正集团北京方正阿帕比技术有限公司负责技术承建的一项文化工程。

这是一项为广大读者推荐优秀长篇小说的文化项目，精选了新中国成立以来长篇小说的优秀之作，包含了茅盾文学奖、鲁迅文学奖等奖项得主的经典名作。这些作品具有明显的时代烙印，从最初的“反思文学”、“改革文学”到“军事题材文学”、“人生写实文学”、“都市先锋文学”……全面囊括了中国最近几十年来文学史上的精品代表作，让读者在纯文学殿堂阅读的同时，感受到中华人民共和国的发展历程。

⑤ 中小学“学与教”精品电子书库

分为中学版和小学版，各拥有约两万种图书。

⑥ 文渊阁四库全书

⑦ 行业知识资源库

包括传媒、法律、金融、能源电力、交通运输、石油化工、医疗等各个行业的经济发展、专用技术和技能、管理方法等各方面的图书，平均每个行业知识资源库有5万种图书，并且不同行业有不同的分类方法，内容足具针对性。为各行业单位培养知识型人才、打造学习型组织提供丰富的知识来源。

(2) 数字报

包括中国报纸资源全文数据库、方正数字剪报。

① 中国报纸资源全文数据库

中国报纸资源全文数据库是方正阿帕比技术有限公司联合全国各大报社开发的以中国报纸资源为主体的全文数据库系统，是国内首个整报完整收录的报纸全文数据库，也是国内首个集文章内容全文检索和在线报纸原版翻阅为一体的报纸全文数据库。目前，中国报纸资源全文数据库已经与300多家报社合作，已获得报纸授权合作近700种，80%以上的报纸可以实现当日更新，重要报纸资源从创刊开始完整回溯。

② 方正数字剪报

方正数字剪报是中国最大的数字剪报服务平台，它主要依托中国报纸资源全文数据库庞大的数据资源和智能数据挖掘技术为用户提供的个性化定制的数字剪报服务。该方案可以让用户通过自定义的方式，第一时间获得全国500多种报纸刊登的与用户相关的媒体报道和行业资讯，帮助公关公司、政府、企业、个人等实现基于中文报纸资源的低成本、高效率的平面媒体监测、舆论情报分析及个性化老报纸历史数据剪报服务。

(3) 工具书

《中国工具书资源全文数据库》是一个以条目型数据为主体、检索为主要功能的数据库产品，由北京大学图书馆、复旦大学图书馆、芝加哥大学图书馆、哈佛大学燕京图书馆、普林斯顿大学图书馆指导设计，中国大百科全书出版社、上海世纪出版集团、中华书局、中州古籍出版社、天津古籍出版社等出版社全力参与建设，以中国国内专业、权威工具书资源为主体的全文检索型数据库产品。收录了包括《中国大百科全书》、《汉语大词典》、《辞海》等国内权威工具书在内的2 000余种工具书；它打破了纸书形态的限制，用户在使用时可以通过热链接、知识关联等途径获得更多的知识与信息。它们在以条目数据形式展示的同时，均可直接定位到原书位置，并可以进行原版原式的内容比对及浏览翻阅，读者可方便地进行知识引证、查询、浏览及学习；所有条目信息均可以直接引用，并附有条目所在书名、作者、出版社等出处信息，便于引用时进行参考。另外可以同时进行打印、发送email、收藏和评论等操作。为用户提供按学科、查找方向、工具书类型等各种方式进行检索，并可通过检索结果排序、在结果中检索、检索结果分布等功能，使用户方便、快速、准确获得所需要的结果。

(4) 年鉴

《中国年鉴资源全文数据库》以条目数据+全文数据+原版方式展示，收录年鉴约1 500种8 000多卷，其中包括各类统计年鉴600余种4 000卷左右，分为国情地情综合、国民经济和社会统计、政治民族军事、法律、自然资源和环境保护、经济综合与管理、财政金融、农业、工业、交通和旅游、邮政通信和信息产业、贸易经济、企业经济、科技、哲学与社会科学研究、教育、社会文化体育生活、传媒出版与知识传播、医学医药卫生等19个大类。具有相关性的年鉴、文章、数据之间可以相互链接，并且与图书、工具书等其他资源关联。可以从年鉴类别、级别、地域等不同维度浏览年鉴，还可以按照主题分类、行业、地域、时间、关键词、统计指标等多种检索途径进行检索，支持简单检索、高级检索、二次检索，可对检索结果排序和筛选，随时查看检索结果分布情况。

(5) 特色资源

包括艺术博物馆图片数据库、国学要览、中医古籍、北京周报、民国期刊。

(6) 移动阅读：U阅迷你书房

3. 电子书资源全文数据库检索

以镜像站点为例介绍电子书资源全文数据库检索，其检索界面如图5-1-2-16所示(需下载、安装Apabi Reader阅览器，进行注册)，主要有快速检索、高级检索、分类检索等检索方法。

图 5-1-2-16

(1) 快速检索

快速检索界面为默认界面，其检索字段有书名、责任者、主题词/关键词、摘要、出版社、年份、全文检索、全面检索。选好检索入口后在输入框内输入相应检索词，点击“查询”按钮，可显示如图 5-1-2-17 所示的图文界面(另有列表、缩略图界面)，点击篇名可见图 5-1-2-18 所示页面，可以选择在线阅读或借阅。如果检索结果太多，可重新选择一个检索字段，输入检索词，点击“结果中查”，进行二次检索；如果对检索结果不满意，可以“新查询”。

需注意的是：不同元数据格式的资源库在“快速查询”中显示的检索条件不同，管理员可以在后台管理的“资源管理→管理元数据”中设置显示的元数据项。

图 5-1-2-17

图 5－1－2－18

(2) 高级检索

点击“高级检索”，出现如图 5－1－2－19 所示页面，分为“本库查询”和“跨库查询”。

① 本库查询：为默认检索界面，有五个检索输入框，检索字段同快速检索，字段间可选择“并且”、“或者”。检索结果可选择图文显示或列表显示。

② 跨库查询：点击跨库查询，其检索界面与本库查询相似，除有四个检索框及需要选择要查询的库外，其余同本库检索。

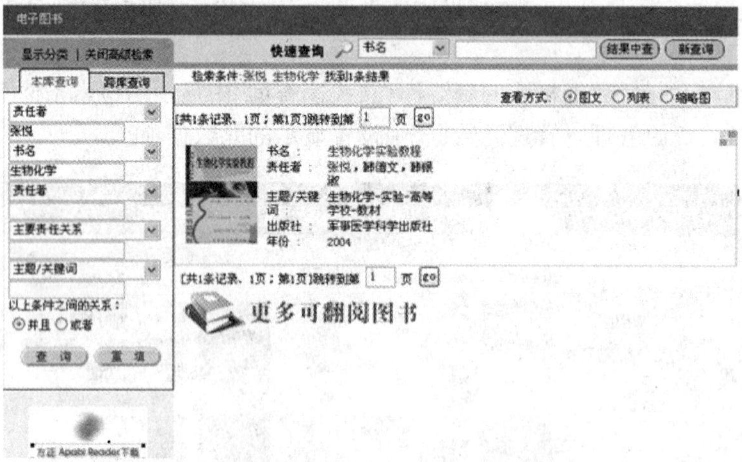

图 5－1－2－19

(3) 分类检索

方正数字图书馆的电子图书严格按照“中国图书馆图书分类法”进行分类，点击页面左侧的“显示分类”，可见图 5－1－2－20 所示页面，逐级点击类别名，页面会显示该分类的所有资源的检索结果，可选择图文显示或列表显示，此时“显示分类”变为“隐藏分类”，点击可隐藏分类。

图 5-1-2-20

5.2 电子报纸

5.2.1 电子报纸概述

1. 电子报纸概念

电子报纸是指将多媒体技术、网络技术和通信技术应用到报刊出版、发行、利用的全过程。

电子报纸最初由美国《哥伦布电讯报》于 1981 年推出。读者家中装有与电脑中心连接的电脑终端,电脑可同时提供多种报纸内容,由读者选看。在因特网上建立网站发布网络版报纸的实践起始于 1994 年,而如今网络报纸的发展更是突飞猛进。

自 1995 年 10 月 20 日中国第一家报纸《中国贸易报》上网,之后《广州日报》、《杭州日报》、《人民日报》等各大报纸纷纷创办自己的网络版,开始了报纸的网络化、电子化、数字化进程。可以说报纸与网络的结合是一个逐步发展的过程,这之间经历着报纸网络版——报纸网站——报纸网站+数字报纸等不同的阶段。

随着互联网的快速发展,报纸也在互联网这个网络空间中不断地寻找适合自己的发展空间,出现了一系列的报纸网站,如人民网、中青在线等,不仅有报纸内容,还增加了新闻信息的及时更新,并开设了论坛、BBS 等互动社区,以及其他的资讯性、休闲性的内容,这样不仅利用了互联网及时快捷更新信息的特性,还充分发挥网络互动性的优势,弥补了报纸信息在时效性上的不足。

2. 电子报纸的发展阶段

① 电子版阶段,即网上所有内容都是纸质报纸的翻版。

② 超链接阶段,即通过网面上具有特定颜色的超链接,使读者随时通过链接从这一网站跳到另一网站,以寻求所需信息,同时,在各网络报纸的网站上还开辟 BBS、邮件列表等服

务,供用户在网上发布信息。

③ 多媒体阶段,由于技术水平及设备完善程度的限制,网络报纸要达到完整的多媒体阶段还有待时日。

3. 电子报纸特点

(1) 快速及时,实效性强,出版周期短。

(2) 传播范围广。

(3) 经济性强。

(4) 使用方便。

4. 类型

(1) 按载体形式划分,可分为:

① 网络版电子报纸;

② 以光盘或硬盘等载体存储和发行的报纸,如《人民日报》光盘数据库和便携式电子报纸;

③ 一种全新的电子报纸概念,它融合了报纸、计算机和网络的特点,表面上看同普通报纸没有两样,但它有一个微电脑在报纸的夹板内。

(2) 按报纸内容划分,可分成:

① 综合性报纸;

② 专业性报纸,如计算机类、文学类、经济类、体育类、休闲类等。

(3) 按报纸上网模式(即电子报纸对应其印刷版报纸的关系)划分可分为:

① 在因特网上建立一个独立的网站,保证纸质报刊的内容原封不动搬上网络,不提供其他的新闻和信息服务。最具代表性的是以前美国《纽约时报》的网络版。目前《纽约时报》的网络版不仅免费提供印刷版的所有内容,而且还提供特别的科技和新媒体专栏的内容。

② 在因特网上建立一个独立的网站,上网报纸在提供原有内容的同时,根据报刊的侧重点提供相应的新闻、信息和其他一些服务。此类模式非常强调自己的板报特色,在提供报纸网络版的内容时,也不是原样照搬,而是经过二次筛选、编辑,挑选精品文章上网。典型的如美国的《华尔街日报》,我国的《广州日报》、《中国青年报》、《科技日报》等。

③ 在因特网上建立一个独立的网站,报纸印刷版的内容在该网站中只是一个小小的组成部分,所占空间比例不高。更多的是提供包罗万象的信息服务,目标在于建成综合性的信息平台,如美国的《华盛顿邮报》,我国的《人民日报》、《电脑报》、《华声报》和我国台湾地区的《中时电子报》等。

④ 多家报纸联合建立大型的新闻网站,如美国的"新世纪网络"(New Century Network),它由美国九大传媒集团与其下属报纸、200 多家出版社在 1997 年 6 月建立,各报内容相对独立。它曾经是美国最大的网上报纸的枢纽站。再如我国的"中国体育信息网"、"四川省新闻信息中心"、"福建新闻中心"等都属于这种模式。

5.2.2 主要电子报纸

《金报兴图 · 报纸 & 年鉴全文检索数据库》(镜像)

网址:http://www.goldennews.com.cn

1.《金报兴图·报纸 & 年鉴全文检索数据库》概况

《金报兴图·报纸 & 年鉴全文检索数据库》由北京金报兴图信息工程技术有限公司开发。它包括《报纸全文数据库》、《年鉴全文数据库》两个数据库。

《报纸全文数据库》收录包括参考消息、经济日报、中国青年报、经济参考报等在内的近100种报纸，从创刊至今，基本保留所有报纸的版面内容。

《年鉴全文数据库》收录以中国字头年鉴为主包括中华人民共和国年鉴、中国统计年鉴、中国市场统计年鉴、中国证券期货统计年鉴、世界军事年鉴、中国教育年鉴、上海年鉴、出版年鉴等在内的近300种、2 700多分册年鉴，分为统计类、综合类、经济综合类、贸易经济类、地方专业类、行业经济类等15类，自创刊至今的所有卷次内容基本都收录。

2.《金报兴图·报纸 & 年鉴全文检索数据库》检索

(1)《年鉴全文数据库》检索提供简单检索、年鉴浏览、高级检索、表达式检索、专题检索、图片检索等6种检索方法(不同的用户购买的数量不同)。

① 简单检索

检索界面如图5-2-2-1所示，首先选定需要查找的年鉴(可单选，也可以全选)，再选择检索范围和词频，然后输入检索词，点击“检索”按钮进行查询。

图5-2-2-1

② 年鉴浏览

检索界面如图5-2-2-2所示，点击“年鉴分类浏览”的类目，然后选择要查询的卷数或者直接点击“浏览全文”即可。

③ 高级检索

检索界面如图5-2-2-3所示，共有两个输入框，检索字段有标题、栏目、作者、来源、体裁、分类、地区、人物、正文等。选定要查找的年鉴、检索范围、词频(同上)，选择其他特征和检索入口，输入检索词，确定检索词之间的逻辑关系“并且”、“或者”，点击“检索”按钮进行查询。

图 5-2-2-2

图 5-2-2-3

④ 表达式检索

检索界面如图 5-2-2-4 所示，选定要查找的年鉴(同上)，输入表达式，格式为：标题＝XX AND(OR)正文＝XX，附加条件词频限制(frq＝数字)、位置限制(seg＝数字)，点击“检索”按钮即可。

⑤ 专题检索

检索界面如图 5-2-2-5 所示，专辑分为统计资料、重要文献、大事记、政策法律 法规、团体机构人物，选择需要检索的专题名称；在“选择年鉴种类”下拉菜单列表里选择需要检索的年鉴的分类；点击“浏览”按钮，在右侧下方显示检索结果的年鉴名称列表。

图 5－2－2－4

图 5－2－2－5

⑥ 图片检索

检索界面如图 5－2－2－6 所示，从页面下部分年鉴的分类中选择所需检索的类别，在检索字段图片主题、图片说明、摄影记者、图片来源中选择检索入口，然后在输入框里输入检索词，点击“图片检索”按钮进行检索。

另外，中国年鉴网可以直接链接到“中国年鉴网”首页。

(2)《报纸全文数据库》

检索界面如图 5－2－2－7 所示，提供了与年鉴资源库的简单检索和高级检索相同的检索方法：选定要查找的报纸；输入一个或多个关键词；选择检索范围和词频；确定关键词之间的关系；点击检索按钮进行查询即可。

图 5-2-2-6

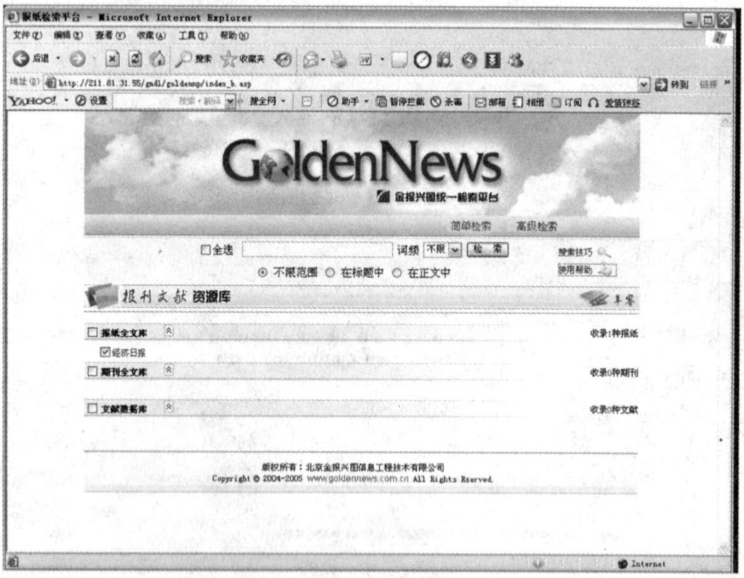

图 5-2-2-7

《新版人民日报图文数据库》

网址：http://www.people.com.cn/GB/43063/index.html

1.《人民数据库》

(1) 简介

《人民数据库》由人民日报网络中心所属的金报电子出版中心制作出版。它依托于人民日报、人民网的强大信息资源和中共中央各研究部门的权威研究成果，旨在为各级用户提供权威、快捷、系统的党政、时政类信息的大型数据库。目前有 6 大子库共 20 个专题库。

(2) 主要数据库

①《领导人活动报道库》

包括胡锦涛、吴邦国、温家宝、贾庆林、曾庆红、黄菊、吴官正、李长春、罗干、江泽民、李鹏、朱镕基、李瑞环、尉健行、李岚清等党和国家领导人的活动报道。

②《政策/法律库》

包括《国家法律库》、《国家政策库》、《地方政策库》。

③《评论/言论/理论库》

包括《人民时评库》、《人民日报社论、言论数据库》、《外交部发言人言论数据库》、《省部长言论信息数据库》、《学术理论文库》、《人物访谈视频库》。

④《会议/文献库》

包括《中共历次党代会重要文献信息库》、《全国人民代表大会会议资料信息库》、《中国人民政治协商会议资料信息库》、《中国共产党重大事件/人物信息库》、《工作报告信息库》。

⑤《党报党刊库》

包括《新版人民日报图文数据库》、《中共中央党校学习时报 5 周年数据库》、《红旗一求是图文数据库》。

⑥《专题库》

包括《保持共产党员先进性教育学习数据库》、《国际组织信息数据库》。

(3) 访问方式

其数据库使用分为账号用户、镜像用户、光盘用户三种。账号用户使用口令与密码访问;镜像用户用 IP 地址控制,直接访问;光盘用户是将数据光盘或移动硬盘安装在用户本地机上进行浏览使用。

2.《新版人民日报图文数据库》

(1) 简介

《人民日报》是中国共产党中央委员会机关报,创刊于 1948 年 6 月 15 日,由原晋冀鲁豫的《人民日报》与晋察冀解放区的《晋察冀日报》合并而成。

《新版人民日报图文数据库》收录了自 1948 年 6 月 15 日创刊以来和 1946 年 5 月 15 日至 1948 年 6 月 14 日晋冀鲁豫《人民日报》半个多世纪以来刊出的全部文字、图片和版式信息,计近 300 万多篇文章,20 亿汉字和 18 万个版式及图片,数据容量达到 80GB,具有极其珍贵的历史文献价值、资料价值。数据每周更新。

(2)《新版人民日报图文数据库》的检索

检索界面如图 5-2-2-8 所示(见另一文档),支持日期导航检索、组合检索两种检索方式。

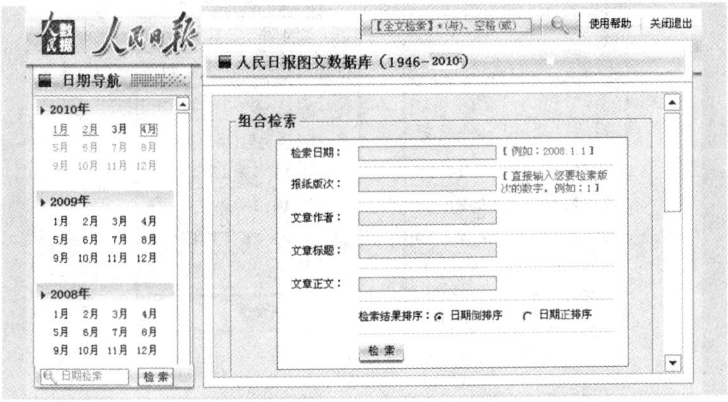

图 5-2-2-8

① 日期导航检索

其检索界面的左侧为日期导航检索区，列出了人民日报自创刊(1946 年 5 月)至今的全部年、月、日期，用户可以利用滚动条点击相应的年或月快速浏览所要查找的数据。

日期导航只列出了最近十年的日期，如果想浏览全部的日期，需要点击位于导航区底部的“显示全部”，即可浏览全部的日期导航。如果需要返回到最近十年的日期导航，需要点击位于导航区底部的“显示近十年”，即可返回到最近十年的日期导航(见图 5－2－2－9)。

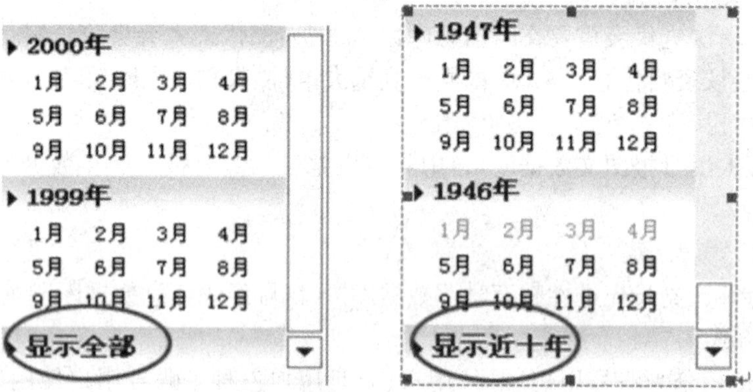

图 5－2－2－9

② 组合检索

检索页面如图 5－2－2－8 右侧所示，提供检索日期、报纸版次、文章作者、文章标题、文章正文五个检索字段，在其后面的检索框内输入相应的检索词，选择位于页面上部“全文检索”点击“检索”即可，检索结果可按日期正排序或日期倒排序。还可以对检索结果进行“二次检索”。＊为逻辑与，空格为逻辑或。

检索日期又可分为单日期、时间段、多日期和特殊日期检索，默认为单日期检索，点击日期输入框，可见如图 5－2－2－10 所示界面。

单日期检索：检索的时间范围限定在固定的某一天，例如：2008.1.1，既可以在输入框中手工输入日期，也可以点输入框右侧的“日期控件按钮”来选择日期。

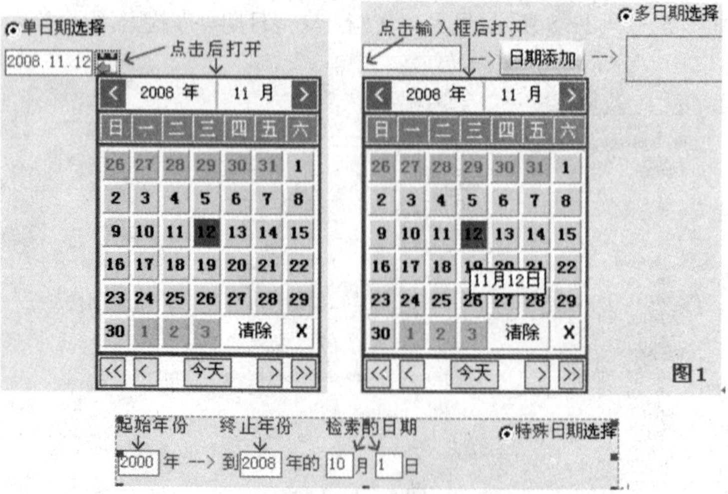

图 5－2－2－10

时间段检索:检索的范围是某一时间段的日期。例如:如果您想检索的是 2008.01.01 至 2008.01.31 这一段日期,需在第一个'日期'框中选择:2008.01.01,在第二个'日期'框中选择:2008.01.31,具体使用方法与单日期检索相同。

多日期检索:检索的范围是某一个或多个日期,需要在输入框中选择日期,而后点击'日期添加'按钮,程序会将您选择的日期添加进右侧日期列表框中,而后可以依据这一步骤添加其他日期。

特殊日期检索:检索的范围是若干年中同一天的数据。例如:检索 2000 年到 2008 年中所有 10 月 1 日的数据,需要在第一个输入框和中输入 2000,在第二个框中输入 2008,而后在第三个框中输入 10,最后在第四个框中输入 1.这样就会将 2000 年到 2008 年中所有 10 月 1 日的数据检索出来。

版次

版次的输入范围是 1～40 的数字。人民日报自创刊至今经过多次扩版,目前为 16 个版(周六、日为 8 个版),其中,一至四版为要闻版,五至十二版为新闻版,十三至十六版为周刊、专版和副刊。人民日报自创刊至今历次版次变更的时间为:创刊—1956.6.31 为 4 版、1956.7.1—1979 为 4 或 6 版、1980—1994 为 8 版、1995—2002 为 12 版、2003 至今为 16 版、16 版以上为增刊。

(3) 检索结果

本数据库属纯文本格式,可对检索出的数据进行拷贝、复制、下载、打印。

《中国重要报纸全文数据库》

网址:http://acad.cnki.net/Kns55/brief/result.aspx?dbPrefix=CCND

1.《中国重要报纸全文数据库》概况

《中国重要报纸全文数据库》(China Core Newspapers Full-text Database,简称 CCND),是《中国知识资源总库》的一个子库,收录 2000 年至今 1 000 多种重要报纸,现有文章 645 万多篇,年新增文章 120 万篇。分为十个专辑 168 个专题 3 600 个子栏目。数据每日更新。

2.《中国重要报纸全文数据库》检索

检索界面如图 5-2-2-11 所示,分为文献检索和报纸导航检索两种。

(1) 文献检索参见 4.1.2《中国知识资源总库》检索。

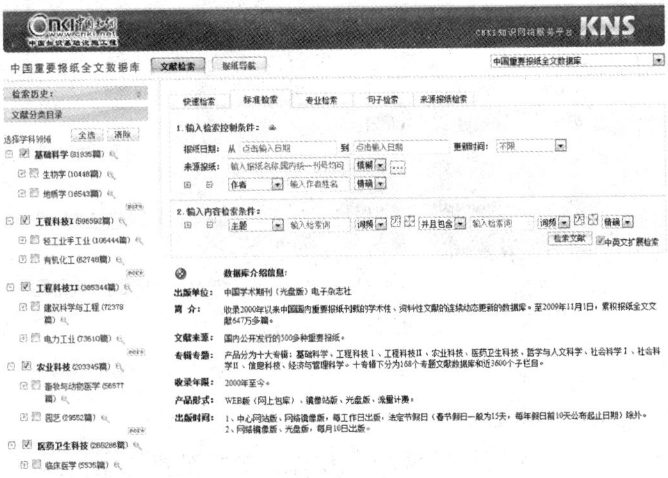

图 5-2-2-11

（2）报纸导航检索

在图 5－2－2－11 上部点击“报纸导航”可见如图 5－2－2－12 所示的图形方式界面(另有列表方式和详细方式)，可以在上部的检索框内直接输入报纸名称或国内统一刊号进行检索，也可按中央报和地方报分别浏览。点击所需报刊名称，可见图 5－2－2－13 所示界面，左侧是该项报的简单介绍，右侧中部可以进行“本报检索”：输入报纸的时间，从主题、题名、关键词、全文、中图分类号中选择检索入口，在后面的检索框内输入相应的检索词，点击“检索”即可；右侧下部有同类报纸列表，可以点击查看；右侧上部检索框，及“＋”、“－”功能同前。该报可“收藏”、“定制”。

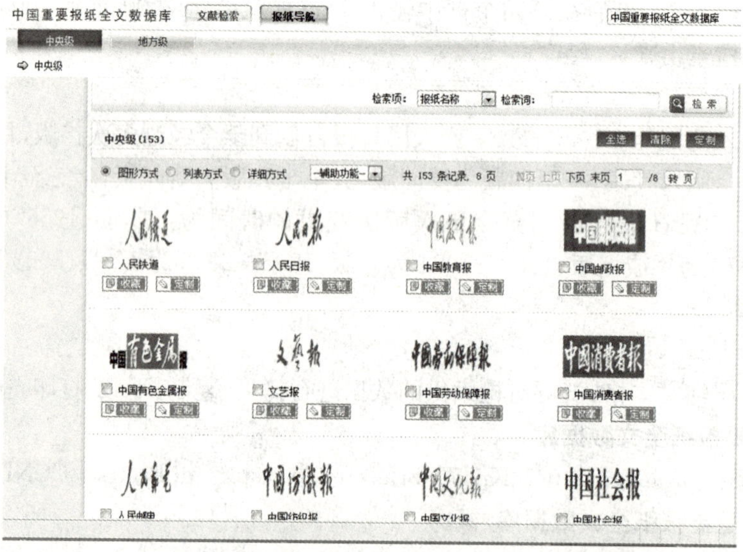

图 5－2－2－12

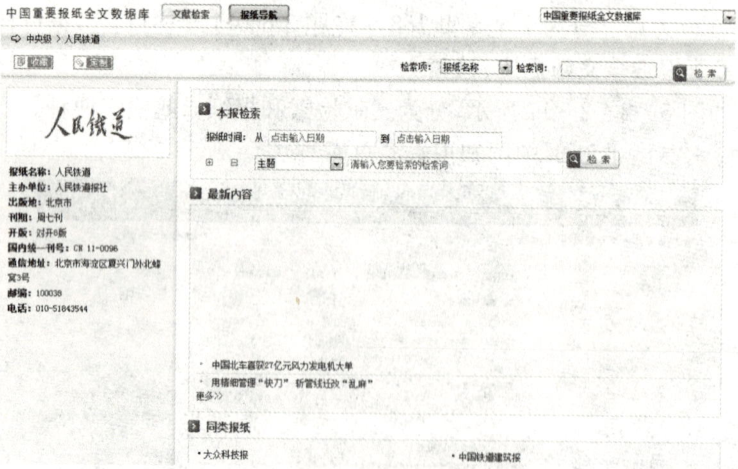

图 5－2－2－13

EBSCO Newspaper Source

1. EBSCO Newspaper Source 简介

EBSCO Newspaper Source 是 EBSCO 数据库中的报纸资源库，它收录 159 种美国地方报纸、18 种国际性报纸、6 个新闻专线、9 个报纸专栏，包括基督教科学箴言报、洛杉矶时报等194种报纸的全文;4种美国全国性报纸的索引和摘要;260种国家(美国)和国际报纸的选定全文;全文电视与广播新闻抄本等。通过EBSCOhost,数据每日更新。(参见第4章EBSCO数据库)

2. EBSCO Newspaper Source 检索

其检索方法参见第4章EBSCO数据库

5.2.3 主要免费报纸网站

目前,全世界已有超过130张免费报纸。《地铁报》(METRO),免费报纸的创始者,已拥有57个版本的免费报纸。主要免费报纸网址有:

中国网上报刊大全:(http://www.k369.com/zy/bkdq.htm)

AB报:(http://www.abbao.cn/)

中文网上报刊大全:(http://www.imu.edu.cn/news/site.htm)

英文报刊报纸阅读网址大全:(http://tr.hjenglish.com/page/15000/)

5.3 资源共享的趋势与前景

5.3.1 资源共享的概念

资源共享是一种由许多图书馆共同承担部分职能的运作方式,即图书馆在自愿、平等、互惠的基础上,通过建立图书馆与图书馆之间和图书馆与其他相关机构之间的各种合作或协作关系,利用各种方法共同利用资源,以最大限度地满足用户需求的全部活动。

5.3.2 资源共享的方式

1. 联合目录

充分实现资源共享的前提是书目信息资源的共享。用户要想随时随地获取自己所需要的文献,首先要了解世界上有哪些文献,分别收藏在什么地方。在现代社会,文献数量浩大,类型复杂,内容庞杂,没有一个强大的书目控制系统,获取和利用这些文献就会如同大海捞针一般难以实现,也无法实现资源共享。

图书馆组织与管理馆藏的基本方法是为每件馆藏建立一条唯一的记录,来描述和记录这件馆藏的外表特征和内容特点,设立检索点,使用户可以在浩繁的馆藏中找到自己所需要的资料。

在计算机出现之前,这种记录是以书目卡片的形式出现的。计算机应用于图书馆管理后,记录便被存储在计算机上。随着网络技术的产生与发展,记录可以存储在共享数据库中或直接从共享数据库中下载,使得编目数据实现了共编共享。只要有一个图书馆首先对某一件信息资源做了编目,将记录上传到共享数据库中,其他所有参加共享的图书馆就都不需要再对同样的一件信息资源做人工编目,只需要直接从共享数据库中下载相关记录,在其基础上稍加编辑即可。这大大减少了编目中的重复工作。

但如果共享数据库中的记录质量不能保证，后来者需要做大量修改加工，这种数据共享就无法起到提高效率的作用，就是没有实际意义的。因此，建立一个编目规则，保证和提高编目质量，是共享数据的必要基础之一。

《中国文献编目规则》、《西文文献著录条例》修订，使得中国的编目规则日趋完善，保证了中国文献尤其西文文献的著录与国际接轨，为共享书目数据奠定了坚实的基础。

2. 合作数字参考咨询

参考咨询是图书馆传统的服务项目，广义的参考咨询几乎涵盖了图书馆服务的所有领域，是图书馆各个部门的责任和义务。狭义的参考咨询服务主要由图书馆专业馆员承担，负责解答读者在利用图书馆资源过程中产生的各种问题，并提供信息研究服务，属于较深层次的咨询服务。

面对信息需求和信息资源的不断激增，学科交叉、地域差异、语言类别、文化历史背景不同等复杂情况，单个图书馆或信息咨询机构在提供咨询服务的时候时常会感觉到势单力薄、非常困难，咨询服务的质量和深度都难以得到保证。为了更好地满足数字化信息环境下个性化、多样化的信息需求，合作数字参考咨询服务应运而生。

合作数字参考咨询服务是由多个图书馆或咨询机构建立起协作关系，充分利用各自的信息资源特色和人才优势，并协调服务时间，保证每周 7 天，每天 24 小时不间断地为用户提供咨询服务。它充分利用了网络的协同整合力量和各图书馆以及咨询机构的人力、设备资源，达到资源共享，促进整个图书馆和参考咨询机构信息服务的发展。

目前，广州、上海、浙江、北京等纷纷开展合作数字参考咨询服务，但最为成功的还是上海市中心图书馆网上联合知识导航（http://zsdh.library.sh.cn:8080/）。它是由上海图书馆牵头并联合上海地区公共、科研、高校等图书馆及其相关机构，为适应世界图情事业发展新趋势，面向现代化、面向世界、面向未来，率先在国内推出的一个旨在向各专业技术和研究人员提供高质量专业参考、知识导航的新型服务项目，也是增强上海市中心图书馆网络服务和知识导航能力的新举措。以上海地区图书馆及其相关机构的馆藏资源为基础，以互联网的丰富信息资源和各种信息搜寻技术为依托，以上海图情界的一批中青年资深参考馆员为网上知识导航员，通过加强特色馆藏资源和网络信息资源的开发利用，实现上海各类图书馆网上参考咨询服务的优势互补，充分发挥图书馆在知识经济社会中为各行各业服务的知识导航作用。

该导航站于 2001 年 5 月 28 日起试运行服务（主页见图 5 - 3 - 2 - 1），至今已经在读者中赢得了一定的声誉。从导航站得到咨询的，除来自上海的读者外，还有很多国内各地以及海外的读者。为了让更多的读者在这里得到知识导航，导航站分别与香港岭南大学图书馆、新加坡国家图书馆、澳门大学图书馆和澳门中央图书馆合作，提供有关中国香港、新加坡和中国澳门的相关信息为主的咨询服务，同时还聘请了来自美国的资深参考馆员参与导航工作。导航站主要提供事实性问题的简短回答以及专业研究的各种线索和导航，一般在收到问询后 1～2 个工作日内回答读者咨询的问题。

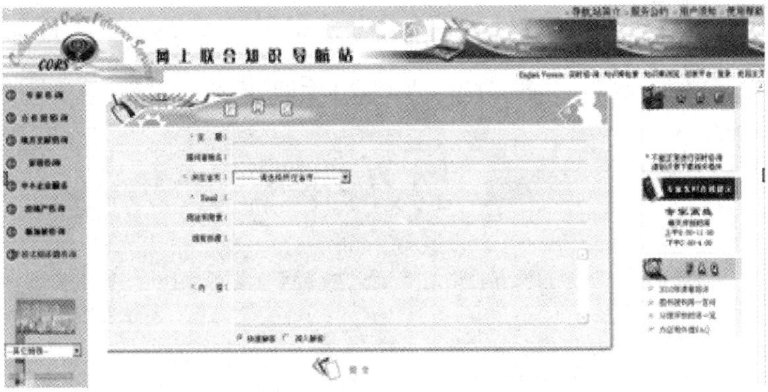

图 5-3-2-1

3. 馆际互借和文献传递

20 世纪后，由于世界上大量出版物的不断涌现，任何一个图书馆只依靠自身的馆藏已经无法满足广大读者的需求，必须依靠图书馆之间的资源共享、相互协作来保障资源的提供，这个共识推动了馆际互借的产生。馆际互借是图书馆资源共享的传统方式，既包括图书馆之间的返还式文献借阅，也包括文献收藏馆向其他图书馆或个人提供非返还式的文献，即文献传递。

馆际互借在 20 世纪 60 年代欧美国家非常盛行。我国的馆际互借业务开展的比较晚，一直到 1995 年左右才在各个高校之间展开。有的地方称之为“通用借书”，主要是相邻的几个高校图书馆之间或某一个区域内的高校图书馆之间允许少数专家学者共享纸质文献。近几年来，随着互联网的普及与发展，电子文献、网络文献的迅速增长，馆际互借工作也迈上了一个新的台阶：通过各种联合目录数据库和图书馆的 OPAC，可以了解其他文献机构的馆藏，并通过网络发出馆际互借的请求，使用电子邮件进行文献传递，大大加快了文献传递的速度，扩展了馆际互借的范围，缩短了获得文献资料的时间。文献传递服务是传统馆际互借服务在网络环境下的延伸和拓展，它是通过图书馆馆员从其他文献中心获得用户所需要的文献原文后，借助互联网、邮寄等方式以最快的速度传递给读者的服务。通过这种服务使馆藏的范围扩大，使有些资源虽不为我所有，但可以为我所用，充分满足读者对文献信息的需求，提高文献保障率。

5.3.3 主要资源共享系统

读秀知识库

1. 读秀知识库简介

读秀知识库，由北京世纪读秀技术有限公司自行研发，集图书的搜索及全文文献传递两大功能，通过读秀学术搜索平台提供服务。读秀学术搜索是目前全世界最完整的文献搜索及获取服务平台，收入中文图书全文 228 万种，元数据 2 亿条(其中中文期刊 5 000 多万条，中文报纸近 3 000 万条)，为读者提供深入内容的章节和全文检索、部分文献试读、文献传递等多种功能。其一站式检索实现了馆藏纸质图书、电子图书、学术文章等各种异构资源在同一平台的统一检索，通过优质的文献传递服务，实现了为读者学习、研究、写论文、做课题提供最全面准确的学术资料和获取知识资源的捷径。

2. 读秀知识库检索

检索界面如图 5－3－3－1 所示，分为中文文献搜索、外文文献搜索，提供知识、图书、期刊、报纸、学位论文、会议论文、专利、标准、视频、电子书、讲座的检索。

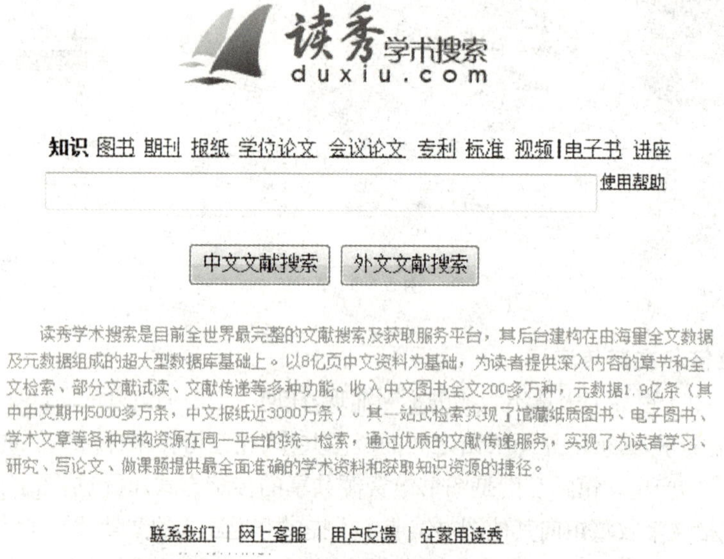

图 5－3－3－1

（1）知识搜索

知识搜索界面为默认界面，输入检索词，查中文，点击“中文文献搜索”，查外文、点击“外文文献”即可。

（2）图书搜索

点击“图书”，可见如图 5－3－3－2 所示界面，分为简单检索和高级检索、分类导航检索三种方式。

① 简单检索

简单检索为默认界面，检索入口有全部字段、书名、作者，选择后，在检索框内输入检索词，点击“中文文献搜索”或“外文文献搜索”按钮（同上）即可。

② 高级检索

点击“高级检索”按钮，可见如图 5－3－3－3 所示界面，提供书名、作者、主题词、出版社、ISBN、分类、年代等字段的检索，在相应字段的检索框内输入检索词，点击“高级检索”，每页可显示 10、15、30、50、100 条信息。

图 5－3－3－2

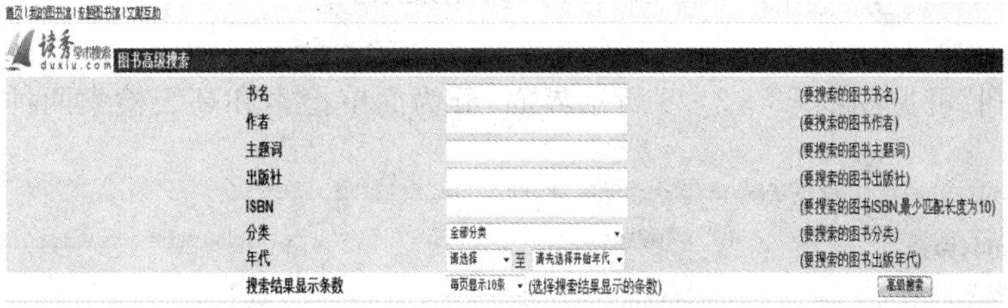

图 5-3-3-3

③ 分类导航检索

点击图 5-3-3-2 中的“分类导航”,可见图 5-3-3-4 所示界面,独秀将所收图书按中图法分为 22 大类,每大类又分为若干小类。如点击“自然科学总论”下的“自然科学现状及发展”,可见图 5-3-3-5 所示界面,点击篇名“探索中外重大发明”,可见图 5-3-3-6 所示页面:图书封面、书名、作者、页数、出版社及出版日期、ISBN、定价、主题词、参考文献格式、内容提要;试读(书名页、版权页、前言页、目录页、试讲读页);借阅(本馆电子全文、图书馆文献传递);获得本书(本图书馆借阅、其他图书馆借阅、网上书店购买、互助平台、按需印制服务)及其他收藏者信息等。按需点击相应的按钮,可获得相关信息。如点击书的彩图或书名链接进入该书的详细信息界面,点击“试读”可浏览该书的版权页、前言页、目录页和 17 页的正文(如图 5-3-3-7 所示);点击“本馆电子全文”时,则可以阅览并下载图书馆已购买的超星电子图书;点击“本馆馆藏纸书”时,读者可以看到图书馆公共检索系统查询该书的结果;当读者检索到自己所需图书且图书馆借阅栏中没有“本馆电子全文”时,可选择“图书馆文献传递”,填写相关信息(书名、邮箱、正文最多 50 页等)并确认提交,读秀知识库图书检索与文献传递系统会将需求的链接发至读者邮箱并保存 20 天供读者阅读;阅读读秀知识库提供的正文时,系统不支持全文下载功能,但是在浏览器中可使用“选取文字”功能将当前浏览中的页面文字部分或全部复制出来进行编辑处理;在“图书馆参考咨询服务”界面中,点击左上方的“咨询表单”,读者根据自己的邮箱可查看系统处理自己需求的状态;若图书馆没有馆藏该书的电子书或纸书时,读者还可以在建议学校购买栏中点击“推荐购买电子图书”或“推荐购买馆藏纸书”完成图书推荐工作;读者还可以在本书收藏人栏中看到其他读者的个人图书馆的收藏情况;读者需要建立个人图书馆时,请点击右上方的“进入我的图书馆”进行注册并登录即可。

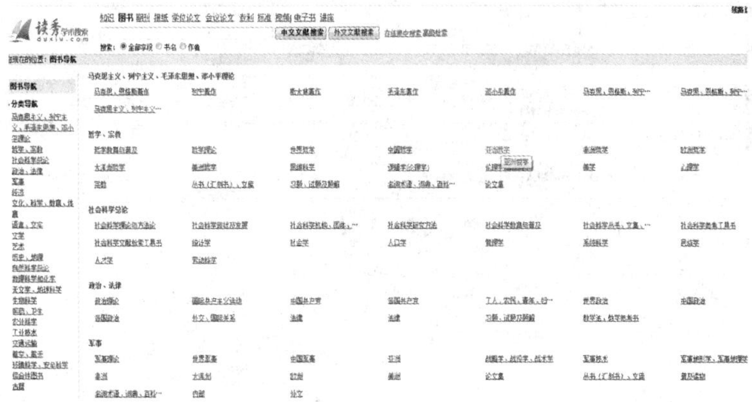

图 5-3-3-4

电子书的检索，与此相同，只是没有外文文献搜索。

(3) 期刊检索

点击“期刊”可见图 5－3－3－8 所示界面，分为简单检索和高级检索两种。

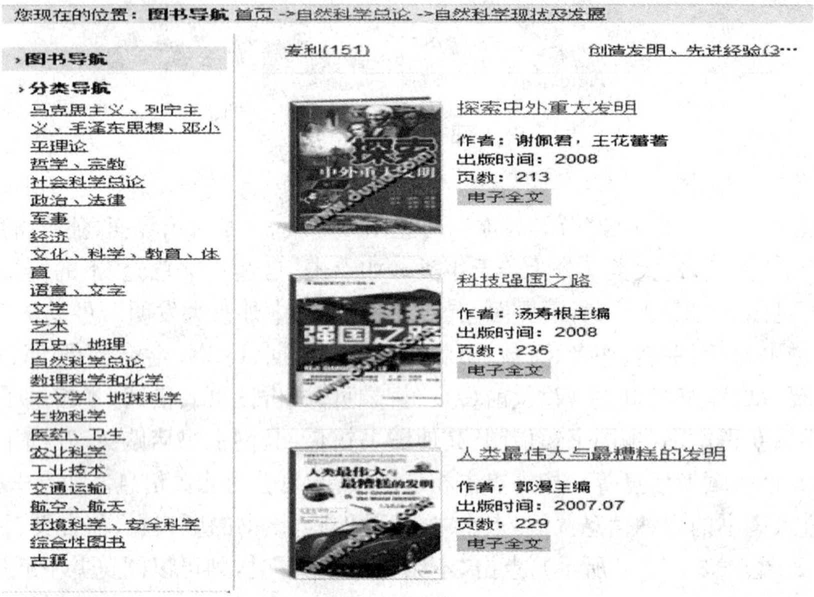

图 5－3－3－5

图 5－3－3－6

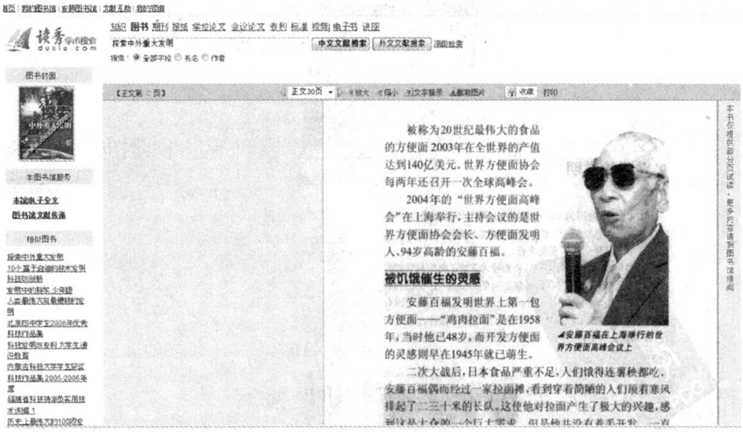

图 5－3－3－7

图 5－3－3－8

① 简单检索

简单检索界面是默认界面，检索入口有全部字段、标题、作者、关键词，选择后在上面的检索框内输入相应的检索词，点击“中文文献搜索”或“外文文献搜索”按钮(同上)即可。

② 高级检索

点击“高级检索”按钮，可见图 5－3－3－9 所示界面，“＋”、“－”可以增加或减少输入框，最多五个，最少两个，支持逻辑与、或、非，检索字段比简单检索多一刊名，另外可以限定所检索期刊的年度范围及期号，其余同上。

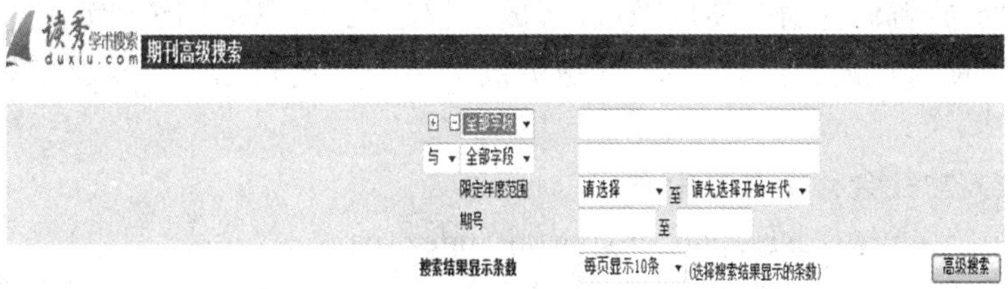

图 5－3－3－9

(4) 报纸检索

点击“报纸”可见图 5－3－3－10 所示界面，它只有中文文献，也分为初级检索与高级检索，除检索入口为全部字段、标题、作者、来源、全文外，同期刊检索。

图 5-3-3-10

(5) 学位论文、会议论文、专利、标准、视频、讲座检索

其检索界面如图 5-3-3-11 所示，只有简单检索，视频检索、讲座检索没有外文文献搜索，其余各种检索只是检索字段不同，检索方法均同期刊简单检索。

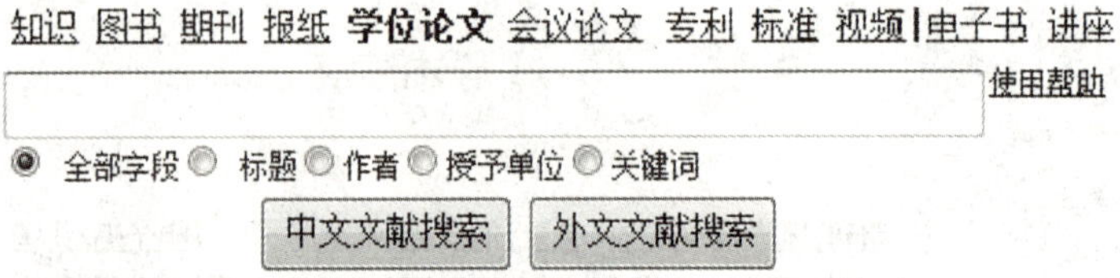

图 5-3-3-11

中国高等教育文献保障系统

网址：http://www.calis.edu.cn/calisnew/

中国高等教育文献保障系统（China Academic Library &Information System，简称CALIS）（主页见图 5-3-3-12），是经国务院批准的我国高等教育“211 工程”、“九五”、“十五”总体规划中 3 个公共服务体系之一。其宗旨是，在教育部的领导下，把国家的投资、现代图书馆理念、先进的技术手段、高校丰富的文献资源和人力资源整合起来，建设以中国高等教育数字图书馆为核心的教育文献联合保障体系，实现信息资源共建、共知、共享，以发挥最大的社会效益和经济消息，为中国的高等教育服务。从 1998 年开始建设以来，CALIS 管理中心引进和共建了一系列国内外文献数据库，包括大量的二次文献库和全文数据库；采用独立开发与引用消化相结合的道路，主持开发了联机合作编目系统、文献传递与馆际互借系统、统一检索平台、资源注册与调度系统，形成了较为完整的 CALIS 文献信息服务网络。迄今参加 CALIS 项目建设和获取 CALIS 服务的成员馆已超过了 3 500 家（参见第 8 章目录索引和文摘）。

中国高校人文社会科学文献中心

网址：http://www.cashl.edu.cn/portal/index.jsp

中国高校人文社会科学文献中心（China Academic Humanities and Social Sciences Library，简称 CASHL），是教育部根据高校人文社会科学的发展和文献资源建设的需要而设立的。其宗旨是组织若干所具有学科优势、文献资源优势和服务条件优势的高等学校图书馆，有计划、有系统地引进国外人文社会科学期刊，借助现代化的服务手段，为全国高校的人文社会科学教学和科研提供高水平的文献保障。这是全国性的唯一的人文社会科学外文期刊保障体系。不仅可以为高校教学科研服务，还是全国其他科研单位获取的基地。项目

图 5-3-3-12

建设内容分为以下两部分：

首先，建设高校人文社会科学外文期刊的文献资源的保障体系，以若干所高校图书馆的馆藏为基础，全面、系统的收藏国外人文社会科学重点学术期刊。预计引进总量约为 12 000 种，其中 SSCI 和 AHCI 所列的核心期刊 2 528 种，其他重点学科所需的期刊约为 9 000 多种。

其次，依托“中国高等教育文献保障系统”(CALIS)已经建立的文献信息服务网络，建设“高校人文社科外文期刊目次数据库”，全面揭示文献信息，进而开展文献传递服务。CALIS 将负责制定数据规范、指导数据加工、数据库和服务器的维护等，保证读者可以再网上方便地查找到文献信息，在读者发出全文请求后，CALIS 将在 1～3 个工作日内送出全文文献。(参见第 8 章目录、索引和文摘)

国家科技图书文献中心

网址：http://www.nstl.gov.cn

国家科技图书文献中心(National Science and Technology Library，简称 NSTL)，是根据国务院的批示于 2000 年 6 月 12 日组建的一个虚拟的科技文献信息服务机构，由中国科学院文献情报中心、工程技术图书馆(中国科学技术信息研究所、机械工业信息研究院、冶金工业信息标准研究院、中国化工信息中心)、中国农业科学院图书馆、中国医学科学院图书馆组成。根据国家科技发展需要，按照“统一采购、规范加工、联合上网、资源共享”的原则，采集、收藏和开发理工农医各学科领域的科技文献资源，面向全国开展科技文献信息服务。其发展目标是建设成为国内权威的科技文献信息资源收藏和服务中心、现代信息技术应用的示范区、同世界各国著名科技图书馆交流的窗口。(参见第 8 章目录、索引和文摘)

图书馆联盟

图书馆联盟(Library Consortium)是为了实现资源共享、利益互惠的目的而组织起来、受共同认可的协议和合同制约的图书馆联合体。这些联合体常常冠以“体系”、“系统”或“网络图书馆”等名称，其实质都是以联盟的形式在地区、全国或更大范围内进行全面的或某一方面的合作，实现图书馆之间的资源共享。

我国的图书馆联盟形式主要有：

1. 系统或行业主管部门组织的全国性图书馆联盟

由系统或行业主管部门组织的图书馆联盟是全国性图书馆联盟的主要形式。这种系统内文献信息资源的共建共享符合我国目前文献信息资源布局的现状，有利于政府部门对系统内文献信息资源进行有效地协调，从而减少某一学科或行业领域内文献信息资源建设中的无序和重复现象，从整体上提高国家文献信息资源的保障能力。由教育部组建的中国高等教育文献保障系统、文化部打造的全国文化信息资源共享工程、科技部牵头组织的国家科技图书文献中心等都是这种类型的图书馆联盟。

2. 由地方政府主管部门推动形成的地方性联盟

政府的正确导向和持续支持是图书馆联盟发展的可靠保证。从我国实际情况看，现阶段较为成功的省市级地方性图书馆联盟都离不开政府的引导和支持。如：苏州高校数字服务平台是在苏州市政府积极推动下，由苏州大学图书馆承建，苏州地区各高校图书馆参建的图书馆联盟；广东高校电子图书馆是广东省教育厅主办的网上图书馆。

3. 由地理位置相邻的图书馆组成的区域性联盟

早期图书馆联盟的形成与地理因素有着重要关系。现在由于通讯技术和网络的发展，空间距离和地缘关系已经不是影响图书馆联盟发展的决定性因素，但是，地理因素仍然在联盟的形成和组织中起着不可忽视的作用。一组地理位置相近的图书馆群，更容易相互之间沟通联系和理解信任，可能面对相同性质的读者群，有的还同属于一个行业系统，有共同的上级管理机构和资金来源，因此在文献资源建设协调和共享服务方面都容易取得实质性的合作成果。如成立于 2002 年的“北京市北三环—学院路地区高校图书馆联合体”，是由北京市北三环沿线及其周边的大学图书馆组成的。

图书馆联盟是当代图书馆与时俱进，实现自身转型，保持可持续发展的准确选择。图书馆只有与其他馆构成联盟，通过合作的方式，才能规避单一图书馆资源、资金的不足，更好地提供服务。

5.3.4　资源共享的发展前景

1. 向更广泛的网络化发展

网络化泛指信息、通信、计算机等技术的集成和各区域、专业网络的互联，是共享信息传播渠道走向现代化的必由之路，也是信息资源共享形态从低级向高级水平演变的关键。一般来说，网络化建设应注意分阶段、上规模、升层次，在完成“物理网”和“网络化基本服务”的基础上，要重视网络信息资源，特别是本土网络信息资源的开发工作，进一步搞好网络信息提供服务和增值服务，让各使用单元都加入共享网络中，成为共建者和共享者。同时尽快结束过去各使用单元彼此的分散和封闭状态，转向集中开放的状态。

2. 向个性化服务发展

个性化服务泛指信息资源的开发、传播及使用过程的高度集成性、便捷性和更多功能性，是信息资源共享主体的人本要求，也是信息资源共享形态从低级水平向高级水平演变的重要指标。从信息资源构成形式上看，人性化就是从印刷型为主逐步转向数字型为主。从信息资源构成内容上看，人性化就是从稀少、简单、枯燥逐步转向丰富、个性、适用。从信息资源的功能来看，就是从提供学习及拓展知识为主逐步转向培养创新能力及满足主体多方面的需求为主。人性化建设应处理好信息供给能力与用户满意程度的关系，在力所能及的范围内为绝大多数用户提供人性化的服务，使信息资源共享的精神深入人心。

3. 专业化人才程度越来越高

随着社会分工越来越细，社会信息总体构成越来越复杂。它客观要求受过专业训练的技术人员（网络技术人员、图书馆员等）按照专业技术标准从事信息共享工作，尽可能优质地满足社会各领域的信息需求。人才是兴业之本，大力推行图书馆员职业资格等系列权威考试制度将是解决信息资源共享工作专业人员稀缺的必然选择。

4. 面向全球化共享的趋向越来越明显

大至一个国家，小到一个图书馆，在开展信息资源共享活动时，必须正视全球信息化浪潮的中击，而最明智的做法就是将自己纳入全球信息化的总体格局中。美国学者贝克（S. K. Baker）在《资源共享的未来》一书中指出："今天的图书馆正生存在一个相互依赖的时代。进一步讲，每一个图书馆都必须将自己视为世界图书馆体系的一部分，必须摆脱自给自足的状态，必须迅捷而合算地从世界图书馆体系中获取资料并送到自己用户手中的方式，必须随时准备将自己所收藏的资料提供给世界各地的其他图书馆。"面向世界的信息资源共享视野有利于促进本土信息资源开发与国际标准接轨，扩大国际信息贸易，将全面推动本国和本地的信息产业发展。

6 特种文献信息的检索

6.1 会议文献信息的检索

6.1.1 会议文献信息概述

1. 会议文献的概念

此处所讲的会议是指学术会议。所谓学术会议是指各种学会、协会、研究机构、学术组织等主持举办的各种研讨会、学术讨论会等与学术相关的会议。常用来表示会议的英文单词有：conference、congress、convention、symposium、workshop、seminar、colloquia 等。

所谓会议文献(Conference Literature)是指在各类学术会议上形成的资料和出版物，包括会议论文、会议文件、会议报告、讨论稿等，其中，会议论文是最主要的会议文献。许多学科中的新发现、新进展、新成就以及所提出的新研究课题和新设想，都是以会议论文的形式向公众首次发布的。

2. 会议文献的特点

(1) 数量众多。世界各国的学会、协会、研究机构及国际性学术组织举办的各种学术会议日益增多。据美国科学情报研究所(ISI)统计，全世界每年召开的学术会议约 1 万个，其中科技会议就达 5 000 个左右，产生会议论文 10 余万篇，正式发行的各种专业会议文献有 5 000多种。会议文献在目前的十大科技信息源中，其利用率仅次于科技期刊。因此，学术会议不仅是交流学术研究的极好场所，也是传递和获取科技信息的重要渠道。

(2) 专业性强。会议都是专业性学术团体召开的，有非常明确的主题，涉及的专业内容集中、可靠性高，因此专业性很强。

(3) 内容新颖。会议文献基本上是会议上首次公布的成果，不在其他刊物上发行，因而越来越受到人们重视，成为了解新动向、新发现的重要信息源。据统计，30%的科技成果首次公布在科技会议上，会议文献对本领域重大事件的首次报道率最高。有鉴于此，不少人认为只参考期刊文献，不参考会议文献，科研将没有开创性。

(4) 学术水平高。参加会议的人员大多为相关领域的科研人员，会议内容大部分涉及本学科领域内的新成果、新理论、新方法，且经过会议主办者审查、推荐；经过专家学者提问、讨论、评价、鉴定，再由本人修改后出版，因此学术水平高。

因此，会议文献作为特种文献源，无论是在西方发达国家，还是在发展中国家，都越来越受到人们的广泛重视，成为科技情报的重要来源之一，也是科技成果查新和研发项目调研主要必查资源。

3. 会议文献的类型

会议文献按出版时间的先后可分为会前、会间和会后三种类型。

(1) 会前文献(Preconference Literature):包括征文启事、会议通知书、会议日程表、预印本(Preprints)、会前论文摘要(Advance Abstracts)或论文目录等。其中,预印本是在会前几个月内发至与会者或公开出售的会议资料,比会后正式出版的会议录要提前很长时间,其内容完备性和准确性不及会议录。有些会议因不再出版会议录,因此预印本就显得更为重要。

(2) 会间文献(Literature Generated During the Conference):有些论文预印本和论文摘要在开会期间发给参会者,这样就使得会前文献变成了会间文献。此外,还有会议的开幕词、讲演词、闭幕词、讨论记录、会议决议、行政事务和情况报道性文献等,均属会间文献。

(3) 会后文献(Post Conference Literature):主要指会议结束之后正式出版的会议论文集,它是会议文献的主要组成部分。会后文献经过会议的讨论和作者的修改、补充,其内容会比会前文献更准确、更成熟,因此价值也就更高。会后文献的名称形形色色,常见的有:会议录(Proceeding)、会议论文集(Symposium)、学术讲座论文集(Colloquium Papers)、会议论文汇编(Transactions)、会议记录(Records)、会议报告集(Reports)、会议文集(Papers)、会议出版物(Publications)、会议纪要(Digest)等。

会议文献没有固定的出版形式,有的刊载在学会、协会的期刊上,作为专号、特辑或增刊;有些则发表在专门刊载会议录或会议论文摘要的期刊上。据统计,以期刊形式出版的会议录约占会议文献总数的50%;一些会议文献还常常汇编成专题论文集或出版会议丛刊、丛书;还有些会议文献以科技报告的形式出版;此外,有的会议文献以录音带、录像带或缩微品等形式出版。

6.1.2 会议文献的检索

1. 国内主要会议文献数据库

《会议论文数据库》

网址:http://www.wanfangdata.com.cn

(1) 数据库简介

《会议论文数据库》是万方数据资源系统中的一个子数据库,它包括《中国学术会议论文全文数据库》、《中国学术会议论文文摘数据库》、《中国医学学术会议论文文摘数据库》及《SPIE(美国光学工程师学会)会议文献数据库》。《中国学术会议论文全文数据库》与《中国学术会议论文文摘数据库》是一一对应的,只是前者是一次文献库,后者是二次文献库。因此后面只介绍全文库。万方数据资源系统的网站提供免费检索服务,可以查看下载题录,但全文库需付费。

①《中国学术会议论文全文数据库》

《中国学术会议论文全文数据库》主要收录了1998年以来国家级学会、协会、研究会组织召开的各种学术会议论文约90万篇,每年涉及1 000多个重要的学术会议,涵盖自然科学、工程技术、农林、医学等多个领域,内容包括数据库名、文献题名、文献类型、馆藏信息、馆藏号、分类号、作者、出版地、出版单位、出版日期、会议信息、会议名称、主办单位、会议地点、会议时间、会议届次、母体文献、卷期、主题词、文摘、馆藏单位等,为用户提供最全面、详尽的会议信息,是了解国内学术会议动态、科学技术水平、进行科学研究必不可少的工具。分为中文版和英文版两个版本,中文版所收会议论文内容是中文,英文版主要收录在中国召开的国际会议的论文，论文内容多为西文。

②《中国医学学术会议论文文摘数据库》是解放军医学图书馆收集建立的医学学术会议文献数据库，是了解国内医学会议论文及会议信息的重要工具。

③《SPIE 会议文献数据库》收录 SPIE 的会议文献，内容涉及光学、光子学、成像和电子学领域的研究、工程和应用专业，为篇名数据库。

(2) 数据库检索

点击主页中“学术会议”，可见如图 6－1－2－1 所示界面，分为快速检索和高级检索。除检索字段略有不同外，其余同 4.3.2 万方数据资源系统检索。

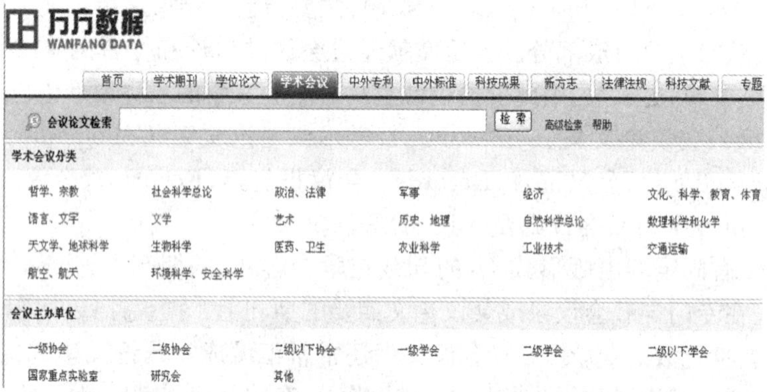

图 6－1－2－1

《中国重要会议论文全文数据库》

网址：http://www.cnki.net

(1) 数据库简介

《中国重要会议论文全文数据库(CPCD)》是中国知识资源总库的一个子数据库。它收录 1999 年以来我国国家二级以上学会、协会和高等院校、科研院所及其他学术机构或团体主持召开的国际性和全国性学术会议论文集的论文及相关资料(包括正式出版物和非正式出版物)，是国内最完备、收录质量最高的会议论文全文数据库。每年增加 1 500 本论文集的约 10 万篇论文及相关资料。部分论文回溯至 1999 年以前。产品分为基础科学、工程科技Ⅰ、工程科技Ⅱ、农业科技、医药卫生科技、哲学与人文科学、社会科学Ⅰ、社会科学Ⅱ、信息科技、经济与管理科学十大专辑，专辑下又分为 168 个专题近 3 600 个子栏目。其网上数据每工作日更新，专辑光盘每季度更新(参见第 4 章的《中国知识资源总库》)。

(2) 数据库检索

其检索界面如图 6－1－2－2 所示，提供文献检索、会议导航、论文集导航、主办单位导航等几种检索方式。

① 文献检索

文献检索是默认界面，又分为标准检索、快速检索、专业检索、作者发文检索、科研基金检索、句子检索、来源会议检索。

标准检索、快速检索、专业检索、科研基金检索、句子检索同 4.1.2《中国知识资源总库》检索中的标准检索、简单检索、专业检索、科研基金检索、句子检索，只是检索入口不同。

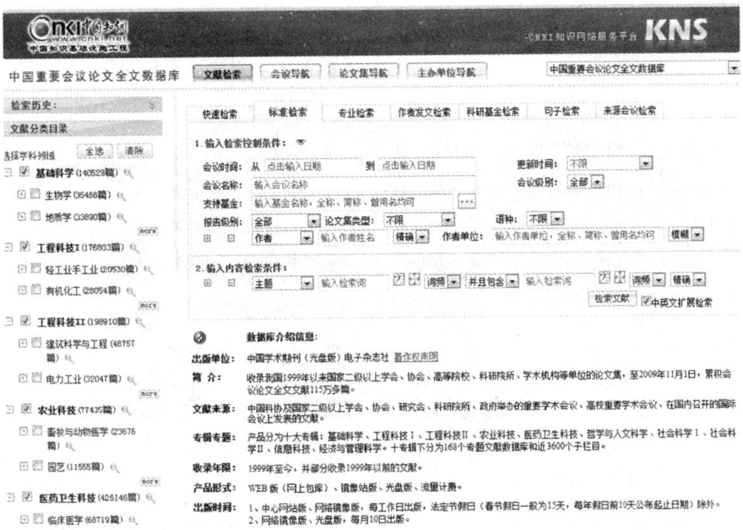

图 6-1-2-2

作者发文检索

检索界面如图 6-1-2-3 所示，直接在各检索框内输入检索词即可，点击作者单位前的“＋”或“－”，可增减作者单位检索框，最少一个，最多可增加至四个。

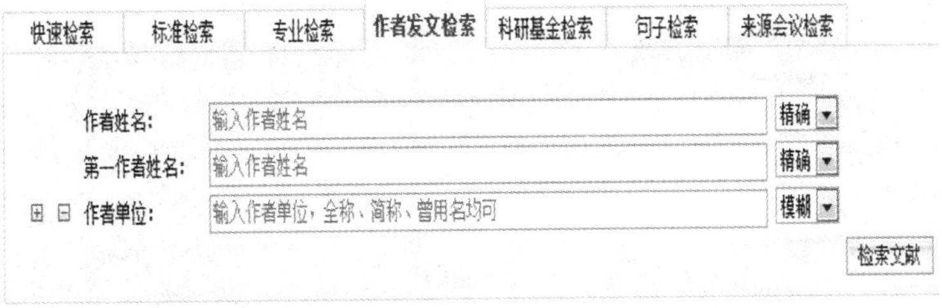

图 6-1-2-3

来源会议检索

检索界面如图 6-1-2-4 所示，直接输入检索词检索。

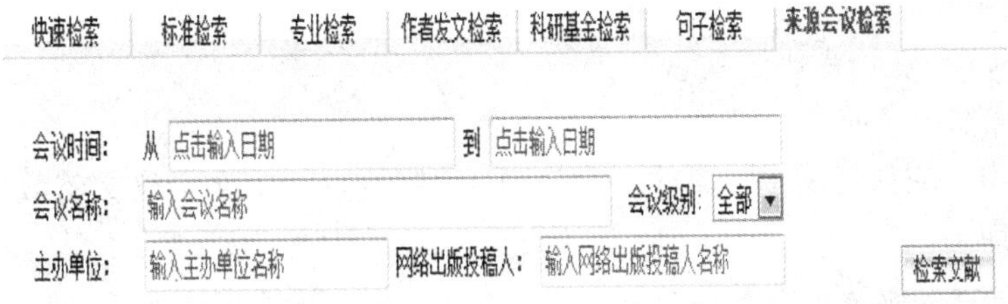

图 6-1-2-4

② 会议导航、论文集导航检索

会议导航、论文集导航检索都分为学科导航、行业导航、党政导航和快速检索，检索界面如图 6-1-2-5 所示。快速检索直接输入检索词；导航检索直接点击其类目标名称即可。

③ 主办单位导航检索

检索界面如图 6-1-2-6 所示，分为直接输入检索及点击类目检索。

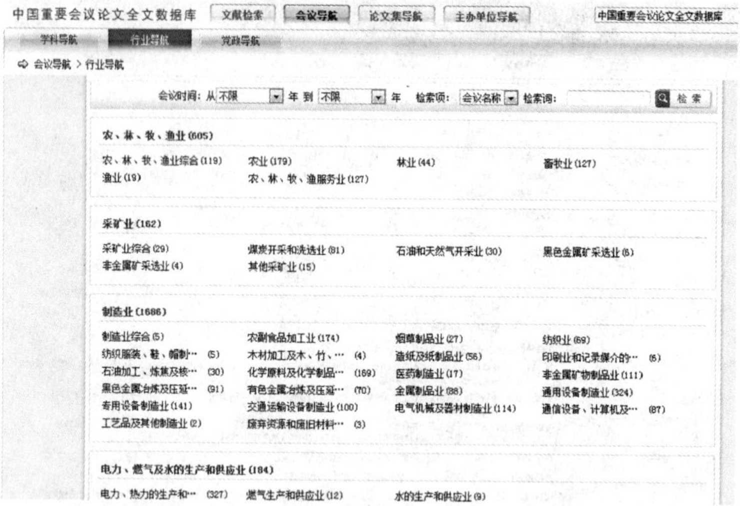

图 6-1-2-5

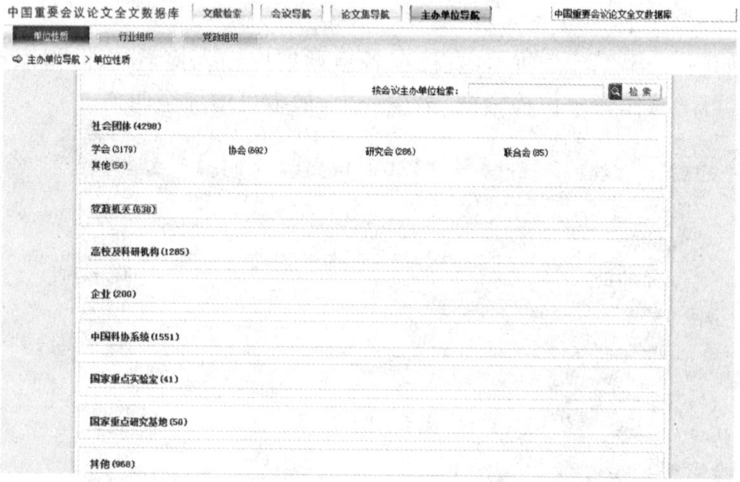

图 6-1-2-6

《会议文献数据库》

网址：http://www.nstl.gov.cn

(1) 数据库简介

该数据库由国家科技图书文献中心(NSTL)编制，包括《中文会议文献数据库》和《外文会议文献数据库》。

①《中文会议文献数据库》

收录了 1985 年以来我国国家级学会、协会、研究会以及各省、部委等组织召开的全国性学术会议文献。数据库的收藏重点为自然科学各专业领域，涉及 600 余个重要的学术会议，年增加文献 4 万余篇，数据每季或月更新。

②《外文会议文献数据库》

主要收录了 1985 年以来世界各主要学会协会、出版机构出版的学术会议文献。少量回溯。学科范围涉及工程技术和自然科学各专业领域。每年增加文献约 20 余万篇，数据每周更新。

(2) 数据库检索

其主页如图 6－1－2－7 所示，点击“中文会议”，可见如图 6－1－2－8 所示界面，分为检索输入区、设置查询条件区。检索输入区的检索输入框，通过点击其后的“＋”、“－”按钮可以增加或减少，最多四个，最少一个。其检索字段有：全部字段、题名、作者、关键词、会议时间、会议名称、ISBN，逻辑关系有：与、或、非。选择好检索入口、逻辑关系后，在检索框内输入检索词，点击“检索”按钮进行检索。设置查询条件区有馆藏范围、查询范围、时间范围、查询方式、检索结果每页显示。馆藏范围有全部馆藏、中国科学院文献情报所、中国科学技术信息所、机械工业信息研究所、冶金工业信息标准研究院、中国化工信息中心、中国农科院农业信息研究所、中国医科院医学信息研究所、中国标准化研究所院标准馆、中国计量科学研究院文献馆；查询范围有全部记录、含文摘记录、含引文记录、可提供全文记录；最近入库文献时间范围既可选择有全部、最近一周、最近一个月、最近三个月、最近六个月、最近一年，也可直接在下方的检索框内直接输入时间，还可点击检索框后的 按钮，选择时间；查询方式有精确查询、模糊查询；检索结果每页可显示可选 10、20、30、40、50。“外文会议”的检索界面如图 6－1－2－9 所示，除“外文会议”几个字外，与“中文会议”完全相同。

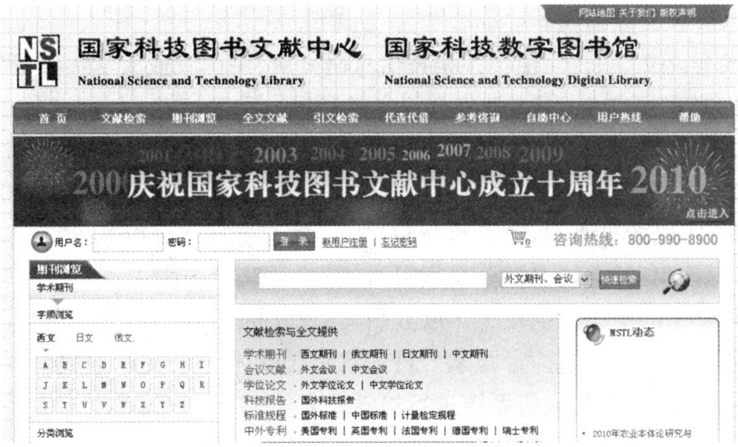

图 6－1－2－7

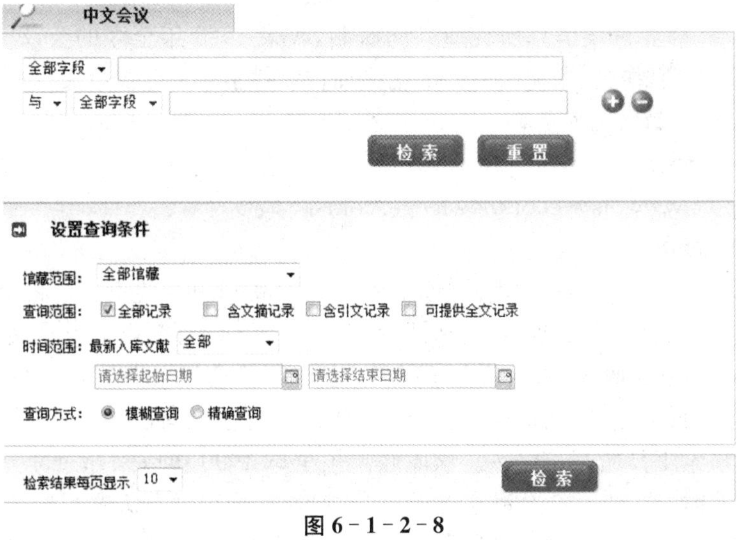

图 6－1－2－8

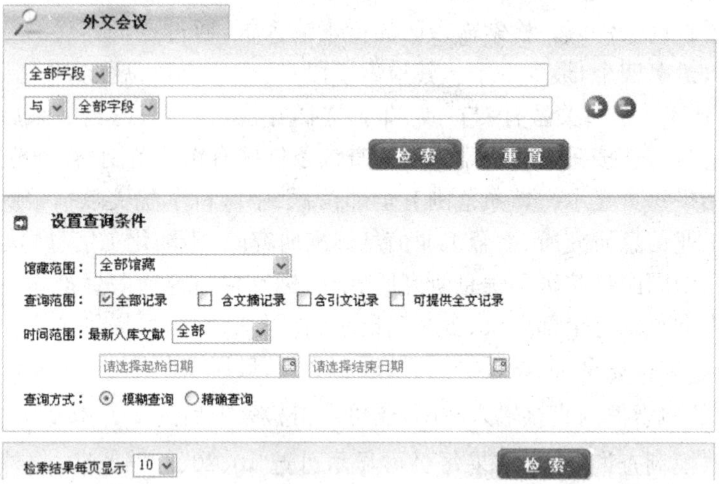

图 6-1-2-9

《中国学术会议文献通报》

《中国学术会议文献通报》由中国科技信息研究所、中国农业大学主办，科技文献出版社出版。1982 年创刊，原名为《国内学术会议文献通报》，季刊，1984 年起改为双月刊，1986 年起又改为月刊，1987 年改为现名。它是报道我国各类专业学术会议的检索性刊物，内容涉及数理科学和化学、医药卫生、农业科学、工业技术、交通运输、航天航空、环境科学及管理科学。该刊报道方式以题录为主，兼有简介和文摘。每期报道 1 500～2 000 条，论文按会议名称集中排列。每期附有《会议名称分类索引》，该索引按《中国图书资料分类法》编排。该刊自 1990 年起将每期的主题索引改为年度索引，在每年的最后一期中报道。《中国学术会议文献通报》可通过分类和主题途径检索。目前，《中国学术会议文献通报》已建成数据库，可通过中国科技信息研究所的联机系统进行检索。

《中国学术会议论文联合数据库》

该数据库由中国科技信息研究所、医学科学院医学信息研究所、中国农业科学研究院科技文献信息中心、林业科技信息研究所共同研制，收录 1986 年至今的会议文献，涉及国内 130 多个国家级学会、协会、研究会召开的全国性自然科学学术会议论文。

2. 国外会议文献数据库

ISI Proceedings

网址：http://www.isiwebofknowledge.com

(1) 数据库简介

美国 Thomson Scientific 公司基于 ISI Web of Knowledge 检索平台将 ISTP 和 ISSHP 两大会议录索引集成为 ISI Proceedings(见图 6-1-2-10)，提供会议论文的文摘索引信息。ISI Proceedings 是收录最多、覆盖学科最广泛的学术会议录文献数据库，是查找国际著名会议、座谈会、研讨会及其他各种会议录论文的综合性多学科的权威数据库，同时也是世界著名的三大检索工具(索引)之一。该库收录了全球 1990 年以来超过 6 万个会议的 410 多万条记录，每年收录 12 000 余种主要的科学技术、社会科学和人文科学会议录的论文文摘。年增加 20 多万条记录，数据每周更新。索引内容的 65%来源于专门出版的会议录或丛书，其余来源于以连续出版物形式定期出版的系列会议录。内容涉及一般性会议、座谈会、研究会、专题讨论会等。

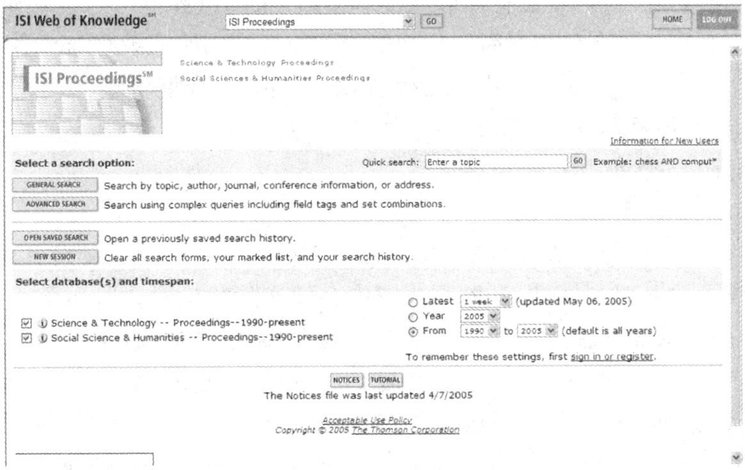

图 6-1-2-10

①《科技会议录索引》

《科技会议录索引》(Index to Scientific and Technical Proceedings，简称 ISTP)是一种综合性的科技会议文献检索刊物，由美国科学情报研究所(Institute for Scientific Information，简称 ISI)编辑出版，1978 年创刊，月刊。该刊报道的学科包括所有的自然科学与工程技术领域，范围广，收录会议文献齐全，且检索途径多、速度快，其声誉已盖过其他同类检索工具而成为检索正式出版的会议文献的主要工具。《科技会议录索引》月刊本由正文部分(会议录目录 Content for Proceeding)和索引部分组成。正文部分报道以图书或期刊形式出版的会议录，按会议录登记号顺序排列。索引部分共有 7 种索引，每期按照刊载的前后顺序依次为:类目索引、会议录目录(正文)、著者/编者索引、会议主持者索引、会议地点索引、轮排主题索引、团体著者索引。

②《社会科学及人文科学会议录索引》

《社会科学及人文科学会议录索引》(Social Sciences & Humanities 简称 ISSHP)，包括所有的社会科学、艺术与人文领域:心理学、社会学、公共卫生、管理学、经济学、艺术、历史、文学、哲学等每年 2 800 多个会议录。

(2) 数据库检索

该数据库提供 Full Search 和 Easy Search 两种检索界面。

Full Search:提供较全面的检索功能，通过主题词、作者名、期刊名、会议或作者单位等检索途径，可限定检索结果的语种、文献类型、排序方式，可存储/运行检索策略。

Easy Search:检索功能相对简单，可以对感兴趣的特定主题、人物、地点进行检索。

《会议论文索引》(CPI)

《会议论文索引》(Conference Papers Index，简称 CPI)，1973 年由美国数据快报公司创刊，原名为《近期会议预报》(Current Programs)，1978 年改为现名，月刊。1981 年改由美国剑桥科学文摘社(Cambridge Scientific Abstracts Co.，CSA)编辑出版。从 1987 年起改为双月刊。本索引每年报道约 72 000 篇会议论文，及时提供有关科学、技术和医学方面的最新研究进展信息，是目前检索会议文献最常用的检索工具之一。其现刊本包括分类类目表(Citation Section)、会议地址表(Conference Location)、正文和索引几部分。它的网络检索平台,是剑桥科学文摘(http://www.csa.com)中的一个子库,国内引进此数据库的高校可以通过校园网直接进入。CPI 数据库收录 1982 年以来的世界范围内会议和会议文献的信息,提供会议论文和公告会议的索引。到 2006 年 5 月,数据库记录有 150 多万条,其学科范围主要涉及农业、生物化学、化学、化学工程、林学、生物学、环境科学、土壤学、生物工艺、临床学等领域。数据每两月更新一次。

OCLC PapersFirst 与 Proceedings

网址:http://www.oclc.org

OCLC FirstSearch 检索系统中的 PapersFirst(国际学术会议论文索引)和 Proceedings(国际学术会议录索引)数据库提供世界范围内会议文献的检索。FirstSearch 是 OCLC 的一个联机参考服务系统,包括 70 多个数据库。从 1999 年开始,CALIS 全国工程中心订购了其中的基本组 13 个数据库,PapersFirst 与 Proceedings 是其中的两个。

PapersFirst 数据库收录世界范围内各类学术会议上发表论文的索引信息,它覆盖了自 1993 年 10 月以来在"大英图书馆资料提供中心"的会议录所收集的所有大会、专题讨论会、博览会、讲习班和其他会议上发表的论文,每两周更新一次。

PapersFirst 中的每条记录对应着 Proceedings 数据库的某个会议记录,Proceedings 是 PapersFirst 的相关库,收录了世界范围内举办的各类学术会议上发表论文的目次。利用该库可以了解各个会议的概貌和学术水平,检索"大英图书馆资料提供中心"的会议录。数据每周更新两次。

3. 其他会议信息资源

① 预报学术会议的检索工具

《世界会议》(World Meetings, WM)由美国世界会议情报中心公司(World Meetings Information Center Inc.)出版,季刊。主要预报两年内世界各地将要召开的科学技术方面的国际会议,涉及世界上 100 多个国家和地区的 2 000 多个专业会议。

《科技会议》(Scientific Meetings),1957 年创刊,季刊,美国加州科技会议出版公司(Scientific Meetings Publication Co.)出版。预报未来一年内将要召开的科技会议。

《世界集会日期》(World Convention Dates),月刊,美国亨德里克森(Hendrickson)公司出版。预报近 1~2 年内将要举办的各种会议。

《国际学术会议一览》,半年刊,日本学术会议信息公司出版,预报一年内的国际会议。

《国际科技会议预报》(Forthcoming International Scientific & Technical Conferences),1971 年创刊,季刊,英国专业图书馆协会(ASLIB)编辑出版。主要预报本年内将要召开的国际科技会议和英国的全国性科技会议。

《国际科学会议公报》,由俄罗斯国家科委、科学院、全俄科技信息研究所合编,1960 年创刊,双月刊。主要预报国际性会议和国外学术机构召开的会议情况。

《日本预定举办的国际会议一览表》,半年刊,日本国际观光振兴会代表大会编辑部出版,免费。

《国际科技会议和国际展览会预报》,由中国科技信息研究所编辑,不定期出版。

② 查找会议录的检索工具

《已出版的会议录指南》,1964 年创刊,由美国英特多克公司(Inter Dok Corp)编辑出版。它是一种专门收录会议录出版情况的期刊,报道世界各国学术会议名称、日期、地点、主办单位、会议文献主题及出版形式(如预印本、会议录等)、定价。主要收集单行本会议录,同时还收集研究报告、期刊、专论、丛书中的会议论文。

《在版会议录》,1964 年创刊,双月刊,美国 Proceedings in Print, Inc. 出版。报道美国国内外举办的科技会议及其出版的会议录,侧重世界各国宇航会议文献。

③ 学术团体数据库及网站

学术团体是会议文献的重要来源,许多专业协会、学会拥有自己的数据库和网站,如 IEEE、ACM、ASME 等,一方面可以使用他们的数据库获取全文,另一方面可以直接利用其网站获取相关信息。世界上一些著名的专业协会、学会如下:

ACM Proceedings:收录了美国计算机协会(Association for Computing Machinery,简称 ACM)的会议文献信息。

Conference Papers Index(1982～):剑桥科学文摘(CSA)中的一个子库。该库收录了世界上重要会议论文的题录信息,1995 年以后的数据集中于生命科学、环境科学及水科学领域。

AIP Conference Proceedings(美国物理联合会会议录网络版):收录了美国物理联合会(AIP)自 2000 年以来出版的约 500 多种会议录(全文)。

IEEE/IET Electronic Library(IEL)全文数据库(1988～):提供美国电气电子工程师学会(Institute of Electrical and Electronics Engineers,简称 IEEE)和英国工程技术学会(The Institution of Engineering and Technology,简称 IET)出版的会议录信息或全文。

INSPEC(英国科学文摘):由英国电气工程师学会(IEE)出版的文摘数据库,是物理学、电子工程、电子学、计算机科学及信息技术领域的 1 500 余种会议记录。

ASCE Proceedings:提供美国土木工程师学会(The American Society of Civil Engineers,简称 ASCE)出版的会议文献信息。

SPIE Proceedings:收录了国际光学工程学会(The International Society for Optical Engineering,简称 SPIE)的所有的会议录全文。

ASME:美国机械工程师协会

ASTM:美国试验与材料协会

SAE:美国机动车工程师协会

ACS:美国化学学会

APS:美国物理学会

④ 会议信息网站

技术会议信息中心(Technical Conference Information Center)(http://www.techexpo.com/events/)

此网页为用户提供了一个方便的查询界面,用户可根据会议名称、内容、主办单位、国家、城市及州来查找即将召开的科技会议的信息。

欧洲研究会议(Europe Research Conferences)(http://www.esf.org/activities/esf-conferences.htm)

它是由欧洲科学基金会维护的网页,主要提供各学科已经召开与即将召开的会议的信息及内容。

国际标准化组织(ISO)的标准化会议预告(ISO Meeting Calendar)(http://www.iso.org/iso/standards_development/technical_committees/meeting_calendar.htm)

提供即将召开的国际标准化会议的具体时间、地点、内容等信息。

会议与活动预告(Conferences & Events)(http://thomsonreuters.com/products_

services/science/? view=Conference&bu=Science)

Thomson Scientific 提供近期召开的各类会议的信息。

生物科学与医学方面的会议(Meetings in Bioscience and Medicine)(http://hum-molgen.org/meetings/meetings)

提供将在未来一年半内召开的生物科学与医学方面的国际会议的预告。

⑤ 会议信息发布系统

中国学术会议在线(http://www.meeting.edu.cn)

为用户提供学术会议信息预报、会议分类搜索、会议在线报名、会议论文征集、会议资料发布、会议视频点播、会议同步直播等服务。

中国会议网(http://www.chinameeting.com)

提供各种会议信息的目录型网站,用户可以通过搜索目录来获得特定的会议信息。同时该网站提供在线注册、支付程序等服务。网站提供的会议范围包括人文与社会科学、商业、计算机和互联网、教育等各学科领域的学术会议。

6.2 学位论文的检索

6.2.1 学位论文概述

1. 学位论文的概念

学位论文是高等学校、科研机构的毕业生为获得所修各级学位而在导师指导下完成的科学研究、科学试验成果的书面报告。

学位制度起源于中世纪的欧洲。1180 年巴黎大学授予第一批神学博士学位。学位论文答辩制度是由德语国家首创的,以后各国相继效仿。

由于各国教育制度规定授予学位的级别不同,学位论文也相应有学士学位论文、硕士(或副博士)学位论文、博士学位论文之分。根据《中华人民共和国学位条例》的规定,学位论文分为学士论文、硕士论文、博士论文三种。由于学士论文数量太多,质量良莠不齐,因此,我们此处所说的学位论文主要是指硕士、博士学位论文。

2. 学位论文的特点

(1) 数量众多

20 世纪中后期,世界上每年产生博士和硕士学位论文 10 万篇左右。

(2) 学术价值高

每位研究生在确定自己的研究课题、撰写学位论文时,都必须从课题的先进性、创新性、实用性及可行性等方面进行论证。其次,学位论文是在导师的严格审核和直接指导下,用 2～3 年时间才完成的科研成果,还必须通过院校或研究所的专家评审答辩后才能通过,所以学位论文具有较高的学术价值。一般级别越高的学位论文,其学术价值也相对较高。

(3) 具有一定的独创性

学位论文是在收集国内外大量与本课题相关材料的基础上,通过研究生的复杂思维劳动而提出的学术性见解或结论,探讨的课题比较专深,在国内外本学科中属于领先地位,具有一定独创性。

(4) 学位论文一般不公开出版

由于学位论文是向校方提供的，它不像其他公开出版物那样广泛流传，除少数在答辩通过后发表或出版外，多数不公开发行，一般只有一份复本被保存在授予学位的大学的图书馆中以供阅览和复制服务。

6.2.2 学位论文的检索

为充分发挥学位论文的参考作用，一些国家的大学图书馆将其编成目录、索引，制成缩微胶卷，并形成专门的学位论文数据库。也有少数国家对学位论文进行集中管理，如英国学位论文统一存储在不列颠图书馆，不外借，只对外提供原文的缩微胶片；日本的学位论文也由日本国立国会图书馆统一管理。1938 年起，美国的大学缩微胶卷公司编辑出版《国际学位论文文摘》，月刊，分 A 辑(人文与社会科学)、B 辑(科学与工程)，1976 年增加 C 辑(欧洲学位论文，季刊)。该公司 1973 年出版的《学位论文综合索引》报道了 1861～1972 年美国、加拿大和其他一些国家的 400 所大学的博士论文 41.7 万篇，可按主题和著者姓名进行检索。传统学位论文的检索方法是查阅印刷型检索工具书，随着网络技术的发展，越来越多的机构、高校或联合、或自行开发建设各形式的学位论文数据库。学位论文网络数据库的出现使得网上信息极大丰富，为用户检索和共享研究生学位论文信息资源提供了极大的便利。

1. 国内主要学位论文的检索

CNKI 学位论文数据库

网址：http://www.cnki.net

该数据库是中国知识资源总库中的一个子库，包括《中国优秀硕士学位论文全文数据库》、《中国博士论文全文数据库》两个子数据库，是目前国内相关资源最完备、高质量、连续动态更新的中国硕、博士学位论文全文数据库。至 2009 年 11 月 1 日，累积博硕士学位论文全文文献达 87.5 万多篇(参见 4.1《中国知识资源总库》)。

(1)《中国优秀硕士学位论文全文数据库》

① 数据库简介

收录 1999 年至今 652 个博硕士培养单位的学位论文，现有论文 90 万多篇，每日更新(有部分 1999 年以前的论文)。

② 数据库检索

检索界面如图 6-2-2-1 所示，提供文献检索、学位授予单位导航检索、硕士学位论文电子期刊检索这三种检索。

文献检索与 6.1.2 中《中国重要会议论文全文数据库》的检索相似，只是检索入口不同。本数据的库检索入口有：主题、题名、关键词、摘要、目录、全文、参考文献、中图分类号、学科专业名称。

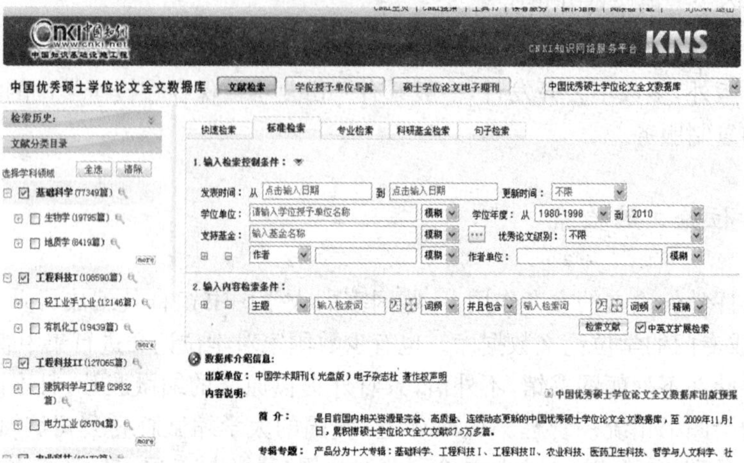

图 6-2-2-1

学位授予单位导航检索：可以直接在检索框内输入学位授予单位的名称进行检索，也可分别按地域导航、国家 211 工程院校进行检索。

硕士学位电子期刊检索：分为自然科学与工程技术类专辑、人文社会科学类专辑（见图 6-2-2-2）。前者包括基础科学辑、工程科技Ⅰ辑、工程科技Ⅱ辑、农业科技辑、医药卫生科技辑、信息科技辑；后者包括社会科学Ⅰ辑、社会科学Ⅱ辑、经济与管理科学辑、哲学与人文科学辑、编辑委员会、编辑部。检索时可直接选择专辑，点击检索；也可选择检索入口（主题、题名、作者、作者单位、导师、第一导师、导师单位、摘要、关键词、目录、参考文献、全文、学科专业名称、学位授予单位、中图分类号、页码、预印本页码、学位年度、网络出版投稿时间），在检索框内输入相应的检索词，直接检索；还可以点击高级检索，用“并且、或者、不包含”等逻辑关系进行检索。

(2)《中国博士学位论文全文数据库》

收录 1999 年至今 420 个博硕士培养单位的学位论文，现有论文 12 万多篇，每日更新（有部分 1999 年以前的论文）。除所收学位为博士外，其检索界面与方法与《中国优秀硕士学位论文全文数据库》基本相同，不再讲述。

图 6-2-2-2

《万方学位论文数据库》

网址：http://www.wanfangdata.com.cn

此数据库是万方资源总库中的一个子库，包括《万方学位论文全文数据库》和《万方学位论文文摘数据库》。前者是一次文献库，后者是二次文献库，内容一一对应。

该数据库是我国收录数量最多的论文数据库，数据来源于国家法定的论文收藏单位——中国科技信息研究所。收录了自1980年以来我国自然科学领域各高等院校、研究生院及研究所的硕士研究生、博士及博士后论文160余万篇，其中211高校论文收录量占总量的70%以上，每年增加约20万篇。内容包括：论文题名、作者、专业、授予学位、导师姓名、授予学位单位、馆藏号、分类号、论文页数、出版时间、主题词、文摘等信息，可以浏览或下载全文。对非授权用户而言，只能看到查询结果的部分信息。其检索界面与检索方法与6.1.2中的万方《会议论文全文数据》相似，只是检索入口不同。

《CALIS高校学位论文数据库》

网址：http://etd.calis.edu.cn/ipvalidator.do

(1) 数据库简介

《CALIS高校学位论文数据库》包括文摘与全文两个数据库。它是中国高等教育文献保障系统(CALIS)中的一个子数据库，收录1995年以来包括北京大学、清华大学等全国著名大学在内的83个CALIS成员馆利用网上提交系统收取的中文电子版硕士、博士学位论文30万余。另外通过集团采购补贴的方式，与高校图书馆与公共馆、情报所等合作，按篇选择购买国外电子版博硕士学位论文，集中存放在CALIS的全文服务器中，计划可共享全文论文6万篇。参建馆在收取这些学位论文的同时取得作者的使用授权书，并在作者授权范围内提供直接下载、文献传递等全文服务，因此读者日常可浏览文摘，无法直接在网上获取全文。成员馆用户可以通过馆际互借或E-MAIL的方式向研究生培养单位的图书馆索取论文全文，其他读者需通过CALIS文献传递平台获取原文。

(2) 数据库检索

数据库提供简单检索、复杂检索两种方法。

① 复杂检索

复杂检索界面为默认检索界面，如图6-2-2-3所示，包括检索条件、检索限制、显示设置三部分。检索条件有4个输入框，可以进行最多4个检索词的复合检索；检索字段包括全面、中文题名、外文题名、论文关键词、论文摘要、作者、导师、学科；支持AND、OR、NOT，检索框内输入的检索词可以包含其一、包含全部、完整包含、前方一致、同义词。检索限制，从答辩时间与学科类别两方面进行，学科类别可选：全部、工学、军事学、管理学、农学、历史学、理学、医学、哲学、经济学、法学、教育学、文学。显示设置包括每页结果数、排序字段、最大结果数、排序方式。每页结果可选20、30、40；排序字段有答辩时间、相关度、题名、作者；排序方式有降序与升序两种方式。选择好相应条件，输入相应检索词，点击“检索”屏幕即显示命中结果的数目及列表，按基本信息、摘要信息、详细信息格式显示。基本信息是默认方式，内容包括题名、作者、答辩日期，可点击想要查看的记录的摘要信息、详细信息或馆际互借，也可点击查看选项后E-MAIL、打印、下载所需内容。对检索结果可以进行二次检索，也可重新检索。

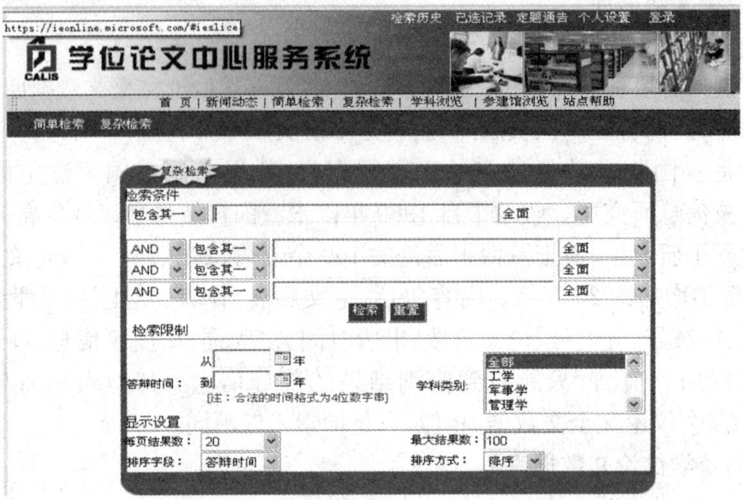

图 6-2-2-3

② 简单检索

其检索界面与复杂检索界面相比，显示设置是相同的，检索限制没有学科限制，检索输入框仅有一个，且只有前方一致、包含、同义词可选，其他完全相同，检索方法及结果显示也一样。

《中国国家图书馆博士学位论文库》

网址：http://res4. nlc. gov. cn/home/index. trs? channelid=3

《中国国家图书馆博士学位论文库》的论文是由国家图书馆收藏中心提供。国家图书馆收藏中心是国务院学位委员会指定的全国唯一负责全面收藏和整理我国学位论文的专门机构，同时也是人事部专家司确定的唯一负责全面入藏博士后研究报告的专门机构。20 多年来，国家图书馆收藏博士论文近 12 万种。此外，该中心还收藏部分院校的硕士学位论文、台湾博士学位论文和部分海外华人华侨学位论文。

另外，国内大部分高校自建学位论文数据库，也是检索学位论文的常用途径。它们主要有：

《清华大学学位论文服务系统》(1980～)

网址：http://etd. lib. tsinghua. edu. cn:8001/xwlw/index. jsp

包括清华大学 1980 年以来的所有公开的学位论文文摘索引。

《复旦大学学位论文服务系统》(1998～)

网址：http://202. 120. 227. 60:8001/xwlw/index. jsp

《上海交通大学学位论文数据库》

网址：http://thesis. lib. sjtu. edu. cn

《中国农业大学学位论文数据库》(1981～)

网址：http://202. 112. 175. 70/tpi_2/sysasp/share/login. asp? sysid=14

2. 国外主要学位论文检索

《PQDT(PQDD)国际博硕士论文数据库(ProQuest Digital Dissertations)》

网址：http://www. proquest. com/en-us/products/brands/pl_umi. shtml

(1) 数据库简介

PQDT(ProQuest Dissertations & Theses)(1861～　),原名 PQDD(ProQuest Digital Dissertations),是由美国大学国际缩微制品公司(University Microfilms International,简称 UMI)出版的博硕士论文数据库。该数据库是世界著名的学位论文数据库,也是目前世界上最大和最广泛使用的学位论文数据库。它收录了北美和欧洲1 000余所大学 1961 年以来文、理、工、农、医等领域的 170 万博士、硕士的 200 万篇学位论文,每年约增加 4.7 万篇论文摘要,分人文社科卷、理工卷及文理合卷。数据每周更新。

目前,国内若干图书馆、文献收藏单位联合购买了一定数量的 ProQuest 学位论文全文(PDF 格式),提供网络共享(凡参加联合订购成员馆均可共享整个集团订购的全部学位论文资源)。我国 CALIS、上交大、中信所等单位有全文镜像站点,现有论文 10 万余篇,年增 1 万多篇。因此该数据库包括《ProQuest Digital Dissertations》(PQDD,博硕士论文数据库)的全文版和文摘版,全文数据库内容仅包含文摘数据库内容的一部分。普通用户可以免费检索 1998 年和 1999 年出版的所有学位论文的索引和文摘,其中 1997 年以来的部分论文不但能看到文摘索引信息,还可以看到前 24 页的论文原文,可通过文献传递途径获取学位论文;机构订户可以访问全部数据,直接获得全文。

(2) 数据库检索

此处以镜像站点为例介绍数据库的检索。该数据库提供两种检索方式:基本检索界面和高级检索界面。

① 基本检索

基本检索界面如图 6-2-2-4 所示,可以锁定数据库或从下拉菜单中选择所需检索的数据库,选择检索数据日期,选择将检索结果限制在仅全文文档或学术期刊,包括同行评议过的文章,输入检索词进行检索。还可点击页面左下方的更多检索选用,进一步限制检索范围。

② 高级检索

高级检索界面如图 6-2-2-5 所示,与基本检索界面基本相似,只是多了几个检索框,在检索入口后多了字段索引,供检索时选择,并通过点击“ADD”按钮,将检索条件加入检索式输入框中;检索框可以点击其下的“Add a row”、“Remove a row”按钮,增加或减少;检索框之间支持 AND、OR、NOT 的逻辑关系。该数据库共提供 14 个检索字段,常用字段包括:题名(title)、文摘(abstract)、作者(author)、导师(advisor)、学校(school)、学科(subject)、年代(year)、语种(language)等。选择好数据库、日期、检索结果限制(同基本检索)及检索字段、逻辑关系后,在检索框中输入相应的检索词,即可获得有关论文的各项书目数据和文摘。该数据库还提供截词检索、位置检索及词组检索。

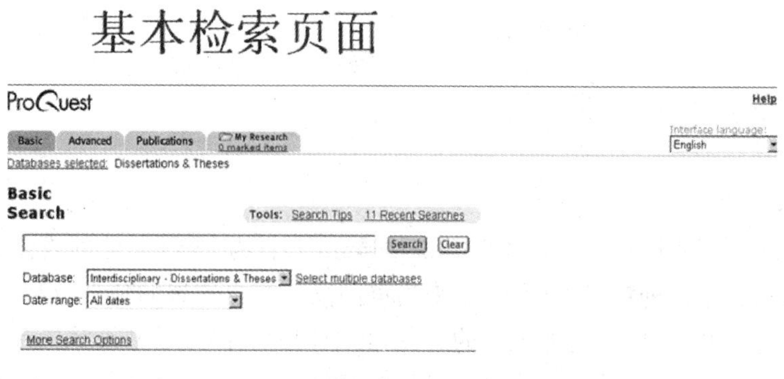

图 6-2-2-4

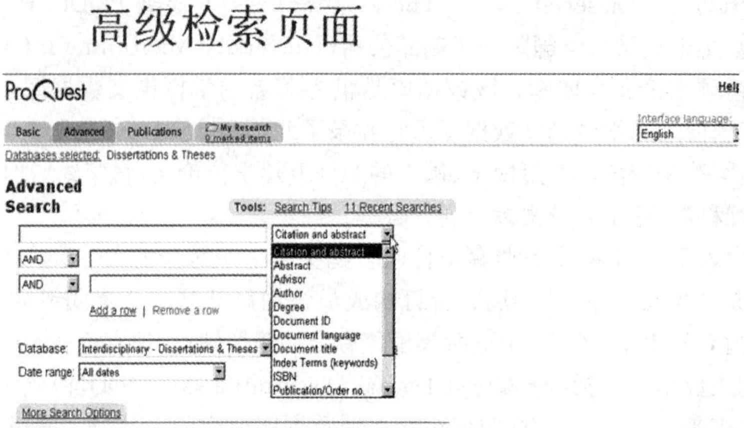

图 6-2-2-5

3. 网上部分免费学位论文资源介绍

《Hong Kong University Theses Online》

网址:http://sunzi1.lib.hku.hk/hkuto/index.jsp

收录香港大学 1941 年以来的学位论文 18 000 多篇,其中 16 000 多篇有全文。

《NDLTD 学位论文库》

网址:http://oai.dlib.vt.edu/%7Eetdunion/cgi-bin/OCLCUnion/UI/index.pl

NDLTD 学位论文库是由美国国家自然科学基金支持的一个网上学位论文共建共享项目,为用户提供免费的学位论文文摘,还有部分可获取的免费学位论文全文(根据作者的要求),NDLTD 文摘数据库链接到的部分全文分为无限制下载、有限制下载、不能下载几种方式。有较多欧洲、日本、南非等国家的学位论文。

《NSTL 中文学位论文数据库》

网址:http://www.nstl.gov.cn/index.html

《NSTL 中文学位论文数据库》由国家科技图书文献中心提供,主要收录了 1984 年至今我国高等院校、研究生院及研究院所发布的硕士、博士及博士后的论文。学科范围涉及自然科学各专业领域,并兼顾社会科学和人文科学,每年增加论文 6 万余篇,每季更新。用户可以免费查阅文摘,论文则需通过文献传递获得。

6.3　专利信息的检索

6.3.1　专利信息概述

1. 专利的概念

专利(patent)一词来源于拉丁语 litterae patentes,意为"公开的信件或公共文献",是中世纪的君主用来颁布某种特权的证明,后来指英国国王亲自签署的独占权利证书。

对"专利"这一概念,目前尚无统一的定义,其中较为人们接受并被我国专利教科书所普遍采用的一种说法是:专利是指在建立了专利制度的国家,某一发明人或机构就其技术、创造向实行专利制度的国家提出申请，经专门机构——专利局审查批准，国家便授予发明人在一定年限内对该发明享有独占、制造、使用和出让的权利。这种受法律保护的技术专有的权利称为专利，包括专利权、专利发明、专利文献三个方面。

2. 专利的种类

(1) 发明专利

我国《专利法实施细则》第二条第一款对发明专利的定义是："发明是指对产品、方法或者其改进所提出的新的技术方案。"所谓产品是指工业上能够制造的各种新制品，包括有一定形状和结构的固体、液体、气体之类的物品。所谓方法是指对原料进行加工，制成各种产品的方法。发明专利并不要求它是经过实践证明可以直接应用于工业生产的技术成果，它可以是一项解决技术问题的方案或是一种构思，具有在工业上应用的可能性，但这也不能将这种技术方案或构思与单纯地提出课题、设想相混同，因单纯的课题、设想不具备工业上应用的可能性。用数字 1 来表示。

(2) 实用新型专利

我国《专利法实施细则》第二条第二款对实用新型专利的定义是："实用新型是指对产品的形状、构造或者其结合所提出的适于实用的新的技术方案。"同发明一样，实用新型保护的也是一个技术方案，但实用新型专利保护的范围较窄，它只保护有一定形状或结构的新产品，不保护方法以及没有固定形状的物质。实用新型的技术方案更注重实用性，其技术水平较发明而言，要低一些，多数国家实用新型专利保护的都是比较简单的、改进性的技术发明专利，可以称为"小发明"。用数字 2 来表示。

(3) 外观设计专利

我国《专利法实施细则》第二条第三款对外观设计专利的定义是："外观设计是指对产品的形状、图案或者其结合以及色彩与形状、图案所作出的富有美感并适于工业上应用的新设计。"用数字 3 来表示。

外观设计专利与发明专利、实用新型专利有着明显的区别。

首先，外观设计专利注重的是设计人对一项产品的外观所作出的富于艺术性、具有美感的创造，但这种具有艺术性的创造，不是单纯的工艺品，它必须具有能够为产业上所应用的实用性，其实质上是保护美术思想，而发明专利和实用新型专利保护的是技术思想。

其次，尽管外观设计专利和实用新型专利都与产品的形状有关，但两者的目的却不相同。前者的目的在于使产品形状产生美感，而后者的目的在于使具有形态的产品能够解决某一技术问题。例如一把雨伞，若它的形状、图案、色彩相当美观，那么应申请外观设计专利；如果雨伞的伞柄、伞骨、伞头结构设计精简合理，可以节省材料又有耐用的功能，那么应申请实用新型专利。

3. 专利的特点

专利是一种知识产权，是一种无形的资产，具有与其他财产不同的特点。

(1) 独占性。是指专利权人依法对其发明创造享有的独占权利，具有排他性。专利局对同一内容的发明创造只授予一次专利权，专利权人对该发明创造拥有制造、使用和销售的独占权。同一发明在一定的区域范围内，其他任何人未经专利权人许可都不能对其进行制造、使用和销售等，否则属于侵权行为。当然，专利先用权除外。专利先用权除外是指某项发明创造在专利人提出专利申请前，如果另一发明人已经在制造相同产品或使用相同方法，或已经作好制造、使用的必要准备的，法律允许其不受专利权人专用权的限制，仍有权在原有的范围内继续制造或使用该发明创造，它的实施旨在保护相同发明中没有专利权的发明人的最低利益。

(2) 区域性。是指在某个国家或地区批准的专利，仅在那个国家或地区有效。除了在有些情况下，依据保护知识产权的国际公约，以及个别国家承认另一国批准的专利权有效以外，技术发明在哪个国家申请专利，就由哪个国家授予专利权，而且只在专利授予国的范围内有效，而对其他国家则不具有法律的约束力，其他国家不承担任何保护义务。但是，同一发明可以同时在两个或两个以上的国家申请专利，获得批准后其发明便可以在所有申请国获得法律保护。

(3) 时间性。时间性是指专利只有在法律规定的一定期限内才有效。专利权的有效保护期限结束以后，专利权人所享有的专利权便自动丧失，一般不能续展。发明便随着保护期限的结束而成为社会公有的财富，其他人便可以自由地使用该发明来创造产品。专利受法律保护的期限的长短由有关国家的专利法或有关国际公约规定。目前，世界各国的专利法对专利的保护期限规定不一。中国的发明专利权期限为二十年，实用新型专利权和外观设计专利权期限为十年，均自申请日起计算。

(4) 实施性。除美国等少数几个国家外，绝大多数国家都要求专利权人必须在一定期限内，在给予保护的国家内实施其专利权，即利用专利技术制造产品或转让其专利。

专利实际上就是个人或企业与国家签订的一个特殊的合同，个人和企业的代价是公开技术，国家的代价是允许一定时间的垄断经营权利。

4. 授予专利权的条件

《专利法》第二十二条规定：授予专利权的发明和实用新型，应当具备新颖性、创造性和实用性。

(1) 新颖性，是指在申请日以前没有同样的发明或者实用新型没有在国内外出版物上公开发表过、在国内公开使用过或者以其他方式为公众所知，也没有同样的发明或者实用新型由他人向国务院专利行政部门提出过申请并且记载在申请日以后公布的专利申请文件中。

(2) 创造性，是指同申请日以前已有的技术相比，该发明有突出的实质性特点和显著的进步，该实用新型有实质性特点和进步。

(3) 实用性，是指该发明或者实用新型能够制造或者使用，并且能够产生积极效果。

所以，具备新颖性、创造性和实用性是授予发明和实用新型专利权的实质性条件。

5. IPC 国际专利分类表

IPC(International Patent Classification，简称 IPC)国际专利分类表是美、英、德、法、日等国以及国际专利组织创建的一套统一的专利分类系统，现已普及到 50 多个国家，成为检索世界上各个国家专利文献的一把共同钥匙。在这些国家出版的专利说明书里，都附有国际专利分类号。目前，我国一些主要的专利检索数据库都将 IPC 作为检索入口之一。IPC 国际分类系统包括了全部的技术领域，以等级形式，将技术内容按部、大类、小类、主组、小组逐级分类，组成完整的分类系统。分类表共分为八部，分别为：

A——人类生活必需(农、轻、医)

B——作业、运输

C——化学、冶金

D——纺织、造纸

E——固定建筑物(建筑、采矿)

F——机械工程

G——物理

H——电学

每个部下面逐级依次为大类、小类、主组、小组。分类号按字母和数字混合编排,每个部用一个英文字母表示,大类用两位阿拉伯数字表示,小类以一个英文字母表示,主组和小组都用阿拉伯数字表示,它们之间用/隔开。一个完整的 IPC 分类号如:H01C10/00

H—电学,H01—基本电器元件,H01C—电阻器,H01C 10/00—可调电阻器

6. 专利号的构成

(1) 申请号

也称申请注册号,是知识产权局在接受专利申请时,所给的一个序号。它是确定专利申请受理的标志,用于知识产权局内部各类申请和审批流程中的文档管理,也是申请人与专利局进行有关专利事情联系的依据,如:申请文件的补正、各种通知的答复、各种费用的缴纳、异议或者无效请求的提出等都是以申请号为依据。申请号还经常是引证同族专利中所有文献的唯一标识。申请号具有唯一性,一件申请仅有一个申请号,不论此申请是否被批准。因此,单凭专利申请号并不能判断其是否获得了专利申请的批准。

(2) 申请号的组成

申请号由年代、专利类型、流水号及计算机校验码组成。如:89 1 00001 X

其中,89 代表 1989 年;1 为发明专利;00001 为当年申请序号(流水号);X 为计算机校验码。

(3) 申请号的组成变迁

我国专利申请号的编号方式目前已经历 4 次大的调整,其变化情况如下:

表 1 1985～1988 年

名　称	申 请 号	说　明
发明专利	88100001	申请号由 8 位数组成,按年编排,前两位数代表年代,第三位数代表专利类型,其后是流水号,即当年申请序号
实用新型专利	88210369	
外观设计专利	88300457	

表 2 1989～1992 年

名　称	申 请 号	说　明
发明专利	89100002. X	申请号由 9 位数组成,除增加小数点后面的计算机校验码,其他含义不变
实用新型专利	89202221. 5	
外观设计专利	89300001. 9	

表 3 1993～2003 年 9 月 30 日

名 称	申请号	说 明
发明专利	99120331.3	此阶段我国国内专利申请号未做改变，增加了进入我国的国际专利申请的规定：凡进入中国国家阶段的国际专利申请需重新给予我国的专利申请号，由 9 位数组成，其中 1994～1997 年申请号中的第四位 9 或 8 表示进入国家阶段的顺序号，其他不变；1998 年以后，国际申请的国家申请号再度改变，第三位数 8 表示指定中国发明专利的国际申请，第三位 9 则为中国实用新型的国际申请，其他含义不变
进入中国国家阶段的国际发明专利	94190008.8 96180555.2 98805245.8	
实用新型专利	93200001.0	
进入中国国家阶段的国际实用新型专利	94290001.4 98900001.X	
外观设计专利	93300001.4	

表 4 2003 年 10 月 1 日～至今

名 称	申请号	说 明
发明专利	2004 10000001.4	据 ZC 0006—2003 中规定：专利申请号自 2003 年 10 月 1 日起由 13 位数字组成，前四位为年代号，第五位表示专利申请的种类(1 发明、2 实用新型、3 外观设计、8 进入中国国家阶段的国际发明专利、9 进入中国国家阶段的国际实用新型专利)，第 6～12 位数为流水号，表示受理专利申请的顺序，小数点后仍为计算机校验码
进入中国国家阶段的国际发明专利	2004 80000001.0	
实用新型专利	2004 20000001.9	
进入中国国家阶段的国际实用新型专利	2004 90000001.3	
外观设计专利	2004 30000001.5	

7. 专利文献号编排规则与变迁

(1) 专利文献号

是指国家知识产权局按照法定程序，在专利申请公布和专利授权公告时给予的文献表示号。专利文献号与国家代码、专利文献种类号联合使用构成专利出版物的文献编号。专利文献号标识了不同专利文献种类不同审批阶段出版物的专利文献情况，是索取专利说明书的唯一依据。如：CN 1087369 A

CN 为国别号，代表中国；1087369 为文献号；A 为文献种类号。

我国专利法自 1985 年实施以来先后于 1992 年和 2000 年两次进行修订。修改后的专利法简化了专利审批程序，也使专利文献出版类型有了不同的变化。近年来为了规范专利出版物的编号系统，同时也为了更好地与国际接轨，国家知识产权局又分别推出中华人民共和国知识产权行业标准《ZC 0006—2003 专利申请号标准》、《ZC 0007—2004 专利文献号标准》及《ZC 0008—2004 专利文献种类表示代码标准》，分别于 2003 年 10 月 1 日和 2004 年 7 月 1 日实施。不同审查阶段所公布的专利说明书中的某些细节稍有变化，因此浏览不同阶段的专利文献，对深入了解技术内容十分必要。

(2) 专利文献号的组成及变迁

我国专利文献自出版以来，文献号已做过四次调整，分别在 1989 年、1993 年和 2004 年分四个阶段执行。

第一阶段为1985～1988年：

① 专利说明书编号由国别代码CN、专利文献号、文献种类标识代码组成。

② 字母A、B|U、S为本时期专利文献种类标识代码。

③ 同一申请文件，所有文献号沿用其申请号。

第二阶段为1989～1992年：

① 文献号均由7位数字组成，各类文献独立组号。按各自流水号编排。首位数字表示专利文献类型。后6位数字为顺序号。

② 其他含义不变。

第三阶段为1993～2004年6月：

① 自1993年开始出版的发明专利说明书、实用新型专利说明书、外观设计专利公告的编号均称授权专利公告号，文献种类表示代码改为A、C、Y、D，其他含义不变。

② 进入中国国家阶段的国际申请(PCT)出版时，说明书以及文献变化均纳入相应的说明书及文献编号，不再另行编排。

第四阶段为2004年7月1日至今：

中华人民共和国知识产权行业标准ZC 0007—2004于2004年7月1日实行，其中规定：

① 专利文献号由9位数字组成，第一位表示申请种类号，2～9位(8位)为流水号。

② 根据实用原则，同一专利申请形成的专利文献，无论以何种方式公布(告)均采用同一文献号码标识，不另行编号。

③ 根据国际通行方式增加了各种类型专利的扉页再版、全文再版、专利权无效宣告公告等文献及文献标识号码。

④ 用字母A、B、C、U、Y、S重新规范专利种类表示代码。

⑤ 允许申请号与文献流水号之间使用单节字空格。

6.3.2 专利信息检索

据世界知识产权组织(World Intellectual Property Organization，WIPO)的有关统计资料表明，全世界每年90%～95%的发明创造成果都可以在专利文献中查到，其中约有70%的发明成果从未在其他非专利文献上发表过。科研工作中经常查阅专利文献，不仅可以提高科研项目的研究起点和水平，而且还可以节约60%左右的研究时间和40%左右的研究经费。因此，通过对专利文献进行检索，竞争者之间对这些唯一不得不向公众透露而在其他地方都不会透露的某些关键信息进行细致、严密、综合、相关的分析，可以从中得到大量有用信息，而使公众的专利资料为己所用，从而实现其特有的经济价值。据不完全统计，各国因未查阅专利文献、使研究课题失去价值，每年造成的损失数以十亿计，间接损失就更多了。我国在“七五”期间，大众企业的近万个课题，约有三分之二都是重复研究。所以，通过专利检索还可以发现和避免专利侵权行为、充分利用失效专利经济和技术价值，减少重复的研发项目，这些对于企业的成长，对于全球生产力的节省与提高，都具有举足轻重的作用。

1. 国内专利信息检索

中华人民共和国国家知识产权局

网址：http://www.sipo.gov.cn/sipo2008

中华人民共和国国家知识产权局专利数据库检索界面如图 6－3－2－1 所示，它包括 1985 年 9 月 10 日以来公布的全部中国专利信息，涵盖发明、实用新型和外观设计三种专利的著录项目及摘要，并可浏览到各种说明书全文及外观设计图形，面向公众提供免费专利检索服务。提供了申请(专利)号、公开(告)号、公开(告)日、申请(专利权)人、发明(设计)人、名称、摘要、地址、分类号、主分类号、颁证日、专利代理机构、代理人、优先权、国际公布等字段的检索入口，只需在选好的检索字段内输入相应的检索词，点击"检索"按钮即可。本系统在多个字段支持模糊检索，其中，字符"?"(半角)代表 1 个字符；模糊字符"%"(半角)代表 0～n 个字符。字段内各检索词之间可进行 and、or、not 的逻辑运算。申请日等日期由年、月、日三部分组成，各部分之间用圆点隔开，"年"为四位数字，"月"和"日"为一或两位数字。同一专利申请中具有若干个分类号时，其中第一个称为主分类号。优先权信息中包含表示优先权日、国别的字母和优先权号。国际公布信息中包括国际公布号、公布的语种和公布的日期。

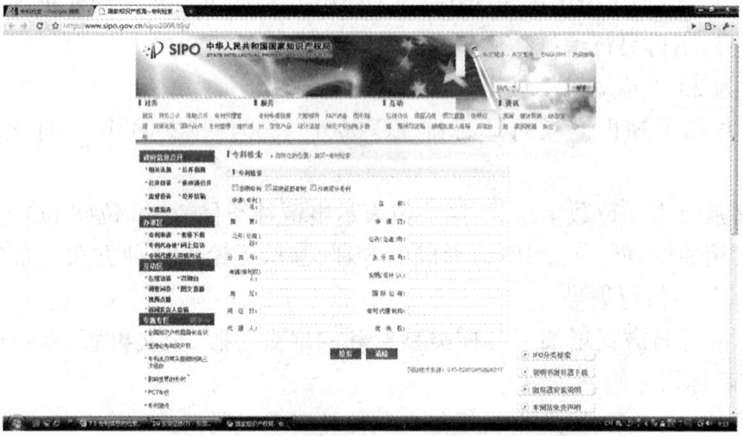

图 6－3－2－1

《专利技术数据库》

网址：http://www.wanfangdata.com.cn

(1) 数据库简介

《专利技术数据库》是万方数字资源系统中的一个子数据库，收录国内外的发明、实用新型及外观设计等专利 2 500 余万项，每年增加约 25 万条。中国专利每两周更新一次，国外专利每季度更新一次。内容涉及自然科学各个学科领域。

(2) 数据库检索

参见 4.3.2 万方数据资源系统检索，只是检索项、排序字段等略有不同。其检索结果提供专利名、专利文献号、专利申请人、申请日期、文摘，可以查看或下载全文。

中国知识产权网

网址：http://www.cnipr.com

(1) 中国知识产权网简介

中国知识产权网(主页见图 6－3－2－2)，是由国家知识产权局知识产权出版社主办，提供专利信息分析服务、检索服务、数据库建设服务。其主要产品有：《中外专利信息服务平台》、《专利在线分析系统》、《专利在线预警系统》、《行业专利专题数据库》、《中国药物专利数据库》、《专利信息分析系统》、《专利管理系统》。

图 6-3-2-2

(2)《中外专利信息服务平台》

《中外专利信息服务平台》涵盖了来自全球 90 多个国家与地区的近 7 000 万件文献信息，包括中国的发明专利、实用新型专利、发明授权专利、台湾地区专利、失效专利以及美国专利、日本专利、英国专利、德国专利、法国专利、欧洲专利局专利、世界知识产权组织专利、瑞士专利等。可以免费检索、浏览、下载，全文需付费。

(3)《中外专利信息服务平台》的检索

《中外专利信息服务平台》提供快速检索、高级检索两个功能。

① 快速检索

快速检索界面在其主页，检索字段有：名称、摘要、申请(专利)号、申请日、公开(公告)号、公开(公告)日、申请(专利权)人、发明(设计)人、主分类号等，选择好检索入口，在其后的检索框内输入相应的检索词，点击“检索”按钮进行检索。

② 高级检索

在主页快速检索框后点击“高级检索”，可见如图 6-3-2-3 所示界面，分为导航式检索和输入检索表达式检索两种方式。

导航式检索：在各检索框内输入相应的检索词进行检索。

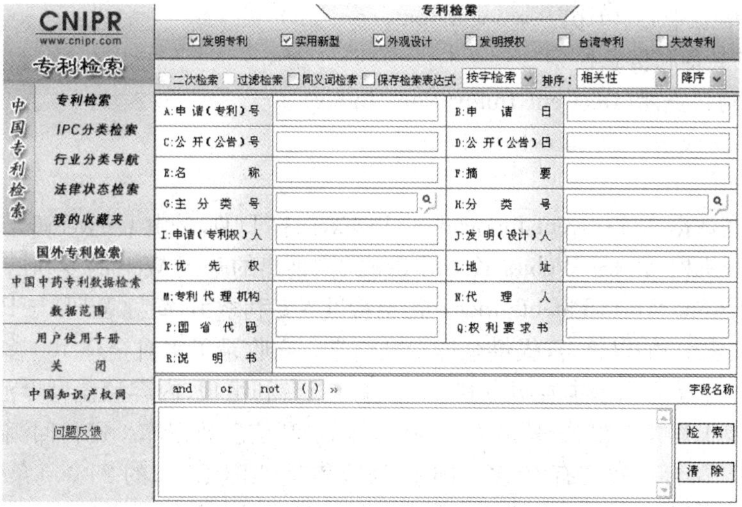

图 6-3-2-3

输入检索表达式检索：在页面下部的检索框内输入检索表达式进行检索，支持 and、or、not、( )等多种检索技术。

《中国专利数据库》(知网版)

网址：http://211.151.93.229/Grid20/Unis/SCPDIndex.aspx? DBName=SCPDIndex

(1)《中国专利数据库》(知网版)简介

《中国专利数据库》(知网版)收录了 1985 年 9 月以来的所有专利，包含发明专利、实用新型专利、外观设计专利三个子库，准确地反映了中国最新的专利发明的题录信息。专利的内容来源于国家知识产权局知识产权出版社，相关的文献、成果等信息来源于 CNKI 各大数据库。

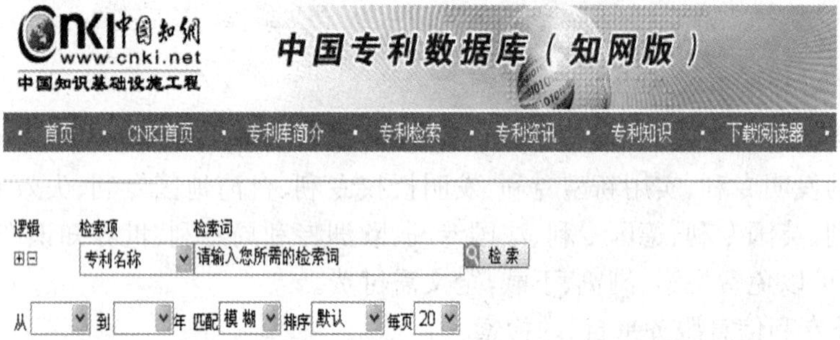

图 6-3-2-4

(2)《中国专利数据库》检索

该数据库检索界面如图 6-3-2-4 所示，可以通过申请号、申请日、公开号、公开日、专利名称、摘要、分类号、申请人、发明人、地址、专利代理机构、代理人、优先权等检索项进行检索，并可下载专利说明书全文。具体检索方法参见 4.1.2《中国知识资源总库》检索。

其他主要专利网站有：

中国专利信息网(http://www.patent.com.cn)

由国家知识产权局专利检索咨询中心主办，为注册会员服务。

中国发明专利技术信息网(http://www.1st.com.cn)

中国专利信息中心(http://www.cnpat.com.cn)

2. 国外主要专利信息检索

德温特专利数据库(Derwent Innovations Index)

网址：http://www.isiknowledge.com

(1) 数据库简介

德温特专利数据库(Derwent Innovations Index，简称 DII)，是由 Derwent(全球最权威的专利文献信息出版机构)和 ISI Web of Knowledge 共同推出的基于 Web 的专利信息数据库。这一数据库将 Derwent World Patents Index(德温特世界专利索引，简称 WPI)与 Patents Citation Index(专利引文索引)加以整合，提供全球专利信息。它收录了来自全球 100 多个国家、40 多个专利机构的一千多万条基本发明专利、三千多万条专利情报，内容涵盖世界范围内的化学、电子与电气以及工程技术领域，是最为全面的国际专利信息数据库。资料回溯至 1963 年(引用信息回溯到 1973 年)，每周有 40 多个国家、地区和专利组织发布的 25 000 条专利文献和来自于 6 个重要专利版权组织的 45 000 条专利引用信息收录到数据库中。

Derwent Innovations Index 还对数据库中的专利文献进行高附加价值的加工，提供增值的专利信息，不仅丰富了专利信息资源，加速了专利信息的检索过程，提高了检索的准确性，更提供了方便精确的检索机制和简介清晰的专利发明解释。具体包括：

① 描述性的摘要：Derwent 的专家根据专利全文写出一份 250～500 字左右的摘要，详细介绍了专利的发明、用途和优势。

② 德温特分类代码：这个重要的高附加值的编码过程适用于所有的技术领域，在世界范围内得到广泛的应用，使用户可以快速容易地查找专利文献。

③ 专利发明图示：在可能的情况下提供专利技术中最关键的图示或化学结构图。

④ 同族专利：每条记录都描述一个专利家族，包含了全球范围内所有同族专利的详细资料，从而揭示此项技术在全球的影响力。

⑤ 专利全文在线获取：从 Derwent Innovations Index 直接连接到 Delphion 知识产权网络，阅读并下载专利说明书的全文图像。

采用 Derwent Innovations Index，用户可以得到完整的专利书目信息，以及所有引用该专利的专利和该专利所引用的专利，实现与 ISI 其他信息产品，如 ISI Web of Science、ISI Proceedings、BIOSIS Previews、ISI Current Contents Connect、ISI Chemistry、ISI Essential Science Indicators、ISI Journal Citation Reports on the Web 等的互联。

(2) 数据库检索

用户需要购买 Derwent Innovations Index 后方可使用该资源。该数据库按学科分为三个子库：Derwent Innovations Index (Chemical Section，化学版)、Derwent Innovations Index (Electrical and Electronic Section，电子与电气版)、Derwent Innovations Index (Engineering Section，工程技术版)，检索时需先进行选择，如不选，系统默认为全选。

在 Web of Knowledge 检索平台的检索页面点击该库，可见图 6-3-2-5 所示界面，系统提供一般检索(General Search)、被引用专利检索(Cited Patent Search)、化合物检索(Compound Search)、高级检索(Advanced Search)四种检索方式。

图 6-3-2-5

① General Search(一般检索)

一般检索是最简单易用的检索，可以选择主题(Topic)、发明人(Inventor)、专利号(Patent Number)、国际专利分类(International Patent Classification)、德温特分类代码(Derwent Class Code)、德温特手工代码(Derwent Manual Code)等检索入口，在相应的检

索框内输入相应的检索词进行查询。检索限制有“入藏时间”、数据库选择(下同)。检索专利记录中发明人字段时,输入方式为“姓+名的首字母”,最好使用星号“*”以保证查全率(下同)。德温特分类代码是将专利按学科划分为三组,即化学(A~M)、工程(P~Q)、电子与电气(S~X),三组又分为 20 个大类,这 20 个部分被进一步细分成类别,每个类别包括大类的首字母加两位数字,如 X22 为 Automotive Electrics 的分类代码,而 C04 为 Chemical Fertilizers 的代码;手工代码是由德温特的专业人员为专利标引的代码。支持 and、or、not、same(所连接的检索词在同一句子或同一个关键词里),其计算次序为:same、not、and、or,也可利用圆括号来提前运算优先级(下同)。

② 被引专利检索(Cited Patent Search)

被引专利检索界面如图 6-3-2-6 所示,可检字段有:被引专利号(Cited Patent Number)、被引专利权人(Cited Assignee)、被引发明人(Cited Inventor)、被引德温特主入藏号(Cited Derwent Primary Accession Number)等,选好检索入口,在检索框内输入相应的检索词进行检索即可。需注意的是:当需要把被引专利号检索扩展为整个专利家族的检索时,应输入一个唯一的专利号(例如,EP178925 或 EP178925—A),而不使用通配符,以免误检;1992 年以前专利权人名称被限定为最多 4 个人,且每个名称只有 24 个字符,1992 年后的记录对人数不再限定,但字符不超过 40 个,如太长,则会被缩短或者缩写(如 INT 表示 International);如被检索的发明人的姓名多于一个缩写字母,即便发明人的姓名缩写中间显示了空格,也应连续输入两个缩写,中间不要有空格(例如,Becker SC);利用德温特入藏号进行检索时,应输入 4 位数的年加一个连字符,随后是 6 位数字的序列号。

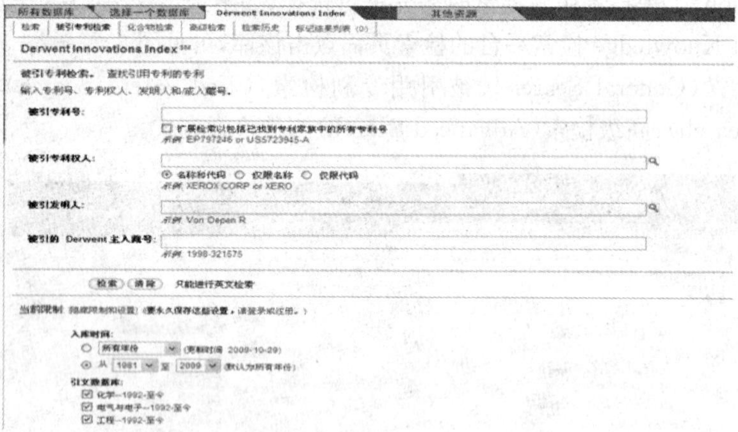

图 6-3-2-6

③ 化合物检索(Compound Search)

化合物检索界面如图 6-3-2-7 所示,其可检字段为:化合物名称(Compound Names)、物质说明(Substance Description)、结构描述词(Structure Description)、标准分子式(Standardized Molecular Formula)、分子式(Molecular Formula)、分子量(Molecular Weight)、德温特化学资源号(Derwent Chemistry Resource Numbers),在相应检索框内输入检索词即可。在检索过程中尽可能对检索词使用双引号。

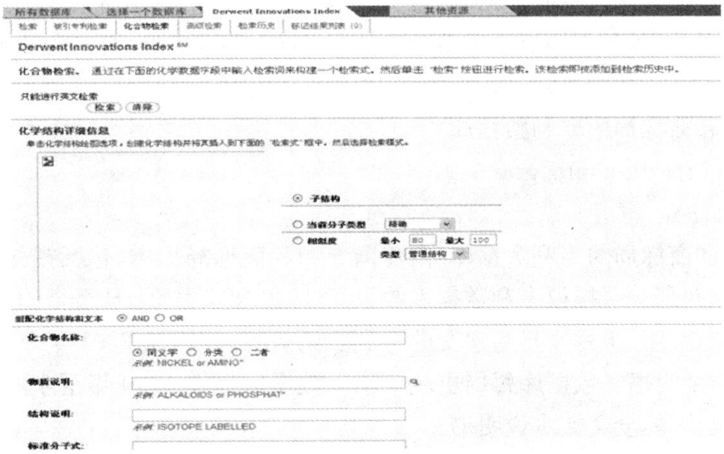

图 6-3-2-7

④ Advanced Search(高级检索)

高级检索界面如图 6-3-2-8 所示,可以将多个字段或历次检索的序号进行组配检索。带有字段的检索词,其字段代码在前。

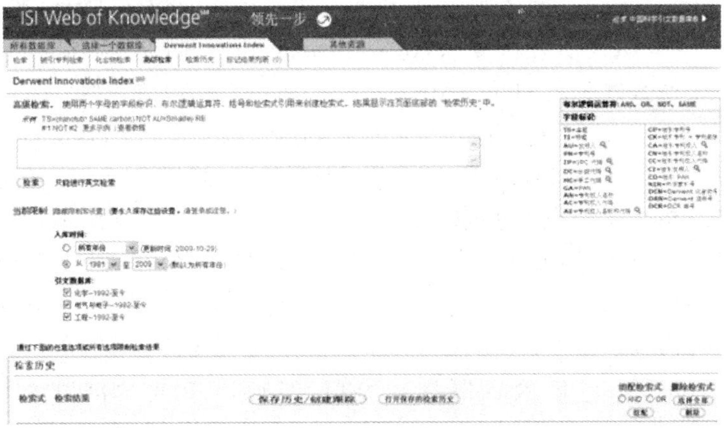

图 6-3-2-8

(3) 检索结果

在标记了所需记录后,点击菜单栏中 MARKED LIST 按钮,就可对这些标记记录集中进行打印、存盘、输出或发电子邮件等处理。输出的结果除包含默认的作者、题名、来源期字段外,还可以添加其他字段,并选择记录的排序方式。如果某个检索策略(即检索式)要被经常使用,可以点击检索界面上方工具栏中的"SEARCH HISTORY"按钮,将此检索策略保存起来,并可创建定题跟踪服务。

Derwent Innovations Index 还同时提供了直接到专利全文(PDF 文件)电子版的连接,用户只需点击记录中"Original Document"就可以立刻连接到 Thomson Patent Store (TPS),获取专利申请书的全文电子版。Thomson Patent Store(简称 TPS)提供 Derwent Innovations Index 所连接的专利全文电子版,包括以下专利机构所公布的专利全文:USPTO(美国专利局,1963 年以来)、German Patent and Trademark Office(德国专利和商标局,1968 年以来)、ESP(欧洲专利局,EP-A 1978 年以来,EP-B 1980 以来)、WIPO(世界知识产权组织,1978 以来)、日本专利申请书第一页的英文翻译(2000 年以来),另有奥地利、比利时、前东德、丹麦、法国、爱尔兰、意大利、卢森堡、荷兰、西班牙、瑞士、摩纳哥等国。

注意：要退出数据库，必须点击菜单栏中的“LOG OFF”按钮，而非页面中右上角的“关闭”按钮“×”。

《美国专利和商标局的专利数据库》

网址：http://patft.uspto.gov

(1) 数据库简介

《美国专利和商标局的专利数据库》由美国专利和商标局提供，包括授权专利数据库和申请专利数据库两部分。授权专利数据库收录了1790年7月31日至今的美国专利；申请专利数据库对2000年11月9日起递交的专利申请进行公开，从2001年3月15日开始正式出版专利申请说明书。数据库每周更新一次。数据库提供1790年至今的全文图像说明书以及1976年至今的全文文本说明书。

(2) 数据库检索

两个数据库均提供三种检索途径：快速检索、高级布尔逻辑检索、号码检索。

① 快速检索(Quick Search)

快速检索界面如图6-3-2-9所示，有两个输入框，检索字段有：ABST—Abstract(文摘)、ICT—Inventor City(发明人所在城市)、APD—Application Date(申请日)、ICN—Inventor Country(发明人所在国家)、APN—Application Serial Number(申请号)、IN—Inventor Name(发明人姓名)、APT—Application Type(专利申请类型)、IS—Inventor State(发明人所在州)、AC—Assignee City(专利权人所在城市)、ISD—Issue Date(出版日期)、CAN—Assignee Country(专利权人所在国家)、OREF—Other References(其他参考文献)、AN—Assignee Name(专利权人名称)、PARN—Parent Case Information(母专利信息)、AS—Assignee State(专利权人所在州)、PN—Patent Number(专利号)、EXA—Assistant Examiner(助理审查员)、PCT—PCT information (PCT信息)、LREP—Attorney or Agent(代理人或代理机构)、EXP—Primary Examiner(一级审查员)、ACLM—Claims(权利要求)、REIS—Reissue Data(再公告信息)、SPEC—Description/ Specification(说明书)、TTL—Title(发明名称)、PRIR—Foreign Priority(国外优先权)、RLAP—Related US Application Data(有关的美国专利申请)、FREF—Foreign Reference(国外参考文献)、CCL—Current US Classification(现行美国分类)、GOVT—Government Interest(政府信息)、REF—US References(美国参考文献)、ICL—International Classification(国际专利分类号)，支持AND、OR、NOT。

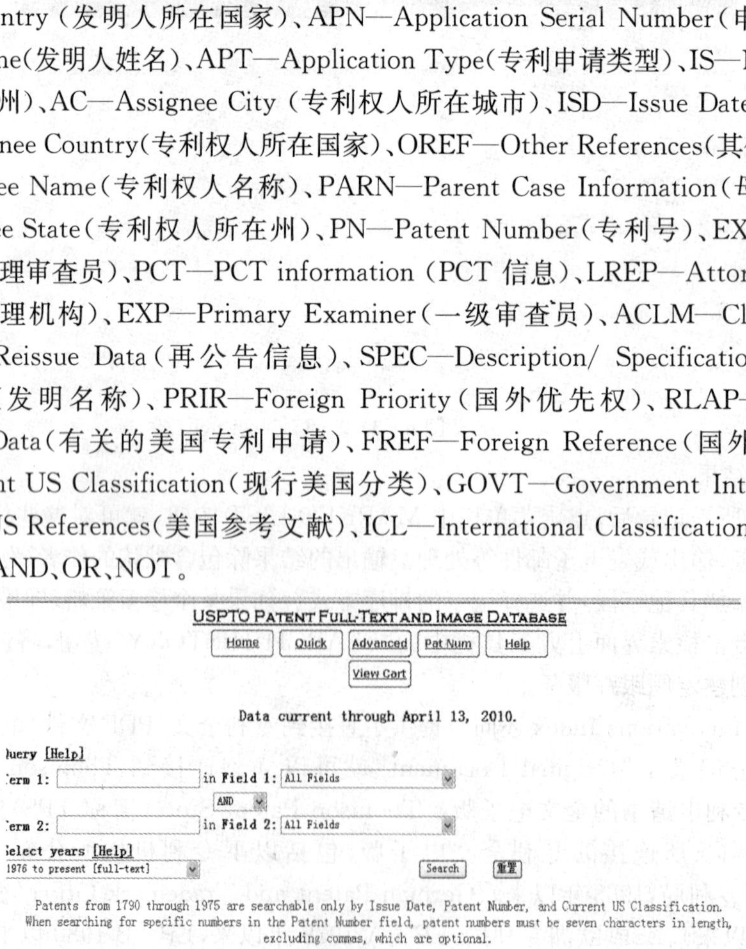

图6-3-2-9

② 高级检索(Advanced Search)

当需要进行较为完整或较多检索项的信息提问时,高级检索界面的输入框可以支持各种复杂的检索提问式。

③ 专利号检索(Patent Number Search)或公开号检索(Publication Number Search)

授权专利数据库提供的是专利号检索,可输入一个或多个专利号搜索,但多个专利号之间应用空格分开或者用逻辑算符"OR"隔开,并且专利号前不能加"US"前缀;而在专利申请数据库则是使用公开号检索,其方法与授权专利数据库的专利号检索相同。

(3) 检索结果

检索结果每页最多显示 50 条,可翻页浏览,点击记录中的专利号或题名,系统便会提供 text 格式的专利说明书全文;此时再点击全文首页上方的"Images"图标,系统将以 tiff 格式显示专利全文图像。

另外,对 1976 年以前的美国专利,数据库只提供专利说明书的扫描图像,并且也只能用专利号或美国专利分类号进行检索。

欧洲专利局的专利检索数据库

网址:http://ep. espacenet. com

欧洲专利局(epo)通过因特网向广大公众免费提供在线专利数据库的多种专利检索、全文下载、法律状态查询以及审查过程文档查询等信息服务,其专利检索系统(见图 6-3-2-10)主要包括专利文献检索系统数据库(esp@cenet)与专利审查过程文档数据库(epoline)。其专利文献检索系统数据库内容涵盖了包括欧洲 (EP)、英国、德国、法国、奥地利、比利时、意大利、芬兰、丹麦、西班牙、瑞典、瑞士、爱尔兰、卢森堡、塞浦路斯、列支士登等欧洲专利局成员国及世界知识产权组织(WIPOPCT)、日本公开特许专利(PAJ)等全世界 80 多个国家及地区超过 5 000 万篇专利的著录文献,提供快速检索(Quick Search)、高级检索(Advanced Search)、号码检索(Number Search)、分类检索(Classification Search)。

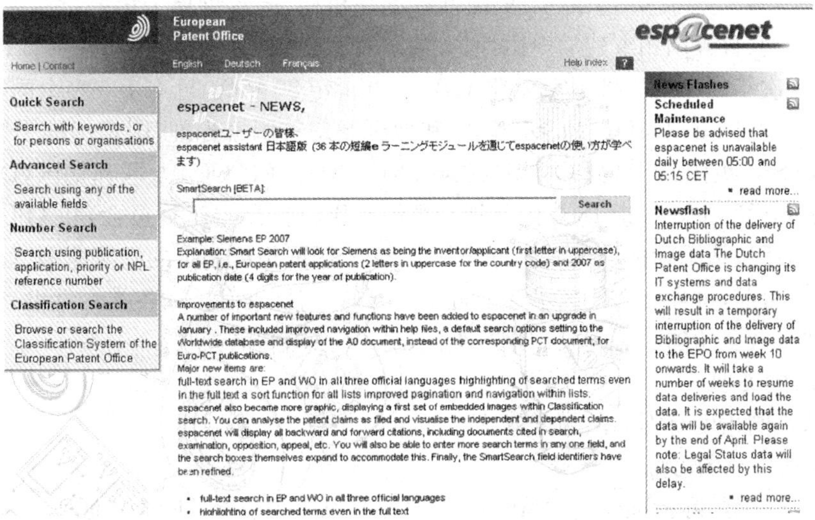

图 6-3-2-10

6.4 标准信息的网络检索

6.4.1 标准概述

1. 标准、标准文献

(1) 标准

我国国家标准 GB3935－1－83 中对标准所作的定义是:标准是对重复性事物和概念所做的统一规定,它以科学、技术和实践经验的综合成果为基础,经有关方面协商一致,由主管机构批准,以特定形式发布,作为共同遵守的准则和依据。因此,标准不仅是从事生产、建设工作的共同依据,而且是国际贸易合作,商品质量检验的依据。

(2) 标准文献

所谓标准文献,狭义指按规定程序制定,经公认权威机构(主管机关)批准的一整套在特定范围(领域)内必须执行的规格、规则、技术要求等规范性文献,简称标准。广义的标准文献,是指与标准化工作有关的一切文献,除了各类标准外,还包括标准分类资料、标准检索工具、标准化期刊、标准化专著、标准化管理文件、标准化手册等。除称为标准外,又称规范、规程、Standard(标准)、Specification(规格、规范)、Rules、Instruction(规则)、Praction(工艺)等。它是标准化工作的成果,也是进一步推动科研、生产标准化进程的动力。

标准文献不同于一般的科技文献。首先,它由各级主管标准化工作的权威机构主持制定颁布,通常以单行本形式发行,一项标准一册(年度形成目录与汇编);其次,标准一般采用专门的技术分类体系。

公元前 1500 年的古埃及纸草文献中有关医药处方计量方法的标准,被认为是现存最早的标准。1901 年英国成立了第一个全国性标准化机构,同年世界上第一批国家标准问世。此后,美、法、德、日等国相继建立全国性标准化机构,出版各自的标准。中国于 1957 年成立国家标准局,次年颁布第一批国家标准(GB)。20 世纪 80 年代,已有 100 多个国家和地区成立了全国性标准化组织,其中 90 多个国家和地区制定有国家标准,国家标准中影响较大的有美国 (ANSI)、英国(BS)、日本(JIS)、法国(NF)、前苏联(ГОСТ)、联邦德国(DIN)等。通常所说的国际标准主要是指 ISO(国际标准组织)、IEC(国际电工委员会)和 ITU(国际电信联盟),同时,还包括国际标准组织认可的其他 28 个国际组织制定的标准论题(如 ITU 国际电信联盟)。目前,世界已有的技术标准近 100 万件,与标准有关的各类文献也有数十万件。制定标准数量较多的国家有美国、西德、英国、日本、法国和前苏联。

2. 标准的类型

标准从不同角度有不同的划分方法。

(1) 按适用范围可分为:

国际标准:如国际标准化组织(ISO)标准、国际电工委员会(IEC)标准

区域标准:如全欧标准(EN)

国家标准:如我国国家标准(GB)、美国国家标准(ANSI)

行业标准:如美国石油学会标准(API)

企业标准:如美国波音飞机公司标准(BAC)

(2) 按成熟度可分为：

法定标准：具有法律性质的必须遵守的标准

推荐标准：是制定和分布标准的机构建议优先遵循的标准

试行标准：指内容不够成熟，尚待在使用实践中进一步修订、完善的标准

(3) 按标准的性质可分为：技术标准和管理标准。技术标准按内容又可分为基础标准、产品标准、方法标准、安全和环境保护标准等。管理标准按内容分为技术管理标准、生产组织标准、经济管理标准、行政管理标准、管理业务标准、工作标准等。

3. 标准文献的特点

(1) 具有法律效力，是从事生产和建设工作的技术依据，有一定的法律约束力。

(2) 具有很强的时效性。标准文献更新较快，随着社会的发展，需不断修订和补充。

(3) 自成体系。从编写格式、内容结构、审批程序、管理办法及代号系统来看，标准文献都有自己的一套独立的体系。

4. 标准文献的作用

(1) 通过标准文献可了解各国经济政策、技术政策、生产水平、资源状况和标准水平；

(2) 在科研、工程设计、工业生产、企业管理、技术转让、商品流通中，采用标准化的概念、术语、符号、公式、量值、频率等有助于克服技术交流的障碍；

(3) 是国内外先进的标准可供推广研究、改进新产品、提高新工艺和技术水平的依据；

(4) 是鉴定工程质量、校验产品、控制指标和统一试验方法的技术依据；

(5) 可以简化设计、缩短时间、节省人力、减少不必要的试验、计算，能够保证质量，减少成本；

(6) 进口设备可按标准文献进行装备、维修配制某些零件；

(7) 有利于企业或生产机构经营管理活动的统一化、制度化、科学化和文明化。

5. 标准的编号

(1) 中国标准的编号

我国 1956 年开始制定标准，1978 年 5 月国家标准总局成立，9 月中国标准化协会加入 ISO 组织标准等级，其标准编号由标准代号＋顺序号＋批准年代组成，分别为：

① 国家标准：必须在国家范围内统一和实施的标准。标准代号有三种：

GB——强制性国家标准，如 GB 19298－2003(瓶(桶)装饮用水卫生标准)；

GB/T——推荐性国家标准，如 GB/T20163－2006 (中国档案机读目录格式)；

GB/＊——降为行业标准而尚未转化的国家标准，如 GB/Z 17976－2000(信息技术开放系统互联命名与编址指导)。

② 行业标准：指行业的标准化主管部门发布的在某一行业范围内统一和实施的标准。标准代号用该行业主管部门名称的汉语拼音字母首字母表示。如：机械行业标准：JB；轻工业行业标准：QB，如 NY/T 393－2000(绿色食品农药使用准则)。

③ 地方标准：又称区域标准，是指在没有国家标准或国家标准不能满足需要的情况下，依据某地区的特殊情况而制定的在该地区范围内统一实施的标准。由 DB 加上省域或市域编号再加上专业类号及顺序号和标准颁布年组成，如 DB44/T 279－2005 (甜玉米鲜苞)。

④ 企业标准：由企业或上级有关机构批准发布的。规定以 Q 为分子，以企业名称的代码为分母表示，如 Q/(GZ)JINO 1－2006(广州金诺电子科技有限公司 2006 年颁布《氙气前照灯(HID)镇流器》企业标准)。

(2) 国际标准的编号

国际标准化组织(ISO)的标准编号

ISO 负责制定和批准除电工与电子技术领域以外的各种技术标准，其标准号的构成为：ISO＋顺序号＋年代号(制定或修订年份)。如：

ISO3347：1976 即表示 1976 年颁布的有关木材剪应力测定的标准—正式标准

ISO/R—推荐标准

DIS—国际标准草案

ISO/TRISO—技术报告

ISO/IEC—联合委员会

(3) 标准的属性、水平、类别代号和采用关系属性代号

① 属性代号：

QB—强制标准

ST—推荐标准

HB—由强制标准降为行业标准

② 水平代号：

A—国际先进

B—国际一般

C—国内先进

③ 采用关系：

IDT—等同采用

EQV—修改采用

NEQ—非等效采用

④ 类别代号：《中华人民共和国国家标准目录及信息总汇》T—652.1/39

6. 标准的分类

《国际十进分类法》(UDC)，全部由数字组成。

《国际标准分类法》(ICS)，全部由数字组成。

ISO 标准组织从 1994 年开始采用 ICS 分类法。在此以前根据制定标准的技术委员会(TC)的类目名称进行分类，其类号由字母数字组成。如：TC—83 体育与娱乐器械，TC—119 粉末冶金。

《中国标准文献分类法》是 1984 年国家标准局编制的用于分类除军工标准外的各级标准和有关标准文献的分类法。设有 24 个专业类，由字母和数字组成。

6.4.2　标准文献检索

世界贸易组织贸易技术壁垒协议(WTO/TBT)指出："国际标准和符合性评定体系能为提高生产效率和便利国际贸易做出重大贡献。"标准化是沟通国际贸易和国际技术合作的技术纽带。通过标准化能够很好地解决商品交换中的质量、安全、可靠性和互换性配套等问题。标准化的程度直接影响到贸易中技术壁垒的形成和消除。《中华人民共和国标准化法》自 1989 年 4 月 1 日起施行，但我国技术标准的国际化水平低，运用标准作为竞争手段的能力更低。近年来，我国在外贸出口中受国外技术壁垒的限制日益严重，大约 60%的出口企

业遭遇过国外技术壁垒，对我国出口的影响每年超过450亿美元。

技术壁垒是建立在技术创新能力的基础上，其实质是国家之间技术实力的较量，这种较量在很多领域里体现为技术标准的竞争。在经济全球化、国际竞争日益激烈的今天，技术标准是技术创新链条中的重要一环，是技术成果的规范化、标准化，是产业竞争的制高点。在一定程度上说，技术标准甚至比技术本身更为重要。为了争夺技术壁垒优势，发达国家利用其科技优势，最大限度地控制国际标准化组织(ISO)和国际电工委员会(IEC)、国际电信联盟(ITU)的技术领导权，尽可能将本国的技术法规、标准及检测技术纳入国际标准。ISO、IEC和ITU并称三大国际标准化机构，在国际标准化活动中占主导地位。因此，要熟悉各种标准，尽可把损失减少到最低程度。

1. 国内主要标准文献检索

《中外标准数据库》

网址：http://www.wanfangdata.com.cn

(1)《中外标准数据库》简介

《中外标准数据库》是万方资源系统中的一个子数据库，为题录文摘型数据库，收录了由国家技术监督局、建设部情报所、建材研究院等单位提供的相关行业的各类标准25万多条记录，包括中国行业标准、中国国家标准、中国建材标准、中国建设标准、国际标准化组织标准、国际电工委员会标准、欧洲标准、美国国家标准学会标准、美国材料试验协会标准、美国电气及电子工程师学会标准、美国保险商实验室标准、美国机械工程师协会标准、英国标准学会标准、英国标准化学会标准、德国标准化学会标准、法国标准协会标准、法国标准化学会标准、日本工业标准调查会标准等国内外各种标准。数据每月更新。

(2)《中外标准数据库》检索

该库的检索界面、检索方法及过程参见4.3.2万方数据资源系统检索。高级检索的检索入口有：标准类型、标准编号、标题、关键词、国别(全部、中国、美国、澳大利亚、英国、德国、俄罗斯、日本、法国、国际)、发布单位、起草单位、中国标准分类号、国际标准分类号、发布日期、实施日期、确认日期、废止日期等。

《中国知网标准数据库》

网址：http://www.cnki.net

包括《国家标准全文数据库》、《中国标准数据库》、《国外标准数据库》三个数据库。

(1)《国家标准全文数据库》

①《国家标准全文数据库》简介

该数据库收录了1950年至今由中国标准出版社出版、国家标准化管理委员会发布的所有国家标准，占国家标准总量的90%以上。标准的内容来源于中国标准出版社，相关的文献、专利、成果等信息来源于CNKI各大数据库。数据季更新。

② 数据库检索

检索界面如图6-4-2-1所示，分为导航检索、初级检索、高级检索、专业检索。

导航检索：分为中国标准分类导航、国际标准分类导航、学科导航。只要分别逐级点击所需类别，即可检索。

初级检索：初级检索界面是默认页面，在左侧中国标准分类导航、国际标准分类导航、学科导航中选择查询范围(下同)；在右侧页面下方选择标准状态(全选、现行、作废、被代替、废止转行标、即将实施)；再选择年代、匹配(精确、模糊)、排序(年、发布日期、默认、相关度)、每页显

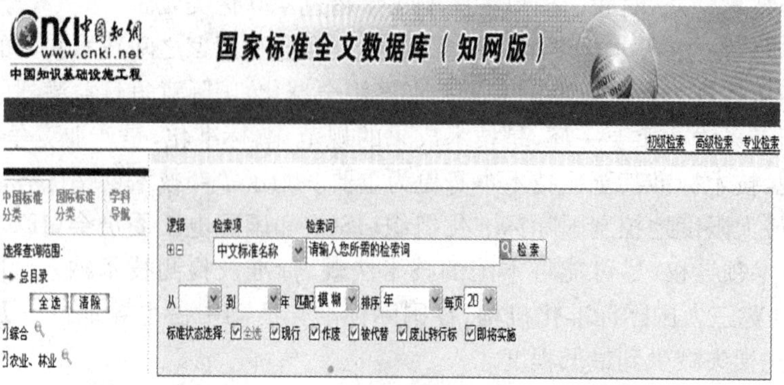

图 6－4－2－1

示；然后选择检索入口（中文标准名称、中文标准号、起草单位、采用标准、发布日期、中国标准分类号、国际标准分类号等），在检索框内输入检索词进行检索。通过“＋”、“－”可增加、减少输入框，最多五个，最少一个，两个检索框之间可选用“并且、或者、不包含”的逻辑关系。

高级检索：高级检索输入框一排有两个，用“并且、或者、不包含、同句、同段”连接；最多可有五排，最少有一排，每排之间可选用“并且、或者、不包含”的逻辑关系。

专业检索：用检索表达式来进行检索。

（2）《中国标准数据库》

该数据库收录了 1957 年至今所有的国家标准（GB）、国家建设标准（GBJ）、中国行业标准的题录信息，共计标准约 13 万条，标准的内容来源于中国标准化研究院标准馆，相关的文献、成果等信息来源于 CNKI 各大数据库。数据月更新。采用网上包库、镜像站版、流量计费等方式服务。其检索与《国家标准全文数据库》相似。

与通常的标准库相比，其每条标准的知网节集成了与该标准相关的最新文献、科技成果、专利等信息，可以完整地展现该标准产生的背景、最新发展动态、相关领域的发展趋势，可以浏览发布单位更多的论述以及在各种出版物上发表的信息。

（3）《国外标准数据库》

收录了 1919 年至今国际标准（ISO）、国际电工标准（IEC）、欧洲标准（EN）、德国标准（DIN）、英国标准（BS）、法国标准（NF）、日本工业标准（JIS）、美国标准（ANSI）、美国部分学（协）会标准（如 ASTM，IEEE，UL，ASME）等题录信息，共计标准约 31 万条，标准的内容来源于中国标准化研究院标准馆，相关的文献、成果等信息来源于 CNKI 各大数据库。其检索与《国家标准全文数据库》相似。

中国标准服务网

网址：http://www.cssn.net.cn

（1）中国标准服务网简介

中国标准服务网是国家标准门户网站，是目前国内规模最大、品种最多的国内外标准文献馆藏服务机构。收录中国国家标准、中国行业标准、中国港澳台地区标准、国际标准、欧洲标准、美国标准、日本标准、德国标准、英国标准、其他国家标准 100 余万册。其中，中国国家标准 21 237 册；中国行业标准 76 298 册；70 多个国际和区域组织的国际标准 91 933 册；60 多个国外国家标准 429 691 册；450 多个国外专业学（协）会标准 209 037 册；各类历史标准 255 237册；国内外技术法规 10 000 册；国内外标准化期刊 174 种（国内 84 种、国外 90 种），共 39 000 册;国内外标准化专著 8 102 册;各国标准译文 19 536 册。

(2) 标准检索

其标准检索分为简单检索和高级检索。

① 简单检索

简单检索界面如图 6-4-2-2 所示,在检索框内输入完整或部分标准号或标准的中、英文名称中的关键词进行检索。如果不了解要查的标准号或关键词,也可以通过直接点击"国际标准分类"和"中国标准分类"进行查询。

图 6-4-2-2

② 高级检索

点击上图中的"标准检索",可见如图 6-4-2-3 所示的高级检索界面,检索字段有标准号、中文标题、英文标题、中文关键词、英文关键词、被代替标准、采用关系、中标分类号、国标分类号,在相应输入框内输入检索词,就可检索。字段间可选与、或,每页显示可选 10、20、30。

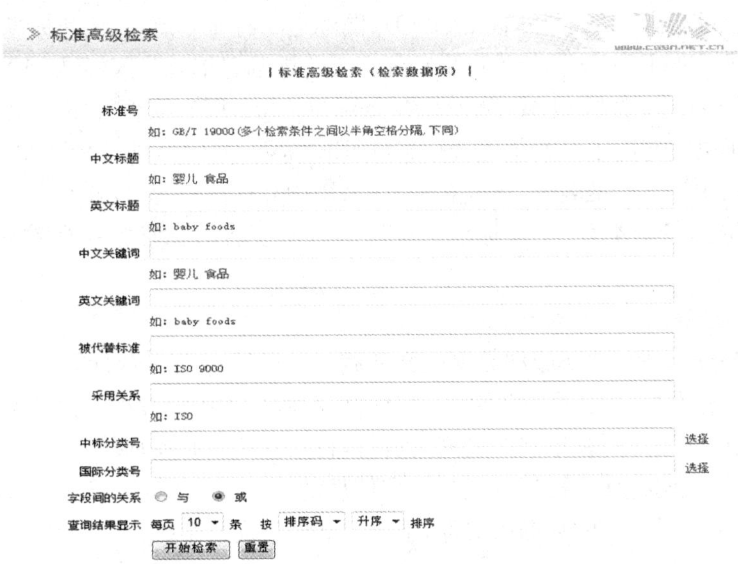

图 6-4-2-3

国家标准化管理委员会

网址：http://www. sac. gov. cn/templet/default

国家标准化管理委员会是我国标准化工作的管理机构，其网站提供标准的各种信息，可以进行标准目录的检索，检索结果可以看到标准的题录信息，检索界面如图 6－4－2－4 所示，在相应检索字段输入检索词即可（全文须付费）。中国国家强制性标准的 PDF 全文可以免费下载或阅览。

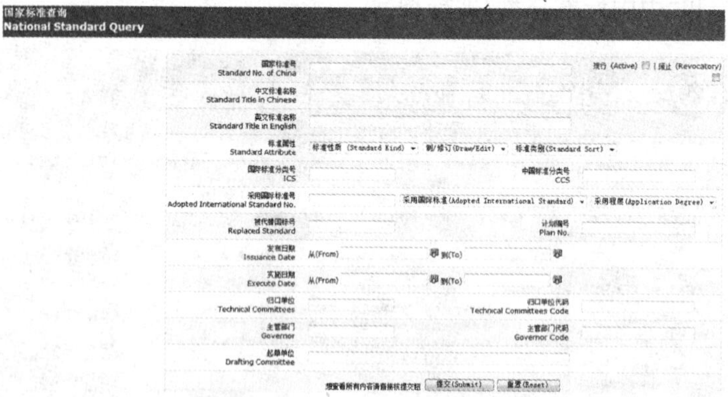

图 6－4－2－4

标准网

网址：http://www. standardcn. com

（1）标准网简介

国家发展和改革委员会产业协调司主管，主要产品有：国家标准目录数据库、行业标准目录数据库、国际国外标准目录数据库、强制性行业标准全文数据库、技术法规数据库、ISO 标准转化数据库、IEC 标准转化数据库、作废代替标准数据库、行业标准文摘数据库、政策法规。

（2）《国内外标准目录数据库》

国家标准目录数据库、行业标准目录数据库、国际国外标准目录数据库、强制性行业标准全文数据库又被整合成《国内外标准目录数据库》。该数据库收集了全部国家标准（GB）、中国 62 个行业的行业标准、国际标准（ISO）、国际电工标准（IEC）、欧洲标准（EN）、德国标准（DIN）、英国标准（BS）、法国标准（NF）、日本工业标准（JIS）、美国标准（ANSI）、美国保险商实验所标准（UL）、美国机械工程师协会标准（ASME）、美国材料与试验协会标准（ASTM）、美国电气与电子工程师协会标准（IEEE）等题录信息，共计标准约 24 万条。数据项包括标准号、中英文标准名称、被代替标准、采用国际标准情况、发布日期、实施日期、起草单位、归口单位、ICS 分类号、中国标准分类号、标准主题词、标准文摘（标准适用范围等信息）等 20 余项。

（3）服务方式

提供形式分单机版、共享版和数据库文件版。单机版可在一台计算机上进行标准检索功能，用户可按标准号、中英文标准名称、被代替标准、采用国际标准等信息进行单项或组合查询。共享版可在用户所在单位局域网上运行，将共享版安装在局域网服务器端，则用户单位各台接入该局域网的计算机均可进行标准信息的检索，检索功能与单机版相同。数据库文件版仅包含用户所订购的数据库文件，不含标准信息检索系统。

（4）检索

检索包括简单检索、高级查询。

① 简单检索

其检索界面如图 6－4－2－5 所示，直接输入标准编号、标准名称即可。

图 6－4－2－5

② 高级查询

点击图 6－4－2－5 上方工具栏中的“信息查询”按钮，再点击“标准目录高级查询”，可见图 6－4－2－6 所示界面，分为现行标准查询、标准作废代替查询、行业标准分类查询、国家标准分类查询、国际标准分类查询、国外标准分类查询。

现行标准查询：从下拉菜单中选择所需查询的标准（行业标准、国家标准、国际标准、国外标准），输入标准号、标准名称、标准英文名称即可。

标准作废代替查询：输入标准编号。

行业标准分类查询、国家标准分类查询、国际标准分类查询、国外标准分类查询：直接逐级点击其大类、小类即可。

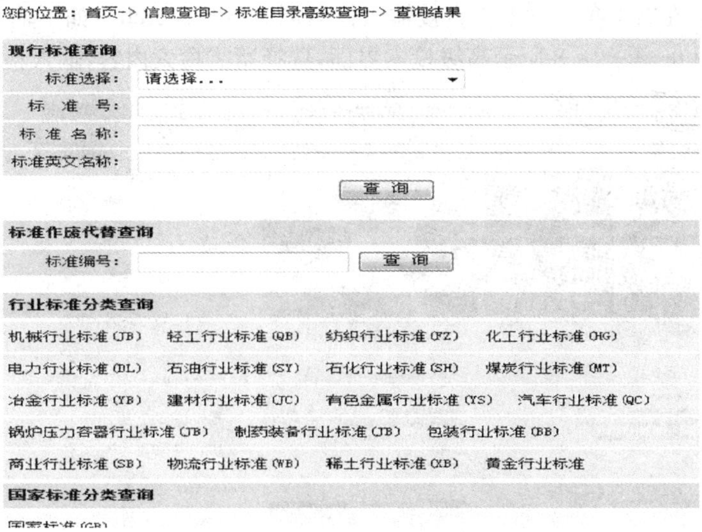

图 6－4－2－6

中国标准网

网址:http://www.chinabzw.com

免费检索、下载国家标准、行业标准、国外标准。无需注册,只需在其主页输入标准号或关键词即可下载。

2. 国际标准检索

国际标准化组织(ISO)

网址:http://www.std.cetin.net.cn/stdserch/tiso1.htm

(1) 简介

国际标准化组织(International Organization for Standards,简称 ISO,来源于希腊语“ISOS”,即“EQUAL”平等之意),是一个全球性的非政府组织,是由各国标准化团体(ISO成员团体)组成的世界性的联合会。制定国际标准工作通常由 ISO 的技术委员会完成。如今 ISO 是一个由 91 个成员国和 173 个学术委员会组成的国际标准化组织,其成员由来自世界上 117 个国家和地区的国家标准化团体组成,是世界上最大、最权威的非政府标准化组织,在国际标准化中占主导地位。其活动主要是制定除电工领域以外的国际标准,协调世界范围内的标准化工作。

国际标准化组织(ISO)各成员团体若对某技术委员会确定的项目感兴趣,均有权参加该委员会的工作。与 ISO 保持联系的各国际组织(官方的或非官方的)也可参加有关工作。此外,ISO 还与 450 个国际和区域的组织在标准方面有联络关系,特别是与国际电工委员会(IEC)、国际电信联盟(ITU)有密切联系。

ISO 与在电工技术标准化方面保持密切合作的关系,它们都是非政府机构,制定的标准实质上是自愿性的,这就意味着这些标准必须是优秀的标准,它们会给工业和服务业带来收益,所以他们自觉使用这些标准。代表中国参加 ISO 的国家机构是中国国家技术监督局(CSBTS)。

ISO 标准号基本由“ISO+顺序号+年号”组成。

(2) 检索

该网站可检索 ISO 的所有已颁布标准,并提供在线订购全文的服务。其主页如图 6-4-2-7所示,在右上角检索框内直接输入检索词,点击“search”;如不输入检索词,点击“search”,可见图 6-4-2-8 所示高级检索界面,选择所需检索内容,输入检索词即可。

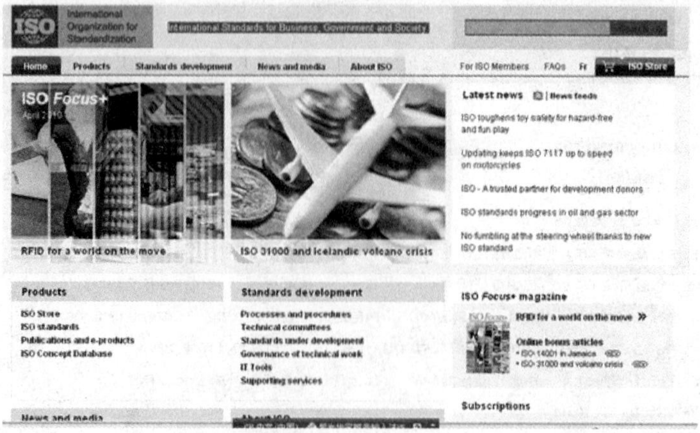

图 6-4-2-7

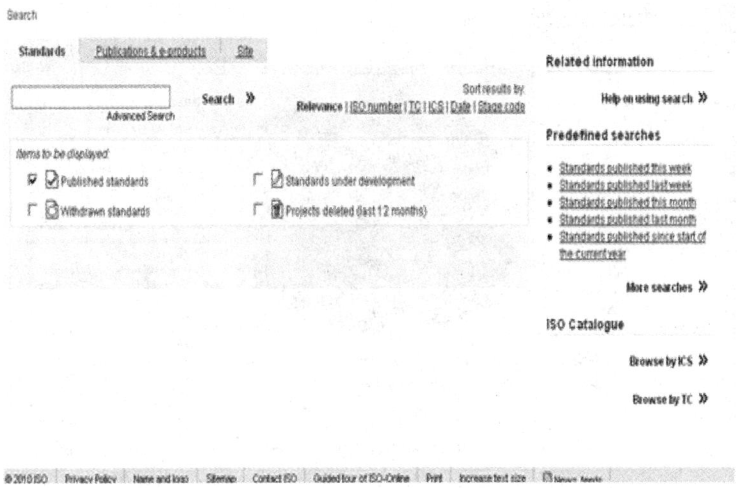

图 6-4-2-8

国际电工委员会(IEC)

网址：http://www.iec.ch

(1) 简介

国际电工委员会(International Electrotechnical Commission,英文缩写为 IEC),成立于 1906 年,是世界上最早的非政府性国际电工标准化机构,1947 年曾作为一个电工部门并入国际 ISO 标准化组织,1976 年又从 ISO 中分立出来。IEC 负责起草和公布所有电工、电子和相关技术领域的国际标准。截至 2001 年 12 月 31 日,IEC 共有正式的国际标准 4 176 个,包括修改件、补充件在内共有 4 820 个。IEC 共有 63 个成员国家,包括所有的世界主要贸易国及越来越多的处于工业化进程中的国家。现 IEC 总部设在日内瓦。

IEC 负责有关电工、电子领域的国际标准化工作,其他领域则由 ISO 负责。但随着高新技术的迅速发展和相互渗透,IEC 和 ISO 之间相互交叉的国际标准化领域和项目越来越多。为了减少工作重叠,保证国际标准体系的协调和一致,IEC 和 ISO 不仅在 TC/SC 层次上加强合作,而且在机构和管理方面争取了一系列合作措施。

(2) 检索

其主页如图 6-4-2-9 所示,在其右上角 SEARCH 检索框内输入检索词,点击"OK"按钮即可。

国际电信联盟(ITU)

网址:http://www.itu.int/en/pages/default.aspx

(1) 简介

国际电信联盟 (International Telecommunication Union,缩写为 ITU),是电信界最权威的标准制定机构,成立于 1865 年 5 月 17 日,1947 年 10 月 15 日成为联合国的一个专门机构,总部设在瑞士日内瓦,主管信息通信技术事务,由无线电通信、标准化和发展三大核心部门组成,其成员包括 191 个成员国和 700 多个部门成员及部门准成员。中国 1920 年加入国际电报联盟。1972 年,国际电信联盟理事会承认中国的合法席位,1973 年被选为电联理事国。

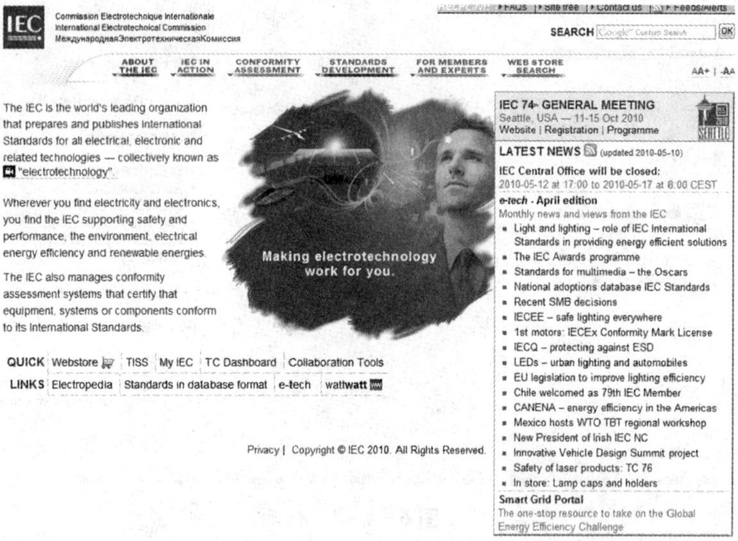

图 6－4－2－9

(2) 检索

其主页如图 6－4－2－10 所示，提供简单检索和高级检索两种检索方式。

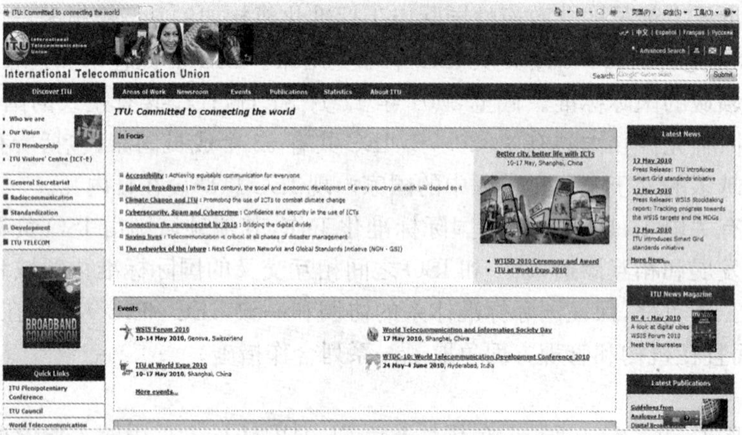

图 6－4－2－10

① 简单检索

在主页右上角 Search 检索框内输入检索词，按回车键即可。

② 高级检索

在主页上方点击“Advanced Search”按钮可见如图 6－4－2－11 所示界面，选择所需检索的语种、领域、文件类型，在检索框内输入相应的检索词即可浏览相关标准目录。如需原文可在线订购。

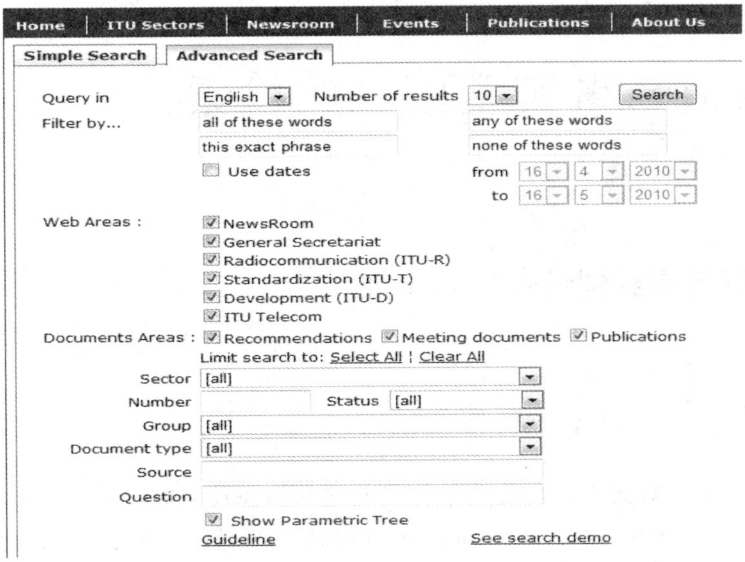

图 6-4-2-11

3. 其他标准网站

通信标准与质量信息网(http://www. ptsn. net. cn)

国家军用标准化信息网(http://www. gjb. com. cn:8080/jybzh/index. jsp)

免费查询中国国家军用标准、美国军用标准、英国国防部标准、法国宇航标准、北约标准化协议、北约出版物标准、日本防卫厅标准等标准题录信息。

中国标准咨询网(http://www. chinastandard. com. cn)

国家标准频道(http://www. chinagb. org)

中国标准化研究院(http://www. cnis. gov. cn)

国家建筑标准设计网(http://www. chinabuilding. com. cn)

机械工业标准服务网(http://www. jb. ac. cn)

中国环境标准网(http://www. es. org. cn/cn/index. html)

美国标准(http://www. nssn. org)

英国标准协会(BSI)(http://www. bsigroup. com)

日本标准(http://www. jsa. or. jp/top. asp)

7 数值与事实型信息的检索

7.1 数值与事实型信息检索概述

7.1.1 数值与事实型信息检索的含义

信息检索按检索对象不同可分为数值型检索(Numeric Data Retrieval)、事实型检索(Fact Retrieval)和文献型检索(Document Retrieval)三种类型。文献型检索主要检索书刊论文资料;数值型检索是以具有数量性质并以数值形式表示的特定数值为检索对象,例如查找统计数据、数学公式、化学材料的成分和性能、物理元件的型号与参数等等;事实型检索是以有关事实本身为检索对象,如名词术语、事件、人物信息、地名信息、机构信息、产品信息等,而不是有关信息的文献或文献线索。文献型检索主要是利用目录、索引、文摘,它们是在一次文献的基础上整理的为用户提供一次文献出处的二次文献(现全文数据库可下载全文),所以有"线索性检索工具"之称;而数值与事实型检索主要是利用参考性的工具书,它们是在一次、二次文献基础上经过系统整理并加以概括、论述而成的三次文献,汇集的是某一方面的知识与资料,供人们解疑释难,提供的是具体答案,如词典、百科全书、类书等。

7.1.2 数值与事实型信息检索的特点

1. 准确性和直接性

数值和事实检索对包括数值、事实进行检索,提供原始信息,得出直接、确定性的结果,是一种确定性的检索。而文献型检索是间接的、相关性检索,给出来源文献线索,指引原始文献。

2. 检索工具的多样化

数值和事实具有文本、图像、视频、音频等多种数据类型,从而决定了检索工具的多样化。传统的数值与事实型信息检索主要依靠工具书来实现,如字典、词典、百科全书、年鉴、手册、机构、名录、产品目录等等。在工具书得以数字化的今天,则可以选用多种数值型数据库、事实型数据库以及丰富的网络信息资源。同时传统的期刊、专利、图书文献也包含大量数值和事实,均可用于检索数值与事实型数据。

7.2 数据与事实型工具书

7.2.1 词典

1. 概述

词典:汇集字词,按一定方式编排,并一一加以解释的工具书,称词典。在汉语中,字和词有区别。字典以标志汉字形体、注出读音并解释字义为主;词典则以解说词汇的概念、意义、用法为主。但字典对词语也加以解释,词典大多也以单字立目,对字的形、音、义也作说明。所以,一般字典、词典并没有严格的区别;而国外没有字典、词典之分,因此我们将字典、词典、辞典等统称为词典。

词典按照收录条目的内容范围可分为语言词典、综合性词典和专科性词典。语言词典专指现代汉语、古代汉语、文言虚词、成语典故、方言俗语等词典;综合性词典则是指以语言为主,兼收百科的大型词典,它往往在单字词语之外,大量地收录成语典故、名物制度、古今名人、名著、地名、技术术语等,例如《辞海》;专科性词典又称专业词典,它仅收录某一专业学科的名词术语。

词典按使用的语言多少,又可分为单语词典、双语词典和多语词典。单语词典是指词目和释文使用同一种语言的词典,如《新华字典》、《现代汉语词典》等;双语词典和多语词典是指词目和释文用两种或两种以上语言编撰的词典,如《新英汉词典》、《汉英词典》、《近体清文鉴》(满、藏、蒙、维吾尔、汉)等。

2. 常用词典简介

《新华字典》,新华辞书社编,出版过多种版本,是一部经过多次修订、质量较高的小型词典。

《现代汉语词典》,中国科学院语言研究所词典编辑室编,商务印书馆1978年版,以后多次修订。

《汉语大字典》,本书编委会编,徐中舒主编,湖北辞书出版社、四川辞书出版社1986～1990年出版,全8册。1992年出版缩印本。收单字5.6万,是当今世界上收录汉字最多、单字注音释义最全的一部大型汉语语文工具书,也是自《说文解字》以来历代字书中最完备的一部字典。按200个部首编排。

《汉语大辞典》,罗竹凤主编,上海辞书出版社1986年出版第1卷,自第2卷起改由汉语大辞典出版社出版。全书正文12卷,《附录·索引》1卷,收词目37万条,1994年出齐。1997年出版了3卷本的缩印本。同年,汉语大辞典出版社和香港商务印书馆联合推出《汉语大辞典》1.0版光盘。

《辞源》,陆尔奎等编,1915年商务印书馆出版。这是我国现代第一部规模较大的汉语语文辞书。1931年出版了续修本,以补正编之不足。1939年又作修订,出版正、续编合订本。1949年出版《辞源》简编本,1950年又出版修订本,这些统称为"旧《辞源》"。1958年开始,《辞源》修订工作启动,直到1979年,修订本的第一分册才由商务印书馆正式出版。至1983年,修订本的4个分册全部出齐。以后多次修订再版。它是一部主要用来解决阅读古籍时可能会遇到的关于词语典故和有关古代文物典章制度等知识性疑难问题的大型辞书。

全书共收单字 12 890 个,复词 84 134 条(1979 年版)。收词范围一般到鸦片战争时期(1840 年)为止。所以,现代自然科学、社会科学和应用技术方面的词汇,它一般不收。

《辞海》,陆费逵等编,1936 年由中华书局出版。1958 年开始修订《辞海》,直到 1979 年,历时 20 多年才修订完成。是一部兼有字典和百科性质的综合性辞书。后多次修订再版。

《说文解字》,东汉许慎历时 22 年编成。首创部首法,对后世中国字书的编纂产生了极其深远的影响。

《康熙字典》,清张玉书等人奉诏编。主要在明梅膺祚《字汇》、张自烈《正字通》的基础上编成。全书 12 集,分别以一地支标名,每集分上、中、下 3 部分。收单字 47 035 个,按 214 个部首编排。对一个字的不同变体、不同音切、不同意义搜罗相当丰富。它是我国第一部明确以"字典"命名的字书,也是现存的第一部大型官修字书。自问世以来,流行甚广,影响很大。

《尔雅》,汉代学者递相增益而成的我国现存最早的以解释字义、词义为主要内容的字书。它保存了大量的先秦汉语词汇,为我国最早的一部词典,开后世词典编纂的先河。

《诗词曲语辞汇释》,张相著,中华书局 1953 年出版。

《戏曲词语汇释》,陆澹安编著,上海古籍出版社 1981 年版。

《元曲释词》,顾学颉、王学奇编,中国社会科学出版社 1983 年起出版。

《敦煌变文字义通释》,蒋礼鸿编,上海古籍出版社 1988 增订出版。

《小说词语汇释》,陆澹安著。

《金元戏曲方言考》,徐嘉瑞著。

《宋金元戏曲词语汇释》(上册),南京大学中文系戏曲研究室编。

《经济与管理大辞典》,马洪、孙尚清主编。

《财政金融大辞典》,张一凡、潘文安著。

《中国人名大辞典》,臧励龢等编。

《中国古今地名大辞典》,谢寿昌、臧励龢等编。

《最新中外地名辞典》,葛绥成编。

《世界地名典》,中国科学院地理研究所等单位编写。

另有《韦氏三版新国际英语词典》、《英汉数据通信及因特网辞典》、《现代科学技术词典》、《新学科新知识词典》、《国际电工辞典》、《计算机词典》等。

3. 主要网上词典

金山词霸(http://www.iciba.net)

金山词霸由我国金山公司研制,收录有汉语、英语 2 亿多字,27 个专业词库的 600 万专业词条。具体内容包括:《现代汉语词典》、《高级汉语词典》、《诗经》、《楚辞》、《论语》、《列子》、宋词、四大古典名著、现代著名文学作品中的精彩词句、《朗文综合电脑词典》(汉英、英汉双解)、《朗文清华英汉电脑词汇》等内容。检索时在检索框内输入要查询的单词,点击检索即可。

中文词典(http://www.chinalanguage.com)

此网站收录汉字、客家话、粤语、国语、中文字谱、闽南语、佛教用语、易经、汉韩日语、英汉、汉英等多种网上字典,还包括各类名词的翻译、讨论等内容。

缩略语检索(http://www.acronymfinder.com)

此网站是目前最大的缩略语网站。学科范围涉及各个领域,但侧重于计算机、工程技术、通信、军事等。检索字段包括精确检索、模糊检索、逆向检索，检索时可以通过全称查其缩略语。输入缩略语时不要加缩略语符号。

Onelook Dictionaries (http://www. onelook. com)

这是一个词典索引的网站，1996 年 4 月在网上推出。目前共收录有 804 个词典网站，包括英语、汉语、德语、法语、意大利语、西班牙语以及其他语种的词汇，是一个免费的网站。该网站的检索方法有两种：一是在检索页面输入检索词，在所选的语种内检索；另一种是根据所提供的词典分类选定某一特定的词典，然后逐级浏览。

中文字典网(http://www. zhongwen. com/zi. htm)

提供国语辞典、台语辞典、中文字典、佛教用语、汉韩日语、粤音韵汇、客家话音汇等功能。

在线新华字典(http://xh. 5156edu. com)

可从部首、拼音两条途径进行汉字的查询，同时还可以查找近期新出现的词汇，例如一些网络用语。附录中还收录《常用多音字表》、《汉字偏旁名称表》、《三字经》、《千字文》等实用内容。

洪恩在线有声英汉汉英双语词典和成语词典(http://study. hongen. com/dict)

提供中英文双向智能词典功能和成语词典功能。

中华在线词典(http://www. ourdict. cn)

搜索范围包括字典、词典、成语、反义词、近义词、谜语、歇后语、名言警句。

东东同义词词典(http://www. hkdictionary. net/synonym)

收词 21 500 条，输入词语查找近义词、反义词。另有《错别字词典》、《读音小字典》。

成语大全(http://www. guoxue. com/chengyu/CYML. htm)

成语词典(http://www. kingsnet. biz/Idiom)

C 书(http://zh. cshu. org)

Oxford English Dictionary(http://www. oed. com)

Your Dictionary(http://www. yourdictionary. com)

Longman Dictionary of Contemporary English(http://www. ldoceonline. com)

7.2.2 百科全书

1. 百科全书概述

《中国大百科全书·新闻 出版》给百科全书所下的定义是："概要介绍人类一切门类知识或某一门类知识的工具书。供查检所需知识和事实资料之用。但也具有扩大读者知识视野、帮助系统求知的作用。它是一个国家和一个时代科学文化发展的标志。"百科全书的完备性在于它几乎包含了各种工具书的成分，往往是一个国家或地区科学文化发展水平的标志，因此有"工具书之王"之称。

在西方，"百科全书"一词来源于希腊文"encyklios"(循环的，周期性，平常的)和"pedia"(教育或知识)一词。中国具有百科全书性质的著作在古代称为类书(参见本章"类书")。"百科全书"这个名称要到 20 世纪初才在中国出现，是由日文中"百科事典"和中国传统大型丛书的名称"全书"融合而成。

现代百科全书的奠基人是法国哲学家 D. 狄德罗(Diderot，1713～1784)，他在其主编的

《百科全书》前言中写道:“百科全书旨在收集天下学问,举其概要,陈于世人面前,并传之于后世,俾世代先人的劳动成果,不致淹没无存……”美国《图书馆学与情报学百科全书》认为:“百科全书是人类最有用的知识的系统概述。”百科全书是收录了各个知识门类的知识,或系统而完备地概述了某一知识门类知识的大型参考型工具书。它的根本特点是包罗万象,包括的知识门类齐全,内容上自天文,下至地理,旁及社会生活、科学技术、文化教育,举凡人类的知识,世上的学问,无所不收。百科全书系统、扼要地阐释各学科基本知识和重要研究成果,对某一学科提供定义、原理、方法、历史、现状、统计数字和参考资料等多方面资料,能为人们提供系统、全面的知识信息。百科全书通常由国内外专家学者合作编辑,内容广博、资料精确、释义严谨、文字简明、体例严密,具有较高的可靠性和严密性。因此,百科全书具有科学性、系统性、概述性和实用性等特点。

现在世界上出版大、中型综合性百科全书的国家已达40余个,数量超过200余种。我国编纂具有百科全书性质的类书已有悠久的历史,但编纂现代百科全书的时间不长,1980年开始出版第一部综合性的《中国大百科全书》。

百科全书由若干条目组成。条目是百科全书的基本知识单元,是独立的概念或完整的知识主题。条目编排词典化,按标题的字母顺序排列,有完整的检索系统,所以条目也是基本的检索单元。条目一般包括条头、释文、参考书目,此外还有前言、插图、附录(如大事年表)和索引等。

百科全书内容要求具有较强的稳定性,具体指标设定全书70%~80%的内容能够有大约10年的参阅价值。为了适应知识不断更新的需要,现代百科全书修订制度主要有再版制、补卷制、连续修订制。

百科全书由专家撰写、审定,具有较高的可靠性和权威性。其内容浩瀚,往往要投入大量的人力、物力,需较常的出版时间,因此,它难以及时反映最新科技研究动向及发展,为此,百科全书出版社往往逐年编辑出版一部百科年鉴作为补充,及时反映年度大事、学科进展、事实数据。百科年鉴不是对百科全书的直接修订,但内容上补充百科全书的不足,为全面修订积累资料。正常情况下,百科全书十年左右的时间重新修订一次。

百科全书有按学科分类编排的(较少采用)、有按条目首字的拼音或笔画顺序编排的,还有两者相结合来编排的。

百科全书按其收录范围可分为综合性和专科性两大类。

2. 综合性百科全书

综合性百科全书是广收各学科、各领域知识的“包罗万象”的百科全书,如《中国大百科全书》、《苏联大百科全书》、《世界大百科事典》(日本)等等。

在英美等国,著名的百科全书有“A、B、C”之称,即《美国百科全书》(Encyclopedia American)、《不列颠百科全书》(Encyclopedia Britannica)、《科利尔百科全书》(Collier's Encyclopedia)。

《美国百科全书》

该书初版由美国格罗利尔公司(Grolier, Inc.)于1829~1833年出版,共13卷,是以德国《布罗克豪斯社交词典》为范本编成的。后不断修订,1918~1920年间,在编辑赖纳斯(G. E. Rines)的主持下,进行了较大幅度的增补,扩充到目前的30卷,成为世界著名的三大百科全书之A,一般认为它仅次于《不列颠百科全书》。1923年起,每年出版《美国百科年鉴》以增补新资料。该书释文尽量做到深入浅出,不同的读者都能从书中找到所需的资料。对美国、加拿大的历史、人物、地理知识介绍得特别详细，收有许多在其他百科全书中找不到的美国古今人物。一些有重要意义的历史文献，如《美国宪法》、《独立宣言》、《奴隶解放宣言》、《华盛顿告别词》、《大西洋公约》、《联合国宪章》等全文刊载。历史分世纪设条，给读者以全世界政治、社会和文化的世纪总览，提供完整的历史背景情况。2001 年最新版(ISBN：0－7172－0134－1)已经出版，全书共分 30 卷，条目按名称字顺编排。

1990 年台湾光复书局大美百科全书编辑部在《美国百科全书》(中文版)的基础上改编为《大美百科全书》出版、发行。

Grolier 公司于 1995 推出该书的全文光盘版，1997 年推出联机网络版《在线美国百科全书》(《Encyclopedia Americana Online》，http://ea.grolier.com)。

《在线美国百科全书》提供 2 500 万字、45 000 条目，其中 6 100 条书目、图表 1 000 幅、地图 984 幅。另有 15 万个链接连通 3 万余百科条目。为了包括新资料，还收录了 Americana Journal 和《华尔街日报年鉴》(Wall Street Journal Almanac)。

另外，Grolier 公司还推出两部光盘版和网络版百科全书：《格罗利尔多媒体百科全书》(The Grolier Multimedia Encyclopedia) 和《新知识文库》(New Book of Knowledge Online)。

《不列颠百科全书》

中文又译为《大英百科全书》。该书历史悠久、多次修订，是世界上最具权威的百科全书，被誉为“百科全书之王”。1786～1771 年在苏格兰爱丁堡初版，共 3 卷。其后平均每隔 10 年左右再版一次。到 19 世纪 70 年代已更新至第 8 版。20 世纪初，美国人掌握了部分版权。1901～1943 年，英美合编。第 14 版于 1929 年出齐，被认为是现代大型综合性百科全书的范本，确立了它在国际上的权威地位。之后每年修订，共重印 41 次。1943 年全部版权转让给芝加哥大学，后由总部设在芝加哥的不列颠百科全书公司主持该书的编辑、出版和发行。20 世纪 60 年代起，该公司投资 3 500 万美元，对该书进行全面修订。为该书撰稿的专家、学者多达 4 277 位，来自全世界 131 个国家，均为各个学科和各个领域的权威人士。经过多年努力，第 15 版 30 卷本以崭新面貌于 1974 年问世。该书由《详编》(Macropdia)(长条目部分)、《简编》(Micropdia)(短条目部分)和《类目》(Propaedia)(知识分类)三部分组成，俗称“三合一”。《详编》部分有 19 卷，由 4 207 个条目构成，有插图 4 000 余幅，旨在保持原书的学术传统，供深入钻研各领域知识的读者阅读；《简编》部分有 10 卷，收条目 102 000 条，称“便捷参考和索引”，配图 16 000 余幅，它既是《详编》的索引，又可作为一部简明的百科全书，供单独使用；另有《类目》一卷，既是知识分类大纲，又是《详编》的检索指南。全书中人文科学和社会科学的条目约占总条目的 60%，自然科学约占 40%。第 15 版问世后，逐年修改与更新部分内容后重印，到 1985 年已重印 12 次，印数超过 200 万套，遍销世界各地。为了使该书更加完美，成为便于使用、参考和教育并举的大型工具书，不列颠百科全书公司又将该书由“三合一”改为“四合一”，由《简编》12 卷、《详编》17 卷、《类目》1 卷和新增的《索引》2 卷构成，全书由 30 卷增至 32 卷，共约 32 000 页，4 400 万词。由于有了索引，查阅更加方便。《简编》增加了 2 卷，内容更加丰富，《详编》减少了 2 卷，条目数目大减，但有些条目内容大增，多的达 100 页以上。不列颠百科全书除英文版以外，还有日文、土耳其文、希腊文、法文、匈牙利文、葡萄牙文、中文、韩文、波兰文等文版。该公司除百科全书外，还出版《不列颠年鉴》、《科学与未来》年鉴和青少年百科全书等产品。其在线网站为 Encyclopedia Britannica Online(http://www.britannica.com)。

《科里尔百科全书》

美国肖尔斯(L. Shores)总编,科里尔公司(Crowell-Collier Education Corp.)1949年开编,共24卷,收条目25 000个,插图17 000幅。它的显著特色是重视教育性。收录1 500种精选的书目,书目不随条目列出,而是分类集中在第24卷中,占200页。书后还有"学习指南",把条目的内容与学校课程挂钩。最后是分析索引,有40万条。该书适用对象广泛,释文通俗流畅,可读性高;材料更新及时,内容较新而且可靠;参考书目的编选为各家百科全书之冠;分析索引范围深广,索引条目为正文条目的16倍。

《中国大百科全书》

1978年开始编撰,1993年出齐,共74卷,其中正文73卷,总索引1卷,涵盖69个学科,总条目77 859条,总字数12 568万字,总插图49 765幅,其中彩图15 103幅。这是我国第一部现代大型综合性百科全书,也是我国最权威的百科全书,同时也是世界上最大的百科全书。总编辑委员会有100多个专家,撰稿人有2万。按学科分卷出版,不列卷次,每卷只标出学科名称,如《哲学》、《中国文学》、《外国文学》等。全书各条目按条目标题的汉语拼音字母顺序排列。每年出版《中国百科年鉴》1卷作为补充。

正文73卷包括:数学、物理学(2卷)、力学、化学(2卷)、天文学、地质学、固体地球物理学、测绘学、空间科学、大气科学、海洋科学、水文科学、地理学、中国地理、世界地理、生物学(3卷)、现代医学(2卷)、中国传统医学、农业(2卷)、水利、交通、矿冶、机械工程(2卷)、土木工程、建筑、园林、城市规划、电工、电子学与计算机(2卷)、自动控制与系统工程、航空、航天、化工、轻工、纺织、环境科学经济学(3卷)、财政、金融、税收、物价、哲学(2卷)、宗教、心理学、政治学、社会学、法学、军事(2卷)、民族、中国历史(3卷)、外国历史(2卷)、考古学、中国文学(2卷)、外国文学(2卷)、美术(2卷)、音乐、舞蹈、戏剧、戏曲、曲艺、电影、教育、语言、文字、新闻、出版、文物、博物馆、图书馆学、情报学、档案学、体育。

1999年北京东方鼎电子有限公司制作了中国大百科全书图文数据光盘,24张,共收66个学科,条目77 895条,约12 568万字,绘制图表49 765幅;具有分类目录检索,主题词目录检索,拼音目录检索,外文目录检索,模糊检索等十余种检索功能。2000年出版74卷本的光盘版(4张),并有网络版(http://www.ecph.com.cn)。

《中国大百科全书》简明版

1998年又出版了第2版(简明版)。全书共12卷,按拼音顺序编排。

国际上比较有名的百科全书还有《新哥伦比亚百科全书》、《美国学术百科全书》、《苏联大百科全书》、《世界大百科事典》、法国的《拉鲁斯百科全书》(20卷),德国的《布洛克豪斯大百科全书》和《迈耶百科辞典》等。

3. 专科性百科全书

专科性百科全书是专收一个学科或者若干相关学科领域知识的百科全书。如《国际社会科学百科全书》、《芭蕾舞百科全书》、《世界经济百科全书》、《中国企业管理百科全书》、《经济学百科全书》等。

4. 主要网上百科全书

维基百科(http://www.wikipedia.org)

维基百科全书,是一个自由、免费、内容开放的基于wiki技术的多语言百科全书协作计划,也是一部用不同语言写成的网络百科全书。它是一个动态的、可自由访问和编辑的全球知识体,也被称作"人民的百科全书"。参与者来自世界各地,任何人都可以编辑维基百科中的任何文章及条目。

维基百科开始于2001年1月15日，创始人是Jimmy Wales，Larry Sanger以及几个热心的英语参与者。大约3年后，在2004年3月，已经大约有6 000名活跃的参与者编写了50种语言的60万篇条目。如今，每天都有来自世界各地的许多参与者进行数千次的编辑和创建新条目（遵循copyleft协议）。目前有近300种语言的版本，突破1 000万的条目。大部分页面都可以由任何人使用浏览器进行阅览和修改。

中文维基百科（http://zh.wikipedia.org/zh-cn）

正式开始于2002年10月，目前已经有超过17万篇条目。此外还设有其他独立运作的中文方言版本，包括闽南语维基百科、粤语维基百科、文言文维基百科、吴语维基百科、闽东语维基百科及客家语维基百科等。

百度百科（http://baike.baidu.com）

McGraw-Hill/Access Science麦格劳·希尔公司科学网（http://www.accessscience.com）

Grolier Multimedia Encyclopedia（http://go.grolier.com）：Grolier多媒体百科全书

Encyclopedia.com（http://www.encyclopedia.com）：百科全书网，可同时在100多部百科全书和字典中进行检索，是网上最优秀的免费百科全书之一。

在线中国大百科全书（http://218.195.234.10:922/web/index.htm）：可检索大百科、地方百科、专业百科、图片、字词典。

文学百科全书网（http://www.litencyc.com）

World Book（http://www.worldbookonline.com）

Encyclopedia American（http://orl.grolier.com）

Encyclopedia Britannica Online（http://www.britannica.com）

The Columbia Encyclopedia 6th Edition（http://www.bartleby.com）

MSN Encarta Encyclopedia Article Center（http://encarta.msn.com/encnet/features/dictionary/dictionaryhome.aspx）

The Canadian Encyclopedia（http://www.thecanadianencyclopedia.com）

7.2.3 类书、政书

1. 类书

（1）概况

类书是根据一定的意图，把群书中可供参考的文献资料辑录出来，分类编排（也有分韵编排），以供检索的工具书。

我国最早的类书为三国魏文帝时的《皇览》，现已失传。隋唐间虞世南编撰的《北堂书钞》被认为是我国现存最早的一部类书，但传本已非原貌。现存最早的类书为唐初的《艺文类聚》。我国历史上规模最大的类书是明代的《永乐大典》，可惜大部分损毁、散佚。我国现存最大规模的类书是清代的《古今图书集成》。著名的还有唐代的《初学记》、宋代的《太平御览》、清代的《渊鉴类函》等。

（2）特点

①"以杂见称"。它辑录的资料范围非常广泛，举凡天文地理、历史人物、典章制度、诗词歌赋、成语典故、文章丽句、名词解释、鸟兽虫鱼、科技史料等，宇宙间各类事物，皆山包海

汇其中。

②“以类相从”。它按类来编排辑录材料、依类编入书中。比较重要的类书，大都根据每个朝代政治、经济、文化制度、社会生活划分为若干大的部类。

(3) 分类

历代类书有六百余种，大多已散佚，现存二百种左右，其种类较多。

① 按内容性质分：记载史实的如《册府元龟》、《玉海》；收集诗赋文章的如《佩文韵府》、《骈字类编》、《太平广记》；事文兼收的如《艺文类聚》、《古今图书集成》、《渊鉴类函》、《初学记》等。

② 按取材范围分：百科全书式综合类书，如《古今图书集成》；专收野史传记小说的，如《太平御览》。

③ 按编排体例分：有按分类排列的，如《古今图书集成》；有按韵目排列的，如《永乐大典》、《佩文韵府》。

④ 按照取材范围，大致可以分为综合性类书和专门性类书两种。综合性类书兼收各类，如《艺文类聚》、《太平御览》；专门性类书专收一类，如《册府元龟》、《全芳备祖》。

⑤ 以韵编排的，它又可分为以韵尾编排的，如《韵海镜源》、《佩文韵府》；以韵头编排的，如《骈字类编》。

(4) 类书与百科全书的异同

类书是一定时期、一定范围内的知识的总汇，具有便利检索的特点，从这个意义上说，类书与百科全书性质相近，因此《不列颠百科全书》在介绍百科全书的历史时，列举了我国《艺文类聚》、《太平御览》等 20 余种著名类书，将它们视之为古代东方百科全书的代表。西方学者还把我国清代大型类书《古今图书集成》称之为“康熙百科全书”(K'ang His Imperial Encyclopedia)。但类书与现代意义的百科全书毕竟有所不同。首先，百科全书是以条目的形式，对各门学科的知识作概述性介绍，而类书则是文献资料的分类辑存(多数辑入片断，亦有辑入整篇文章或整部书的)；其次，百科全书着重反映当代科学文化的最新成就，类书则是以辑录前人著述、保存传统文化为主要任务。

(5) 类书的功用

① 用于辑佚

《艺文类聚》引用了唐以前古籍 1 400 余种，其中 90%以上今已散佚。鲁迅《古小说钩沉》中辑录的已佚小说片断，大多是从类书中辑录。清以来从《永乐大典》中辑出的佚书有 600 种左右。

② 用于引证

唐宋类书所引，多系唐宋以前古本，可作为校勘、考证的重要资料。

③ 用于检索

便于从中查找诗文和典故。但要注意，类书引用古籍时，常删改原文或搞错出处，因此使用类书时，凡原书尚存者，务必核查原书。

(6) 主要类书介绍

《艺文类聚》

唐欧阳询等奉诏编，100 卷。上海古籍出版社 1982 年出点校本，书后附《艺文类聚人名索引》、《艺文类聚书名篇目索引》。全书分 46 部 727 目。各类目辑录的资料，采取“事”的部分，主要辑自于经史诸子；“文”的部分，辑录诗、赋等各种体裁的作品。它首创了类书事文合编的体例，后世类书编撰均采用“事居其前，文列于后”的这种事文合编的编撰方式。

《永乐大典》

明解缙等奉诏编，22 877卷，凡例、目录60卷。是我历史上规模最大的一部类书。编于永乐元年至六年(1403～1408)，按洪武正韵分列单字，单字下详注音韵训释，备录篆隶楷草各种字体，依次辑入与此单字相联系的各种文献资料，往往整篇甚至整本书录入。全书编成后未刊，嘉靖、隆庆间摹写副本一部。正本大约在明亡之际焚毁，副本传到清乾隆时已缺2 400余册。英法联军、八国联军相继入侵北京，副本大部分被烧毁，未毁的几乎被入侵各国全部劫走。1959～1960年，中华书局根据历年征集到的原本、复制本730卷影印出版，线装套印。后又将陆续征集到的67卷影印出版，仍为线装套印，称为《永乐大典》续印本。1986年6月，中华书局将前已影印的797卷印制成16开精装本，10册。迄今为止，可考知《永乐大典》存世有812卷。它辑录的文献，其内容之广泛，综合门类之全面，资料之丰富在世界书籍发展史上都是罕见的。

2. 政书

(1) 概述

政书是搜集历代或某一朝代有关典章制度方面的文献资料，分类编排与叙述，供人查考与阅读的参考书。它原是历史著作的一个门类——典章制度专史，是专门记载历代或某一朝代的典章制度的沿革及政治、经济、文化发展状况的专书。由于它具有资料汇编性质，所以一般也把它作为工具书使用。它与类书的体例有些相似，基本上都是将材料分类排比，只不过政书专记典章制度，并且有编者自己的叙述。

首创政书这种体裁的是唐刘秩，其《政典》已佚。唐代杜佑以《政典》为蓝本的《通典》，是我国现存最早的一部政书。

(2) 分类

① 按体例分，政书可分为以类相从的“十通”、“会要”体和以六部为纲的“会典”体。前者大都以门类分录历代或某一朝代的典章制度资料；后者则以六部分录章程法令及各种典礼资料。

② 按收录典章制度的时代范围分，政书可分为通代性质的“十通”和断代性质的“会要”、“会典”两大类。

后人将《通典》与马端临的《文献通考》及郑樵的《通志》合称“三通”。事实上《通志》是通史，但其中二十略记述上古至唐代的典章制度，是政书性质。“三通”与清官修《续通典》、《续通志》、《续文献通考》、《清通典》、《清通志》、《清文献通考》及近人刘锦藻的《清朝续文献通考》，合称“十通”。20世纪30年代，商务印书馆编《十通索引》(浙江古籍2000.1出版)，为查阅十通提供方便。

“十通”是通代性质的政书，还有断代性质的政书，称为“会要”、“会典”，如《唐会要》(现存最早的一部会要著作)、《西汉会要》、《东汉会要》等(参见《历代会要从书》)、《唐六典》(现存最早的一部会典著作)。

7.2.4 年鉴(Almanac)

1. 概述

年鉴是一种按年度出版，概述或反映上一年度内有关领域的重大事件、重大进展和重要成果，汇集重要文献、详尽数据和统计资料的连续出版物。

年鉴的编纂始于欧洲。英国哲学家培根在1267年出版的《大著作》中已使用外国年鉴中有关天体运动的材料。当时欧洲一部颇有影响的年鉴是由德国数学家、天文学家雷格蒙塔努斯(1436—1476)于1457年编纂出版的，主要记载时令节气、天文气象等。以后，德、英、法、意、美等国曾出版了数以千计的各类年鉴，著名的如《世界年鉴》、《咨询年鉴》、《惠特克年鉴》和《政治家年鉴》等。

在西文各类年鉴中，冠以yearbook的为数较多，一般既有文字叙述，也有统计资料，如《联合国年鉴》；almanac一词源于中世纪的阿拉伯语，在英语中被赋予日历、历书的含义，称almanac的则以统计资料见长，如《读者文摘年鉴》；称annual的一般以文字叙述为主，如《外科年鉴》。各类年鉴的编纂方式虽各有侧重，但称谓时有混用，区分并不严格。到18世纪，其内容转为包含丰富知识的工具书。1732年由美国文学家B.富兰克林主编的《穷理查历书》比较著名。

我国《宋史·艺文志》中有《年鉴》一卷，惜已失传。新中国成立前，我国曾陆续出版过一些综合性年鉴如《中国年鉴》、《世界年鉴》、《申报年鉴》等；地方性年鉴如《上海市年鉴》、《台湾年鉴》等；专业性年鉴如《中国经济年鉴》、《中国电影年鉴》等。其中《中国年鉴》于1924年由商务印书馆出版，可说是当代出版史上最早的一部综合性年鉴。我国年鉴出版工作的大发展是在80年代。1980年首先出版的是《中国百科年鉴》、《中国出版年鉴》和《世界经济年鉴》等。到1981年出现了"年鉴热"，年鉴品种增加到二十多种，近年又迅猛发展。

年鉴的"年"一般是按出书年份标识，内容为上一个年度的资料。例如：1985年的年鉴，主要发表1984年的资料。20世纪80年代年鉴刚编时，有些编辑由于不知年鉴的编撰体例，个别创刊本收录的是本年度的情况，但第二年本就改正过来，以至于有的年鉴从年度标识上似乎缺少一年，而事实从时间上是衔接的。在目前的年鉴热潮中，大都遵循着这一体例，但有一些是几年出一册；有些仍是收录当年情况；更有个别年鉴这样标志：1999～2000年、2000～2001年、2001～2002年……

年鉴是以全面、系统、准确地记述上年度事物的运动、发展状况为主要内容的，集辞典、手册、年表、图录、书目、索引、文摘、表谱、统计资料、指南、便览等功能于一身，因此是我们研究了解新情况、研究新问题的实用工具。年鉴逐年编撰，主要依据政府公报、文件、国家重要报刊和各类统计报告编辑而成，权威可靠，内容包罗万象，实质上是某个专题一个年度的"百科全书"，成为编年体的信史，既便于按年索事，也是后人研究历史、编撰史料的资料库。作家严文井认为年鉴是"昨天的记载、今天的镜子，明天的见证"(为《中国文艺年鉴》题词)，形象生动地说明了年鉴的特点与功用。

因为年鉴具有史料价值，所以有些年鉴的创刊本也把前若干年的部分历史资料列为重要内容。

年鉴按收录的内容大体可分为综合性年鉴和专业性年鉴、统计年鉴。年鉴集一、二、三次文献于一身，一般具有可读性，但统计年鉴除外，其实统计年鉴也有综合性、专业性之分。

综合性年鉴，如：《中国百科年鉴》、《世界年鉴》、《世界知识年鉴》、《人民手册》、《中华年鉴》。

专科性年鉴，如：《世界经济年鉴》、《中国商业年鉴》、《中国经济年鉴》、《香港经济年鉴》、《财政年鉴》。

统计性年鉴，如：《中国统计年鉴》、《中国海关统计年鉴2008》。

年鉴按其反映的地区可分为综合性年鉴、地域性年鉴。

地域性年鉴，如：《江苏统计年鉴》、《重庆市统计年鉴》。

2. 年鉴检索

中国年鉴网络出版总库

网址：http://www.cnki.net

(1) 数据库概况

《中国年鉴网络出版总库》是《中国知识资源总库》的子库（如图 7－2－4－1 所示），又称《中国年鉴全文数据库》，是目前国内最大的连续更新的动态年鉴资源全文数据库，其内容覆盖基本国情、地理历史、政治军事外交、法律、经济、科学技术、教育、文化体育事业、医疗卫生、社会生活、人物、统计资料、文件标准与法律法规等各个领域。年鉴按级别分类可分为中央年鉴、地方年鉴、行业年鉴、统计年鉴、企业年鉴、学科年鉴、世界年鉴；年鉴内容按行业分类可分为地理历史、政治军事外交、法律、经济总类、财政金融、城乡建设与国土资源、农业、工业、交通邮政信息产业、国内贸易与国际贸易、科技工作与成果、社会科学工作与成果、教育、文化体育事业、医药卫生、人物等十六大专辑。地方年鉴按照行政区划分类可分为北京市、天津市、河北省、山西省、内蒙古自治区、辽宁省、吉林省、黑龙江省、上海市、江苏省、浙江省、安徽省、福建省、江西省、山东省、河南省、湖北省、湖南省、广东省、广西壮族自治区、海南省、重庆市、四川省、贵州省、云南省、西藏自治区、陕西省、甘肃省、青海省、宁夏回族自治区、新疆维吾尔自治区、香港特别行政区、澳门特别行政区、“台湾省”共 34 个省级行政区域出版的年鉴专辑。

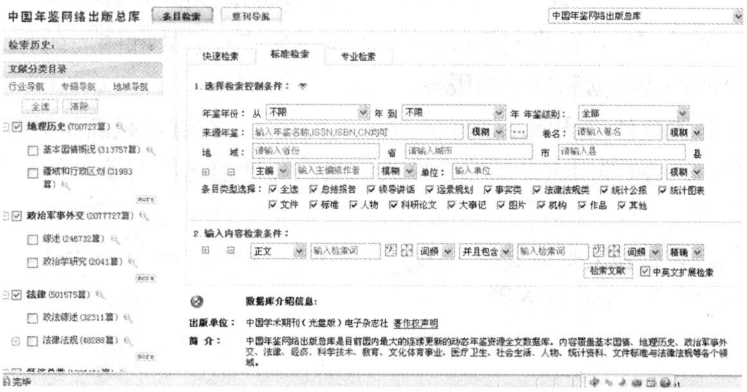

图 7－2－4－1

(2) 数据库检索

该数据库提供条目检索和整刊导航检索，参见 4.1.2《中国知识资源总库》检索。

中国统计年鉴数据库（挖掘版）

网址：http://www.cnki.net

《中国统计年鉴数据库》（挖掘版）也是《中国知识资源总库》的子库，它收录我国 1949 年至今已经出版的统计年鉴 553 种（其中 150 种左右仍在连续出版，全部收录）3 048 册 120 多万条。其内容按行业分类可分为国民经济核算、固定资产投资、人口与人力资源、人民生活与物价、各类企事业单位、财政金融、自然资源、能源与环境、政法与公共管理、农民农业和农村、工业、建筑房产、交通邮电信息产业、国内贸易与对外经济、旅游餐饮、教育科技、文化体育、医药卫生等十八个专辑；其地方统计年鉴按照行政区划分为长江三角洲、珠江三角洲、环渤海地区、东北地区、西部大开发省市、北京市、天津市、河北省、山西省、内蒙古自治区、辽宁省、吉林省、黑龙江省、上海市、江苏省、浙江省、安徽省、福建省、江西省、山东省、河南省、湖北省、湖南省、广东省、广西壮族自治区、海南省、重庆市、四川省、贵州省、云南省、西藏自治区、陕西省、甘肃省、青海省、宁夏回族自治区、新疆维吾尔自治区、香港特别行政区、澳门特别行政区、“台湾省”共39个跨省市地区或省级行政区域；其资料类型分为：统计年鉴、分析报告、资料汇编、调查资料、普查资料、统计摘要。其检索参见4.1.2《中国知识资源总库》检索。

3. 其他主要年鉴网、统计信息网

中国年鉴网(http://www.yearbook.cn)包括年鉴动态、年鉴理论、年鉴图库、年鉴体例库、法规标准等等。

年鉴网(http://www.chinaec.com/shop/listItem9.asp? shopId=1118645&typeId=001)

老农夫年鉴(The Older Farmer's Almanac)(http://www.almanac.com)：可查询天气、日历、农艺、天文等与农业有关的年鉴信息。

中国年鉴信息网(http://www.chinayearbook.com)：包括省市统计年鉴、方志年鉴、企业名录、工具图书等信息的查询。

中经网统计数据库(http://db.cei.gov.cn)：中经网数据中心是国家信息中心中经网组建的专业从事经济数据资源开发和服务的机构，承担着为政府及政府研究机构提供数据支持、数据资料分析整合等业务。《中经网经济统计数据库》目前有数百万个序列的经济数据库群，内设中国经济统计数据库、世界经济数据库以及数字快讯、中经观测、行业监测、中经指数、经济地图、名词解释等在线浏览栏目，以时间序列特有模式和图表的方式为用户提供最快、最新、最全的经济数据和良好的服务。

中华人民共和国统计局(http://www.stats.gov.cn)：在查考最新统计信息、统计数据方面，各级政府统计行政部门主办的综合性或专业性统计信息网有着其他信息源或检索工具不可比拟的优势。

中国国务院发展研究中心信息网(http://www.drcnet.com.cn)：包括综合版、世经版、金融版、教育版、企业版、党政版等等。

UNESCO Institute for Statistics(http://www.uis.unesco.org)：联合国教科文组织统计学会

OECD(http://www.oecd.org/home)：经济合作发展组织

United Nations Development Programme(http://www.undp.org)：联合国发展计划署

United Nations Statistics Division(http://unstats.un.org/unsd/default.ntm)：联合国统计署数据库

LexisNexisTM Statistical(http://www.lexisnexis.com)：统计大全数据库

7.2.5 手册(Handbook)

1. 概念

手册的名称来源于英文“hand book”，有手头常用书的含义，是一种便于随身携带，随时翻阅参考的工具书。手册是汇集某一范围内基础知识和基本数据资料，以便于人们在生产、科研、教学等具体工作过程中可经常查证的实用便览型参考工具书。手册的内容侧重于准确的数据、表格、图形及公式等，并配有简要文字叙述，其特点是篇幅短小、类目分明、专题明确具体、取材新颖、论述简要、实用性强，易于随手翻检。

2. 分类

手册种类繁多，使用目的和使用对象也不尽相同。常用的手册按其收录材料的侧重点大致可分为数据性手册、设计手册、基本知识手册、产品手册、综合性手册5大类。手册就其内容来分有综合性手册，如《中华人民共和国手册》(1949～1985)；专科性手册，如《经济法手册》、《国外企业管理知识手册》、《中国现代会计手册》、《经济技术市场活动指南》、《对外贸易经济手册》；资料性手册，如《当代国外社会科学手册》、《世界新科学总览》。此外，手册类工具书还包括指南、必备、大全、便览、总览、要览、一览等。

3. 主要网上手册/指南

The NIST Reference On Constants, Units, and Uncertainty(http://physics. nist. gov/physlas/index. cfm)：美国标准与技术研究院 NIST 物理实验室网站

WebElements Periodic Table of the Elements(http://www. webelements. com)：化学元素周期表

Peterson's -Your Guide To College Information(http://www. petersons. com)：彼得森研究生指南

默克诊疗手册(http://www. msdchina. com. cn)

7.2.6 表谱

表谱是一种以编年或表格等形式，来提示时间概念或史实的工具书。主要有年表、历表、专门性表谱几类。

年表：是把重要的历史事件提纲挈领地记载下来，按照发生年代的顺序，编纂成表，以供查阅的工具书。所以又称“大事表”，专供查考历史年代、历史大事等资料。年表有纪元年表和纪事年表。纪元年表可用于查考历史年代和帝王庙号、谥号、年号、干支、太岁、公元等各种历史纪元。纪事年表除纪年外，还有纪事，主要用于查考各种历史大事。纪年表如《中国历史年代简表》，经事年表如《中外历史年表》、《中华人民共和国大事记》等。

历表：是一种把不同历法的历日按一定的顺序编排在一起，组成相互对照的表格，以供查考和换算不同历法的年、月、日的参考工具，如《二十史朔闰表》、《中国史历日和中西历日对照表》。

专门性历史表谱：主要用于查考人物、职官、地理等专题或专利资料。如《历代职官表》、《历史地理沿革表》等。

7.2.7 名录(Directory)

1. 概述

名录是一种专门对人物、地名、组织机构等的名称及其相关信息进行汇集并予以简要揭示、介绍供查找的参考工具。名录包括人名录、地名录、机构名录、物品名录、产品名录、企事

业名录等。

人名录，如《新中国人名录》、《国际人名录》(International Who's Who 1935～)、《经济学家人名录》(Who's Who in Economics: A Biographical Dictionary of Major Economists 1706～1982)、《中国现代名人辞典》、《近代现代外国哲学社会科学人名资料汇编》。

机构名录，如《中国工商企业集团公司名录大全》、《世界工商企业名录》、《中国工商企业名录》、《中国企事业名录大全》。

地名录，如《世界地名录》、《中国地名录》。

物品名录，如《物品名目汇编》。

在信息社会中，名录是社会生活交往中不可或缺的参考工具。其作用主要有：

① 了解人物的简历、主要事迹及其评价。名录会提供研究其人及有关问题的资料。

② 了解各类机构的现状及职能，如机构名称、产品及劳务提供等业务范围、负责人、通讯联系等情况。

③ 查核正确的地名及其地理位置和所属区域。

④ 查询商品资料。

2. 主要网上名录

Marquis Who's Who(http://www.marquiswhoswho.com)

收录超过140万部传记资料，包括人物生卒信息、家族历史、教育状况、职业生涯、获奖情况等等，数据每日更新。

Biographical Dictionary(http://www.s9.com/biography)

传记字典，收录古今28 000多位杰出人物的生平资料。

Biography Center(http://www.biography-center.com)：传记中心

Biography.com(http://www.biography.com)

Wilson人物传记图文数据库(http://www.hwwilson.com)

American National Biography Online(http://www.anb.org)

Yahoo People Search(http://people.yahoo.com)

国际名人网(http://www.8999.net/gm)

Colonial Williamsburg Official History Site(http://www.history.org)

College and University Rankings

(http://www.library.uiuc.edu/edx/rankings)

College Search

(http://cnsearch.collegenet.com/cgi-bin/CN/index)

世界厂商名录数据库(http://www.kompass.com)

CI:Corporate Information(http://www.corporateinformation.com)

Hoover's Online(http://www.hooversonline.com)

康帕斯世界企业、产品名录

(http://www.kompass.com/zh?_redirectState=true)

美国医疗机构名录(http://dirline.nlm.nih.gov)

加拿大高校名录(http://oraweb.aucc.ca)

中华工商网(http://www.chinachamber.com.cn)

中国网上114(http://www.china-114.net/main/corp/default.asp)

中国电信黄页(http://www.locoso.com)

世界各大学经济学系(http://web.uvic.ca/econ/depts.html)

7.2.8　图录

1. 概述

图录也叫图册、图谱，是通过若干图像汇集起来并配有一定文字、符号说明来反映事物特征和发展情况的工具书，形象、直观、简明清晰，包括地图、人物图录、文物图录、各种自然科学的学科图谱、技术科学的设计图集等。

地图，如《世界地图集》、《中华人民共和国地图集》、《牛津世界经济地图集》。

文物图录，如《中国古代度量衡图集》、《中国历代服饰》。

历史图录，如《中国历史参考图录》。

人物图录，如《中国历代名人图鉴》。

2. 主要网上地图

谷歌地图(http://ditu.google.cn/maps? hl=zh-CN&tab=wl)

必应 bing 地图(http://cn.bing.com/ditu/default.aspx? wip=2&v=2&style=r&rtp=~&msnurl=home.aspx?%26redirect%3dfalse&msnculture=en-US)

搜狗地图(http://map.sogou.com)

中华地图网(http://www.hua2.com)

Multi map UK(http://www.multimap.com)

MapsOnUs(http://www.mapsonus.com/mapsonus)

图行天下(http://www.go2map.com)

Yahoo! Maps(http://maps.yahoo.com)

Electronic Map Collection(http://www.lib.utexas.edu/maps)

自然地形地图网站(http://www.topozone.com)

7.3　数据与事实型数据库

7.3.1　主要英文数据库

Gale 集团参考资料库

网址：http://www.gale.cengage.com

1. Gale 集团

Gale 集团是世界一流的参考和研究文献出版商，隶属于全球著名的传媒集团汤姆森公司(The Thomson Corporation，TTC)，以出版精确、权威的工具类出版物为特色，尤其在出版人文、社会科学参考文献方面颇具权威性。Gale 创建和维护了近百个数据库以及 8 个著名的“资源中心”，相关数据库产品需付费才能使用。

2. GaleNet 数据库简介

GaleNet 数据库是多个参考资料数据库的集合，其内容覆盖了人文社会科学、商业经济、国际市场、人物传记、机构名录等范畴。GaleNet 通过 InfoTrac 检索系统进行检索，InfoTrac 检索系统的网址是 http://infotrac.galegroup.com/default。其主要资源包括：

（1）人物传记资源中心（Biography Resource Center）

（2）文学资源中心（Literature Resource Center）

（3）现代世界历史资源中心（History Resource Center：Modern World）

（4）商业与公司资源中心（Business & Company Resource Center）

（5）综合参考工具便览（Gale's Ready Reference Shelf）

（6）现代作家名录（Contemporary Authors）

（7）文学传记词典（Dictionary of Literary Biography）

3. GaleNet 数据库的检索

GaleNet 数据库提供的检索途径包括简单检索、主题向导检索、高级检索、专家检索，可在人名、地名、机构名、数据库名、出版物名称等字段中进行检索。

（1）人物传记资源中心

① 简单检索（Basic Search）：检索界面如图 7-3-1-1 所示，检索字段有文献题名、关键词、全文及主题，在检索框内输入检索词，点击“Search”后，可进行查询。

② 主题向导检索（Subject Guide Search）：检索界面如图 7-3-1-2 所示，可先对检索条件如文献出版日期、出版社名称、文献类型等进行限定之后，在检索框内输入检索词，点击“Search”即可。

③ 高级检索（Advanced Search）：检索界面如图 7-3-1-3 所示，除可先对出版时间、出版社名称、学科领域、目标读者等条件进行限定外，还可同时在多个字段中进行检索。

（2）文学资源中心数据库的检索：文学资源中心数据库主要提供作者检索（Author Search）、高级检索（Advanced Search）、题名检索（Title Search）、关键词检索（Keyword Search），作者分类检索（Author by Type）、文学史分期检索（Literary-Historical Timeline）、MLA 国际书目参考（The Modern Language Association International Bibliography with Directory of Periodicals）。数据库的资源如图 7-3-1-4 所示。

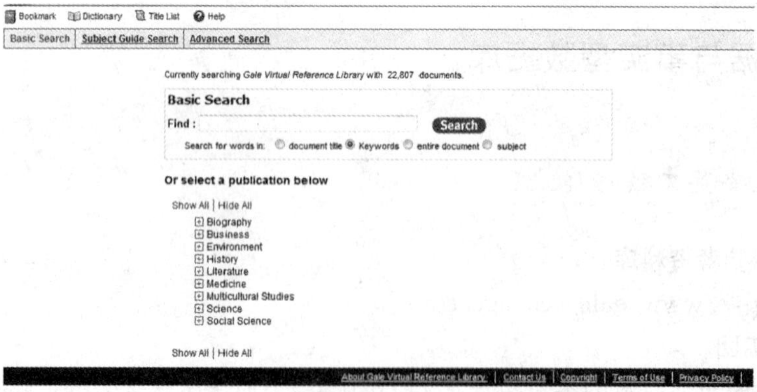

图 7-3-1-1

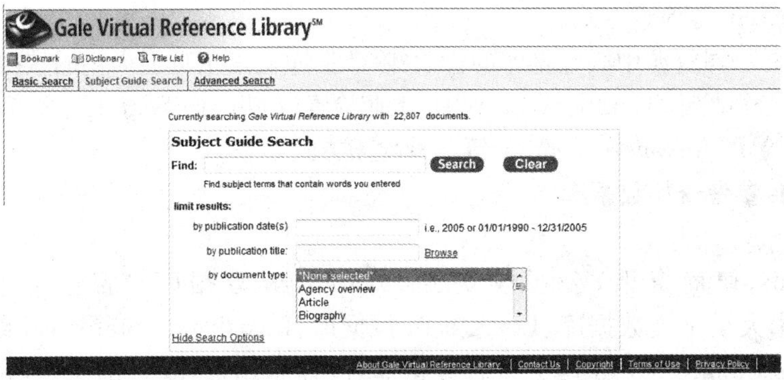

图 7-3-1-2

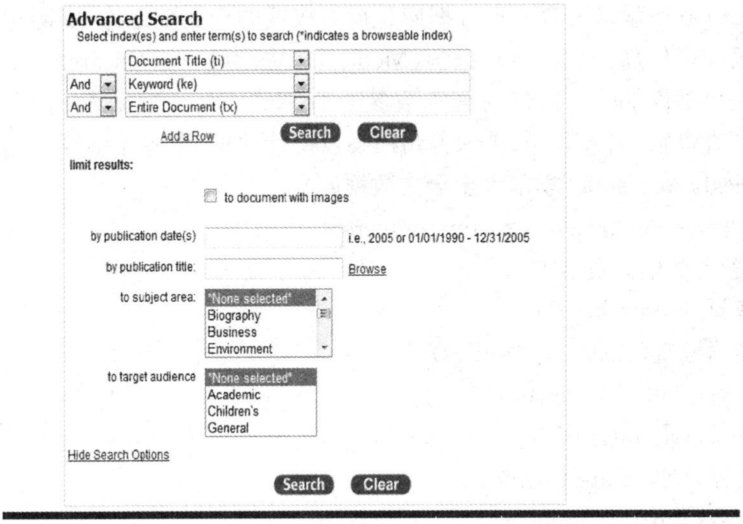

图 7-3-1-3

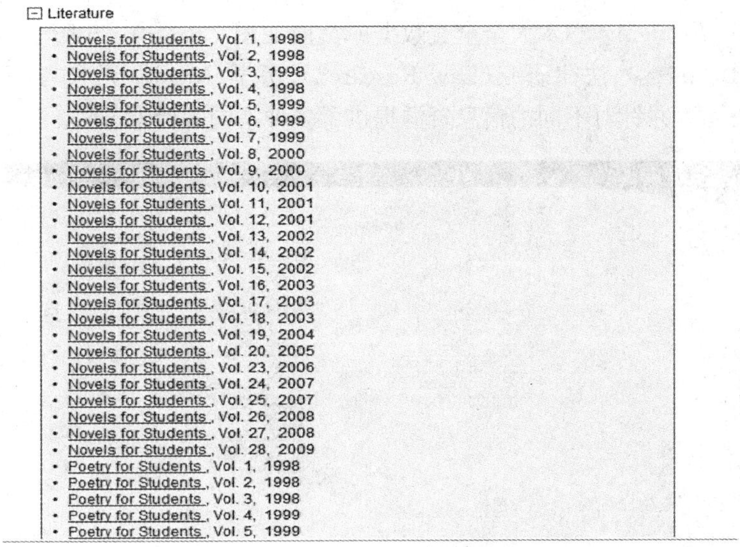

图 7-3-1-4

(3) 现代世界历史资源中心数据库的检索：现代世界历史资源中心数据库提供基本检索（Basic Search）、人物检索（Person Search）、主题检索（Subject Search）、高级检索

(Advanced Search)等检索方式。

(4) 商业与公司资源中心数据库的检索:除数据库检索主页上提供的快捷检索方式外,数据库还提供公司检索(Company Search)、工业检索(Industry Search)、文章检索(Articles Search)、高级检索(Advanced Search)等几种检索方式。

LexisNexis 参考资料数据库

1. 简介

LexisNexis(律商资讯)公司成立于 1973 年,其数据库产品主要有 LexisNexis Academic 学术大全全文数据库、Lexis. com 数据库、LexisNexis Statistical 统计大全数据库、LexisNexis Congressional 国会资料数据库等,拥有超过 45 亿的文档收录,且以每年 40%的速度增长,为专业人士、企业界、政府及法律机构等提供全方位的资讯服务。其中,LexisNexis Academic 学术大全全文数据库是世界权威的全文数据库,资源包括 6 100 多种出版物,以收录和提供新闻(News)、医学(Medical)、法律(Law Research)、商业(Business)信息为主,同时也提供部分有特色的事实型参考类(Reference)数据库,参考类资源包括传记资料、民意调查资料、名人名句、美国各州档案及统计数据、世界年鉴等。

2. LexisNexis Academic(学术大全全文数据库)

网址:http://www. lexisnexis. com/universe

(1) 主要参考类信息资源

① 传记资料(Biographical)

② 世界各国概观(Country Profiles)

③ 民意调查(Polls & Surveys)

④ 名人语录(Quotations)

⑤ 美国各州档案(State Profile)

⑥ 世界年鉴(World Almanac)

(2) 检索

LexisNexis Academic 学术大全全文数据库页面如图 7-3-1-5 所示,主要提供新闻(New)、商业(Business)、法律研究(Law Research)、医学(Medical)、参考(Reference)等 5 类信息资源的检索,并针对不同的信息资源提供了多种不同的检索方法。

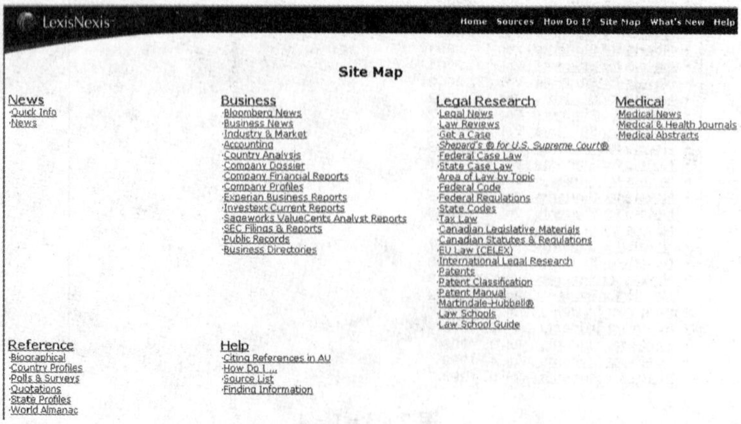

图 7-3-1-5

7.3.2 主要中文数据库

万方数字资源系统中的数据库与事实型数据库

网址：http://www.wanfangdata.com.cn

1. 简介

万方数据资源系统中的机构、专家等数据库是将原中国企业、公司及产品数据库、中国科研机构数据库、中国科技信息机构数据库、中国高等院校及中等专业学校数据库、中国百万商务数据库、中国科技名人数据库、外商驻华机构数据库、汉英—英汉科技词典数据库等数据与事实型数据库整合而成的(检索界面如图 7-3-2-1)，检索方法与过程参见 4.3.2 万方数据资源系统检索。

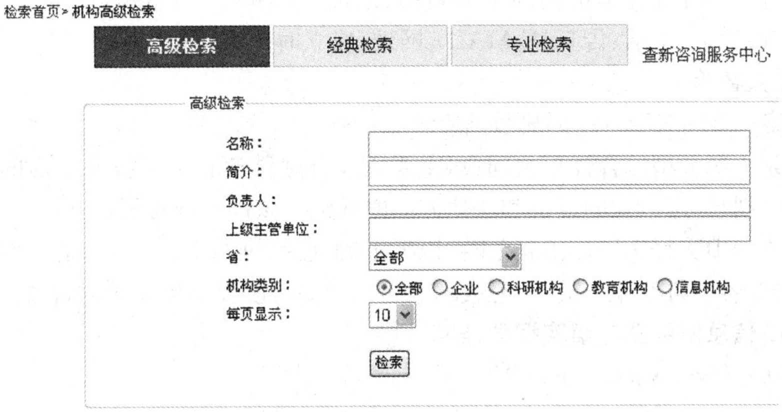

图 7-3-2-1

2. 主要资源

(1) 中国企业、公司与产品数据库(CECDB)

始建于 1988 年，由万方数据联合国内近百家信息机构共同开发。现收录 96 个行业的近 20 万家企业的详细信息，是国内外工商界了解中国市场的一条捷径。目前，CECDB 的用户已经遍及北美、西欧、东南亚等 50 多个国家与地区，主要客户类型包括：公司企业、信息机构、驻华商社、大学图书馆等。国际著名的美国 DIALOG 联机系统更将 CECDB 定为中国首选的经济信息数据库，而收进其系统向全球数百万用户提供联机检索服务。《中国企业、公司及产品数据库》的信息全年 100%更新，提供多种形式的载体和版本。全记录包含 30 多个字段，对企业进行了全方位的立体描述。

(2) 中国科研机构数据库(CSI)

收录了我国近 1 万家地、市级以上及大学所属主要科研机构的详细信息，包括机构名称、地址、邮编、负责人、电话、传真、成立年代、职工人数、科研成果、学科研究范围等，对查找我国科技单位的发展现状及科研成就有很大帮助。

(3) 中国科技信息机构数据库(CSTII)

该数据库共收入我国各科技信息单位和高校图书情报单位 2 000 多家，是各图书、信息单位之间沟通业务往来和促进业务合作所必备的检索查询媒体，也是我国各级科委和科技信息主管部门掌握与了解我国科技信息事业全貌的有效工具。

(4) 中国高等院校及中等专业学校数据库(JYDX)

全国高等学府的名录,包括名称、地址、电话、传真、教师人数、学生人数、机构设置、入学要求等。

(5) 中国百万商务数据库(CBML)

收录国内工商企业、事业机构、学校、医院、政府部门等机构名录 220 多万条,是迄今国内同类同产品中覆盖企业最多的数据库之一。内容有企(事)业名称、地址、邮政编码、负责人、电话传真、分类。

(6) 中国科技名人数据库(WHOCST)

该库囊括了我国著名的科学家、工程师及从事管理和政策制定的科技负责人的全面信息。

(7) 外商驻华机构数据库

该库内容包括外商驻华机构的中英名称、地址、电话、传真、电传、业务范围,派出机构(母公司)名称、地址、电话、传真、E-MAIL、网址、成立时间、驻华代表、工作语言、注册号、开户银行、职工人数等。

(8) 汉英—英汉双语科技词典数据库

该词库是一部大型综合性双语词典,主要收录自然科学和工程技术方面的基本术语和常用词汇,并选收一定数量的经济和法律方面的词汇。该词库设置了约 200 个学科范畴,并在每个英文词的中文释义后标出属范畴,以便准确使用。收词 52.5 万,是一部可供理、工、农、医和生物等各学科专业人员、工程技术人员以及高等院校师生使用的常备工具书。

中国经济信息网数据与事实型数据库

网址:http://www.cei.gov.cn

1. 简介

中国经济信息网,简称“中经网”,于 1996 年 12 月 3 日正式开通,是由国家信息中心联合部委信息中心和省(区、市)信息中心共同组建,以提供经济信息为主要业务的专业性信息服务网络,由中经网数据有限公司负责承建和运营。它是互联网上最大的中文经济信息库,是描述和研究中国经济的权威网站。其内容丰富,提供包括综合专辑、经济动态、经济数据、经济分析、法规政策、产品推介等栏目的大量数据、分析及个性化信息,具有视频、文字、图片、数据、图表等多种信息形式,对各行各业的现状、动态、发展等进行了全方位的报道与分析。

2. 主要资源介绍

(1)《中外经济动态全文库》

包括《中外要报库》、《行业动态信息库》、《地区动态信息库》。

(2)《中国权威经济论文库》

搜集国内外权威机构及著名经济专家的优秀研究成果。

(3)《中国行业季度报告数据库》

国家信息中心中经网与国家部委、行业协会和研究机构及其资深专家合作写成。分为 24 个大类行业、36 个细分行业,共 60 个行业,每年 240 篇左右的研究报告。内容分各行业的相关政策;整体运行状况与产业走势;行业运行主要问题及原因;行业投资增长及趋势;行业的产品结构、市场结构和区域结构的变动;主要企业的竞争态势、营销策略和市场行为;各行业进入和退出的变化因素等。

(4)《中国行业年度报告》

由资深行业专家写成，涵盖 24 个大类行业、36 个细分行业的研究报告，特别适合投资者与管理者参阅。

(5)《中国环境保护数据库》

包括 8 个环境保护系列数据库，即《环境保护资讯库》、《法律法规库》、《统计数据库》、《环保产品库》、《环保技术库》、《环保项目库》、《环保企业库和环保专家库》及 11 个行业的污染治理解决方案。

(6)《中国经济统计数据库》

包括《综合年度库》、《宏观月度库》、《行业月度库》。内容涵盖宏观经济、产业经济、行业经济、区域经济以及世界经济等各个领域，是一个面向社会各界用户提供权威、全面、及时的经济类数据信息的基础资料库。

(7)《中国法律法规库》

包括自 1949 年新中国成立以来全国人大、国务院、高法、高检、各部委办、各省(自治区、直辖市、特别行政区)等单位颁布的法律法规条文，以及国际条约法律及惯例等，约 10 万篇。

(8)《中国地区经济发展报告》

依托国家信息系统资源和网络，联合全国 31 个省区市、16 个计划单列市及副省级省会城市，及部分地级城市信息中心共同开发建设，包括季度、年度经济形势分析报告，每年更新 200 多篇；国民经济和社会发展规划及专项规划；全国及各地自 2000 年以来的统计公报；全国及各地自 2001 年以来的政府工作报告。

(9)《中国企业产品库》

该库拥有各类企业 27 万家、产品 45 万条，囊括了所有的上市公司、国家重点企业、大型企业集团、外资企业、民营企业、各个行业龙头企业和地方的名、优企业。其子库有：《企业名录库》、《企业产品库》、《企业网址库》、《企业分析库》、《企业资信库》、《市场调查数据库》。

(10)《中经网产业数据库》

收录 24 个产业，覆盖机械、汽车、电子通信、医药、石油化工、能源、交通、房地产、钢铁、旅游、金融、商贸、宏观等 10 多个产业集群的全新数据库产品。

3. 数据库的检索

其主页如图 7-3-2-2 所示，点击“数据库”，可见图 7-3-2-3 所示界面，进入数据库资源浏览页面，在此页面中可以选择不同的数据库资源实施检索。选择的数据库资源不同，数据库所提供的检索界面和应用的检索方法也略有不同，但基本检索步骤大体相同，在此不再细述。

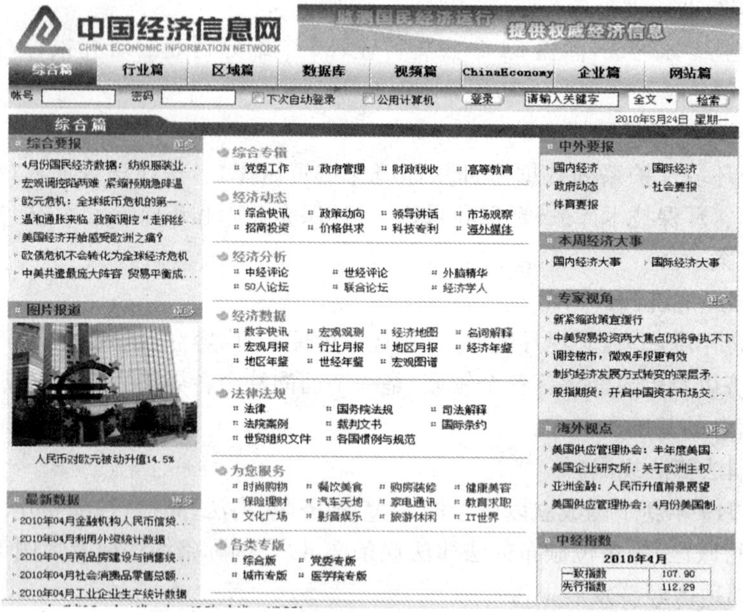
中国经济信息网
CHINA ECONOMIC INFORMATION NETWORK
监测国民经济运行　提供权威经济信息
综合篇　行业篇　区域篇　数据库　视频篇　ChinaEconomy　企业篇　网站篇
综合篇
2010年5月24日 星期一
综合要报
图片报道
人民币对欧元被动升值14.5%
最新数据
综合专辑
经济动态
经济分析
经济数据
法律法规
为您服务
各类专版
中外要报
本周经济大事
专家视角
海外视点
中经指数
2010年4月
一致指数 107.90
先行指数 112.29

图 7-3-2-2

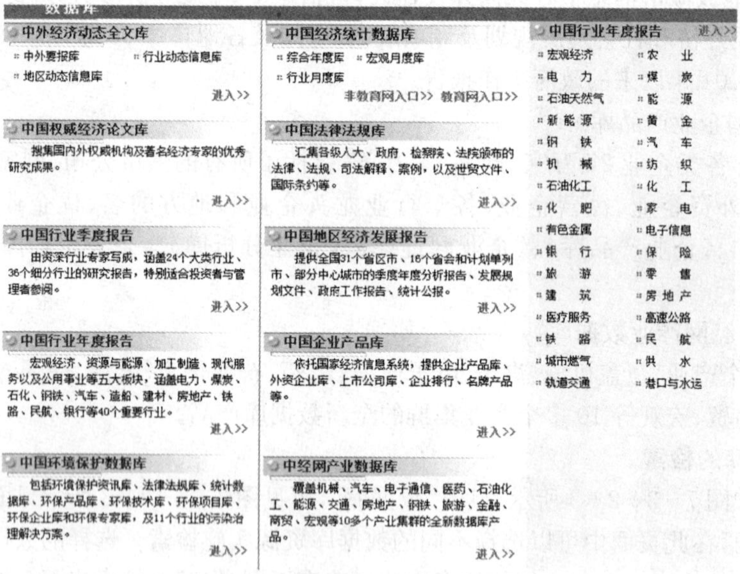
数据库
中外经济动态全文库
中国经济统计数据库
中国行业年度报告
中国权威经济论文库
中国法律法规库
中国行业季度报告
中国地区经济发展报告
中国行业年度报告
中国企业产品库
中国环境保护数据库
中经网产业数据库

图 7-3-2-3

8 目录、索引及文摘

目录、索引、文摘属于检索型工具书，是根据一次文献整理而成的二次文献，提供的是一次文献的出处，因此又有线索性工具书之称。

8.1 目录

目录是系统著录一批相关的文献(包括图书、报刊、非书资料等)，并按照一定方式编排的一种揭示和报道文献的检索工具。目录可以反映一定历史时期人类科学文化的发展概况，利于人们了解各类知识的分布，还可以指示读书门径，指导阅读。

传统目录就是单指图书目录。我们所讲的目录，还包括报刊目录和非书资料目录。我们重点介绍图书目录、报刊目录和非书资料目录中的网络目录。

我国最早的书目是西汉刘向的《别录》，已佚。现存最早的书目是东汉班固的《汉书・艺文志》，收录古籍文献最多的书目是清乾隆时期的《四库全书总目》。

8.1.1 图书目录

1. 概念

图书目录，又称书目，是记录图书的书名、著者、出版等项目(亦有叙及图书内容、学术源流、收藏情况的)，按一定方式编排的检索工具。作为书目，一般要记录图书的书名、著者、出版等项目，至于是否叙及图书的内容、学术源流、收藏情况，则并无定规。如《美学专著、译著选目》(《美学向导》)和《近六十年我国出版的美学著译书目》(《文献》13 辑)，都是美学书目，前者不附内容提要，后者却有内容提要。

在编制文献目录时，对文献内容和形式特征进行分析、选择和记录的过程，称“著录”。

2. 分类

(1) 按收录图书的内容范围，书目可分为综合性和专科性的两大类。综合性书目所著录的图书，不限于某一学科；专科性书目所著录的图书，围绕一个学科或某一专题。

(2) 按收录地域范围可以分为：

① 国家书目：反映一个国家一定时期内出版的全部书籍的综合性书目。

② 联合目录：反映某些书刊在全国或某地区若干图书馆收藏情况的目录。

③ 馆藏目录：是反映某一图书馆内藏书的目录。

另外还有向读者推荐学习、研究的导读书目，又称推荐书目，可以是综合的，也可以是专题性的。

3. 主要书目

(1) 综合性书目

① 1911 年以前的书目

《四库全书总目提要》

又称《四库全书总目》，200 卷。清代永瑢、纪昀主编，中华书局 1965 年影印本全 1 册，1981 年影印本全 2 册，后多次重印。

清乾隆三十七年(1772)下令征求遗书，次年集中一批学者成立四库全书馆。在征集与禁毁的基础上，历经 10 年修纂了这部规模空前、影响深远的大型丛书《四库全书》。分经、史、子、集四部，收历代重要图书 3 400 余种，7.9 万余卷，精工誊录，装订成 36 000 余册。正本共誊录 7 套，分别贮存在“北四阁”(清故宫文渊阁、奉天故宫文溯阁、圆明园文源阁、承德避暑山庄文津阁)和“南三阁”(镇江文宗阁、扬州文汇阁、杭州文澜阁)。其中，圆明园文源阁、镇江文宗阁、扬州文汇阁的藏书于清末毁于战火；杭州的文澜阁本亦于战乱中散失三分之二以上，后抄配补齐，今存杭州；文津阁本今存北图(上海古籍出版社 1988 年曾影印出版)；文溯阁本今存甘肃省专用书库；文渊阁本今存台湾省(台湾商务印书馆 1983～1986 年曾影印出版)。

清代修纂《四库全书》时，每当校订完一部书籍，馆臣就写一篇提要，放在抄录书的前面，供皇帝阅读时参考。后来纪昀将这些提要分类编排，汇为一书，这就是《四库全书总目提要》。

《四库全书总目提要》著录抄录入库的图书 3 461 种和仅抄存卷目的图书(即“存目书”)6 793 种，共10 254篇书目的提要。按中国传统的分类法分为经、史、子、集四部，每一部又分为若干种小类。如经部分为易、书、诗、礼、春秋、孝经、五经总义、四书、乐、小学 10 类等等。其中比较复杂的类再细分子目。如礼又分为周礼、仪礼、礼记、三礼总义、通礼、杂礼书 6 个子目。所录诸书，以时代为序，每一部有总序，大类有小序，每一类目后面有按语，扼要说明这一类著作的源流以及所以分这一类的理由。每篇提要对作者、书名、版本、全书大旨及著作源流、篇目的分合、文字增删和内容价值等，都作了扼要的介绍。

《四库全书》为我国古代最大的一部丛书，所著的书基本上包括了清乾隆时尚有流传的中国古代重要著作。提要的撰写者多为当时的知名学者，所撰的提要具有一定的参考价值。

该书是奉乾隆皇帝之命编纂的，因而所选之书必须合乎统治者的口味。这样，凡有关汉族抵抗外来民族思想、反对君主专制的进步思想的大批书籍遭到禁毁、删节和窜改；另外，还有若干种著作已达到当时学术思想和艺术最高水平的，因其中有“违碍”处，纵然幸免于禁毁，馆臣也不敢著录，只好排斥在“全书”之外了。如黄宗羲的《明夷待访录》、顾祖禹的《读史方舆纪要》、顾炎武的《天下郡国利病书》等，都是 17 世纪一流的学术著作，四库未收；一切散曲、杂剧、传奇，如关汉卿的《窦娥冤》、王实甫的《西厢记》、白朴的《汉宫秋》、高则诚的《琵琶记》、孔尚任的《桃花扇》、洪昇的《长生殿》等人民喜爱的戏剧创作，皇帝指示屏弃，不予著录；当时的统治阶级认为小说与他们的“卫道”说教没有关系，“出于稗官，街谈巷语，道听途说者之所造”，“致远恐泥，是以君子弗为”(《汉书·艺文志》)，尽管《水浒》、《三国演义》、《金瓶梅》、《聊斋志异》等创作风行一时，亦概不著录；另外也不著录“丛书”类，仅在子部诸家类著录数部(存目书稍多)；很少著录地图。其总目影印本书后附有《四库撤毁书提要》、《四库未收书提要》等。

《增订四库简明目录标注》

《书目答问补正》

《贩书偶记》及续编

② 1911 至 1949 年书目

《民国时期总书目》(1911～1949)

北京图书馆编，书目文献出版社 1986 年起出版。这是一部大型回溯性书目，收录 1911～1949 年 9 月我国出版的中文图书（线装书和少数民族文字图书不收录），约 10 万余种，主要为北京图书馆(B)、上海图书馆(S)和重庆市图书馆(C)的藏书，适当补充其他一些图书馆的藏书。书目按学科分为哲学、宗教、社会、政治、法律、经济、文化教育、语言文字、中国文学、外国文学、中国历史、外国历史、中国地理、外国地理、理、工、农、医药卫生、总类等 20 个分册，分批出版，共 20 册，2 000 万字。每册只标明学科名，不标册次。各册均分类编排，再依出版年月、著者或书名排列，后附汉语拼音书名索引。

③ 建国后书目

《全国总书目》(版本图书馆据全国出版单位送来的样本书编辑)

先后由新华书店、文化部出版事业管理局版本图书馆、中国版本图书馆等单位编，1956 年前由新华书店印行，1956 年后由中华书局出版。该书目反映 1949 年以来我国图书出版情况的大型书目，逐年编印，比较全面、系统地记录中央及各省市、自治区（“台湾省”暂缺）出版单位当年出版的各种图书。1949～1954 年合为一册，1955 年起每年一册。1966 年～1969 年停刊，后补出合刊本。1970 年复刊，每年一册。自创刊至 1981 年均为大 32 开本。1982 年起改为 16 开本，并增加内容提要。

《全国新书目》

先后由中央人民政府出版总署图书馆、文化部出版事业管理局版本图书馆等单位编辑出版。1951 年创刊，1966 年 7 月停刊，1972 年复刊。刊期历经变动，目前为月刊。著录新书，大部分附有内容提要。该刊比较迅速地报道全国每月各类图书的出版情况，是我们逐月了解全国出版动态的重要检索刊物。

《全国内部发行图书总目》(1949～1986)

中国版本图书馆编，中华书局 1988 年出版。收录 1949 年 10 月～1986 年底出版的内部发行图书（包括了《全国总书目》未曾收录的“只限国内发行”图书）共 18 301 种，其中初版书17 754种。全书包括分类目录、少数民族文字图书目录、盲文书籍目录和书名索引 4 部分。

查考新中国成立后出版的古籍，可利用：

《古籍目录》(1949.10～1976.12)

国家出版局版本图书馆编，中华书局 1980 年版。这是一部查找 1949 年 10 月至 1976 年 12 月出版的古籍的重要书目。所收的古籍包括：① “五四”以前的著作；② “五四”以后对古籍整理加工的著作，以及从古籍中摘录或选编的资料书；③ 古籍的今译、新注和选本。著录内容除作者、出版处、出版年月、开本、字数、定价、印刷次数、印数等外，并略作选用版本的说明。分 9 大类编排，包括综合、学术思想、历史、文化教育、语言文字、文学艺术、农书、医药、其他科技书。大类下再细分小类。

《古籍整理图书目录》(1949～1991)

另有《社科新书目》、《科技新书目》及各出版社出版目录等。

(2) 专科性书目

检索哲学社会科学各学科图书可以利用各种综合性书目，但利用专科性书目检索更为迅速。专科（专题）性书目是将某一学科或某一专题的图书汇集在一起，经过整理，编成具有相对独立性和完整性的图书目录。专科性书目编制目的明确，针对性强，收录齐全、系统，能够为读者提供有关的图书资料出处，节省检索图书的时间，与综合性书目配合使用效果更好。

《八十年来史学书目》

中国社会科学院历史研究所资料室编，中国社会科学出版社 1984 年出版。本书收录 1900～1980 年中国人著译的史学著作 12 400 余种，分上下两编。上篇包括史学理论和历史研究法、中国史、世界史、考古学和物质文化史、综合参考。下编包括经济史、政治史、军事史、农民战争史、民族史、宗教史、社会生活与社会问题、学术思想史、文化史、艺术史、教育史、文学史、语言文字史、科学技术史、地方史和历史地理、中外关系史、史学史和史料学。史料学所收人物传记，中国历史人物以其卒年在 1919 年以前为限，外国历史人物以其卒年在 1917 年以前为限，按姓氏笔画排列。

《中国现代作家著译书目》

北图书目编辑组编，书目文献出版社 1982 年出版。收录“五四”以来至 1981 年底 50 位作家著、译、编、校的图书近 3 000 种。每位作家均附传记。

《中国现代作家著译书目续编》

收录 128 位作家的近 3 400 余种图书。

《楚辞要籍解题》

洪湛侯主编，湖北人民出版社 1984 年出版。此书分为两编：① 楚辞要籍解题，选择汉代至当代价值较高、影响比较大的楚辞专著 62 本进行评价；② 楚辞专著目录，收录楚汉时期至 1982 年出版的楚辞研究专著 235 种，包括注释、评论、考证等方面。

《红楼研究小史稿及续编》

4. 书目检索系统

国家图书馆联机公共目录查询系统

网址：http://opac.nlc.gov.cn/F? RN=233879868

(1) 简介

中国国家图书馆(原北京图书馆)，简称国图，是综合性研究图书馆，为全国书目中心、图书馆信息网络中心。其联机公共目录查询系统如图 8-1-1-1 所示。匿名可采用 ID 登陆和匿名登录两种方式进行书目查询，系统默认为匿名登录，匿名可以直接使用检索查询界面，但仅限于使用检索功能。

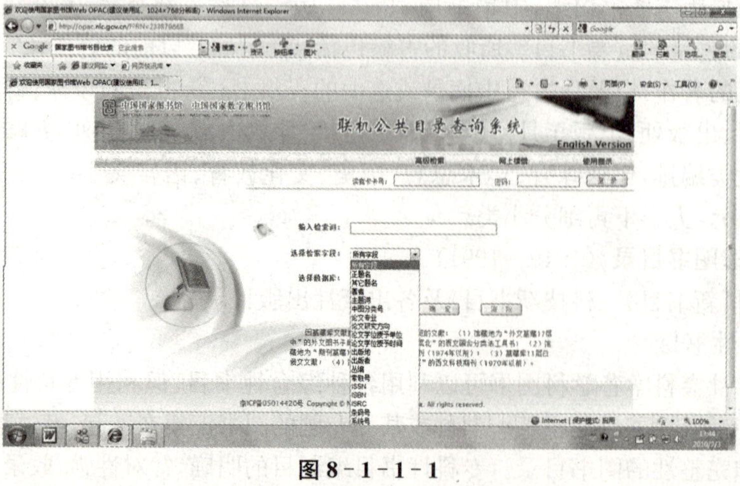

图 8-1-1-1

(2) 检索

系统提供简单检索和高级检索。

① 简单检索

简单检索界面为默认检索界面，有中文及特藏数据库或外文文献数据库可供选择。检索字段有所有字段、正题名、其他题名、著者、主题词、中图分类号、论文专业、论文研究方向、论文学位授予单位、论文学位授予时间、出版地、出版者、丛编、索取号、ISSN、ISBN、ISRC、条码号、系统号，选择好检索字段，直接输入检索词就可进行检索。

② 高级检索

高级检索又称跨库检索，其检索界面如图 8－1－1－2 所示，将中文及特藏数据库分为中文普通图书、中文期刊、中文报纸、学位论文、音像制品和电子资源(含中外文)、台港图书及海外出版的中文图书、普通古籍(含新线装)、联合国资料、民语文献(全部或 18 种语言之一)、地方志、家谱文献、善本古籍文献、中文缩微文献等数据库；外文文献数据总库(全部或 28 种语言之一)分为外文图书、外文期刊、外文地图、外文善本、外文报纸(含台港外文)、国际组织和外国政府出版物、外文缩微文献、外文乐谱等数据库。增加出版年、阅览室/外借库(30 个馆藏地)、词是否邻近等选择，其余同简单检索。

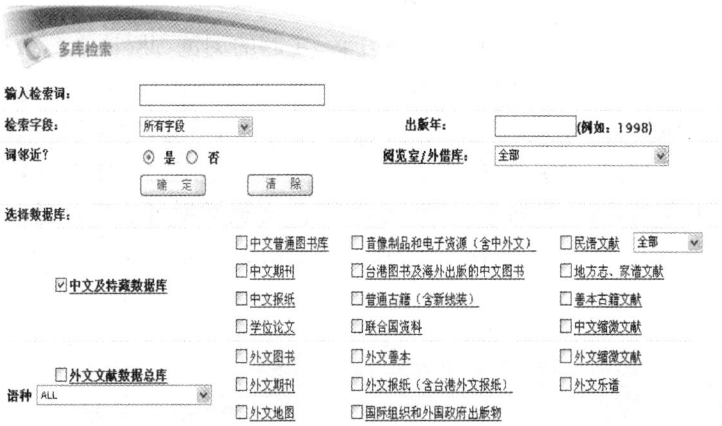

图 8－1－1－2

CALIS 联合目录公共检索系统

网址：http://opac. calis. edu. cn/simpleSearch. do

① 简介

中国高等教育文献保障系统(China Academic Library & Information System，简称 CALIS)，是经国务院批准的我国高等教育“211 工程”、“九五”、“十五”总体规划中三个公共服务体系之一。CALIS 联合目录公共检索系统(简称 OPAC)主页如图 8－1－1－3 所示，提供馆际互借功能(OPAC 系统提供用户直接发送请求到本馆的馆际互借网关，用户无需填写书目信息)。

② 检索

提供简单检索、高级检索、浏览等方式进行书目查询。

简单检索：是默认界面，有中文、西文、日文三个数据库可供选择，检索字段有题名、责任者、主题、全面检索、分类号、所有标准、号码、ISBN、ISSN，直接输入检索词即可。单一数据库中的检索结果在 200 条以内，系统按照题名默认排序，也可以在结果列表页面选择责任者或出版信息排序(下同)。

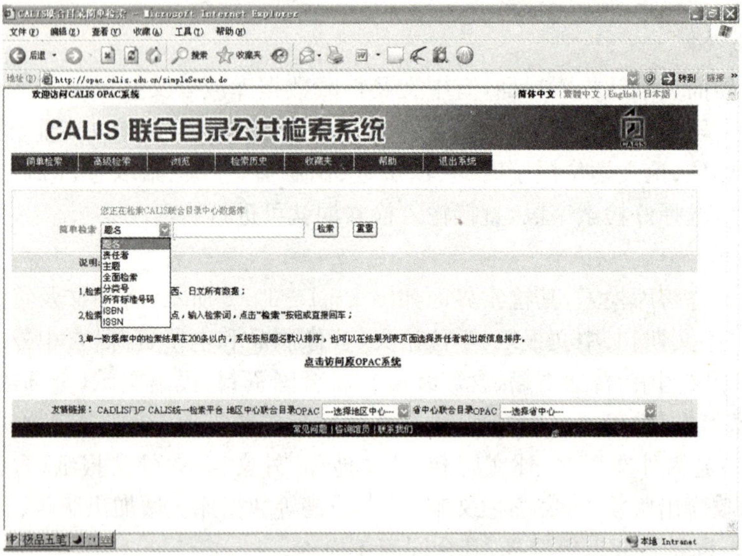

图 8-1-1-3

浏览:与简单检索相似,提供对题名、责任者、主题的浏览,此外,古籍数据还提供四库分类的树型列表浏览。

高级检索:界面如图 8-1-1-4 所示,有中文、西文、日文、俄文四个数据库,默认为全部;有三个检索输入框,检索字段同上,之间可用“与、或、非”匹配;限制性检索中,内容特征可选择统计资料、字典词典、百科全书,默认为全部,文献类型可选择普通图书、连续出版物或中文古籍,默认为全部,还可通过输入出版时间对检索结果进行限定。可进行二次检索。

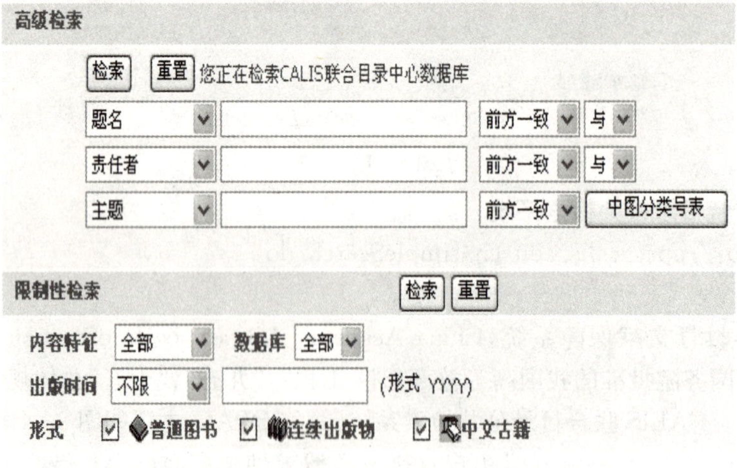

图 8-1-1-4

③ 结果

检索结果分为多种格式,包括简单文本格式、详细文本格式、MARC 显示格式。前两种格式对所有用户免费开放,MARC 显示格式只对 CALIS 联合目录成员馆开放,查看或下载 MARC 记录,均需按照 CALIS 联合目录下载费用标准收取相关费用。

中国高校人文社会科学文献中心

网址：http://www.cashl.edu.cn

(1) 简介

中国高校人文社会科学文献中心(China Academic Social Sciences and Humanities Library，简称 CASHL)是在教育部的统一领导下，本着“共建、共知、共享”的原则、“整体建设、分布服务”的方针，是高校人文社会科学教学和研究建设的文献保障服务体系，是教育部高校哲学社会科学“繁荣计划”的重要组成部分，也是全国性的唯一的人文社会科学文献收藏和服务中心，目前文献收藏和服务以原版外文文献为主。

(2) 服务体系

服务体系由两个全国中心、五个区域中心和十个学科中心构成，统一以“中国高校人文社会科学文献中心”(CASHL)的名义对外开展服务。其职责是收藏资源、提供服务。

全国中心：北京大学、复旦大学。

区域中心：武汉大学、吉林大学、中山大学、南京大学、四川大学。

学科中心：北京师范大学、东北师范大学、华东师范大学、兰州大学、南开大学、山东大学、清华大学、厦门大学、浙江大学、中国人民大学。

技术支持：由 CALIS 管理中心承担，包括馆际互借与文献传递系统升级与维护等，并负责“高校人文社科外文期刊目次数据库”和“高校人文社科外文图书联合目录”的建设与更新，以及文科专款图书的集中编目等工作。教图公司提供印本和电子资源采购服务。

(3) 服务内容

服务内容主要有：高校人文社科外文期刊目次数据库查询、高校人文社科外文图书联合目录查询、高校人文社科核心期刊总览、国外人文社科重点期刊订购推荐、文献传递服务以及专家咨询服务等。

高校人文社科核心期刊总览包括：《国外人文社会科学核心期刊总览》(北京大学图书馆主持编纂)、被 SSCI 和 AHCI 收录的核心期刊(带有“馆藏”标识的可以提供文献传递服务，带有“推荐”标识的可以推荐订购)。

国外人文社科重点期刊订购推荐：提供 9 000 多种国外人文社科重点期刊的目录供用户推荐订购，用户的推荐意见将作为 CASHL 订购期刊的重要依据。

(4) 主要资源

① 人文社会科学外文期刊

收录了 9 148 多种人文社会科学外文期刊，核心期刊 3 326 种，完整收藏了 SSCI 和 AHCI 收录的核心期刊，涉及地理/环境、法律、教育、经济/商业/管理、军事、历史、区域学、人物/传记、社会科学、社会学、体育、统计学、图书馆学/信息科学、文化、文学、心理学、艺术、语言/文字、哲学/宗教、政治等学科。

② 高校人文社科外文期刊目次数据库

收录了 CASHL 全国中心(北京大学和复旦大学)2 300 多种人文社会科学外文期刊，可提供目次的分类浏览和检索查询，以及基于目次的文献原文传递服务。其中带有“核心”标识的期刊为核心期刊。

③ 高校人文社科外文图书联合目录

收录 CASHL 全国中心和区域中心(北大、复旦、南大、武大、中山、吉大、川大)的 38.3 万种人文社科外文图书，涉及人物/传记、体育、军事、历史、哲学/宗教、图书馆学/信息科学、地理/环境、心理学、政治、教育、文化、文学、法律、社会学、社会科学、经济/商业/管理、统计学、艺术、语言/文字等学科，提供联合目录查询与借阅服务。

④ 电子期刊

包括JSTOR、Periodicals Archive Online等国外著名的人文社会科学数据库的900余种电子期刊，直接下载全文仅限CASHL中心馆，成员馆用户可以通过文献传递获取原文。

⑤ 电子图书

包括 Early English Books Online（EEBO）、Eighteen Century Collections Online（ECCO）等国外著名的人文社会科学数据库的26万种电子图书。直接下载全文仅限CASHL中心馆，成员馆用户可以通过文献传递获取原文。

(5) 检索

检索分为期刊检索与图书检索。

① 期刊检索是默认界面，如图8-1-1-5所示，又分为刊名检索与浏览，可提供刊名首字母、学科列表、刊名检索三种方式。刊名检索支持刊名与ISSN检索，其中带有“核心”标识的期刊为核心期刊。所需内容可通过文献原文传递服务获得。

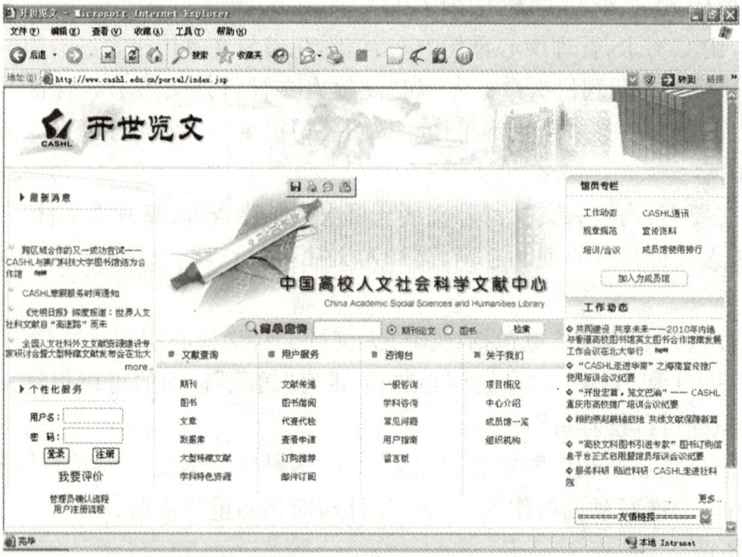

图8-1-1-5　CASHL检索页面

② 图书检索称为图书检索与浏览，提供图书简单检索和图书高级检索。

图书简单检索又分为题名字顺浏览、学科列表、题名检索。题名检索提供题名、ISBN检索。

图书高级检索界面如图8-1-1-6所示，有4个检索输入框，可检索字段有题名、著者、主题、ISBN、出版机构，支持AND、OR、NOT；检索限制有出版时间、学科类别、馆藏地址、图书类别；排序方式有出版时间、题名。检索的图书可通过馆际互借服务获得。

OCLC FirstSearch 国际联机检索系统

网址：http://www.oclc.org/firstsearch/content/databases/practicedatabases.htm

(1) 简介

OCLC全名为Online Computer Library Center（联机计算机图书馆中心），1967年创建，总部设在美国俄亥俄州的都柏林，是一个非盈利性质、成员关系、面向全球图书馆的计算机信息服务和研究组织，以推动更多的人检索世界范围内的信息、实现资源共享并减少信息费用为主要目的，主要提供以计算机和网络为基础的联合编目、参考咨询、资源共享和保存服务。据统计，使用 OCLC 产品和服务的用户已达 109 个国家和地区的 55 000 多个图书馆和教育科研机构。FirstSearch 是 OCLC 的一个联机检索服务系统，1991 年开始使用。全文文章达 1 000 多万篇。当前，通过 FirstSearch 可检索 70 多个数据库，其中有 30 多个数据库可检索到全文。这些数据涵盖艺术和人文学科、工商管理和经济、会议和会议录、消费者事物和人物、教育、工程技术、普通科学、生命科学、医学和健康学、新闻和时事、公共事务和法律、社会科学、综合和参考等。它检索到的文献信息中不仅包含文摘还能查阅到馆藏地点。

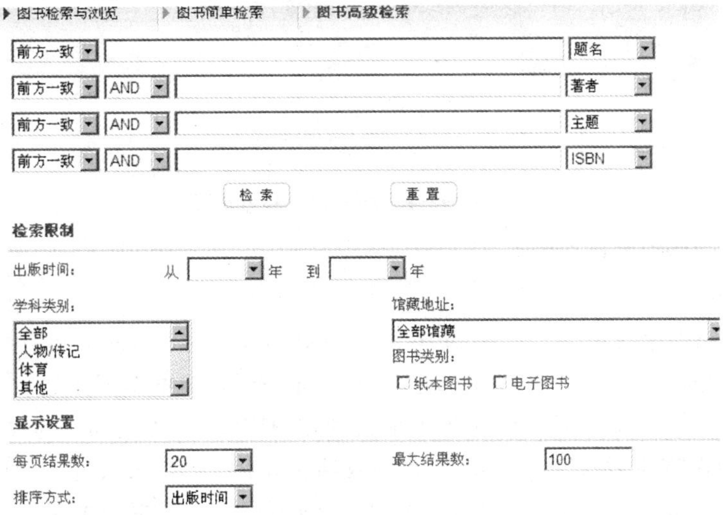

图 8-1-1-6

(2) FirstSearch 主要特色

① 易于获取联机全文(与全文电子库 ECO 整合、全文库标识、全文共享、按全文限制检索、标识收藏馆、与馆际互借无缝链接)；

② 强大的检索手段(系统帮助选库、多种检索界面、多类检索式、多个限制检索手段、链接到相关的主题、作者和数据库等)；

③ 数量多、途径多的检索索引；

④ 专配 Web 界面的管理模块(主要包括：显示账号信息，检索选择，资源共享，资源链接，界面显示选择)；

⑤ 整合用户馆的馆藏资源，并在记录中标识，至最新统计，已包含 10 亿多个馆藏信息；

⑥ 信息量大，更新速度快；

⑦ 提供 7 种语言的界面，其中包括简体中文界面。

(3) FirstSearch 的检索

IP 方式的基本网址：http://firstsearch.oclc.org/FSIP

授权号和密码方式的网址：http://firstsearch.oclc.org

FirstSearch 检索界面如图 8-1-1-7 所示，选择 1～3 个数据库，选择检索的字段索引，输入检索项，即可得到检索结果，可以浏览命中记录的一览表，也可查看记录的详细内容或直接获取全文；根据需要也可通过导航菜单选择进入数据库、检索、记录一览表、详细记录、全文或其他界面；最后，点击导航菜单的“退出”，结束 FirstSearch 检索过程。

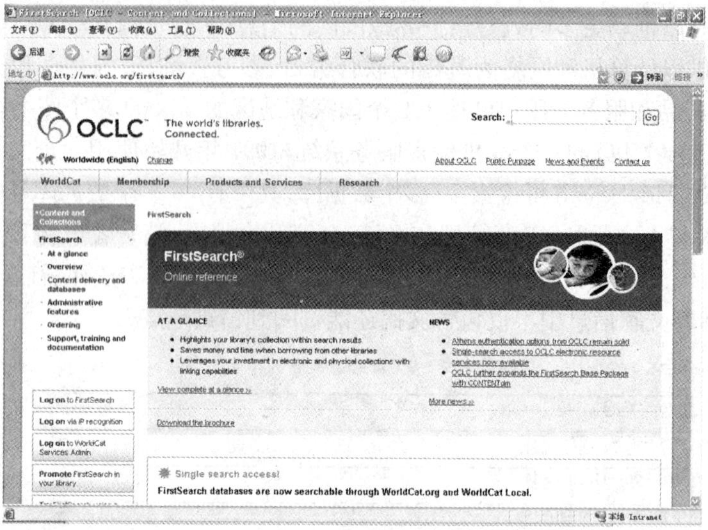

图 8-1-1-7 OCLC 检索页面

美国国会图书馆书目查询

网址：http://catalog. loc. gov

美国国会图书馆(Library of Congress，United States)建于 1800 年，距今已有二百余年的历史，是美国的四个官方国家图书馆之一，也是全球最重要的图书馆之一。它是美国历史最悠久的联邦文化机构，已经成为世界上最大的知识宝库，是美国知识与民主的重要象征，在美国文化中占有重要地位。目前藏品总数约 1.3 亿，其中 0.29 亿书籍、0.12 亿照片、0.58 亿件手稿。如此的馆藏量成为图书馆历史上的巨无霸，图书馆书架的总长超过 800 公里。超过三分之二的书籍是以多媒体形式存放的，其中包括很多稀有图书、特色收藏、世界上最大的地图、电影胶片和电视片等(除农业技术和临床医学方面的信息分别由国家农业图书馆和国家医学图书馆收藏外，其他信息均被国会图书馆收藏)。其书目查询界面如图 8-1-1-8所示，提供简单检索(Basic Search)和向导检索(Guided Search))两种检索方式。选择合适的检索方式后，输入检索词，点击“Search”按钮，即可进入检索结果列表。

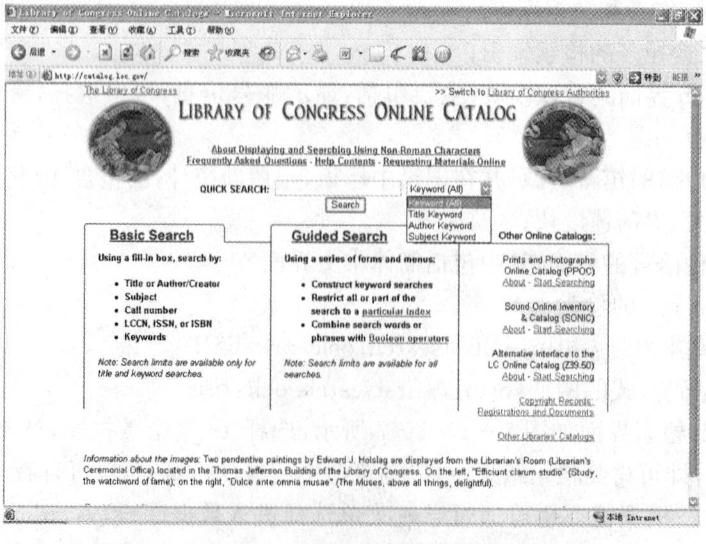

图 8-1-1-8 美国国会图书馆书目查询界面

5. 网上书店

此外，查询书目信息还可借助于一些网上书店进行，常用的有：

亚马逊网上书店(http://www.amazon.com)

当当网上书店(http://www.dangdang.com)

一城网图书频道(http://book.001town.com/bookmall/index.html)

中国图书网(http://www.bookschina.com)

8.1.2 报刊目录

1. 概况

报刊是报纸和期刊的合称，国际上一般称连续出版物。

报纸是以刊载新闻和评论为主的定期连续出版物，一般是每天出版，有日报和晚报之分，也有三日报、周报和旬报。

期刊又称杂志，是用卷、期或年、月顺序编号的连续出版物，有定期和不定期之分。定期的如周刊、半月刊、月刊、季刊、半年刊等。按内容性质分则有学术期刊、文学期刊、检索期刊、通俗杂志区等。

我国报纸起源于唐代的"邸报"，主要功用是颁布皇帝的诣旨、官员奏议等官方文书，现多已失存。现存最早的邸报，为敦煌卷子中的唐僖宗光启三年(887)的《进奏院状》。

宋代以后，民间开始出现一种称为"报条"(一名"小本"、"小钞")的小报，专门刊载邸报不拟颂的文书和消息，受到官方的禁止。明代以后，官方允许这种小报公开翻印和出售。清代由于采用木刻、活字或铅字排印，数量大增，影响也越来越大。

用中文出版的近代报刊，最早有《察世俗每月统计传》和《东西洋考每月统计传》，但均为外国传教士所编。中国自办的报纸有《循环日报》、《昭文新报》等，其中资产阶级改良派创办的《中外纪闻》、《强学报》、《时务报》、《时报》，以及革命党人创办的《苏报》、《浙江潮》、《民报》等，揭露清朝政府的黑暗统治，传播民主主义思想，影响也很大。《申报》是我国近代报刊史上历时最久的报纸，创办于1872年，共出版发行77年。

2. 主要检索系统

CCC 西文期刊篇名目次数据库综合服务系统

网址：http://162.105.139.168/index.php? op=index

(1) 简介

CCC 西文期刊篇名目次数据库综合服务系统(CALIS Current Contents of Western Journals，简称 CCC 数据库)，又称 CALIS 外文期刊网，是 CALIS"十五"建设的数据库子项目之一，它具有完善高效的检索功能、强大及时的报道揭示功能、完善的链接功能和各种统计分析功能。具体包括：

① 收录1999年至今3万多种西文期刊的篇名目次数据，其中有2.3万种现刊的篇名目次，每年新增数据200万条，每周更新。

② 提供与世界9种著名二次文献的期刊收录数据比对及揭示，对二次文献收录数据的揭示率非常高。这9种二次文献库为 AGRICOLA(《农业文摘》)，Biological Abstracts(《生物学文摘》)，Chemical Abstracts(《化学文摘》)，Current Contents(《现刊篇名目次》)，Engineering Index(《工程索引》)，INSPEC(《科学文摘》)，Medline(《医学文摘索引》)，

Science Citation Index(《科学引文索引》),Social Science Citation Index(《社会科学引文索引》)等。

③ 标注了国内图书馆(包括高校、科研单位和公共图书馆)的纸本馆藏和电子资源馆藏,将各图书馆馆藏纸本期刊和图书馆购买全文数据库包含电子期刊与篇名目次有机地集成到一起,既为读者提供了准确的原文收藏信息,又使读者可以直接通过系统的资源调度得到电子全文。

④ 与国内馆藏期刊的 OPAC 链接,使国内图书馆的馆藏资源成为联网资源,满足不同图书馆之间进行互借和传递的需求,并根据每年的收藏情况对数据进行更新。

⑤ 提供 15 个已在国内联合采购的电子全文期刊数据库的全文链接(大约 8 000 种期刊),达到一站式检索的目的和功能。

⑥ 链接了 CALIS 馆际互借系统、文献传递系统,读者可以将查找到的文章信息直接发送文献传递请求来获取全文。

⑦ 为成员馆提供多种用户使用查询统计报告、馆藏导航数据下载、电子资源维护等服务。

(2) 访问方式

CCC 以 WEB 方式提供服务,需要访问权限。

(3) 检索

该系统提供篇目检索、刊名浏览与检索、全文库浏览和文摘库浏览。

① 篇目检索有快速检索、高级检索两种检索方式。

快速检索:检索界面如图 8-1-2-1 所示,可检字段为篇名、作者、刊名、ISSN,在检索框内输入关键词即可检索。最多支持三个检索词同时检索,之间缺省的逻辑关系为“and(逻辑与)”,不区分大小写和前后顺序。

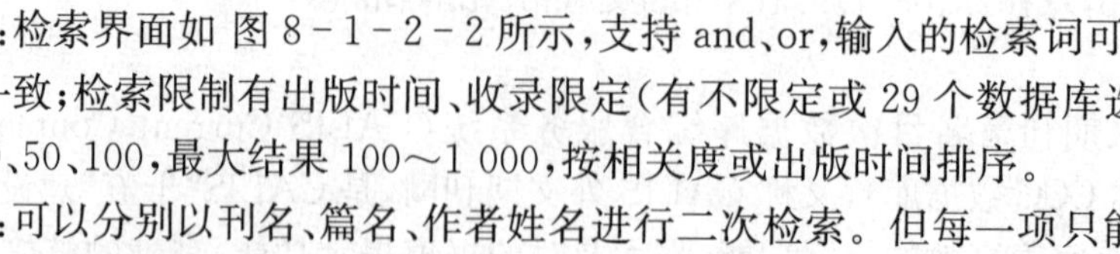

图 8-1-2-1

高级检索:检索界面如 图 8-1-2-2 所示,支持 and、or,输入的检索词可选择包含、完全匹配、前方一致;检索限制有出版时间、收录限定(有不限定或 29 个数据库选其中之一);每页可显示 20、50、100,最大结果 100~1 000,按相关度或出版时间排序。

二次检索:可以分别以刊名、篇名、作者姓名进行二次检索。但每一项只能再进行两次检索,不支持更多次的检索。

检索结果显示、标记、保存

显示:检索后,首先显示的是检索结果的数量和篇名目录页,每一条记录包括篇名、作者、刊名、ISSN 号、出版年月、卷期、起止页码以及 3 个可以链接的按钮“查看全文”、“文献传递”、“馆藏情况”,并且可以按检索结果给出刊名和年代进行浏览。

标记和保存:在每篇文章篇名的前面允许标记记录,以便只选择想要的篇目进行打印和下载,标记结束后,点击页尾的“浏览”,即只出现标记过的记录;浏览格式可以选择简单格式

(只包括篇目的基本信息)和详细格式;点击“另存为”可以保存到本地,也可以发送到指定email 的信箱里,并且可以保存到“我的收藏”。

图 8-1-2-2

另外,点击篇名后,将显示该篇目的详细内容和用户馆的收藏情况,如果本馆无收藏,在这个页面也可点击文献传递,进行馆际互借。点击刊名,显示该期刊的详细信息,具体参见刊名浏览中期刊信息标记的内容。

② 刊名浏览检索:通过篇目检索只能检索到有篇目信息的目次刊,通过“刊名检索与浏览”可以检索到 CCC 系统收录的所有期刊。浏览方式可分为按刊名首字母浏览、按学科浏览、刊名检索、期刊列表等。

按刊名首字母浏览:将所有期刊按字母顺序排列起来,用户可以按刊名首字母获得自己想看的期刊。

按学科浏览:目前本系统只支持“教育部学位设置分类”的学科浏览,共 12 个大类,89 个 1 级学科,385 个 2 级学科。

刊名检索:可以在检索条件输入框中输入刊名关键词或 ISSN,按刊名进行简单检索,然后再选择想看的期刊,按其卷期浏览。

注意:学科浏览和刊名首字母浏览是“and”的关系;当用户进行刊名检索时,系统缺省是对所有期刊的检索;而学科导航和刊名首字母浏览没有“and”的关系。

期刊列表:直接点击所需刊名。

③ 全文库浏览和文摘库浏览

通过全文库浏览和文摘库浏览可以查看本系统收录了多少个全文数据库和文摘数据库,用户可以浏览数据库并且点击某一数据库的期刊种数查看指定数据库的所有期刊信息。系统对每种期刊都有“篇目浏览”、“全文浏览”、“全文库链接”、“纸本馆藏”4 个标记按钮。

该系统目前提供的全文数据库和文摘数据库列表均为 CALIS 组团购买的数据库。

3. 网络目录

网络目录是按照某种主题分类体系编制的一种可供检索的等级结构式目录。网络目录的数据库是依靠专职编辑或志愿人员建立起来的,这些编辑人员在访问某个 Web 站点后撰写一段对该站点的描述,并根据站点的内容和性质将其归属到目录预先分好的某一类别下,并加入 URL 和描述。主题目录的用户界面基本上都是分级结构,首页提供了最基本的几个大类的入口，用户也可以利用目录提供的搜索功能通过关键词直接查找。不过，由于主题目录只在保存的对站点的描述中进行搜索，因此，站点本身的动态变化不会反映到搜索结果中来。

网络目录的优点在于经过信息管理专业人员、分类专家的人工设计和编辑，所收录的网络资源经过专业人员鉴别、选择和组织，在信息收集、编排、导引及注释标引等方面花费了大量人力和时间，保证了检索结果的质量，减少了检索中的噪音。其局限性在于：它跟不上网络信息的发展，其数据库的规模相对较小，在某些主题下收录范围不够全面，检索到的数量有限；其更新、维护的速度要受系统人员工作时间的制约，导致新颖性不够，可能会产生一些死链接。另外，若用户不熟悉分类体系或对分类标准的理解与系统人员不一致，也会影响其检索。网络目录检索比较适合于查找综合性、概括性的主题概念，或检索准确度要求较高的课题。（参见 3.3 目录型搜索引擎）

8.2　索引

8.2.1　索引概述

1. 概念

索引(Index)，旧称索隐、通检、备检、引得等，它是将文献中具有检索意义的内容，如书名、篇名、主题、人名、地名、字、词、句等摘录下来，按一定顺序编排组织并注明出处以供查检的工具书。索引可以帮助读者了解学术新资料和充分揭示文献的内容特征及内含信息。

世界上最早的索引是《圣经索引》，18 世纪开始盛行。我国古代就编有索引，如宋代晁公武的《郡斋读书志》载有《群书备检》。20 世纪 20 年代开始，我国编制索引逐渐增多，如哈佛燕京学社引得编纂处就编了 60 余种很有名的引得。

2. 分类

索引的类型多样，根据不同的标准和角度，可作多种划分。这里仅根据条目所反映的是文献的外部特征还是内部特征，将索引分为论著索引和内容索引两大类。

(1) 论著索引包括论文索引、著作索引、论文与专著并录的论著索引等，反映文献外部所包含的特征。

① 论文索引：又称篇目索引，指将一定时间或一定范围内的文集、期刊或报纸上单篇文章的题目及其著者、出处等摘录出来，并按一定的方式编排，编制而成的查阅文献编目的检索工具。如《全国报刊索引》、《报刊资料索引》。

② 著作索引：又称图书索引、书目索引等。它以索引的形式对书目进行编制，与图书分类目录的编排体例有所不同，为不熟悉图书分类的人员开辟了一条新的检索途径。如：《中国近代丛书目录索引》、《中国国家书目索引》等。

③ 论著索引：既有论文索引，又有著作索引。

(2) 内容索引，又分为字词索引、句子索引、主题索引、专名索引。

① 字词索引：以书刊文献中的字、词为索取对象，详细展示各字词在书刊中分别出现的次数、在不同句子中含义等的索引，如《红楼梦语汇索引》。

② 句子索引：指以诗、词、文等古籍中的全部句子为索取对象，如《十三经索引》。

③ 主题索引:指以文献中的主题词为索取对象,如《马克思恩格斯全集主题索引》、《十通索引》等。

④ 专名索引:指以文献中的人名、地名、书名等专有名词为索取对象,包括人名索引、地名索引、官名索引、图谱索引、年号索引、学派索引等。

8.2.2 常用索引数据库

全国报刊索引数据库

网址:http://www.cnbksy.com

1. 印刷本《全国报刊索引》

(1) 沿革

月刊,其前身是1951年4月由山东省图书馆编印的《全国主要资料索引》,1955年3月改由上海图书馆编辑出版,1956年更名为“全国主要报刊资料索引”,并开始在内容上增加了报纸的部分。1966年10月至1973年9月停刊,1973年10月复刊,并改为现名“全国报刊索引”。1980年分为“哲学社会科学版”与“自然科学技术版”两种,分别按月出版。1981年起增收该馆收藏的内部刊物,使之成为检索公开发行及一部分内部发行刊物所载论文资料的重要检索工具。

(2) 概况

它收录全国包括港台地区的期刊8 000种左右,每月报道量在1.8万条以上,每年报道量在44万条左右,涉及哲学、社会科学、自然科学以及工程技术所有领域。它的内容包括我国与各省市自治区党政军、人大、政协等重大活动,领导讲话,法规法令,方针政策,社会热点问题,各行各业的工作研究,学术研究,文学创作,评论综述以及国际、国内的重大科研成果等。它是我国收录报刊种类最多,内容涉及范围最广,持续出版时间最长,与新文献保持同步发展的权威性检索刊物,也是查找新中国成立国以来报刊论文资料最重要的检索工具。

其正文采用分类编排,先后采用过《中国人民大学图书分类法》和自编的《报刊资料分类表》,1980年起,仿《中国图书馆分类法》分21类编排,1992年全面改用《中国图书资料分类法》(第三版)编排,2000年开始用《中国图书馆分类法》(第四版)标引,计算机编排;其正文后附有个人著者索引、团体著者索引、题中人名索引以及收录期刊名录。

在著录上,《全国报刊索引》从1991年起采用国家标准《检索期刊条目著录规则》进行著录,包括题名、著译者姓名、报刊名、版本、卷期标志、起止页码、附注等项。同时,“哲社版”采用电脑编排,增加了著者索引、题中人名分析索引、引用报刊一览表,2000年后又增加第一作者的工作单位。

2. 全国报刊索引数据库

(1) 概况

《全国报刊索引数据库》,原名“中文社科报刊篇名数据库”,综合数据库从1993年开始编辑发行,是文化部立项、上海图书馆承建的重大科研项目,曾荣获文化部科技进步奖。2000年起分哲学社会科学版和自然科学技术版两个版本发行。同时为了全面报道国内中文报刊资源,2004年起推出了《全国报刊索引数据库——目次库》,收录各类报刊近万种,几乎包括了国内的所有中文报刊资源。2005年推出网站信息服务平台。《全国报刊索引数据库》源于纸本《全国报刊索引》,因此其收录的内容以及收录范围与《全国报刊索引》相同,但在数量与收录报刊品种上都多于报刊索引，现年更新量在 50 万条左右。有光盘版和网络版两种版本。

(2) 分类

① 按学科属性分，《全国报刊索引数据库》同时有社科和科技两个单列库，内容涉及社会科学、政治、军事、经济、文化、科学、教育、体育、语言文字、文学、艺术、历史地理等多个学科，具有文献信息量大、检索点多、速度快等特点，是目前世界上最大的连续动态更新的中文报刊索引类数据库，年收录中文报刊一万余种，基本上涵盖了中国(包括港台地区)发行的各类报刊。收录的数据最早可回溯至 1833 年，累计收录报刊 18 000 余种、文献 3 000 万篇，年更新数据 350 万条。条目收录采取核心期刊全收、非核心期刊选收的原则。

② 按收录内容分，《全国报刊索引数据库》可分为以下两类：综合数据库、专题数据库。

综合数据库：包括《全国报刊索引数据库——目次库》、《全国报刊索引数据库——会议库》、《全国报刊索引数据库——西文库》、《全国报刊索引数据库——篇名库》。

专题数据库：包括《音乐专题数据库》、《财经专题数据库》、《WTO 专题数据库》、《西部专题数据库》、《戏剧专题数据库》、《电影专题数据库》、《服装专题数据库》等。

2010 年上海世博会开幕，为传播世博文化，该编辑部特从《全国报刊索引数据库》的海量信息中精选了 25 000 条与世博相关的数据，制成世博专题数据库，供读者免费浏览。《世博专题数据库》收录了自 1897 年至 2009 年间的 4 000 多种报刊，包括著名的《萃报》、《时务报》、《集成报》、《实学报》等近代期刊，用户可点击首页“免费专题数据库检索”进入检索。

《全国报刊索引数据库》为索引型数据库，仅提供文章题录，不提供全文下载。

(3) 检索

以镜像站点为例介绍其检索，其检索界面如图 8-2-2-1 所示，提供普通检索、高级检索、学科检索、期刊检索这四种检索方式。

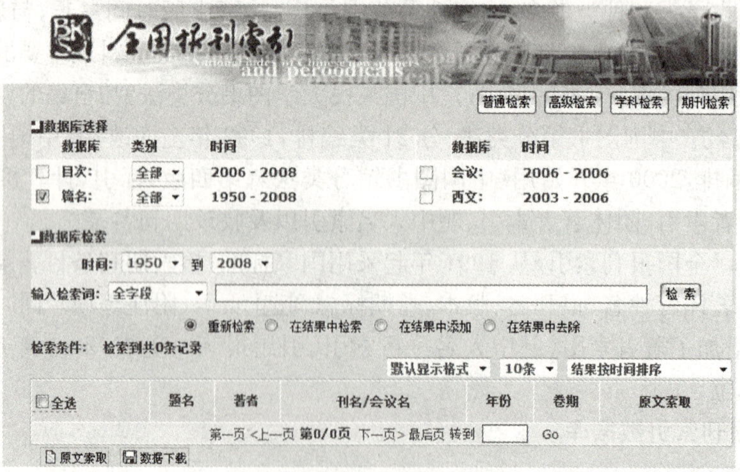

图 8-2-2-1

① 普通检索：检索界面为默认界面，选择所要检索的数据库及时间，选择检索字段(全字段、分类、题名、著者、单位、刊名/会议名、年份、期号、基金、主题、摘要)，输入检索词进行检索，检索结果可以“默认显示格式”，可以“缺省字段显示”；可以按时间排序，可以按刊名/会议名排序，也可以按相关度排序；每次可以显示 10 条或 20 条；可以重新检索，在结果中检索相当于逻辑与，在结果中添加相当于逻辑或，在结果中去除相当于逻辑非(下同)。

② 高级检索：界面如图 8-2-2-2 所示，分为向导式检索和直接输入检索表达式检索两种方法。

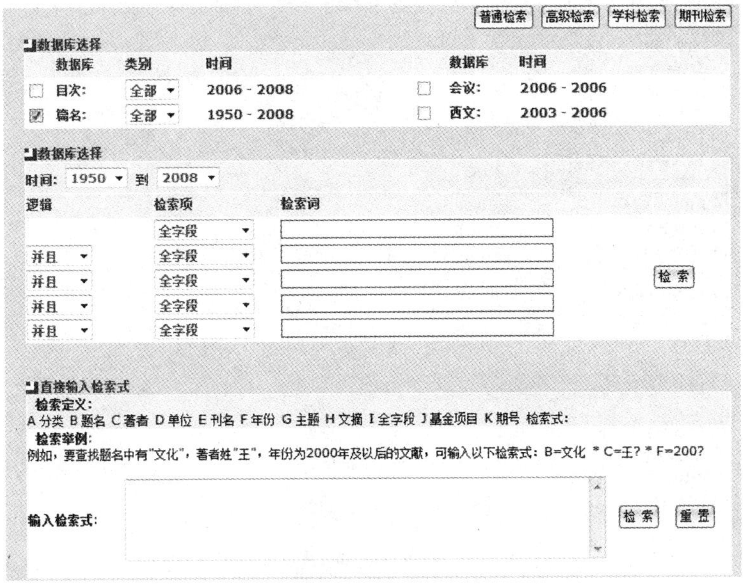

图 8-2-2-2

向导式检索：比普通检索多了四个检索输入框，并且相当于 AND。

直接输入检索式检索：只需在各检索词前冠以其字段代码（A＝分类、B＝题名、C＝著者、D＝著者单位、E＝刊名、F＝年份、G＝主题、H＝文摘、I＝全字段）和等号即可构造检索式进行复合检索。

③ 学科检索：检索界面如图 8-2-2-3 所示，选择学科分类类型后，再输入检索词进行选择。

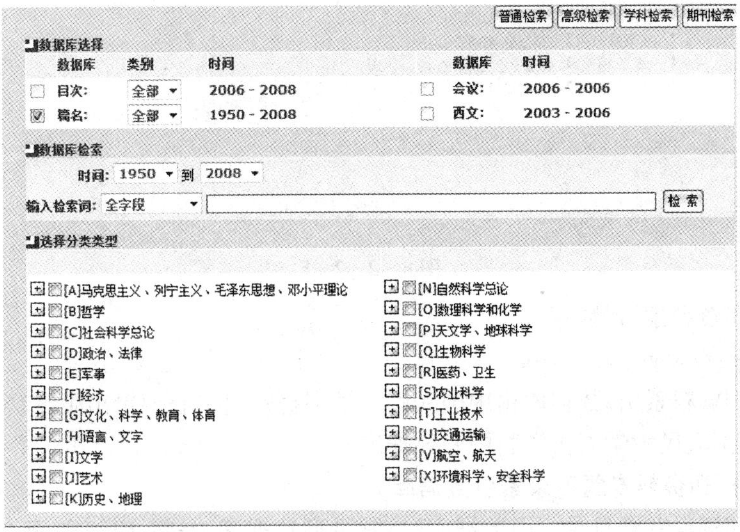

图 8-2-2-3

④ 期刊检索：检索界面如图 8-2-2-4 所示，有输入检索词检索、刊名首字母检索及学科分类检索。

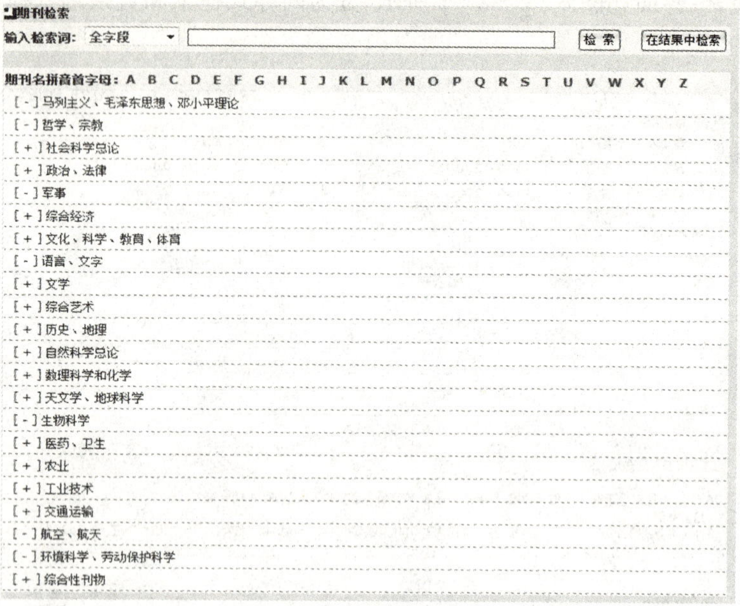

图 8-2-2-4

(4) 检索结果

点击检索结果列表中的篇名可见如图 8-2-2-5 所示的结果；在列表中每条数据后及页面下方可选择“原文索取”、“数据下载”(文本格式)。

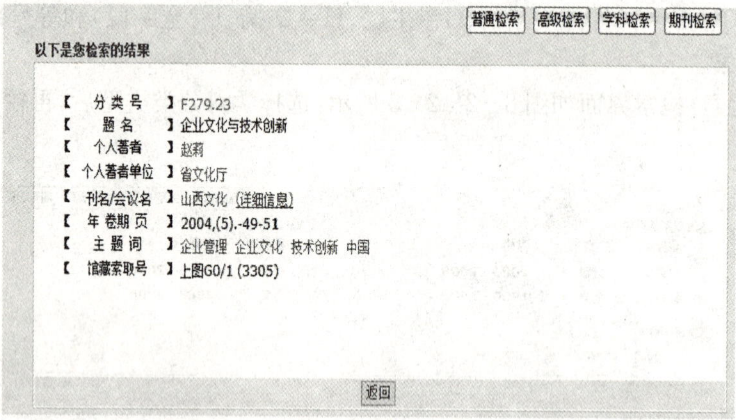

图 8-2-2-5

《复印报刊资料索引》数据库

网址：http://www.zlzx.org

《复印报刊资料索引》数据库由中国人民大学书报资料中心编辑出版，包含两个子库(参见 4.4 中的中国人民大学书报资料中心数据库)。

1.《复印报刊资料专题目录索引数据库》

《复印报刊资料专题目录索引数据库》是题录型数据库，是将 1978 年至今的《复印报刊资料》各专辑每年所刊登文章的目录按专题和学科体系分类编排，汇集而成，累计数据达 90 万条以上。每条数据包括专题代号、专题名、类目、篇名、作者、原载报刊名称及刊期，选印在《复印报刊资料》上的刊期和页次等。数据库按年更新。该数据库是订购《复印报刊资料》系列刊物的用户查阅全文文献资料的得力工具。通过从该数据库中检索出文章的题录信息，可以在《复印报刊资料》(纸本型)和全文数据库中找到全文。检索结果可以打印和复制。

2.《复印报刊资料索引数据库》

《复印报刊资料索引数据库》(总汇)是由中国人民大学书报资料中心编辑出版的题录型数据库，是将1978年至今的《复印报刊资料》各专辑每年选登的目录和未选印的目录按专题和学科体系分类编排。每条数据包含专题代号、专题名、类目、篇名、作者、原载报刊名称及刊期、复印专题名称及刊期等。数据总量达430多万条，是比《复印报刊资料专题目录索引数据库》数据量更加宏大、信息覆盖面更加广泛的索引型数据库。检索结果可以打印和复制。

3. 数据库检索

参见4.4.2数据库检索。

中文社会科学引文索引(CSSCI)

网址：http://www.cssci.com.cn

1. 概况

中文社会科学引文索引(Chinese Social Sciences Citation Index，简称CSSCI)，是由南京大学中国社会科学研究评价中心开发研制的引文数据库，用来检索人文社会科学领域的中文论文收录和被引用情况。它是国家、教育部的重点攻关项目，也是我国人文社会科学评价领域的标志性工程。它遵循文献计量学规律，采取定量与定性相结合的方法，从全国2 700余种中文人文社会科学学术性期刊中精选出学术性强、编辑规范的期刊作为来源期刊。其来源期刊或来源文献，不仅包括中国的(含有香港、澳门、台湾地区)，而且也包括欧美等各国出版的中文人文社会科学学术期刊。来源期刊按引文量、影响因素、专家意见等标准评定。目前收录包括法学、管理学、经济学、历史学、政治学等在内的25大类的500多种学术期刊。现已开发CSSCI 12年度的数据(1998～2009年)，包括来源文献100余万篇，引文文献600余万篇。

目前，教育部已将CSSCI数据作为全国高校机构与基地评估、成果评奖、项目立项、名优期刊的评估、人才培养等方面的重要指标，成为地区、机构、学术、学科、职称、项目、成果评价与评审的重要依据。对于社会科学研究者，CSSCI从来源文献和被引文献两个方面向研究人员提供相关研究领域的前沿信息和各学科学术研究发展的脉搏，通过不同学科、领域的相关逻辑组配检索，挖掘学科新的生长点，展示实现知识创新的途径。对于社会科学管理者，CSSCI提供地区、机构、学科、学者等多种类型的统计分析数据，从而为制定科学研究发展规划、科研政策提供科学合理的决策参考。对于期刊研究与管理者，CSSCI提供多种定量数据：被引频次、影响因子、即年指标、期刊影响广度、地域分布、半衰期等。通过多种定量指标的分析统计，可为期刊评价、栏目设置、组稿选题等提供科学依据。此外，CSSCI也可为出版社与各学科著作的学术评价提供定量依据。

2. 访问方式

CSSCI数据库有包库和账号两种访问方式。其中包库用户采用IP地址控制访问权限，可直接点击网页右侧的“包库用户入口”进入；账号用户在网页上直接填写账号、密码即可登陆进入。

3. 检索

数据库提供来源文献及被引文献两种检索方式。其检索界面如图8-2-2-6所示。

图 8-2-2-6

(1) 来源文献检索

点击“来源文献”按钮，可见如图 8-2-2-7 所示界面，最上方是数据库列表，以供选择。中间是检索输入框，提供篇名、关键词、中图类号、学科类别、学位类别、文献类型、所有字段、作者、作者机构、作者地区、期刊名称、年代、基金类别、基金细节等检索入口，在检索框内输入相应的检索词即可。各检索字段间可选“与”、“或”。其中，多个检索口可以按需进行优化检索：精确检索、模糊检索、逻辑检索、二次检索、前方一致检索等。检索结果为文献的题录、参考文献信息，可按不同检索途径进行发文信息或被引信息分析统计，并支持文本信息下载。每页显示数据数可选。

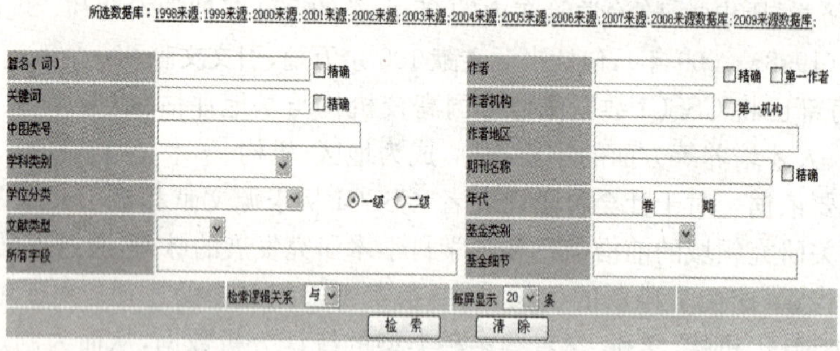

图 8-2-2-7

(2) 被引文献检索

其检索界面如图 8-2-2-8 所示，可检字段主要包括被引文献作者、被引文献期刊、被引文献类型、所有字段、被引文献篇名、被引文献年代、被引文献细节等，在相应检索框内输入检索词，即可检索。被引文献类型包括期刊论文、报纸、汇编(丛书)、会议文集、报告、标准、法规、电子文献等。

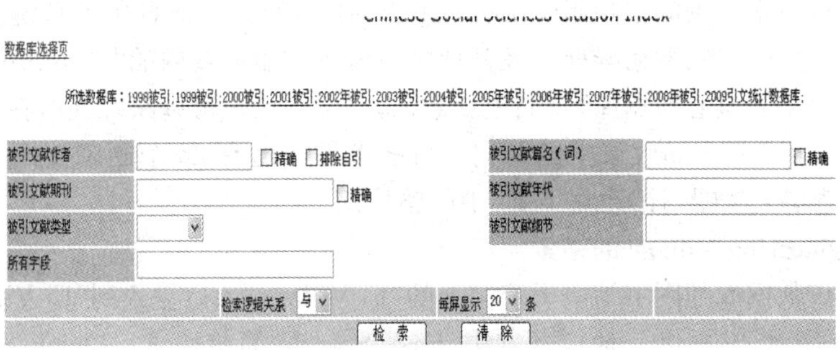

图 8-2-2-8

《工程索引》(EI)

1. EI 概述

美国《工程索引》(Engineering Index,简称 EI),创刊于 1884 年,是美国工程信息公司(Engineering Information Inc.)出版的著名工程技术类综合性检索工具。它与科学引文索引(SCI)、科技会议录索引(ISTP)一起被称为世界著名的三大科技文献检索工具,是国际公认的进行科学统计与科学评价的主要检索工具之一。我国科技部下属的“中国科学技术信息研究所”每年都以这三大检索工具作为数据源进行学术排行。

EI 自创刊至今,先后以印刷版、联机检索、光盘版等形式面向用户提供服务,后两种即 Compendex (Computerized Engineering Index,计算机化工程索引),内容与印刷版年刊(The Engineering Index, Anuual)相对应。

20 世纪 90 年代后,随着网络技术的发展,EI 推出了网络版数据库——Ei Compendex Web,内容包括原来光盘版(Compendex 1970 年以来的数据)和后来扩展的部分(PageOne 近 10 年来的数据)。Ei Compendex Web 侧重于报道应用科学和工程领域的文摘索引信息,目前收录了 700 多万篇论文的参考文献和摘要,每年新增的 50 万条文摘索引信息数据分别来源于 5 200 种工程类期刊、会议论文和技术报告,其中化工和工艺的期刊文献最多,约占 15%,计算机和信息技术类占 12%,应用物理类占 11%,电子和通信类占 12%,土木工程类占 6%,机械工程类占 6%等等,其范围涵盖了工程和应用科学领域的各学科,涉及机械工程、土木工程、环境工程、电气工程、结构工程、材料科学、固体物理、超导体、生物工程、能源、化学和工艺工程、照明和光学技术、空气和水污染、固体废弃物的处理、道路交通、运输安全、控制工程、工程管理、农业工程和食品技术、计算机和数据处理、电子和通信、石油、宇航、汽车工程以及这些领域的子学科和其他主要的工程领域。Compendex 中每条记录均为全记录格式,包含字段有:题名、作者、第一作者所属机构、摘要、论文所在期刊名称、卷、册、页码、EI 分类代码、EI 主标题词、EI 受控词、自由词等等,其中后四项需要由专业人员标引给出。用户在网上可检索到 1970 年至今的文献。数据库每年增加选自 175 个学科和工程专业的大约 250 000 条新记录。近一半文献(来自光盘版的 2 600 多种期刊和会议录)有文摘和标引,90%的文献是英文文献。和 Compendex 不同,EI PageOne 中的记录没有主题词和分类号,多数也没有摘要。因此只需看记录中是否包含主题词和分类号这两个字段,便可容易区分数据是否来源于 Compendex。

EI 在 DIALOG、DataStar 等国际联机检索系统中提供服务,如在 DIALOG 联机系统中称作 Ei Compendex,被收录进 8 号文档。

Ei Village 是 EI 公司将网络版的工程索引数据库和其他的 250 个数据库、专利和标准以及许多与工程技术有关的信息组织结合在一起，推出的集成信息服务系统。该系统提供包括文献传送、全文服务、网络导航以及其他的参考咨询服务在内的“一步到位”的便捷式服务。《工程索引》是其核心数据库，每周更新数据，以确保用户可以跟踪其所在领域的最新进展。EI 公司在 1992 年开始收录中国期刊。目前世界上已有 25 个国家使用了 Ei Village，1998 年 EI 在清华大学图书馆建立了 EI 中国镜像站。

2. Ei Engineering Village 的检索

在购买过该数据库的图书馆电子资源上的“Ei Village”入口进入到“Ei Village”主页，如图 8-2-2-9 所示，它提供三种检索方法：Easy Search（简单检索）、Quick Search（快速检索）和 Expert Search（高级检索，也叫专家检索）。点击界面上的提示条即可在三块检索模板之间进行切换。该系统检索词书写大小写均可；截词符用“ * ”，放在词尾；支持 AND、OR、NOT；在检索过程中，词组、短语、特殊符号、停用词（如 and ，or，not，near）等作为检索词时需使用引号或括号，否则将被系统忽略。

(1) Easy Search（简单检索）

检索界面如图 8-2-2-10 所示，在检索框中输入检索词后，点击“Search”，即可得到检索结果。

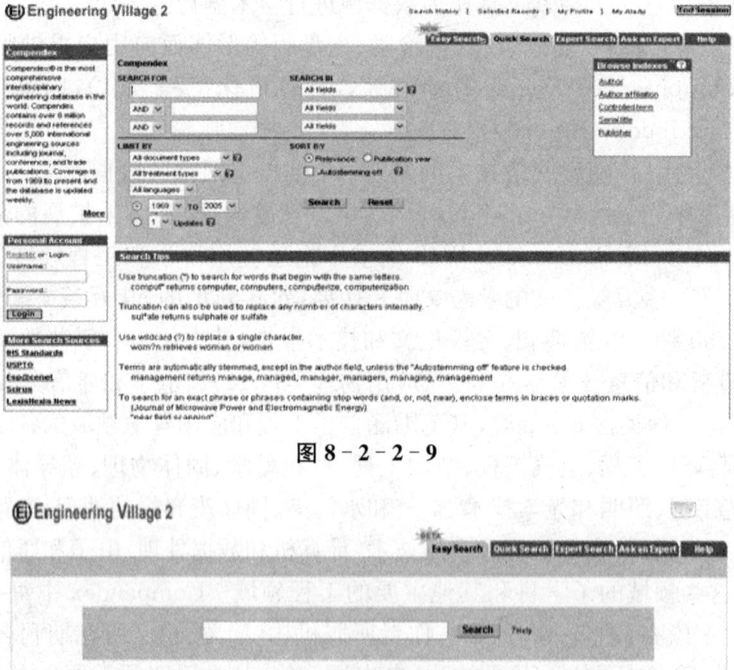

图 8-2-2-9

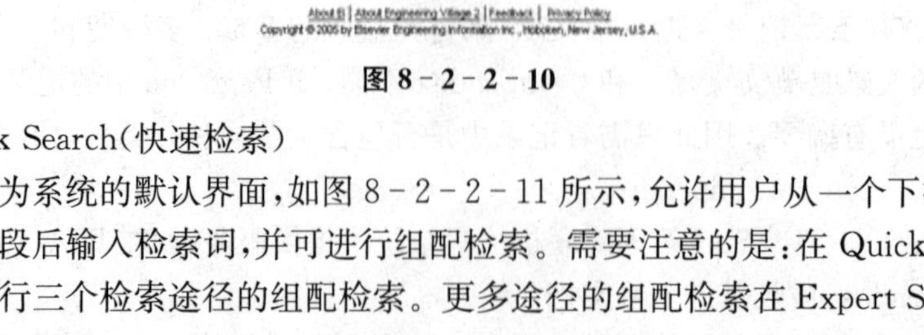

图 8-2-2-10

(2) Quick Search（快速检索）

检索界面为系统的默认界面，如图 8-2-2-11 所示，允许用户从一个下拉式菜单中选择要检索的字段后输入检索词，并可进行组配检索。需要注意的是：在 Quick Search 中，系统最多可以执行三个检索途径的组配检索。更多途径的组配检索在 Expert Search 中进行。具体步骤有：

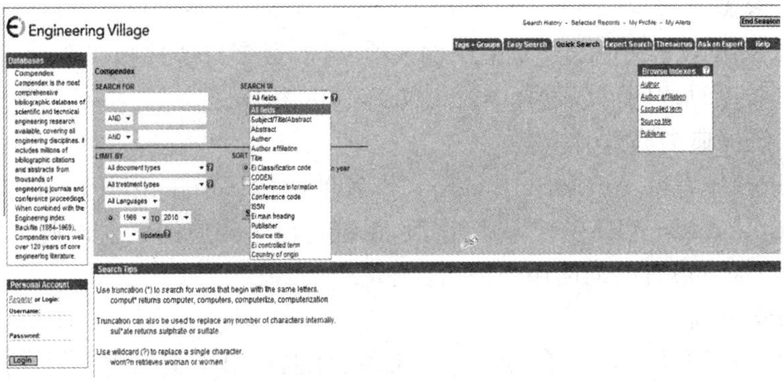

图 8-2-2-11

① 选择检索字段(SEARCH IN)

在 SEARCH IN 下拉菜单中包括 All fields(所有字段),可供选择的检索字段共有 15 个,以下分别对其作一简要说明:

All fields(所有字段):指数据库的全部著录项目,为系统默认字段。

Subject/Title/Abstract(主题/标题/摘要):检索词可为词、词组或短语。如果要精确检索一个短语,可用括号或引号将此短语括进去。

Author(作者或编者):输入时姓在前名在后,即采用"姓+逗号/AND+名"的方式。编辑或整理人也放入作者栏,并在名字后用带括号的符号(ed.)或(compiler)以示区别;可使用截词符"*";同一作者的名字可能有不同的书写形式,所以如果用某一作者的全名查不到文献,可参考作者索引表(Author Look-up)进行选择。从词表选择的检索词,一般情况下系统会自动用"{}"括起来设为固定词组。

Author affiliation(作者所在单位):20 世纪 70 年代以前机构名称用全称表示,80 年代使用缩写加全称,90 年代用缩写;同一单位其名称写法可能有所不同,或有些单位名称随着时间的推移有所改变,所以最好使用作者单位查找索引(Author Affiliation Look-up Index)选全某一单位的各种不同写法,以提高查全率(注意:在快速检索中最多只能选 3 种,更多的选项需要在高级检索中进行)。此外,作者单位检索时可以仅输入作者单位中的几个关键词或用截词符"*"替代一些词或字符。

Publisher(出版者):可以直接浏览出版者索引。

Serial title(来源文献名称):包括期刊、专著、会议录、会议文集的名称,可使用刊名查找索引(Serial Title Look-up Index);中文刊名的表达方式为"中文刊名拼音/英文刊名",例如《计算机学报》表示为"JISUANJI XUEBAO/JOURNAL OF COMPUTER"。

Title(标题):可以输入词、词组或短语,如是其他语种,则先译成英文。

EI controlled term(EI 受控词):EI 受控词来自叙词表(Thesaurus),用于专业和规范的形式描述文献内容,可以在受控词查找索引(Controlled Term Look-up Index)浏览受控词;受控词在摘要格式和详细记录格式中均以超链接形式存在,点击后可以检索到同一检索条件下数据库中该受控词项下的所有文献资料。

EI Main Heading(EI 主标题词):Compendex 数据库中每个记录均有一个受控词作为主标题词来表示文献主题。

EI Classification Code(EI 分类码):分类码是数据库赋予某一篇文献的指定的分类代码,在 EI Compendex 中将文献分为 800 个领域并给它一个分类码,用户可以通过分类码查找文献。

② 输入检索式

在检索式(SEARCH FOR)文本框中输入检索词,最多只能选择三个词,且分别输入到三个文本框内,检索词之间可以选择 AND、NOT、OR 相连。

③ 利用系统词典浏览索引检索

对于 Author(作者)、Author affiliation(作者单位)、Serial title(刊名)、Publisher(出版者)、EI controlled term(EI 受控词)等字段,系统提供了相应的索引词典供检索使用。索引词典将为用户提供适宜的词语用于检索。

④ 限定检索范围

在检索限定(LIMIT BY)下有四种下拉菜单,分别是用于文献类型、处理类型、语种和时间范围的限定。使用这种方法,可缩减检索范围,使检索结果更加符合用户需求,并减少用户人工筛查的成本。

Document Type(文献类型):包括 All document types(所有类型)、Journal article(期刊论文)、Conference article(会议论文)、Core(核心期刊)、Conference proceeding(会议论文)、Monograph chapter(专题论文)、Monograph review(专题综述)、Report chapter(专题报告)、Report review(综述报告)、Dissertation(学位论文)、Unpublished paper(未出版论文)等 11 个选项。

Treatment Type(处理类型):包括 All treatment types (所有处理类型)、Biographical(传记)、Applications(应用)、Economic(经济)、Experimental(实验)、Historical(历史)、General Review(一般性综述)、Literature Review(文献综述)、Management Aspects(管理方面)、Numerical(数值)、Theoretical(理论)等 11 个选项。

注意:数据库中一条记录可能有不止一个处理类型,而且,并非所有记录都有处理类型,如果把检索范围限定在某特定的 Treatment Type,将检索不到 1985 年以前的文献。

语种限定:该数据库中无论原文使用的是何种语言,所有的摘要和索引均用英文编写,在其引文最后将标示出所用的语言。在快速检索界面,可看到有 9 个语言选项,若用户需查找的语言未在下拉菜单中列出,可至高级检索中的语言查找索引(Language Look-up Index)中查找。

时间限定:用户可在 1969 年至今任意限定检索范围,可选择单年度检索,也可跨年度检索。其中的 update 选项可以让用户检索 EI 最近 1～4 次/周更新的数据。

Autostemming(自动取词根):用 All Fields、Title Words 和 Abstracts 字段检索时,系统默认的是在检索时对检索词自动取词根。如点击"Autostemming Off"则不执行这项功能。

⑤ 检索

点击"Search"就可以进行相应检索,点击复位"Reset"按钮,便可终止检索过程并开始新的检索。还可通过"Sort by"以相关性或出版年代等标准对检索结果进行排序。

检索示例:查找有关量子点(quantum dots)的论文或综述。

在检索框内输入"quantum dots",点击"Search",检索结果如图 8-2-2-12 所示。

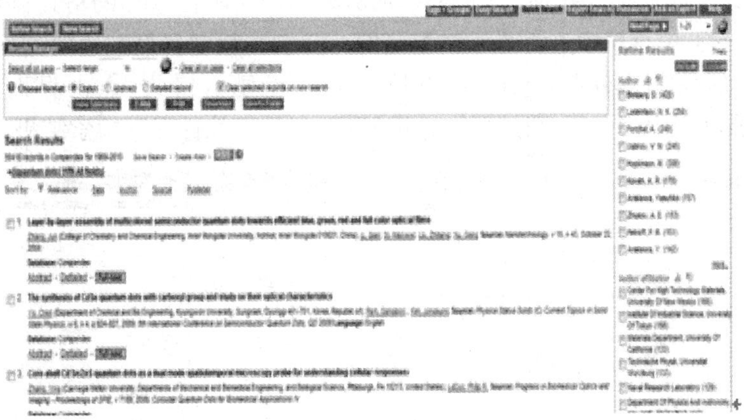

图 8－2－2－12

(3) Expert Search(高级检索)

高级检索界面如图 8－2－2－13 所示，有一独立检索框，可用“within”命令(缩写：wn)和字段码，将检索限定在特定的字段内进行，书写格式为：{检索词或词组}wn 检索字段代码。用户既可用单一字段进行检索，也可以使用逻辑算符、括号、位置算符、截词符和词根符等对多个字段进行组合检索。在检索框中输入要检索的术语，如果要精确检索一个短语，可用括号或引号将该短语括进去。

在高级检索模板中也可以对文件类型、处理类型、语种进行限定，用户可以直接在检索框中限定处理类型。在高级检索模板下，系统不会自动进行词根运算，检索出的文献结果将严格与输入的检索词匹配。

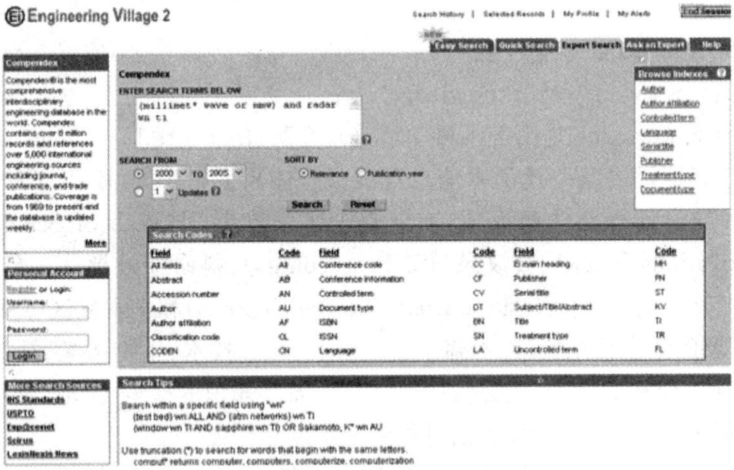

图 8－2－2－13

注意：同一个检索式在不同检索方式下得到的检索结果有可能不同，因为在简单检索中，系统默认词根运算。

3. 检索结果

当计算机显示检索结果以后，用户可有以下选择：

点击某一条文献下的 Abstract/Links 项，显示此条的文摘格式(如图 8－2－2－14 所示)和全著录格式(如图 8－2－2－15 所示)。界面上方显示 Choose format 菜单，选择

Citation、Abstract 或 Detailed Record 格式，所有检出的文献按选择的格式显示。在右上角的 Record range 下拉菜单中选择显示结果范围。点击文献题目最左边的方框，对选择的文献做标记。然后使用 Display format 下拉菜单选择显示格式，点击界面上部的"view selections"键显示选中的文献；可通过 email、打印、字处理软件保存检索结果。

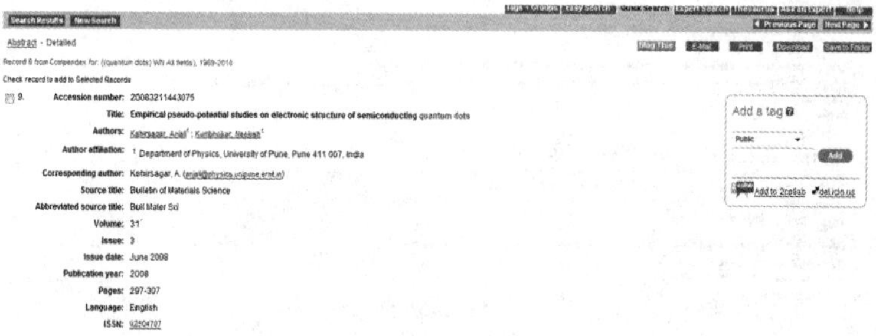

图 8-2-2-14

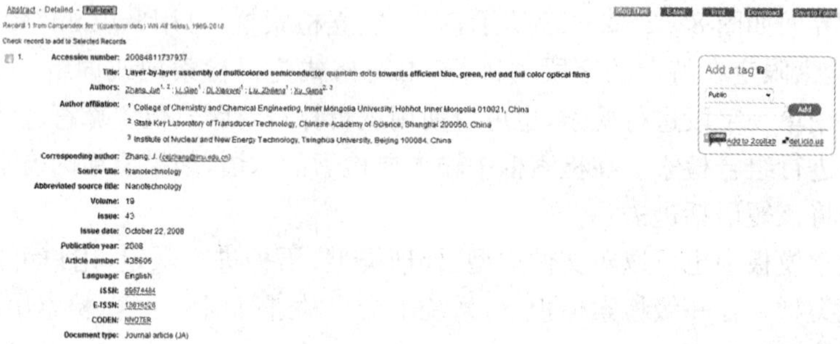

图 8-2-2-15

ISI Web of Knowledge 检索平台

网址：http://www.isiwebofknowledge.com

ISI Web of Knowledge 是由美国科学情报研究所(Institute for Scientific Information, ISI)提供的基于互联网的新一代学术信息资源整合体系。它于 2001 年 5 月发布，采用"一站式"信息服务的设计思路构建而成，有效整合了学术期刊(Web of Science)、技术专利(Derwent Innovations Index)、会议录(ISI Proceedings)、科研绩效评估工具(ISI Essential Science Indicators)、期刊评价工具(Journal Citation Reports)和学术社区(ISI HighlyCited.com)及其他重要的学术信息资源，涵盖了自然科学、工程技术、生物医学、社会科学、艺术与人文等领域的所有学科领域中高质量的学术信息，兼具知识的检索、提取、管理、分析与评价等多项功能，从而大大扩展和加深了信息检索的广度和深度。

ISI Web of Knowledge 平台所覆盖的范围包括 22 000 多种期刊、2 300 万个专利、12 000份会议录、5 500 个网站、5 000 本书籍、200 万个化学结构，以及一些学术网站内容，现在都可通过 Web of Science 链接，并可通过跨库检索进行一次检索。

下面分别简要介绍整合在 ISI Web of Knowledge 平台上的主要信息资源。

1. Web of Science

(1) 概况

Web of Science 是全球获取学术信息的重要数据库，由五大引文索引数据库及两大化学信息数据库构成，它们既可以分库检索，也可以多库联合检索。通过 Web of Science，研究人员能够找到当前自然科学、社会科学、艺术与人文领域的信息，包括来自全世界近 9 300 种最负盛名的高影响力研究期刊的一个多世纪以来的多学科内容。此外，用户还可通过使用诸如被引文献检索等强大的检索功能快速而有效地获取此类有价值信息。数据每周更新。

(2) 具体功能

① 通过引文检索功能可查找相关研究课题各个时期的文献题录和摘要；

② 可以查看论文引用参考文献的记录、论文被引用情况及相关文献记录；

③ 可选择检索文献出版的时间范围，对文献的语种、文献类型作限定检索；

④ 检索结果可按照相关性、作者、日期、期刊名称等项目排序；

⑤ 可保存、打印、Email 检索式和检索结果；

⑥ 通过 WWW 超文本链接功能，可将用户链接到 ISI 的其他数据库；

⑦ 部分记录可以直接链接到电子版原文；

⑧ 具有链接到用户单位图书馆 OPAC 记录的功能，帮助用户获取本馆馆藏。

(3) 主要资源

① SCI

SCI，Science Citation Index(《科学引文索引》)的简称，创刊于 1963 年，是美国科学情报研究所出版的一部世界著名的期刊文献检索工具，是世界著名三大检索工具中理论性最强，选刊最严格，因而分量也是最重的一部检索工具。其数据回溯到 1900 年，收录约 7 922 种期刊，范围涵盖全世界出版的数、理、化、农、林、医、生命科学、天文、地理、环境、材料、工程技术等自然科学各学科的核心期刊，提供 1991 年以来的作者摘要。产品形式主要有印刷版、光盘版、联机版以及网络版。

② SSCI

SSCI，Social Science Citation Index(《社会科学引文索引》)的简称，为 SCI 的姊妹篇，亦由美国科学情报研究所创建，是目前世界上可以用来对不同国家和地区的社会科学论文的数量进行统计分析的大型检索工具，其内容涵盖了心理学、经济学、教育学、社会学、人类学、法律、公共管理及图书情报及信息学等领域。收录约 2 642 种国际性、高影响力的学术期刊，提供 1992 年以来的作者摘要(最早回溯到 1956 年)。

③ A&HCI

A&HCI，Arts & Humanities Citation Index(《艺术与人文引文索引》)的简称，是全球最权威的人文艺术引文数据库，数据最早可以回溯到 1975 年，收录哲学、宗教、文学、文学评论、语言学、音乐、艺术、舞蹈、建筑艺术、亚洲研究、历史及考古等人文艺术领域约 1 415 种国际性、高影响力的学术期刊，提供 2000 年以来的作者摘要。

④ CPCI－S

CPCI－S，Conference Proceedings Citation Index－Science(《会议录引文索引——科技版》)的简称，收录科学会议记录引文资料。

美国科学情报研究所基于 Web of Knowledge 检索平台，将《科学技术会议录索引》ISTP(Index to Scientific & Technical Proceedings)和《社会科学及人文科学会议录索引》ISSHP(Index to Social Science & Humanities Proceedings)两大会议录索引集成为 ISI Proceedings，提供 1990 年以来以专著、丛书、预印本、期刊、报告等形式出版的 60 000 多个会议的论文文摘索引信息。2008 年 10 月 20 日，ISI Proceedings 数据库更名为 CPCI－S，

并入 Web of Science，成为其中的子库，可以提供会议文献的引文检索（参见第 6 章《会议文献信息的检索与利用》）。

⑤ CPCI－SSH

CPCI－SSH，Conference Proceedings Citation Index－Social Science & Humanities（《会议录引文索引——社会与人文科学版》）的简称，1994 年创刊，汇集了世界上社会科学与人文科学最重要的会议、座谈、研究会和专题讨论会等多种学术会议的会议录引文文献（包括专著、期刊、报告、增刊及预印本等出版形式），内容涵盖心理学、社会学、公共健康、管理学、经济学、艺术、历史、文学与哲学等社会科学、艺术与人文领域的所有学科。

⑥ IC

IC，Index Chemicus（《化合物索引》）的简称，收录 1993 年以来新化学物质的事实性的数据，主要是对新化合物的快讯报道，包括来自国际一流期刊所报道的新型有机合成反应的结构与评价数据。此外，数据库中的很多全记录展示了从最初原材料到最终产品的整个反应流程，是提示生物活性化合物和天然产品的相关最新信息的重要资源。

⑦ CCR

CCR，Current Chemical Reactions（《最新化学反应数据库》）的简称，收录 1840 年以来新的化学反应的事实性的数据，跟踪最新的合成技术，包括摘自 39 个权威出版机构的一流期刊以及专利的单步骤和多步骤的新合成方法，每一种方法都提供了完整的反应流程，同时有代表每个反应步骤的详细流程图。该数据库还包括来自享有极高声望的国家研究所（de la Propriete Industrielle）的十多万条反应记录。

Web of Science 数据库各个子库包括的检索字段不尽相同，但都包括了必要的题录字段，如作者、题名、文献出处、引文等信息。IC 和 CCR 还可使用化学结构式和化学反应数据进行检索，除此以外，SCI 和 SSCI 还包括了完整的作者摘要。基于一套严格的选刊程序和客观的统计分析方法，Web of Science 只收录各学科领域最权威、最具影响力的学术期刊。Web of Science 不仅收录期刊中的学术论文，而且把其认为有意义的其他文章类型也收录进数据库，包括期刊中发表的信件、更正、补正、编者按和评论、会议文摘等 17 种类型，其他文献数据库一般不收录这些类型的文献。

（4）数据库的使用

ISI Web of Science 数据库需经过订购并获得授权才可使用。它提供 Easy Search（简单检索）、Full Search（充分检索）、Advanced Search（高级检索）、Structure Search（结构检索）等多种检索方式。

① Easy Search

Easy Search 方式下的每个检索命令最多命中 100 篇文献，可以选择 Topic、Person 和 Place 三种检索途径。

Topic Search（主题检索）：在文献篇名（Title）、文摘（Abstract）、关键词（Keywords）字段输入主题词，点击“Search”按钮即可。主题词可以是单词，亦可为短语；可用逻辑算符（AND、OR、NOT、SAME 或 SENT）连接这些单词或短语；其命中结果排列顺序（Sort order）可按 Relevance（相关度）或按检索词出现的频率或 Reverse chronological order（时间顺序降序）排列。

Person Search（人物检索）：分为论文作者、引文作者以及主题人物（论文中提及的人物）检索。

论文作者检索(Author Search):点击"Show me all the articles in the database that this person has authored",输入作者姓氏全称,后空一格,输入名字的首字母,点击"Search"按钮即可(下同)。

引文作者检索(Cited Author Search):点击"Show me all the articles in the database that cite this person's work",输入引文作者名字。

主题人物检索(Person as Subject Search):点击"Show me articles that are about this person",输入人物姓氏的全称及(或)名字的全称,可用逻辑算符 AND、OR、NOT 连接。

Place Search(地址检索):从作者所在机构或地理位置进行检索,可使用算符(AND、OR、NOT、SAME 或 SENT)。机构名称中的单词或短语经常采用缩写形式;通过地理位置进行检索时,可输入国家、省或邮政编码。

② Full Search(充分检索):包括通用检索(General Search)和引文检索(Cited Reference Search)两种方式。在选择"Latest date"或"Relevance"排序时,检索结果最多为 500 篇;选择"Times Cited"、"First Author"或"Source Title"排序时,如果命中文献超出 300 篇,系统提示需缩小检索范围,重新检索;如果用户需要检索浏览较大量的文献,可以选择一年或者几年检索,而不要选择所有年代(指文献信息进入 ISI 数据库的时间,而不是文献出版的具体时间)。

General Search(通用检索):可在 Topic(主题)、Author(作者)、Source Title(来源出版物)、Address(地址)四个输入框中选择输入检索内容进行检索。

Topic(主题):在文献篇名(Title)、文摘(Abstract)及关键词(Keywords)字段中检索输入主题词,可使用 AND、OR、NOT、SAME 或 SENT。

Author(作者):输入作者姓名,形式与 Easy Search 的作者相同,Web of Science 收录所有与文献有关的作者和编辑作者。可使用 AND、OR 或 NOT。

Source Title(来源出版物):输入期刊的全称或缩写,也可以点击 List,从期刊列表粘贴拷贝准确的期刊名称。可使用算符 OR,也可用通配符"*"。

Address(地址):形式与 Easy Search 的 Place Search 检索相同。可使用算符 AND、OR、NOT、SAME 或 SENT。

在许多地址中经常采用一些缩写词,按照 Web of Science 规定,在地址字段中不能单独用于检索的缩写词有:UNIV、CHEM、COLL、CTR、D、DEPT、DIV、ENGN、HOSP、INST、LAB、MED、PHYS、RES、SCH、SCI、ST 等。例如:在地址字段中输入"UNIV"一词检索是无效的,应该输入"UNIV PENN"或者"UNIV PA"。

General Search 方式提供两组限定检索结果的选项(SET LIMITS):一为文献语种的选项列表,有近 50 个语种供选择,使用 Ctrl-click 可选择多个选项,默认选项为"All Languages"(所有语种);二是文献类型的选项列表,有 30 多个文献类型供选择,使用 Ctrl-click 可选择多个选项,默认选项为"All document types"(所有文件类型)。

命中结果排列顺序的确定(SORT OPTION):Latest Date(最新日期,默认选项)、Relevance(相关性)、Times Cited(被引率)、First Author(第一作者的字母顺序)、Source Title(来源出版物名称的字母顺序)。

③ Advanced Search

高级检索可以提供更加复杂的检索策略。使用时可选择检索范围,限定时间、所选数据库;限定语种、文献类型;使用字段代码、布尔逻辑运算符;最后点击"Search"按钮即可。

④ Structure Search

结构检索方式主要是基于化学结构式和反应式的检索，第一次使用前需下载、安装插件 Wos_ChemistryPlugin. exe（http://images. isiknowledge. com/help/WOS/WoS_ChemistryPlugin. exe，适用于 Windows 操作系统，不支持 Macintosh）。先选择 2 个化学数据库中的一个或全部，在 Structure Drawing（结构式检索）、Compound Data（化合物数据检索）、Reaction Data（反应数据检索）中选择一个或多个检索途径，在检索框中输入结构/反应式和（或）检索词即可。

⑤ 检索结果

存储/执行检索策略（Save Query）：点击“Search”进行检索之前或者之后，都可以存储检索策略，以备后用；检索策略存储在用户本地的硬盘或者软盘上，用户可以指定文件目录；调入先前已存储检索策略的对话框，在进入 Full Search 第一页的最底端，点击 Browse，选定目录和文件后调入，就可以用先前存储检索策略检索了。

显示：检索后命中的结果在屏幕上以简洁格式显示，内容包括前 3 位作者、文献篇名及来源期刊名称、卷期、页码等信息。屏幕最上方显示检索命令、检索范围、限定条件、命中结果的排序方式等内容。屏幕最下方显示检索结果命中的记录数。点击简洁格式中的文献篇名可以浏览该篇文献在 ISI 数据库中的全记录。在全记录屏幕上，可点击 Cited Reference、Times Cited 及 RELATED REFERENCE 查看引文文献、被引用文献以及相关文献。

注：Times Cited 功能比原来光盘版 SCI 有所扩展，由 Times Cited 不仅可看到一篇文献被引用的次数、引用文献和作者列表，而且还可以直接链接，看到引用文献的全记录。

打印、下载或者 Email 检索结果的操作：

在每条记录开始处的方框内作标记后，点击 SUBMIT；或者点击 MARK ALL 将一页上的 10 条记录全作标记（也可点击 UNMARK ALL 删除标记）；翻页后，再选择需要标记的记录，重复 SUBMIT 或者 MARK ALL，直到最后一页；然后点击 MARKED LIST 按钮（该按钮只在作了标记并点击 SUBMIT 或 MARK ALL 后才出现）；屏幕最下方列出了输出内容的选择项，可根据需要在方框内作标记；屏幕上方出现 FORMAT FOR PRINT、SAVE TO FILE、EXPORT、E-MAIL 四种格式，通常使用 FORMAT FOR PRINT 或 E-MAIL 两种格式（其余格式用于输出到专门接口软件）。

点击 FORMAT FOR PRINT 后，显示文献的下载格式。用浏览器的命令可以打印或者保存结果。点击 E-MAIL，在“E-Mail the records to:”框中输入收件人地址，点击“SEND E-MAIL”发送。

重新开始一次新的检索：点击屏幕上方的 General Search 按钮，或者点击 Home 按钮，由 New Session 进入。

（5）全文获取途径

① 全文链接：目前，Web of Science 可以与全球 18 家出版社 4 000 多种期刊建立全文链接。

② 文献传递服务：通过 ISI Document Solution 可以直接在网上订购全文。

③ 馆藏链接：目前，Web of Science 已经实现了为中国用户所使用的 INSPEC、HORIZON、SIRSI、南京汇文等多种 OPAC 系统的链接，授权用户只需点击在 Web of Science、Current Contents Connect 等数据库中文献记录中的“Holdings”按钮，即可链接到该机构的 OPAC 系统中，找到该篇文献所在期刊的馆藏记录。

④ 作者 Email 地址：Current Contents Connect 提供作者 Email 地址，用户只需点击该地址，即可发送电子邮件向作者索取全文。

⑤ 互联网免费全文：通过严格的筛选和评估，ISI 将大量的学术性文献按照 Funding、Pre-Print、Research Activities 分类并提供给读者。目前，ISI 的 Web of Knowledge 中已经提供了近 47 万篇全文。

今天学者在从事研究工作，进行研究文献检索时，不仅仅是得到检索结果就可以了，更重要的是如何分析这些检索结果，通过分析，把握课题的来龙去脉、最新进展、发展趋势（从大的方面把握课题，产生原创性的研究思路）；同时，通过对检索结果的分析，从成千上万条的检索结果中找到那些关键的文献、重要的研究者和研究机构，促进研究合作与学术交流。为了更好地满足用户深层次的需求，Web of Science 在过去引文分析功能的基础上进一步增强了情报分析功能。通过 Web of Science 的分析功能，可以以图、表等形式将获得的数据直观显示，帮助用户进一步发现这些数据所反映的学科分布情况、刊载这些论文的期刊分布状况、机构中不同学科发展的状况、某学科发展所处阶段等等事实。

（6）检索示例

在 ISI Web of Science 数据库检索页面中（网址 http://isiknowledge.com/wos），如图 8－2－2－16所示，查找有关量子点“quantum dots”的论文或综述，限定检索使检索词只出现在主题中，检索结果列表如图 8－2－2－17 所示。

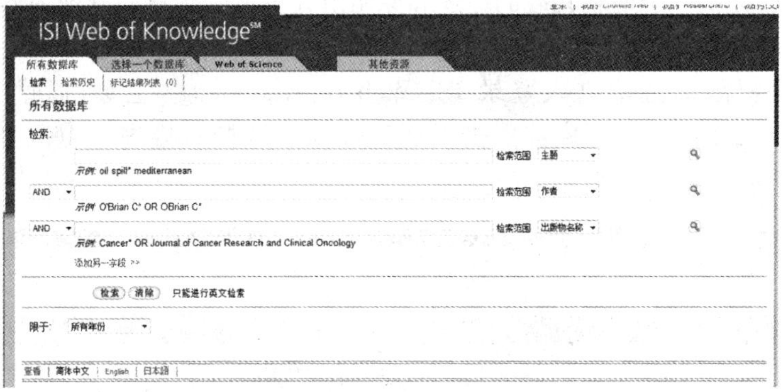

图 8－2－2－16

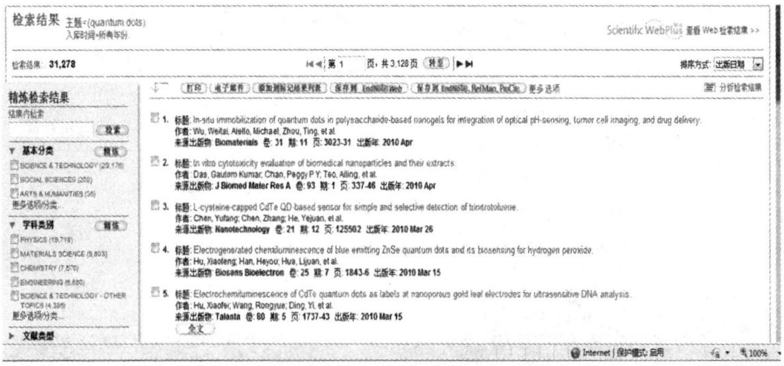

图 8－2－2－17

2. JCR

（1）简介

JCR 是 Journal Citation Report(《期刊引用报告》)的简称,提供了一种系统而客观的评估世界顶尖期刊的方法,是公认的期刊评价权威,含有独特的期刊和学科数据。Journal Citation Report on the Web 通过搜集文献引用的参考文献(由作者自己提供),揭示引用和被引用期刊间的相互关系,以此为基础,系统客观测定某个主题分类中期刊和学科水平相对的重要性,是需要了解全球研究领域期刊影响力的人员不可或缺的重要工具。JCR on the Web 基本数据包括两个版本,即自然科学版(Journal Citation Reports-Science Edition, JCR-SCI),覆盖超过 5 900 种顶尖期刊的统计数据;社会科学版(Journal Citation Reports-Social Science Edition,JCR-SSCI),包含 1 700 多种顶尖期刊的统计数据。分别对来源于 ISI 的科学引文索引(SCI)和社会科学引文索引(SSCI)的数据进行分析,期刊来自 3 300 家出版商,涉及 200 多个学科和 60 多个国家。提供 1997 年以来的引用统计。

JCR Web 提供的用于世界顶尖的科技期刊评价数据包括:

① 影响因子:用于评估或比较同一研究领域内期刊的相对影响力。

② 立即指数:衡量当年发表文章的被引用频率,适用于评估前沿研究领域的期刊。

③ 论文数量:揭示特定年度里某一期刊中刊载论文的数量(仅统计原始论文与综述)。

④ 被引用半衰期:衡量被引文献的生命力;有助于资料收集管理与存档决策,因为它给出了期刊中刊登的大部分被引用文献的生命力;帮助出版商调整他们的编辑方针,从而在不同的市场领域进行竞争。

⑤ 源数据:提供一个期刊刊载的综述和原始研究论文的数量同其他内容数量的对比。

(2) 数据库检索

① 通过有权限的链接进入登录 ISI Web of Knowledge 主页,通过下拉菜单选择 Journal Citation Reports 数据库或点击页面上数据库链接直接进入 JCR 检索界面,如图 8-2-2-18所示。

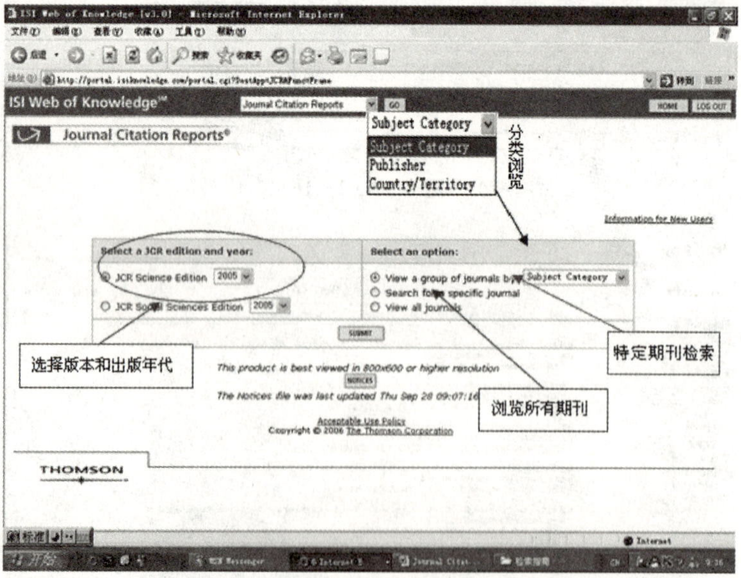

图 8-2-2-18

② 选择版本和出版年代(Select a JCR edition and year)

选中"JCR Science Edition"或"JCR Social Sciences Edition",并选择相应的出版年代。

③ 选择检索入口

分类浏览（View a group of journals by...）：可按主题、出版者、国家等标准分类浏览期刊，最常见的方式是通过主题类目进行分组浏览，以便在某一特定的主题类目内比较期刊的影响因子和立即指数等信息指标。具体方法：选中“View a group of journals by...”，再按需求可分别选择“Subject Category”、“Publisher”或“Country”，点击“SUBMIT”，即可分别进入不同的检索界面，并可以选择结果的排序方式。

特定期刊检索（Search for a specific journal）：通过期刊全称、期刊缩写、刊名关键字或ISSN号检索期刊。具体方法为：选中“Search for a specific journal”，点击“SUBMIT”，进入特定期刊检索页面，在相应字段输入检索词即可进行检索。

浏览所有期刊（View all journals）：选中“View all journals”，点击“SUBMIT”，即进入期刊概要表（Journal Summary List）页面，可按期刊名称的字母顺序、影响因子、立即指数、被引半衰期、总引文数等对所浏览的期刊进行排序。

④ 检索结果

标记：在检索结果界面的标记框内标记所需的记录，或点击“MARK ALL”按钮标记所有记录，但最多不能超过500条记录。

显示：点击“UPDATE MARKED LIST”提交标记的记录（如果标记的记录不在同一页面上，需要在这些页面上分别点击“UPDATE MARKED LIST”按钮提交），然后点击“MARKED LIST”按钮，即可显示标记结果列表页面。

存盘、打印：在标记结果列表页面上，选择保存（SAVE TO FILE）或打印（FORMAT FOR PRINT），可对标记记录集中进行存盘、打印处理。

3. ESI

ESI为Essential Science Indicators（基本科学指标）数据库的简称，是由世界上著名的学术信息出版机构美国科技信息所（ISI）于2001年推出的衡量科学研究绩效、跟踪科学发展趋势的文献分析评价工具，它是基于SCI（Science Citation Index Expanded，科学引文索引）和SSCI（Social Sciences Citation Index，社会科学引文索引）所收录的全球11 000多种学术期刊的1 000多万条文献记录而建立的计量分析数据库，提供与ISI Web of Knowledge、ISI Document Solution和Science Watch的链接。数据每两个月更新一次。

ESI由引文排位（Citation Rankings）、高被引论文（Most Cited Papers）、引文分析（Citation Analysis）和评论报道（Commentary）4部分组成。数据库以引文分析为基础，针对22个专业领域，通过计算论文数、引文数、篇均被引频次（Average Citations Per Paper）和单篇年均被引频次（Averages）、平均年份（Mean Year）、标准共引阈值（Normalized Co-citation）、引文阈值等指标，从各个角度对各国科研水平、期刊的声誉和影响力，以及科研机构和科学家的学术水平进行全面衡量，并对当前正在深入研究和有突破性进展的科学领域进行直观反映。通过该数据库，用户不仅可以了解在各研究领域中最领先的国家、期刊、科学家、论文和研究机构，识别科学和社会科学领域的重要趋势与方向，还能够确定具体研究领域内的研究成果及其影响，评估潜在的雇员、合作者和竞争对手，并对彼此的研究业绩和竞争能力进行评估，从而具备更深层次的战略竞争情报意义。除提供具体数据图表以外，ESI还为用户提供了简要的数据分析指导，并为所有图表提供解释性的链接页面。

4. INSPEC

英国《科学文摘》数据库，其前身是“科学文摘”（Science Abstract or SA，始于1898年），由英国工程技术学会 IET(前身英国机电工程师学会 IEE,1871 年成立)出版。INSPEC 是理工学科最重要、使用最为频繁的数据库之一,收录年代自 1969 年开始,数据库涵盖了 700 多万篇科技论文,专业面覆盖物理、电子与电气工程、计算机与控制工程、信息技术、生产和制造工程等领域,还收录材料科学、海洋学、核工程、天文地理、生物医学工程、生物物理学等领域的内容。文献类型包括期刊、会议录、报告、图书等,文献源自于 80 多个国家和地区,涉及 29 种语言。数据每周进行更新(参见本章第三节)。

5. MEDLINE

MEDLINE(《医学文摘》)是美国国立医学图书馆(The National Library of Medicine,简称 NLM)生产的国际性综合生物医学文献的书目数据库,是当今世界上最大也是最权威的综合性生物医学文献数据库之一。内容包括《医学索引》(Index Medicus,IM)的全部内容和《牙科文献索引》(Index to Dental Literature)、《国际护理索引》(International Nursing Index)的部分内容。记录来源于 1950 年以来世界上 70 多个国家和地区的 4 900 多种以 40 多种语言出版的生物医学期刊,目前已有约 1 700 万条书目记录,每年新增记录约 50 万条,75%为英文文献。内容涉及基础医学、临床医学、环境医学、职业病学、医疗保健、护理学、牙科学、兽医学、药物学、微生物、营养卫生、卫生管理、社会医学等领域。自 1975 年以后,开始收录文献摘要。利用 Web of Knowledge 可以检索到正在处理中的 MEDLINE 记录(In-Process Records),了解最新的研究进展。数据每月更新。

8.3 文摘

8.3.1 概述

1. 概念

文摘(Abstract),是以简明扼要的文字对文献原文进行摘述,按一定方式组织编排成为报道和揭示文献的检索工具。它用少量的文字将文献浓缩加工,以揭示文献的主要观点、论据、数据等,是当代报道学术动态的简洁明快的方法,可以帮助读者尽快了解科学情报和学术动态,是人们广泛了解社会,进行学习的有力工具,并具有索引的功能。

2. 分类

按其编写形式,文摘可分为指示性文摘、报道性文摘和评论性文摘三种类型。

(1) 指示性文摘:文字简约,一般仅说明摘取对象的研究主旨,而不涉及具体内容。

(2) 报道性文摘:较为详尽,涉及摘取对象的研究方法、立论观点及结论,反映原文的概貌。部分报道性文摘具有倾向性特征,文摘人员仅选择文献中被认为是有价值的部分信息。

(3) 评论性文摘:除摘取原著大意外,还评价原著优劣,读者可据此判断该文献的价值。

8.3.2 主要数据库

英国《科学文摘》数据库(INSPEC)

1. INSPEC 概述

英国《科学文摘》(Ination Service in Physics,Electronics Technology and Computer and

Control，简称 INSPEC）数据库，其内容与英国《科学文摘》（SCIENCE ABSTRACTS，简称 SA）相对应，由英国电气工程师学会（IEE，1871 年成立）编辑出版，是物理学、电子工程、电子学、计算机科学及信息技术领域的权威性文摘索引数据库，其所有文献都含有目录和摘要。INSPEC 是理工学科最重要、使用最为频繁的数据库之一，收录自 1969 年至今全球 80 多个国家和地区发表在相关学科领域的 4 200 种期刊（其中 1/5 为全文）及 2 000 种以上会议录、报告、图书等上的科技论文文献 900 多万条（涉及 29 种语言），并且以每年 50 万条新文献的速度增加，覆盖的学科范围包括原子物理及分子物理，数学和数学物理，凝聚态物理，气体、流体、等离子体，光学和激光，声学、电力系统，热力学，磁学，生物物理和生物工程，原子物理，基本粒子，核物理、仪器制造与测量，半导体物理，天文学与大气物理，材料科学，水科学与海洋学，环境科学，超导体，电路、电路元件和电路设计，电讯，超导体，电子光学和激光，电力系统，微电子学，医学电子学，计算机科学，控制系统及理论，人工智能，软件工程，办公室自动化，机器人，情报学等。数据每周更新。

与 INSPEC 相对应的印刷本检索刊物是 SA（Science Abstracts），从 1996 年起分为 3 个专辑：

A：Physical Abstracts（PA）

B：Electrical and Electronics Abstracts（EEA）

C：Computer and Control Abstracts（CCA）

INSPEC 除了以它广而深的学科覆盖面、准确的目录标引广受使用者欢迎外，还以专业而完善的主题索引机制而著称。其中包括：

（1）自由词/重要概念索引

（2）INSPEC 叙词表中的控制词索引

（3）INSPEC 分类系统的分类代码索引

（4）处理代码索引

（5）化学物质控制词索引

（6）航空航天对象索引

这些措施为广大科学研究人员提供了高效、易用与准确的检索途径。2004 年，INSPEC 将早期收录自 1898 年至 1968 年的整个纸本科学文摘数字化，包括 85 万条的文献记录，它包含了所有原始的索引并且加上现代的改进。另外，INSPEC 收录 1 百万条含有 DOI 的文献，能够被链接的文章将达 60%。新增的 Section E 提供生产与制造工程学文献，使 INSPEC 数据库更丰富。

2. INSPEC 检索

（1）登陆

INSPEC-CHINA 有 IP 控制和用户名/口令两种登陆方式。在图 8-3-2-1 所示界面点击“登陆”，进入如图 8-3-2-2 所示数据库选择页面，可以直接进入 INSPEC 检索，或通过 JCT（Journal，Classification & Thesaurus）先查找 INSPEC 的期刊、叙词或分类表，再进行 INSPEC 检索。

图 8-3-2-1

(2) 检索

INSPEC 数据库检索主页如图 8-3-2-3 所示，提供简单检索(Basic)、高级检索(Advanced)、专家检索(Expert)三种方式，用户可以通过图标中三个按钮在三种不同检索方式中切换。

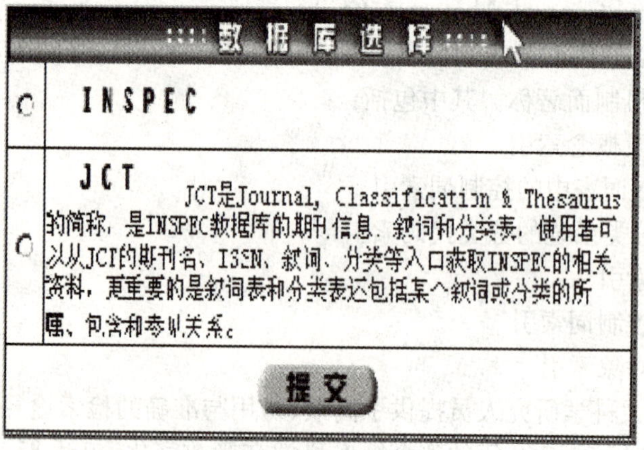

图 8-3-2-2

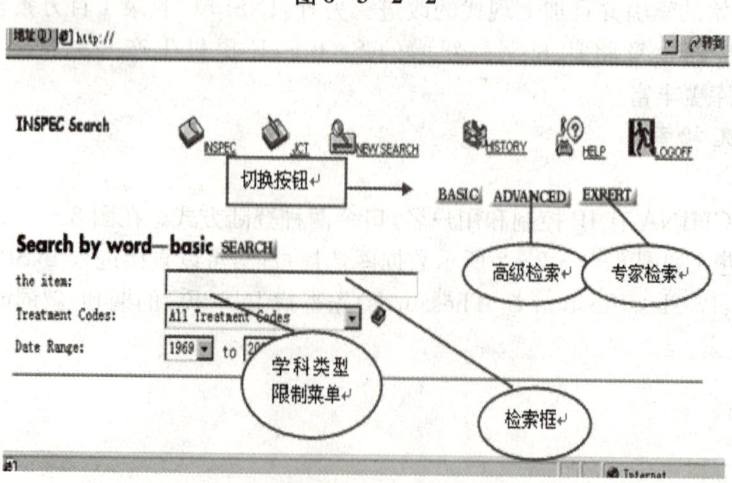

图 8-3-2-3

① Basic(简单检索)

是默认检索界面,在"the item"栏中输入相应的检索词,系统默认在 Title、Abstract、Controlled Indexing、Uncontrolled Indexing、Full Journal、Title of Conference 字段中查询,如果有多个检索词,检索词之间可使用 * 、+、-、()、? 等符号。还可选择 Treatment Codes 以及 Date Range 进行条件限制。

Treatment Codes:为学科类型限制,共有 Application、Bibliography、Economic 等 9 类,通过下拉菜单选择学科,系统默认 All Treatment Codes。

年代范围(Date Range):通过下拉菜单选择时间范围,系统默认 1969 年至今。

② Advanced (高级检索)

高级检索界面如图 8-3-2-4 所示,提供常用字段的检索,各字段间还可实现"与、或、非"的组配,通过字段下拉框可选取字段。这些常用字段包括 Title、Classification Codes、Controlled Indexing、Uncontrolled Indexing、Abstract、Affiliation(Author/Editor)、Conf. Title、Full of Journal Title、Author/Editor,同一字段如果有多个检索词,检索词之间也可使用 * 、+、-、()、? 等符号,还可选择 Treatment Codes 以及 Date Range 进行条件限制。

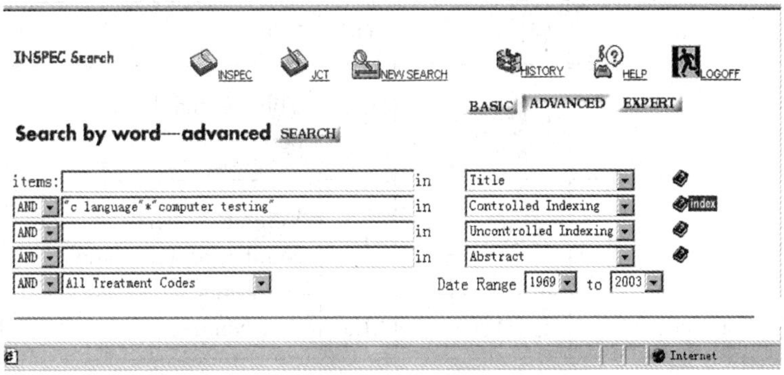

图 8-3-2-4

对于 Controlled indexing 和 Classification codes,还可以通过点击"index"从 JCT 提取索引,选中检索词后点击"选毕返回",将检索词送入检索内容。图 8-3-2-5 页面即为从 Controlled indexing 中提取"c language"和"computer testing"两个主题词。

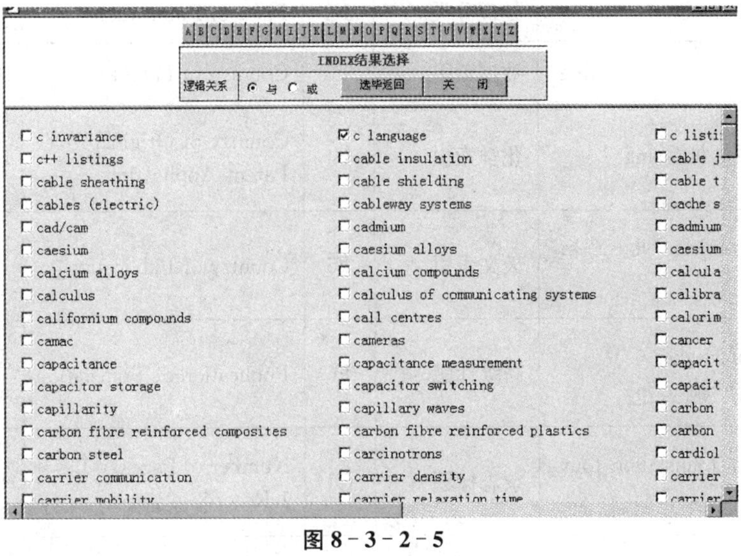

图 8-3-2-5

③ Expert(专家检索)

专家检索提供输入检索表达式和可以将这些检索表达式组配的方式，检索式包含对INSPEC所有字段的检索。输入检索表达式以后，点击"Save"按钮，可以将检索表达式保存在待检索列表，输入多个检索表达式以后可以通过点击检索列表中的表达式和页面的逻辑运算符实现表达式的组配。组配后的表达式依然保存在检索列表中，点击  执行查询；表达式列表以cookie方式保存，同一机器下次仍然可以调用这些检索表达式，点击  也可以删除表达式。各字段说明及标识见下表：

字段标识	字段名称	字段中文名称	字段标识	字段名称	字段中文名称
A1	Accession Number	书目号	DE	SICI	SICI
A2	Amendment Date	AmenDate	DF	SICI of Translation	翻译 SICI
AT	Record Type	记录类型	DG	Document Number	文献号
A4	Copyright Statement	版权声明	DH	DOI	DOI
TI	Title	标题	E1	Volume and Issue Number	发行卷号
AB	Abstract	摘要	E2	Volume and Issue Number of Translation	翻译卷号
CC	Classification Codes	分类代码	E3	Part Number	局部数字
CI	Controlled Indexing	受控索引	E4	Amendment Reference (Not yet implemented)	改善参考
UI	Uncontrolled Indexing	非控索引	F1	Conference Location	会议地点
TC	Treatment Codes	处理分类	F2	Place of Publication	出版地
B7	Numerical Data Indexing	数据索引	F3	Country of Patent	专利国家
B8	Chemical Indexing	化学索引	F4	Country of Original Patent Application	原始专利国家
B9	Astronomical Object Indexing	天文索引	F5	Country of Publication	出版国家
BA	Title of Higher Level Publication	高级标题	F6	Publication of Translation	翻译印刷国家
BB	Title of Translation Journal	杂志标题	G1	Number of Pages of Level 1 Record	页码-1

续表

字段标识	字段名称	字段中文名称	字段标识	字段名称	字段中文名称
JT	Full Journal Title	杂志全标	G2	Number of Pages of Level 2 Record	页码-2
BD	Full Title of Translation Journal	全标题	G3	Inclusive Page Numbers	包含页数
BE	Language	语言	G4	Inclusive Page Numbers of Translation	翻译页数
CT	Title of Conference (in Journal)	会议标题	G5	Number of References	参考页数
BG	Amendment Comments (Not yet implemented)	改善注释	G6	Unconventional Medium	其他媒体
AU	Author	作者	G7	URL	URL
ED	Editor	编辑	G8	Document Collection URL	URL 文档
C3	Translator	翻译者	AA	Author Affiliation	作者联系
D1	Abstract Number	摘要编号	EA	Editor Affiliation	编辑联系
D2	CODEN	分类编号	H3	Patent Assignee	专利人
D3	CODEN of Translation	翻译编号	H4	Publisher	出版者
D4	ISSN	ISSN	H5	Issuing Organisation	Org 专利
D5	ISSN of Translation	翻译 ISSN	H6	Sponsoring Organisation	Or 发起人
D6	U. S. Copyright Clearance Center Code	美版代码	H7	Availability	实用性
D7	Material Identity Number	特征号	H8	Price	价格
D8	Standard Book Number	标准书号	I1	Conference Dates	会议时间
D9	Report Number	报告数	I2	Publication Date	出版时间
DA	U. S. Government Clearing House Number	政府编号	I3	Publication Date of Translation	翻译时间
DB	Contract Number	合同编号	I4	Date Filed or Submitted	提交时间
DC	Patent Number	专利号	I5	Patent Priority Date	优先时间
DD	Original Patent Application Number	原始号			

④ 检索举例：检索表达式 TI=water * AB="computer science"表示 TI 字段(题名)包含 water 且 AB 字段(摘要)包含 computer science 词组的记录。如图 8-3-2-6 所示。

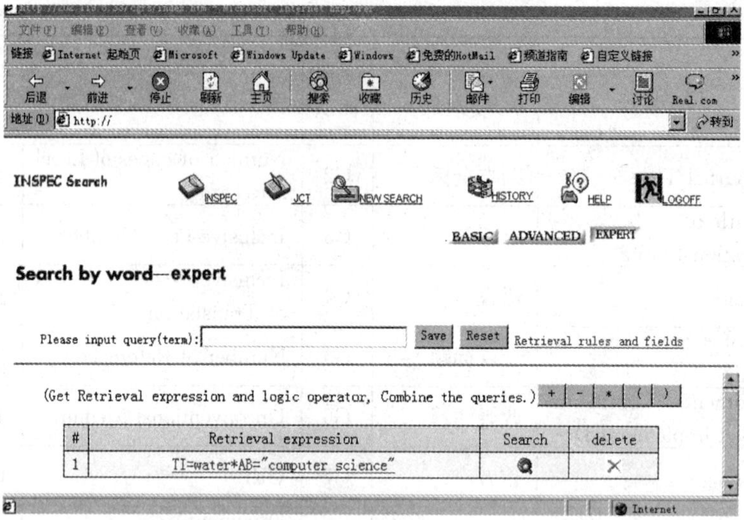

图 8-3-2-6

(3) JCT 检索

JCT 检索通过对 JCT 库的 Thesaurus Term、Classification Title、Journal Full Title、ISSN 四个入口进行查询。首先选中需要查询的入口，输入检索内容，点击 go 执行查询，查询结果、标题、详细内容显示方式及图标功能与直接在 INSPEC 查询相同。

3. 检索结果

(1) 显示

其检索结果显示第一步包括选择查询库的个数(每年为一个库)、查询命令、查询范围内的文献总篇数、命中的文献篇数，以及每库(年)文献总篇数及命中篇数。图 8-3-2-7 为检索篇名包含 information 和 retrieval 的结果，可以选择相应的年份，点击"阅读"，显示题目如图 8-3-2-8 所示，点击题名可查看正文(详细内容)，显示文献类型、题名、作者、文摘、语种、来源出版物信息、作者地址、出版商等。还可以通过 ☐ 选中多个题名，并点击 多篇显示 可同时显示多篇正文(详细内容)。对于查询结果的 Controlled Indexing 和 Classification Codes 以及 ISSN 字段的内容的点击，可以对 JCT 库进行查询。

图 8-3-2-7

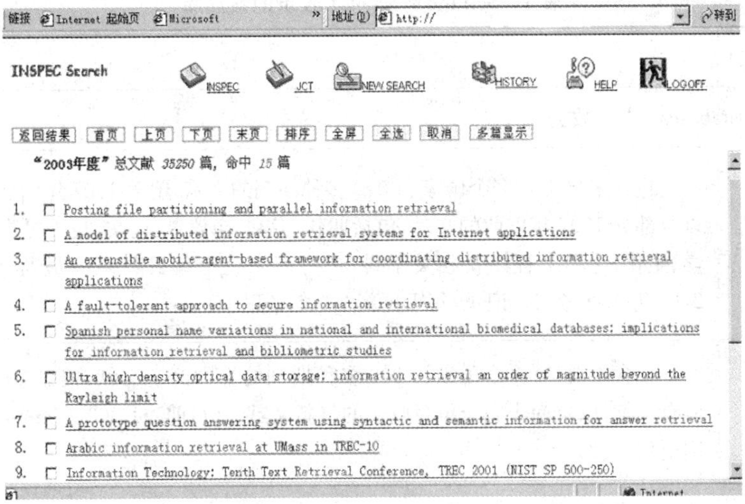

图 8-3-2-8

(2) 输出

SA 查询结果的输出支持打印、保存和邮件发送，在查询结果详细内容的最下方，选择相应图标，按提示操作即可。

美国《化学文摘》(CA)数据库

网址：http://www.cas.org

1. 简介

《化学文摘》(Chemical Abstracts，简称 CA)，创刊于 1907 年，美国化学会化学文摘服务社(Chemical Abstracts Service of American Chemical Society，简称 CAS)编辑出版。是世界上最大的化学文摘库，也是目前世界上应用最广泛、最为重要的化学、化工及相关学科的检索工具，被誉为"打开世界化学化工文献的钥匙"。它报道了世界上 200 多个国家、60 种文字出版的 16 000 种科技期刊、科技报告、会议论文、学位论文、资料汇编、技术报告、新书及视听资料，还报道了 47 个国家和 3 个国际组织的专利文献，每年报道的文献量约 50 万篇，占世界上发表的化学化工文献的 98%以上，内容几乎涉及了化学家感兴趣的所有领域，其中除包括无机化学、有机化学、分析化学、物理化学、高分子化学外，还包括冶金学、地球化学、药物学、毒物学、环境化学、生物学以及物理学等诸多学科领域，堪称是世界上收录范围最大、信息量最大、利用率最高、编排最科学、最权威的文献检索工具之一。它所提供的最终结果是文献的书目信息及其文摘，需要进一步获取原始文献。

2. SciFinder Scholar

CA 自创刊至今先后出版有印刷版、缩微版、机读磁带版、光盘版、远程联机、网络版等多种服务方式。其中网络版 SciFinder Scholar 于 1995 年推出，整合了 Medline 医学数据库、欧洲和美国等三十几家专利机构的全文专利资料，以及化学文摘 1907 年至今的所有内容，所有的记录都为英文(但如果 MEDLINE 没有英文标题的则以出版的文字显示)，涵盖的学科包括应用化学、化学工程、普通化学、物理、生物学、生命科学、医学、聚合体学、材料学、地质学、食品科学和农学等诸多领域。SciFinder 不仅保持了原来各版本的优势，而且更具数据库的优势——数据每日更新。

表 1　SciFinder Scholar 收录的数据库

数据库	内　容
① Reference Databases（文献数据库）	
CAplus℠	包含来自 150 多个国家、9 000 多种期刊的文献，覆盖 1907 年到现在的所有文献以及部分 1907 年以前的文献，包括期刊、专利、会议录、论文、技术报告、书等，涵盖化学、生化、化学工程以及相关学科，还有尚未完全编目收录的最新文献。（目前＞2 430万条参考书目记录，每天更新 3 000 条以上）
MEDLINE®	包含来自 70 多个国家、3 900 多种期刊的生物医学文献，覆盖 1951 年到现在的所有文献，以及尚未完全编目收录的最新文献。（目前＞1 300 万条参考书目记录，每周更新 4 次）
② Structure Database（结构数据库）	
REGISTRY℠	涵盖从 1957 年到现在的特定的化学物质，包括有机化合物、生物序列、配位化合物、聚合物、合金、片状无机物。REGISTRY 包括了在 CASM 中引用的物质以及特定的注册。例如：管制化学品列表，如 TSCA 和 EINECS 中的注册。（目前＞7 400 万条物质记录，每天更新约 7 万条，每种化学物质有唯一对应的 CAS 注册号）
③ Reaction Database（反应数据库）	
CASREACT®	包括从 1907 年到现在的单步或多步反应信息。CASREACT 中的反应包括 CAS 编目的反应以及下列来源：ZIC/VINITI 数据库（1974—1991，by InfoChem GmbH），INPI（Institut National de la Propriete Insutrielle，法国）1986 年以前的数据，以及由教授 Klaus Kieslich 博士指导编辑的生物转化数据库。（目前＞800 万条反应记录和 403 000 条文献记录，每周更新约 700～1 300 条）
④ Commercial Sources Database（商业来源数据库）	
CHEMCATS®	化学品的来源信息，包括化学品目录手册以及图书馆等在内的供应商的地址、价格等信息。（目前＞740 万条商业化学物质记录，来自 655 家供应商的 793 种目录）
⑤ Regulatory Database（管制数据库）	
CHEMLIST®	1979 年到现在的管制化学品的信息，包括物质的特征、详细目录、来源以及许可信息等。（目前＞22.8 万种化合物的详细清单，来自 13 个国家和国际性组织，每周更新＞50 条新记录）

表 2 通过 SciFinder Scholar 可以得到的信息

Area	Information Available in SciFinder Scholar
Document Information（文献信息）	• Title • Author/inventor • Company name/corporate source/patent assignee • Publication year • Source，publication，date，publisher，volume，issue，pagination，CODEN，ISSN • Patent identification，including patent，application，priority，and patent family information • Abstract of the article or patent • Indexing • Supplementary terms • Citations • Substances，sequences，and reactions discussed within the document
Substance Information（物质信息）	• Chemical name • CAS Registry Number® • Molecular formula • Structure diagram • Sequence information，including GenBank® and patent annotations • Property data • Commercial source information from chemical supplier catalogs • Regulatory information • Editor notes • Documents in which the substance is referenced • Reactions in which the substance participates • A list of other databases available from STN，for related information
Reaction Information（反应信息）	• Reaction diagrams，including reactants，products，reagents，catalysts，solvents，and step notes • Citation hyperlinked to the reference record • Additional reactions，references，substance details，commercial sources，and regulatory information for all reaction participants • Notes

3. SciFinder Scholar 使用方法

SciFinder Scholar 主要提供 Explore(检索)和 Browse(浏览)两种使用方式。

(1) Explore

通过 Explore Tool 可获取化学相关的所有信息及结构等，包括如下内容：

① 化学物质或反应(Chemical Substance or Reaction)

② 研究主题(Research Topic)

③ 作者姓名(Author Name)

④ 文件标识符(Document Identifier)

⑤ 公司名称/组织(Company Name/Organization)

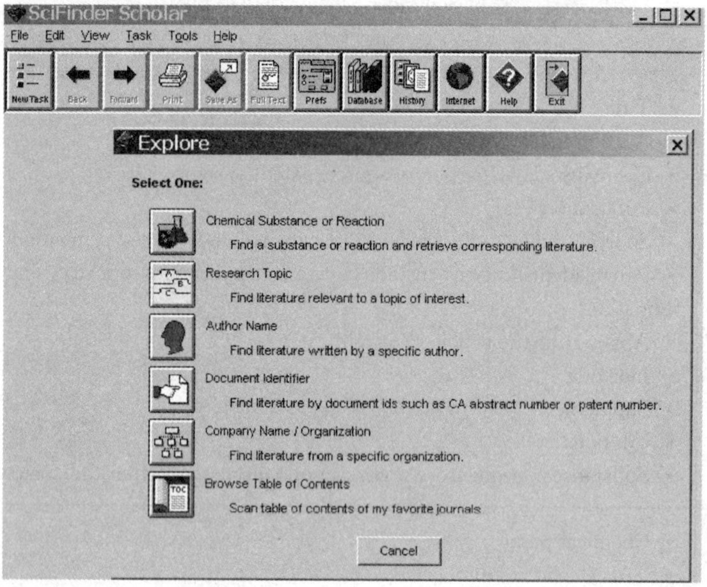

图 8-3-2-9

下面分别介绍 Explore：

① Explore by Chemical Substance or Reaction(通过化学物质或反应进行检索)

点击图 8-3-2-9 中“”图标，进入“Chemical Substance Or Reaction”界面，如图 8-3-2-10所示。

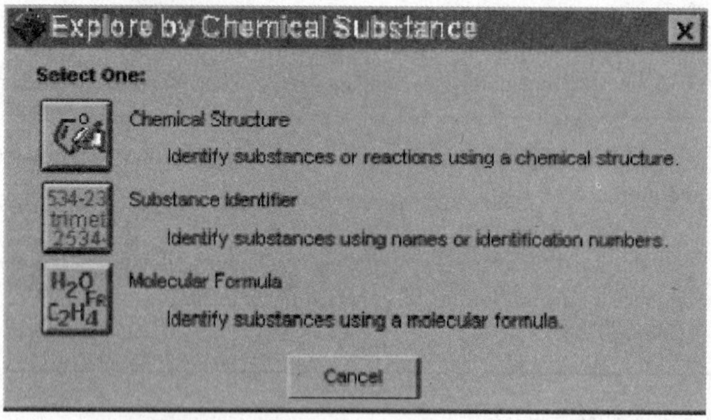

图 8-3-2-10

Explore by Chemical Structure：点击图 8-3-2-10 中“”图标，则进入 Scholar 的结构绘制窗口，画出所想要检索的结构；然后点击 Get Substances，弹出窗口，再点击“OK”即可进入检索结果界面。Additional Options 可以进一步提出检索条件。

Explore by Substance Identifier：点击图 8-3-2-10 中“”图标，则进入 Explore by Substance Identifier 检索界面，如图 8-3-2-11 所示，输入感兴趣的物质的名称，每行一个，也可点击“Read from file”进行选择。例如输入 CAS Registry，再点击“OK”，则搜索出相关的蛋白质或核酸序列——每个都有各自的 CAS Registry Number，点击显微镜图标，可以查看每个物质的详细信息，点击“Get References”，可以查看与该物质相关的文献，如图 8-3-2-12所示。

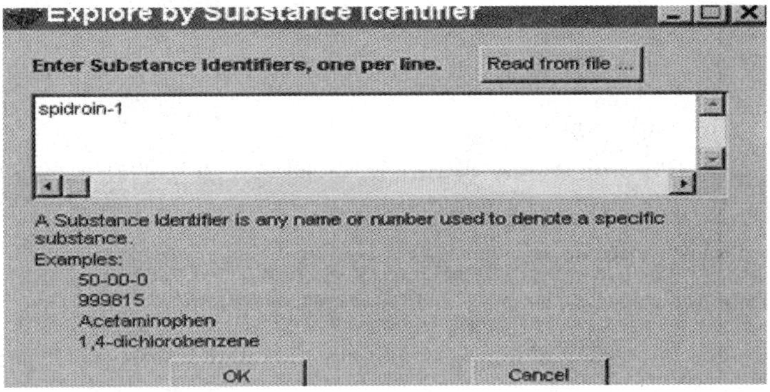

图 8－3－2－11

Explore by Molecular Formula：点击图 8－3－2－10 中“ ”图标，则进入 Explore by Molecular Formula 检索界面，如图 8－3－2－13 所示。

通过分子式进行检索：SciFinder Scholar 会分析所输入的分子式，并重新编排原子，使之成为能被计算机识别的 Hill System Order，搜索 CAS Registry 数据库，并显示匹配结果；如果输入的原子是模糊的，则弹出窗口提示修改，如元素符号的上标、下标，元素符号之间以空格隔开等（多数情况下会自动修正）；如果是多组分的物质，如聚合物、盐类等，则各个组分之间以英文的句点“.”隔开，如 Component1. Component2。

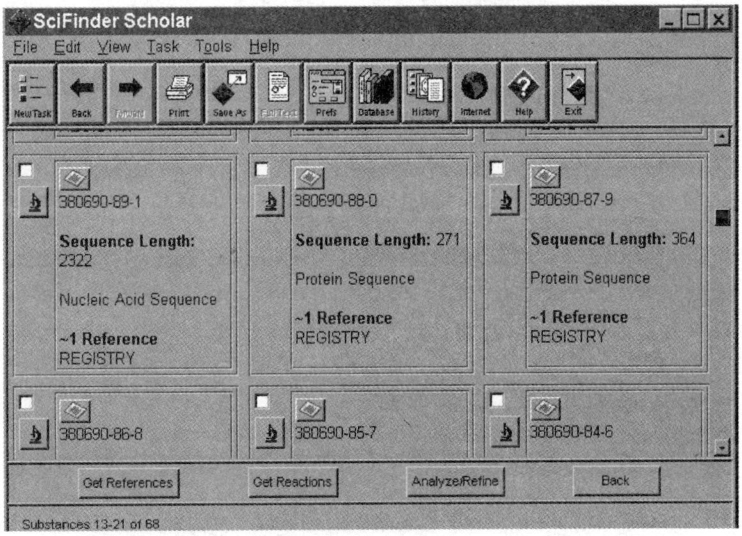

图 8－3－2－12

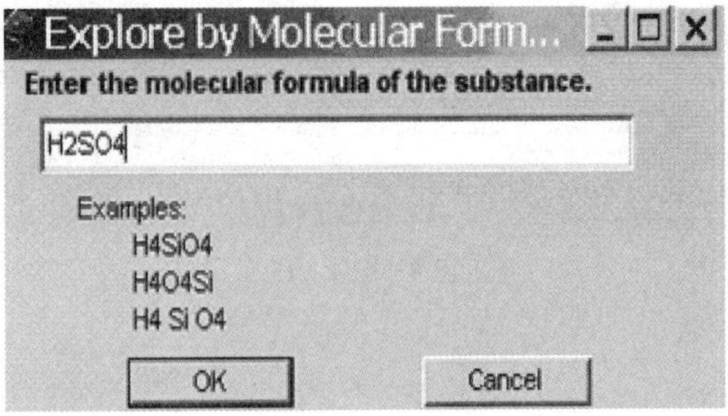

图 8－3－2－13

② Explore by Research Topic(通过研究主题进行检索)

点击图 8－3－2－9 中“ ”图标，进入“Explore by Research Topic”界面，如图 8－3－2－14所示。

假设要写一篇关于“autoimmune disorders”不同治疗方法的功效的文章，按图 8－3－2－14及图 8－3－2－15 所述方法输入后，点击 OK，获得检索结果界面。

再选中最感兴趣的内容，获取文献，方法与上述检索方法相同。

③ Explore by Author Name(通过作者姓名进行检索)

点击图 8－3－2－9 中“ ”图标，进入“Explore by Author Name”界面，如图 8－3－2－16 所示，输入作者的姓名(英文或拼音)，点击“OK”。

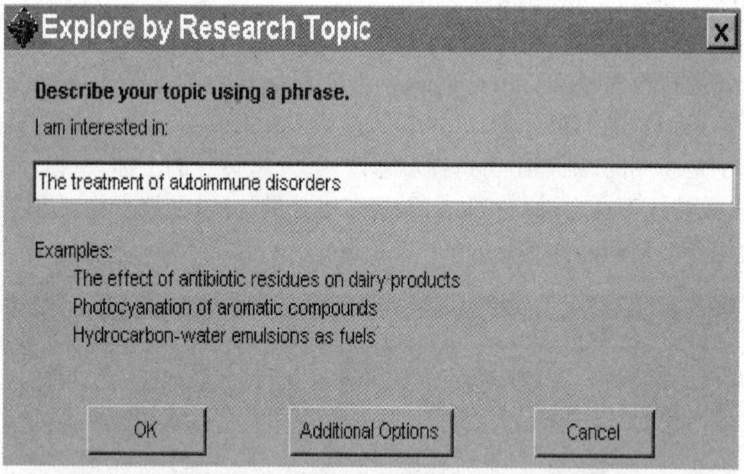

图 8－3－2－14

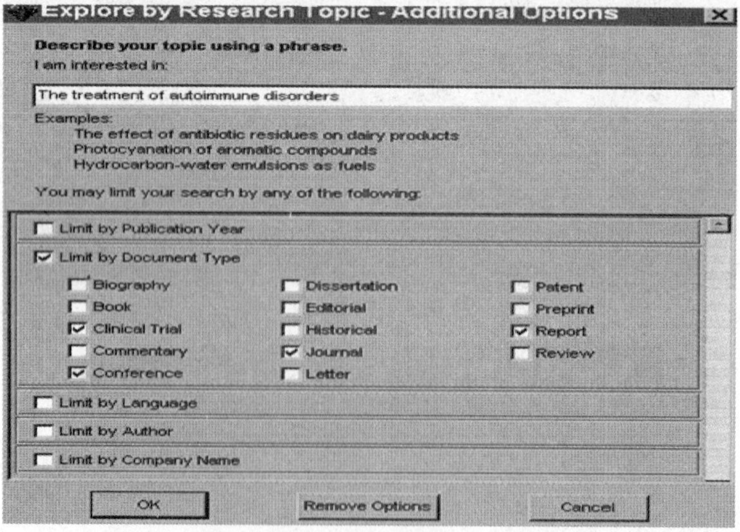

图 8－3－2－15

图 8-3-2-16

注意：必须填入 Last name（姓），如果不能确认则可选择下面的选项（alternative spelling），不区分大小写；对于复姓可直接输入；如果带有元音变音的，输入字母即可，或在后面接一个 e，会同时搜索名、姓以及姓、名；对于不确认的名，可以输入首字母。

④ Explore by Document Identifier（通过文献标识号进行检索）

点击图 8-3-2-9 中“”图标，进入“Explore by Document Identifier”界面，如图 8-3-2-17所示。

⑤ Explore by Company Name / Organization（通过公司、组织名称进行检索）

点击图 8-3-2-9 中“”图标，进入“Explore by Company Name / Organization”界面（如图 8-3-2-18）所示。假定现在正在制造一种纤维能够比拟蜘蛛网生物聚合物的天然特性，并且已获悉 Wyoming 大学的科学家已经研究合成蛛丝很多年，在输入框内输入“University of Wyoming”，点击“OK”，如图 8-3-2-18 所示。SciFinder Scholar 检索到 2 382 篇相关文献，可以进行二次检索或分析 Analyze/Refine，点击 Refine 进行二次检索，如图 8-3-2-19 所示。

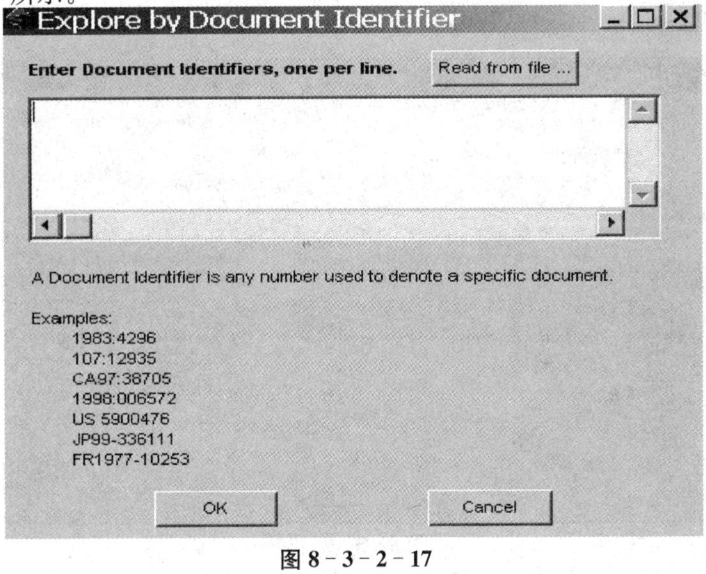

图 8-3-2-17

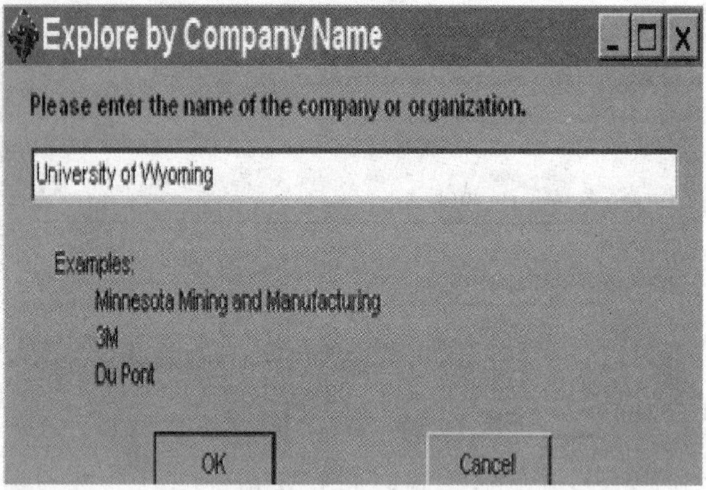

图 8-3-2-18

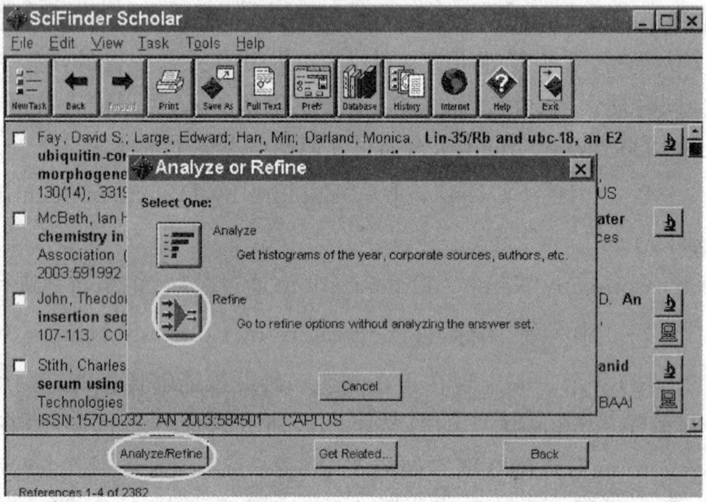

图 8-3-2-19

选择“Refine By Research Topic”，如图 8-3-2-20，进入图 8-3-2-21 所示界面。

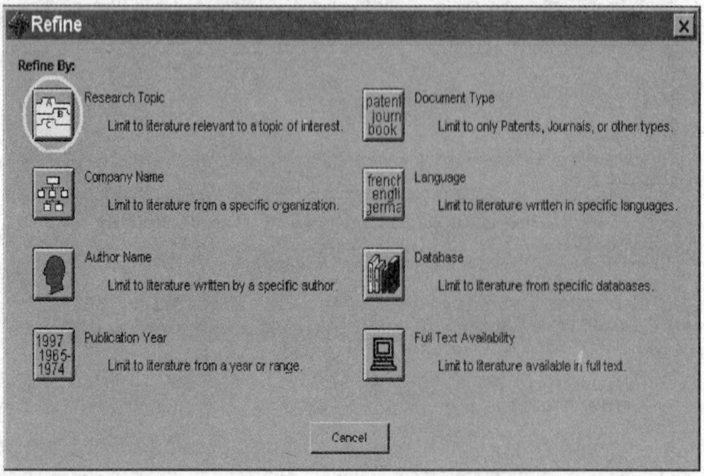

图 8-3-2-20

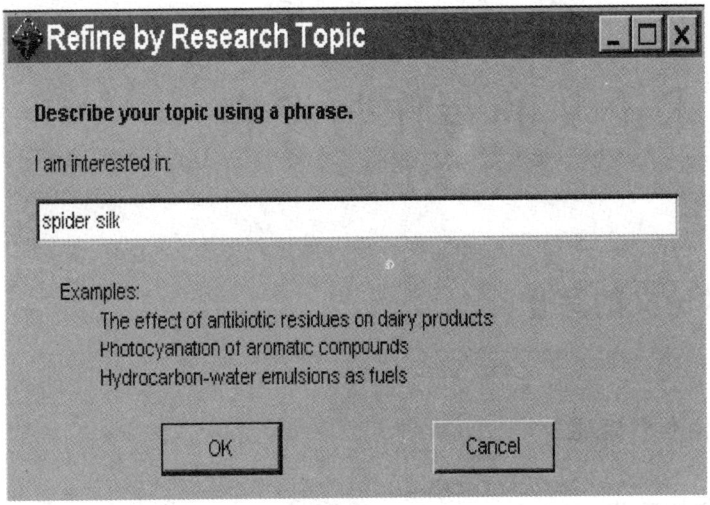

图 8-3-2-21

输入“spider silk”，点击“OK”，文献数就会大大减少，可以进行查阅。

(2) Browse

Browse Journal Table of Contents 可直接浏览 1 800 多种核心期刊的摘要及其引文等编目内容，部分还可通过 ChemPort® Connection. SM 获取全文(in-house)。

示例：查看 Journal of the American Chemical Society 的目录并链接全文。

① 点击图 8-3-2-9 中图标“”进入 Browse Table of Contents 界面，如图 8-3-2-22 所示。

② 选中想查阅的期刊，点击“View”按钮，也可通过工具栏中 Edit 下拉菜单来查找所需期刊，注意名称必须完全匹配。

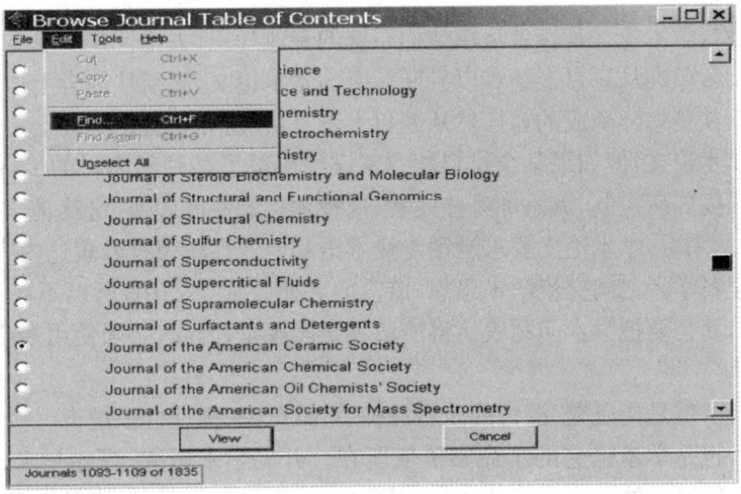

图 8-3-2-22

③ 默认结果显示的是最新一期的目录，通过选择“Previous”、“Next”、“Select”可浏览其他期的目录内容。

④ 如果有电脑图标，点击可启动 ChemPort® ConnectionSM 获取全文。如果是已经订阅或开放的电子文献，可直接查看全文，也有可能出现要求付费才能查看的页面。

9 学术论文的写作与发表

9.1 学术论文的写作

9.1.1 学术论文概述

1. 学术论文的定义

学术论文，也称科学论文、科研论文、科技论文、研究论文，中华人民共和国国家标准 VDC 001.81、CB 7713－87 号文给学术论文的定义为："学术论文是某一学术课题在实验性、理论性或观测性上具有新的科学研究成果或创新见解的知识和科学记录；或是某种已知原理应用于实际中取得新进展的科学总结，用以提供学术会议上宣读、交流或讨论；或在学术刊物上发表；或作其他用途的书面文件。"

2. 学术论文的特点

(1) 学术性

所谓学术，是指较为专门、系统的学问。所谓学术性，就是指研究、探讨的内容具有专门性和系统性，即是以科学领域里某一或相关专业性问题作为研究对象，主要从内容与语言表达两方面来体现。

从内容上看，学术论文是作者运用他们系统的专业知识，去论证或解决专业性很强的学术问题。有时候，单纯从题目上还难以判断是否为学术论文，必须从内容上加以辨别。如世界文学名著《钢铁是怎样炼成的》，虽然从题目上看是讲炼钢问题，但实际上它是一部励志小说，显然不是学术论文，但如果某个材料学专家详细讲解了某种新钢材的冶炼过程，需要使用什么设备、温度如何控制、需添加哪些元素、这种钢材的性能如何，这就是学术论文了。

从语言表达来看，学术论文要求运用专业术语和专业性图表符号表达内容，主要供同行或交叉、邻近学科学者之间交流学术思想、借鉴前人研究成果之用，所以不在乎其他学科人员是否能看懂，而是要把学术问题表达得简洁、精确、规范，因此，必须使用专业术语。

(2) 科学性

所谓科学性，就是指研究、探讨的内容准确、思维严密、推理合乎逻辑。科学性是学术论文的重要特点，也是学术论文的生命和价值所在。开展学术研究、写作学术论文的根本目的，在于揭示事物发展的客观规律，探求客观真理，从而指导实践，最终促进人类社会的繁荣和发展，这就要求作者在立论上不得带有个人好恶的偏见，不得主观臆造，必须切实地从客观实际出发，从中引出符合实际的结论。在论据上，应尽可能多地占有资料，以最充分的、确凿有力的论据作为立论的依据。在论证时，必须经过周密的思考，进行严谨的论证。

学术论文要做到科学性，首先是研究态度的科学性。要以严肃的态度、严谨的学风、严密的方法开展学术研究。从事社会科学研究，就必须从大量的材料出发，通过分析材料得出结论，而不能先有结论，再找材料去论证。从事实验研究，就应对课题进行系统的、多方面的实验，从大量的实验数据中分析综合，得出正确的结论。

学术论文要做到科学性，其次是研究方法的科学性。研究方法的科学性，就是先用归纳法，再用演绎法，而不能反过来。要从大量的具体材料去归纳，从个别到一般，以归纳为基础，再作分析，最后得出结论。对结论还要多设疑问，反复思考论证，凡是先有结论，再找材料的研究，都是反科学的研究方法。

学术论文要做到科学性，第三是内容的科学性。什么样的内容才符合科学性？就是论点正确，概念明确，论据确凿充分，推理严密，语言准确。

(3) 创新性

科学研究是对新知识的探求。如果科学研究只作继承，没有创造，那么人类文明就不会前进。一篇论文如果没有创新之处，它就毫无价值。

学术论文的创新，主要表现在以下几个方面：

① 填补空白的新发现、新发明、新理论。人类的科研活动，主要是发现活动和发明活动。发现是认识世界的科学成就，把原来存在却未被人们认识的事物揭示出来，就是发现。如居里夫人发现镭，考古学家发现曹操墓等。科学发现为人类的知识宝库增添财富，使科学得到发展。发明是改造世界的科技成就，运用知识发明出对人类有用的新成果，成为直接的生产力，如电灯、火车、飞机等等。新理论是一种自成系统的学说，它对人类的实践具有巨大的理论指导意义，如马克思的《资本论》、爱因斯坦的相对论、邓小平理论等。

② 在继承基础上发展、完善、创新。科学创新离不开对前人科学成果的继承，有不少研究成果，就是在继承基础上发展起来的。继承基础上的发展，也是一种创新。如电子计算机就是经过一代又一代的继承、创新，不断发展，至今仍以日新月异的速度更新换代。

③ 在众说纷纭中提出自己的独立见解。开展科学研究过程中，学术争鸣是不能避免的，参加学术争鸣切忌人云亦云，应对别人提出的观点和根据给以认真的思辨，并积极参与争鸣，大胆提出自己的独立见解和立论根据。对活跃思维，产生科学创见作出一点贡献，也是一种创造性。

④ 推翻前人定论。由于人们在探究物质世界客观规律过程中，总是不能一下穷尽其本质，任何学派的理论、学说，都不是尽善尽美的正确，而需要不断完善。研究者对研究对象的认识和研究者本人的知识结构都存在着局限性，他们通过研究而得出来的结论，即使当时被认为是正确的，但随着历史发展、科学进步、研究手段的更新等，很可能会发现这些定论存在着问题。所以，对待前人的定论，我们提倡继承，但不迷信，若发现其错误，就需要用科学的勇气去批判它、修正它、甚至推翻它，这也是一种创新。

⑤ 对已有资料做出创造性综合。作者在综合过程中发现问题和提出问题，引导人们去解决问题，所以这也是一种创新，常见的如各种综述性学术论文。

当然，一篇学术论文的创造性是有限的。惊人发现、伟大发明、填补空白，这些创造绝非轻而易举，也不可能每篇学术论文都同时具有这些创造性，只要有自己的一孔之见，在现有的研究成果的基础上增添一点新的东西，提供一点人所不知的资料，丰富了别人的论点，从不同角度、不同方面对学术作出了贡献，就可看做是一种创造。

(4) 理论性

所谓理论性，就是指论文作者思维的理论性、论文结论的理论性和论文表达的论证性。

① 思维的理论性。即研究者对研究对象的思考，不是停留在零散的感性上，而是运用

概念、判断、分析、归纳、推理等思辨的方法，深刻认识研究对象的本质和规律，经过高度概括和升华，使之成为理论。

② 结论的理论性。学术论文的结论是建立在充分的事实归纳上，通过理性思维，高度概括其本质和规律，使之升华为理论，理性思维水平越高，结论的理论价值就越高。

③ 表达的论证性。学术论文除了思维的理论性和结论的理论性外，它还必须对结论展开逻辑的、严密的论证，以达到无懈可击、不容置疑的说服力。

3. 学术论文的类型

学术论文按不同标准，可划分为各种不同的类型。

(1) 按学术论文的性质功能，学术论文可分为：

① 论说性，即用大量的事实、数据和材料进行正面阐述，以证明自己的观点。

② 综述性，即对某一时期某一学科领域、专业或课题的研究进展情况加以概括总结，分析现状，指出问题，并明确发展方向和趋势。

③ 评论性，即对某一学术成果、期刊论文或专著的内容进行估价、鉴定，指出其成就，分析其价值，说明其中的问题与不足。

④ 驳论性，即反驳对方的观点，提出自己不同的见解。

(2) 根据作者写作目的和作用不同可分为：

① 专题研究论文

专题研究论文是专业人员对所属领域进行科学研究而撰写的专业论文，以报道学术研究成果为主要内容，可用来提交给科研等有关部门，或用于学术会议上进行宣读、交流、讨论，或在专业刊物上发表。这种论文要求探索本学科领域中的新课题，反映出本学科领域中最新科研动向和最新学术水平，从而对促进科学技术发展和社会进步具有举足轻重的作用。

② 学位论文

学位论文也称毕业论文，是大学生、硕士研究生、博士研究生毕业前为申请学位而提交的学术论文，即提出申请授予相应学位时供评审用的学术论文。学位论文分学士论文、硕士论文和博士论文三级，其中博士论文一般包含创新程度较高的研究内容，具有较高的参考价值。

③ 研究报告

研究报告是科学工作者在完成一项科研任务并取得科研成果后用来描述研究过程、报告研究成果的论文。它比较注重于告知，可以是仅供内部参考的参考资料，也可以是公开发表的学术论文。它有理论和实践情况的描述，不同于简单的实验报告。

9.1.2 学术论文的基本组成结构与要求

学术论文由于其内容千差万别，具体构成形式也多种多样。但一般来说，一篇标准的学术论文应当由前置部分、主体部分、附录部分及结尾部分共四部分内容组成。

1. 前置部分

前置部分：主要包括题名、作者、作者单位及通讯地址、摘要、关键词、中图分类号。

(1) 题名(Title, Topic)

题名又称题目或标题，是一篇论文的总题目，是以最恰当、最简明的词语反映论文中最重要的特定内容的逻辑组合。论文题名是一篇论文给出的涉及论文范围与水平的第一个重要信息，也是有助于选定关键词和编制题录、索引等二次文献以供检索的特定实用信息。

论文题名十分重要，必须仔细斟酌选定。对论文题名的要求是：准确得体、简短精练、外延和内涵恰如其分、醒目，长度一般不超过 20 个汉字。

(2) 作者姓名、单位及通讯地址(Author，Affiliation and Address)

这一项属于论文署名问题。署名一是表明作者对成果拥有的知识产权，同时也表明对论文的内容、观点、数据及科学性负责；二是对作者劳动成果的确认；三是便于读者与作者的联系及文献检索(作者索引)。所以作者署名需用真实姓名，不用笔名、化名，不带头衔或职称，一般署在论文标题下一行。

署名大致分为两种情形，即个人作者和多作者。后者按署名顺序列为第一作者、第二作者、第三作者……

作者单位和通讯地址是作者的重要信息之一。应尽量注明作者的工作单位全称和详细地址及邮政编码，以便于刊物编辑部或读者与作者联系。工作单位一般写在作者姓名下一行。

(3) 摘要(Abstract)

摘要又称内容提要，位于论文正文之前，是对论文内容不加注释和评论的简短陈述，提要全文的简明要点，是全文基本思想的浓缩，不列举例证、不讲研究过程、不用图表、不给化学结构式、也不作自我评价，使读者无需阅读论文全文即能获得必要的信息。编写摘要是国际学术界发表论文的通例。为了国际交流，有些国内刊物还要求有与中文摘要相应的外文(多用英文)摘要。

摘要一般包含以下内容：① 研究的目的和重要性；② 研究的主要内容，指明完成了哪些工作，使用了何种方法；③ 获得的基本结论和研究成果，突出论文的新见解；④ 结论或结果的意义与存在的问题。

论文摘要虽然要反映以上内容，但文字必须十分简练，内容亦需充分概括，篇幅大小一般限制其字数不超过论文字数的 5%。例如，对于一篇 6 000 字的论文，其摘要一般不超过 300 字。摘要具有节省读者时间，引导读者迅速了解全文内容的作用，同时又可以满足二次文献工作的需要，使文献索引杂志不做修改就可转载，故写作时要忠实于原文、突出重点、文字精练、语言连贯。

[示例 1]

论文题目：教学博弈对教学过程效率损失的影响及补偿策略

论文摘要：高效率的教学是教学实践所追求的，不同的教学模式会影响教学效率。文章在研究我国古代教育思想和现代教学模式的基础上，对教学过程进行了分析，指出教学过程是教与学的一个行为博弈，这个博弈可以是增效的也可以是减效的。据此初步探索了教学效率损失的补偿策略。

(4) 关键词(Key words)

关键词是标示论文最重要、最具代表性的主题内容，并未经规范处理的主题词，一般是为了标引论文中工作，从论文中选取出来用以表示全文主要内容信息的单词或术语。关键词属于主题词的一类。一篇论文可选取 3～8 个词作为关键词，有些刊物还要求提供相应的英文关键词。

关键词的选取标准有两个：一是所选词必须是论文中具有实际意义的词或专业术语，像“研究”、“浅议”这类词不能作为关键词；二是能表示出文献的核心主题内容。

关键词的一般选择方法是:由作者在完成论文写作后,纵观全文,选出能表示论文主要内容的信息或词汇,这些信息或词汇,可以从论文题名中去选,也可以从论文正文内容中去选。例如示例 2,关键词选用了 4 个,其中后三个就是从论文标题中选出的,而另外一个却是从论文内容中选取出来的,补充了论文标题所未能表示出的主要内容信息,也提高了所涉及的概念深度。

[示例 2]

论文题目:同上例

关键词:教育理论;教学过程;效率损失;补偿策略

(5) 中图分类号

有些刊物也将其称为分类号,是分类语言的文字表现,同属情报信息检索语言。分类号一般由作者根据论文内容所属学科给出。

2. 主体部分

主体部分主要包括:引言、正文、参考文献、致谢、附录。

(1) 引言(Introduction)

引言又称前言,属于整篇论文的引论部分。其写作内容包括:研究的理由、目的、背景、前人的工作和知识空白、理论依据和实验基础、预期的结果及其在相关领域里的地位、作用和意义。

引言的文字不可冗长,不要和摘要雷同,也不要成为摘要的注释,内容选择不易过于分散、琐碎,措词要精炼,以吸引读者读下去。引言的篇幅大小,并无硬性的统一规定,需视整篇论文篇幅的大小及论文内容的需要来确定,长的可达 700~800 字或 1 000 字左右,短的可不到 100 字。

[示例 3]

论文题目:用格林函数法计算量子点中的应变分布

引言:最近,半导体量子点的研究已成为一个引人注目的领域[1]。从基础科学的角度来说,量子点提供了一个研究三维限制的载流子引起的物理效应的机会。从实用角度来说,由于量子点可以做成高微分增益、低阈值电流和高特征温度的量子点激光器,尤其对于新型光电器件有广阔的应用前景,所以已成为当今物理学研究的热点之一[2]。半导体量子点的三维量子效应,使电子运动的自由度降低,导致体系的有效状态密度和电子的能量发生显著变化,表现出一些新颖的物理特性,如量子隧穿、库仑阻塞、非线性光学效应等。这样就要求我们发展可靠、快速的方法模型化这些物理性质,如在有效质量包络函数近似框架下计算量子点的电子结构[3]。在大多数情况下,量子点的结构是由内部弹性应变场形成的,它是来源于量子点和包围材料的晶格失配产生的[4]。因为应变本质上改变电子带的结构,接着强烈地影响光电器件的性能,所以对于这种应变场的性质的了解对新型器件构造是至关重要的[5]。计算量子点内部应变场需要解具有一定形状量子点的三维弹性理论问题,解这种问题的一般方法为有限元法和原子力学的方法[6],但这些数值方法都需要大量而繁琐的计算工作。

本文介绍一种分析的方法——格林函数法计算量子点结构的应变分布,可以快速地计算各种形状量子点的应变分布。这种方法同时也特别适合作为计算量子点的电子性质的输入部分。

这里,短短两段文字清楚地阐明了研究背景、理由和知识空白,同时也表明了前人的工作(由标注文献[1]~[6]反映,其详细内容可通过查阅该文献获得)以及作者现在所从事的研究内容。

(2) 正文(Main body)

正文是一篇论文的本论，属于论文的主体与核心，占据主要篇幅。论文所体现的创造性成果，将在这一部分得到充分的反映。因此，要求这一部分内容翔实，论据充分可靠，论证有力，主题明确。一般来说，正文包括以下部分或内容：调查与研究对象、实验和观测方法、仪器设备、材料原料、实验和观测结果、计算方法和编程原理、数据资料、经过加工整理的图表、形成的论点和导出的结论等。为了满足这一系列要求，同时也为了做到层次分明、脉络清晰，常常将正文部分分成几个大的段落。这些段落即所谓逻辑段落，一个逻辑段落可包含几个自然段。每一逻辑段落可冠以适当标题(分标题或小标题)。

由于学术论文的选题和内容性质差别较大，其段落和划分，应视论文性质与内容而定，不能作硬性的统一规定，但必须实事求是，客观直接，准确完备，合乎逻辑，层次分明，简练可读。

(3) 结论(Conclusion)

结论部分是全文的简要概述，应反映论文中通过实验、观察研究并经过理论分析后得到的学术见解。结论应是该论文最终的、总体的结论。换句话说，结论应是整篇论文的结局，而不是某一局部问题或某一分支问题的结论，也不是正文中各段的小结的简单重复。结论应当体现作者更深层的认识，且是从全篇论文的全部材料出发，经过推理、判断、归纳等逻辑分析过程而得到的新的学术总观念、总见解。

结论应该准确、完整、明确、精炼。该部分的写作内容一般应包括以下几个方面：

① 本文研究结果说明了什么问题；

② 对前人有关的看法做了哪些修正、补充、发展、证实或否定；

③ 本文研究的不足之处或遗留未予解决的问题，以及解决这些问题的可能的关键点和方向。

结论部分的写作要求是：措词严谨，逻辑严密，文字具体，常像法律条文一样，按顺序 1、2、3……列成条文，用语精确严谨，且只能作一种解释，不能模棱两可、含糊其辞。文字上也不应夸大，对尚不能完全肯定的内容注意留有余地。

[示例 4]

论文题目：同上例

论文的结论：本文用一种基于格林函数的方法来计算任意形状量子点的应变分布。这种方法的优点是它能得出应变分布傅里叶形式的分析表达式，因此它的计算速度优于其他的数值方法。它的另一个优点就是量子点形状仅仅通过量子点的特征函数的傅里叶变换加入。这种方法也适合计算量子点的电子性质的输入部分。量子点中大部分限制态能量的计算都是用包络函数方法，利用基于平面波态计算波函数。以前的研究通常包括两个大型的积分步骤计算任意平面波态对关联的矩阵元素。首先，实空间应变场可以通过结构精确计算出来；这个实空间应变场作为第二步积分步骤的输入以确定应变相关的平面波矩阵元素。对比我们的方法，利用得出的分析表达式，每一个矩阵元都可以由分析表达式确定，正比于本文介绍的傅里叶序列的单个项。

对比简化的各向同性和各向异性的模型，两个模型都给出了非常相近的结果，弹性性质由立方对称性，然而在大多数情况下，量子点形状拥有更低的对称度。因此对于不同形状的量子点，应变分布的各向异性主要是由点形状的各向异性决定的，而不是介质的弹性性质的各向异性决定的。但是随着测量技术和理论研究水平的提高，我们能更加准确地确定量子点形状和尺寸的大小，这时各向异性的计算结果就能够给出精确的应变分布。

最后指出一点，有些学科论文，常常“结论”部分不单独列出，而将其内容隐含于“讨论”部分的文字中(常在最后部位，也是最简短的文字部分)，这也是一种可行的处理方法。

(4) 致谢(Acknowledgment)

按照 GB7713－87 的规定，致谢语句可以放在正文后，体现对下列方面致谢：国家科学基金、资助研究工作的奖学金基金、合同单位、资助和支持的企业、组织或个人；协助完成研究工作和提供便利条件的组织或个人；在研究工作中提出建议和提供帮助的人；给予转载和引用权的资料、图片、文献、研究思想和设想的所有者；其他应感谢的组织和个人。

(5) 参考文献(Reference)

撰写学术论文过程中，可能参考和引用了很多篇文献。为了能反映出真实的科学依据；体现严肃的科学态度，分清是自己的观点或成果还是别人的观点或成果；对前人的科学成果表示尊重，同时也是为了指明引用资料出处，便于检索，这些被引用的参考文献应该列出。

不同刊物对参考文献的著录格式可能要求有所不同，但一般如下：

参考文献一般列在正文后面，以“参考文献：”(左顶格)或“参考文献”(居中)作标识，参考文献的序号左顶格。

中华人民共和国国家标准 GB3469－83《文献类型与文献载体代码》规定以单字字母方式标志各种参考文献的类型：专著为“M”、论文集为“C”、报纸文章为“N”、期刊文章为“J”、学位论文为“D”、报告为“R”、专利为“P”。其他未说明的文献类型建议采用“Z”标识。

中华人民共和国国家标准 GB7714－87《文后参考文献著录规则》，对文后参考文献的著录格式作出了如下规定：

主要责任者(专著作者、论文集主编、学位申报人、专利申请人、报刊文章作者)，多个责任者之间以“，”号隔开；

文献题名及版本；

文献类型及载体类型标识；

出版项(出版地、出版者、出版年)；

文献出处或电子文献的可获得地址；

文献起止页码；

文献标准编号(标准号、专利号……)。

[示例]

张振华. 工程信息检索与论文写作. 北京：清华大学出版社，2009. 9

Lancaster F W. Toward Paperless Information Systems [M]. Academic Press, Inc，1978

王敏，叶松，王俊. 基于 SAR 图像的海洋舰船目标检测技术[J]. 微计算机应用，2010 (2)：61－65

Hollcy R P. Cooperative collection development: Yesterday, today, and tomorrow [J]. Collection Management，1998(4)：19－35

Nair R R. Resource Sharing Networks for Higher Education at State Level[EB/OL]. [2007－09－20]. http://eprints. rclis. org/archive/00006712

9.1.3 学术论文的写作程序

1. 选题阶段

(1) 选题的含义

选题,就是选择你要研究的对象。选题在学术论文中具有头等重要的意义,好的选题是论文成功的一半。科研选题作为科研的起点,关系到科研人员学术生涯的成败,决定了科研成果的大小,如果能够顺利提出问题,并保证战略方向正确、研究方法得当,一定会获得科研成功。

(2) 选题的原则

① 价值性原则:该选题在本学科体系中的地位估价、对于现实生活的意义以及学术价值的阐发。

② 可行性原则:进行该课题的主观条件及客观条件。主观条件包括自身的业务专长、兴趣所向、能力、大小适中程度等;客观条件包括资料、资金设备、时间期限、导师指导等。

(3) 选题途径和方法

选题途径有浏览文献自己选或导师指定。

选题方法有浏览捕捉法、追溯验证法、积累精选法、追踪研选法、实践调研法、筛选变造法等。

(4) 文献检索

在选题确定之前,要查阅文献资料。目的在于了解本学科的研究历史与现状,明确其在本学科中过去已经进行了哪些研究,有什么成果;了解本学科的研究现状,以确保其新颖性,同时收集相关材料,为下一步研究做好准备。查询一般要分 6 步骤进行:

① 课题分析;

② 检索系统和数据库的选择;

③ 检索点与检索单元(检索词)的选择;

④ 检索式的制定;

⑤ 检索策略的调整;

⑥ 原文获取。

课题规模不同,涉及的领域各异,检索的难度和耗费的精力及时间也不尽相同。以上步骤是系统地进行课题查询的过程。不同的课题需要获得的信息类型和信息量都不一样,运用的研究策略也不同,其中的步骤也可以根据具体需要省减,或者循环重复,不断调整。

2. 研究阶段

科学研究从选题、确定课题时已经开始。这里的研究,是指选题确定之后集中攻关的研究。研究的过程实际上就是收集材料和阅读、分析材料的过程。

(1) 收集材料

一般认为收集材料占全部科研工作量的 70%～80%,包括分析课题、制定检索策略,进行检索等(参见 1.2.4 信息检索的方法与步骤、2.4 计算机检索的步骤)。要明确收集的范围,需要使用的工具。

① 明确此课题的专业范围、时间范围,了解与此课题相关的现有研究成果、研究此课题所需的有关基本理论的文献、与课题有关的相关学科的研究成果,研究课题所需要的原始

资料；

② 所需主要工具包括专业数据库、搜索引擎、手工检索工具，优先使用机检尤其优先使用专业数据库检索；

③ 确定检索方法与途径进行检索，并不断调整检索策略。

(2) 分析研究材料

对所收集的材料进行分析研究，使散乱的资料条理化，具有可用性；这个过程，同时也是作者思维创造的过程，是研究中的最富创造性的阶段，经过分析和综合、归纳和演绎，从具体到抽象，使感性认识上升到理性认识，再从抽象到具体，逐步明确论文的论点。

3. 撰写阶段

根据论题的需要，对材料进行充分分析，对存在的问题加以解决之后，便可将研究工作情况进行总结，即进入论文撰写阶段。撰写一般分为四步进行：拟定提纲、成文、编写摘要、修改。

(1) 拟定提纲

论文起草之前，应该先拟定提纲，因为提纲是作者思路固定的凭借，是使论文格局成形的过程，是论文写作的依据和修改的标准。只有拟定了提纲，才可以疏通思路，组织材料，形成结构，保证文章顺理成章，一气呵成。因此，在具体制定提纲时，首先应对论文的全部问题进行周密的思考，提出论点、论据，安排材料的取舍，力求使提纲在整体上体现论文题目的目的性。其次，要从各个方面围绕主题编写提纲，既突出重点和主要内容，又适当地照顾全面，明确各部分在整篇论文中所占的比重及相互关系，使论文内容和题目紧密衔接起来。

① 拟定提纲的要点

明确论点：明确中心论点和分论点，确保论点的新颖与正确。

精选材料：要选取确实可靠、翔实典型、富有新意的材料，并注意材料的搭配。

安排结构：引论、本论、结论。

② 拟定提纲的原则

首先，结构布局要正确反映客观事物的发展规律和内在联系，采取提出问题、分析问题、解决问题的方法。其次，结构布局应为中心论点服务。最后，论文要完整缜密、严谨自然。

③ 拟定提纲的方法及步骤

论文标题：用最简洁、鲜明的语言概括论文主旨，拟好论文题目。

中心论点：用写主题句的方法概括出论文的中心论点。

篇章结构：安排论文全篇的结构布局，确定从哪几个方面去论证中心论点。

材料归类：把材料分属于它们所要证明的论点，并标上序码备用。

段落大意：考虑段落的具体安排，写出每段的段旨。

修改大纲：全面检查，修改提纲，可有粗纲与细纲两种选择。

(2) 拟定草稿(其结构和要求参见 9.1.2 部分)

根据论文提纲执笔起草。有两种方法：一是按照提纲排列的顺序从绪论写起，接着写本论、结论。二是从本论入手，写好本论、结论后，再写绪论。

起草时，较短的论文可以在充分准备的基础上一气呵成。对于长篇论文，可以先分成几部分，一部分一部分地写，然后合成一篇。

在执笔写作的过程中，应注意运用以下的方法：从已知的到未知的；从亲近的到较疏远的；从简单的到复杂的；从预备知识到本题论旨；从概说到分论；从具体到抽象；从读者容易赞成的到不大同意的；从与读者有关的到关系不大的；从读者兴趣浓厚的到兴趣淡薄的；语言尽量写得简洁、精炼，避免繁冗、啰嗦；表和图的运用有助于论文的变化，增强表达效果；引文尽量要少，并不可断章取义，要核对无误；引文的出处要加注，方法有夹注、脚注、章(节)附注、尾注等。

(3) 编写摘要

成文之后，根据论文实际内容，编写摘要，使论文结构完整。

(4) 修改、定稿

写完之后无需修改、一步到位、完美无缺的论文实属罕见，对于普通学术论文作者，成文后应多加研读，发现其中的不足和失误，不断修改，使之臻于完善。

论文的修改，一般包括观点的订正，材料的增删，结构的调整，语言文字的提炼、润色等方面。修改的方法因人而异，因文而异，但不论用什么方法都应该注意：

① 要主动听取别人的意见。

② 要再查阅、再研究，然后动笔修改。

③ 要“冷处理”，即把初稿搁上若干天，然后广泛地浏览有关的资料，让头脑冷静下来，再行修改。这样修改，往往容易突破原来的框框，发现问题，产生新的看法，就可以使论文质量得到明显的提高。

4. 论文答辩

如果是学位论文，则需要进行论文的公开答辩。答辩主要包括：作者自述、老师提问、作者准备、作者答辩、老师小结这五个环节。

(1) 作者自述

这是第一个环节，也是非常最重要的一个环节，由作者向答辩组专家介绍情况，主要包括：

① 个人最基本情况

② 选题的缘由及意义

该课题国内外已有哪些有价值、有意义的研究成果，并引出当前的热点研究方向，详细地分析国内外的研究进展，阐明在该方向上的成果还存在哪些不足或缺陷需要进一步探讨，详细论述和分析这些问题产生的原因，提出该方面的空白点、未知数，以及研究的难点、焦点，或者对这一问题的研究还可以采用哪些更好的方法，最后阐明所选课题的理论意义、实用价值和社会经济效益，以及准备在哪些方面有所进展或突破。为什么要研究这个选题，交代研究的价值及背景。

③ 研究方案与方法

④ 研究步骤与过程

⑤ 创新点

创新点是指论文在哪些方面有自己较为独到的见解。创新分原始创新和跟踪创新。原始创新侧重于填补空白或修改传统的理论和新技术、新方法的发明创造；跟踪创新是在前人工作基础上补充、完善现有理论以及对原有技术、方法进行修改后产生的显著效果。总之，要突出重点，突出所选课题与同类其他研究的不同之处。

(2) 老师提问

专家就论文的选题、论文的内容及作者的介绍等提出自己的问题。

(3) 作者准备

作者就专家所提问题进行短暂的准备。

(4) 作者答辩

回答专家所提问题。

(5) 老师小结

专家对答辩情况进行总结。

9.2　学术论文的发表

9.2.1　学术论文的投稿

学术论文是作者对其创造性研究成果进行理论分析和科学总结，是科研工作的一项重要内容，也是科研成果的具体体现，凝结了作者大量的心血。无论答辩与否，作者都希望能及时在相关专业刊物上公开发表。论文发表的数量和质量已成为衡量作者学识水平与业务成绩的一种重要指标，与学位能否获得、专业技术职称能否晋升、科研项目能否取得等有着密不可分的关系，而且论文的发表无疑也是作者的研究成果得到传播和推广的最佳途径之一。所以，在学术论文完稿后，为了提高论文投稿的命中率，作者应对论文投稿过程有清晰的认识。

1. 了解并正确选择所投刊物

国内外学术期刊种类繁多，即使在同一学科或同一专业也有许多期刊，并且各个期刊的办刊宗旨、专业范围、主题分配、栏目设置及各种类型文章发表的比例均不相同。因此，选择一本适合自己所写文章的期刊，是论文得以发表的一个极其重要的环节。认真阅读刊物投稿须知和征稿启事，以免不符要求，退稿、审稿或退修意见不恰当，或者导致可以发表在核心专业期刊的文章最后发表在一般期刊、增刊甚至非法期刊上，产生不必要的损失。

(1) 通过各种检索系统了解

学术期刊被国际或国内著名检索系统收录，是期刊学术质量高低及影响面宽广的一个重要标志。作者可以通过国内外著名检索系统评估期刊的学术质量和权威性，并通过检索了解自己论文的主题是否在期刊征稿范围内。

(2) 通过各类综合性或专业性数据库了解。

2. 投稿

当论文定稿并选择好准备投递的刊物后，便可将论文结构及书写格式严格按对方规定编排，之后根据刊物具体要求选择邮局邮寄或是通过网络投稿系统进行投递。在投稿过程中还应注意以下几点：

(1) 不涉密、不侵权、不违法

科技论文涉及的政治性及保密性问题在科技期刊中也常见到。在稿件中，许多作者没有保密意识，不知不觉中泄露了国家的政治、军事、科技和经济秘密。泄密一直是刊物之大忌，一旦文章有涉密问题，编辑部往往不会录用。

(2) 不能一稿多投或一投多稿

一稿多投不仅是版权法明令禁止的做法，也是各家刊物严防的。因为一稿多投，不仅浪费刊物资源，影响作者、刊物的声誉，也挫伤了读者的感情。一旦发现某作者有一稿多投现象，编辑部一般不再轻易采用其来稿。另外，一投多稿也不利于论文的发表。有不少作者一次给同一家刊物投多篇论文，以为这样可以提高命中率，其实不然。第一，作者的多篇论文质量有差异，编辑部往往择其中质量较高的一篇进入审稿流程，其他的就可能放弃不用。第二，出于多种因素的考虑，编辑部一般不会连续刊发同一作者的论文。第三，多篇论文一起投，容易让编辑产生“多产而质量不高”的印象，最后结果不仅不能如作者所愿的“多投多中”，而很可能是“多投少中”，甚至是“多投不中”。

(3) 认真反复修改和校对所投论文

论文写好后，最好不要立即投出，不妨多修改几次，放置几日再去阅读可能就又有新的认识和构思，这也是写作大家们早就指出的经验之谈了。鲁迅说过：“写完后至少看两遍。”如果有条件，作品在投出前应让行家指点一下，没有条件的至少也应自己多读几遍，并在此阶段细细推敲以改正专业技术人员常将俗称、行话替代规范术语以及文章缺乏可读性(文学性)的两大常见毛病。

3. 投稿后若干事宜

(1) 稿件状态

稿件投出后作者要确认编辑部是否收到了稿件及能否发表。如不能采用，可改投他刊。

(2) 稿件退修

如被采用，几乎都要根据审稿专家及编辑意见进行修改。需注意区分以下几种情况：

① 审稿意见正确：文章中存在重大错误，根据退修意见重写。

② 部分审稿意见不正确：根据可接受的建议修改文章；同时，附一封说明信，逐条对不能接受的审稿意见进行陈述。如果你的陈述正确且具有说服力，编辑有可能采取妥协态度。

③ 审稿意见几乎完全错误：一位或两位审稿专家和编辑未能读懂或未能很好地理解作者的原意，这时作者可选择两种方法，一是另投他刊，以希望自己的文章得到更公开的评价，二是不放弃原投稿期刊。采用后一种方法时，一定要注意策略。

(3) 核改校样

校样指论文在期刊上发表前供校对用的印刷样张，应仔细核校。

10 科技查新

科技查新是在我国科技体制改革进程中萌生并发展起来的一项情报咨询工作。20 世纪 80 年代后期，各级科研管理部门为了提高科研立项、成果鉴定与奖励的严肃性、公正性、准确性和权威性，采取了不少措施，制定了一系列管理办法和规定。其中，为避免科研课题重复立项和客观正确地判别科技成果的新颖性而设立了科技查新咨询工作。科技查新在科技立项和验收、科技成果的鉴定和评价、科技奖励评定、技术引进等科技活动中扮演着“把关人”的角色。近年来我国科技查新机构不断增加，仅教育部系统的科技查新站已经达到 67 家(包括 2009 年认定的第四批科技查新站 10 家)，2007 年已完成查新项目 17 536 项，为我国的科技管理事业作出了巨大贡献。

10.1 科技查新概述

1. 科技查新的概念

科技查新，简称查新，是指具有查新业务资质的查新机构根据查新委托人提供的需要查证其新颖性的科学技术内容，首先通过计算机检索和手工检索等手段查出国内外公开发表的与该课题相关的文献；再对查出的文献与被查课题进行对比分析；最后根据分析结果对被查课题的“新颖性”进行判定，并得出结果即为被查课题出具一份“查新报告”。科技查新包括立项查新、成果查新等。其中新颖性的判定是科技查新工作的核心任务。新颖性是指在接受查新委托日期以前，查新项目的科学技术内容部分或者全部没有在国内外出版物上公开发表过。

科技查新工作由科技部统一归口管理。2000 年 12 月，科技部发布了《科技查新机构管理办法》和《科技查新规范》(2001 年 1 月 1 日起施行)，进而规范了查新机构的行为，保证了查新的公正性、准确性和独立性，使科技查新工作步入了法制化轨道。

2. 科技查新的领域

科技查新涉及数学、物理、化学、海洋学、气象学、地球物理学、化工、材料、生物、医药卫生、农业、水利、林业、建筑、建材、食品、电子、计算机、冶金、机械、纺织、造纸、能源、石油、石化、环境、地质、交通运输、航空、航天，以及社会科学等各个领域。

3. 科技查新的服务对象

科技查新的服务对象主要包括以下七类：

(1) 申报国家级或省(部)级科学技术奖励的人或机构；

(2) 申报各级各类科技计划、各种基金项目、新产品开发计划的人或机构；

(3) 各级成果的鉴定、验收、评估、转化；

(4) 科研项目开题立项；

(5) 技术引进；

(6) 国家及地方有关规定要求查新的项目；

(7) 其他(如博士论文开题、评审等)。

4. 科技查新的作用

(1) 为科研立项、成果鉴定提供客观依据

科研课题在正式立项前,首要的工作是全面、准确地掌握国内外的有关情报,查清该课题在国内外是否已研究开发过;其论点、研究开发目标、技术路线、技术内容、技术指标、技术水平等方面是否具有新颖性;国内外有关课题是否已研究开发或正在研究开发;研究开发的深度及广度;已解决和尚未解决的问题等等。通过查新可以对所选课题是否具有新颖性的判断提供客观依据。据统计,我国科研项目重复率达 40%,而另外 60%中部分重复又在 20%以上,同时与国外重复也约占 30%,其中大部分是国外已公开的技术,因而造成了人力、物力、财力的严重浪费,通过科技查新工作可防止重复研究开发而造成的浪费和损失。

科技查新还可以为科技成果的鉴定、评估、验收、转化、奖励等提供客观的文献依据。例如某企业需成果鉴定,要求通过科技查新确认他们的"磁热效应冰箱"项目为国际首创。经查新证实,美国已有此冰箱的报道,从而否定了"国际首创"的评价。该企业十分后悔在立项时没有进行项目查新而造成时间、人力、物力和经济等的损失。

(2) 科技查新还能保证科技成果鉴定、评估、验收、转化、奖励等的科学性和可靠性。在这些工作中,若无科技查新部门提供可靠的查新报告作为文献依据,仅凭专家小组的专业知识经验,难免会有不公正之处,可能会得不出确切的结论。这样既不利于调动科技人员的积极性,又会妨碍成果的推广应用。高质量的科技查新,结合专家丰富的专业知识,便可防止上述现象的发生,从而保证鉴定、评估、验收、转化、奖励等的权威性和科学性。

(3) 为科技人员进行研究开发提供可靠而丰富的信息

随着科学技术的不断发展,学科分类越来越细,信息源于不同的载体已成为普遍现象,这给获取信息带来了一定的难度。有关研究表明,技术人员查阅文献所花的时间占其总工作时间的 50%,若通过专业人员进行科技查新,则可以大量节省科研人员查阅文献的时间。查新机构一般具有丰富的信息资源和完善的计算机检索系统,能提供从一次文献到二次文献的全面检索,如通过世界著名的 SCI(科学引文索引)、CA(化学文摘)、EI(工程索引)、NTIS(美国政府报告)、WPI(世界专利索引)等近千个科技、经济、商业数据库,内容涉及各种学术会议和期刊的论文、技术报告、学位论文、政府出版物、科技图书、专利、标准和规范、报纸、通告等,收藏的数据最早可追溯到 19 世纪,最新可查到几分钟前公布的信息。据有关资料统计,这些数据库包含了世界上 98%以上的机读文献,基本满足科研工作的信息需求。

10.2 科技查新程序

科技查新的一般流程如图 10-2-1 所示,主要有:

1. 委托

申请科技查新之前委托人最好事先做好以下各项准备工作，因为查新机构一般会要求委托咨询或查新的单位或个人填写《检索课题委托单》或《科技查新合同单》，如果事先有充足准备，便可节约更多宝贵的时间。

(1) 查新目的

立项查新包括申报各级、各类科技计划，科研课题开始前的资料收集等；成果查新包括未开展成果鉴定、申报奖励等。

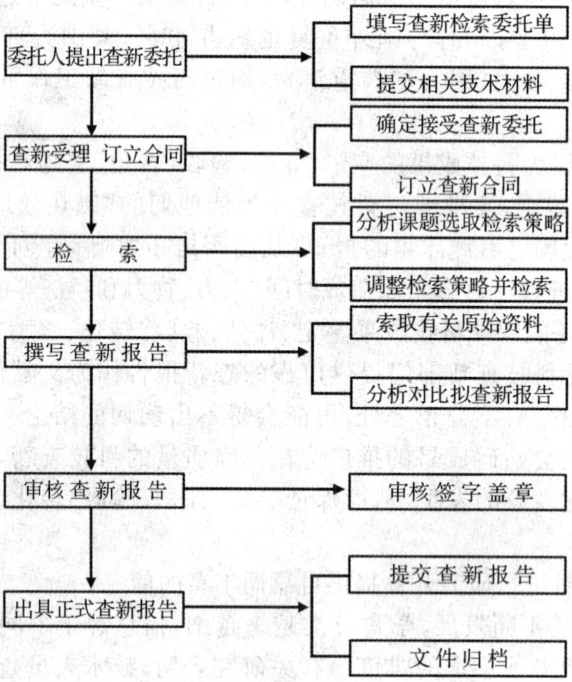

图 10－2－1

(2) 查新点与查新要求

查新点是指需要查证的内容要点，是查新课题内容要点中具有新颖性的地方，和查新结论密切相关。可参照查新项目的科学技术(多主题)要点简明扼要地填写，最好一一列出。

查新要求是指查新委托人对查新提出的具体愿望。一般分为以下四种情况：一是希望查新机构通过查新，证明在所查范围内国内外有无相同或类似研究；二是希望查新机构对查新项目分别或综合进行国内外对比分析；三是希望查新机构对查新项目的新颖性作出判断；四是查新委托人提出的其他相关愿望。

(3) 查新项目的科学技术要点

要着重说明查新项目的主要内容，包括研究方法、科学技术特征、成果结构、工艺、配方、应用范围以及技术指标和参数或发明点；查新委托人自我判断的国内外现有水平。

(4) 关键词

选择可能出现在被检中文献中英文主题词、标题、文摘等字段中，对表征文献主题内容特别是查新点具有实质意义的词语，所选择的关键词包括规范词、同义词、缩写词、相关词、专利号、化学物质登记号、分子式、分类号、CAS 登记号等等。应当从查新项目所在专业的文献常用词中选择。

（5）参考文献

是指查新委托人列出的与查新项目密切相关的国内外文献（应当尽可能注明文献的著者、题目、刊名、年、卷、期、页），这些文献仅供查新机构在处理查新事务中参考。

（6）其他相关资料

用户提出委托时，最好能同时提供一套详细描述本课题（发明）的技术资料，如：研究工作报告（总结）、技术报告、实验报告、测试报告、用户使用报告、鉴定证书等；课题主要参考文献（国内外），以及课题组成员在国内外发表过的与本课题有关的文献。

2. 受理

符合受理条件的委托，查新中心根据委托课题的特征和查新级别，安排相应的专业人员受理。受理人员通过电话、信件以及面谈等方式与用户取得联系和沟通，向委托人说明查新的具体规定和要求，同时了解课题检索范围、年限，有无特殊要求等，并和委托人签署查新合同。适当可收取查新检索预付款。

3. 查新检索

（1）查新人员在委托人的密切配合下，了解查新课题的实质内容，确定检索方式、检索年限和检索策略。

（2）查新人员根据用户提供的主题词，经复核后再由双方商定。查新课题的检索范围应比普通咨询检索更宽些，以求提高查全率，检索出更多相关文献以供对比分析。

（3）查新人员与委托人共商检索年限和地域，查新年限一般不低于10年，国家级课题不低于15年。

（4）根据检索结果和阅读的需要，索取文献原文。

（5）整理查新报告附件：筛选出一般相关文献的题录、文摘；密切相关文献原文的复印件作附件。

（6）必要时聘请查新咨询专家出具咨询报告书。

4. 撰写查新报告

根据查新项目的科学技术要点，检索结果可分为密切相关文献和一般相关文献。将索取得到的相关文献与查新项目的科学技术要点进行比较，确定查新项目的新颖性，草拟查新报告。查新报告应如实反映检索过程和检索结果，避免使用定性词语和语气。

5. 审核查新报告

查新人员将《科技查新报告》和附件以及机检过程的打印件，一并交由审核人员审核。审核人员根据查新规范、相关文献与查新项目的科学技术要点的比较结果，对查新程序和查新报告进行初步审核。审核人员应对检索词、检索工具或数据库、检索范围、检索年限等方面的确定是否恰当，以及查新报告的内容是否符合题意，能否客观反映检索结果等方面认真审查、复核。对审查不合格的查新报告，审查人员有权要求重查，并提出改进的措施。

6. 出具正式查新报告

查新人员填写正式查新报告。《科技查新报告》由查新人员和审核人员共同签字，加盖"科技查新专用章"。加盖查新专用章后，该报告即成为具有法律效力的证明文件。查新报告一式三份，一份提交用户，一份由查新中心存档，一份报上级主管部门。用户如要求追加报告份数，可另行提出。

7. 建立查新课题档案

档案应包括查新项目的资料、科技查新合同、课题登记表、查新人员和审核人员的工作记录、查新咨询专家的意见和《科技查新报告》及附件等。附件包括密切相关文献的原文的复印件、一般相关文献的文摘。

8. 保密

为保护科技工作者的合法权益,有效的保护知识产权,受理方必须对委托课题承担严格的保守技术秘密的义务,查新人员和审核人员不得擅自将技术资料交由他人使用,违者将追究责任。对委托人在查新过程中提交的技术资料,受理方应记录在案,并在提交查新结果时一次退还给委托人。

9. 收费

根据科技部的规定,科技查新咨询工作为有偿服务,委托人需按具体查新机构规定缴费。

10.3 科技查新报告的基本内容和格式

科技查新报告是查新机构用书面形式就查新事务及其结论向查新委托人所作的正式陈述。科技查新的最终结果体现为查新报告,科技查新的质量也主要通过查新报告体现出来。查新机构应当在查新合同约定的时间内向查新委托人出具查新报告。

1. 查新报告的基本内容

查新报告包含基本内容有如下三部分:

(1) 查新报告编号,查新项目名称(中英文),查新委托人名称,查新委托日期,查新机构的名称、地址、邮政编码、电话、传真和电子信箱,查新人员和审核人员的姓名,查新完成日期。其中查新报告编号含义如下图所示:

报告编号:$\underbrace{\times\times\times\times}\underbrace{\times\times}\underbrace{\times\times\times}\underbrace{\times\times\times\times\times}$

第一组为年代号;第二组为省、自治区、直辖市编码;第三组为查新机构编码;第四组为报告序号。

(2) 查新目的、查新项目的科学技术要点、查新点与查新要求、文献检索范围及检索策略、检索结果、查新结论、查新人员与审核人员的声明、附件清单。

(3) 查新委托人要求提供的其他相关内容。

① 查新项目的科学技术资料,如下表所示:

课题组成员发表的论文及/或已申请的专利	
科技立项查新提交	立项申请书、立项研究报告、项目申报表、可行性研究报告
成果鉴定查新提交	项目研制报告、技术报告、总结报告、实验报告、测试报告、产品样本、用户报告
报奖项目查新提交	奖项申报书及有关报奖材料

② 技术性能指标数据(附有关部门出具的相应的检测报告)。

2. 查新报告制作的基本要求

(1) 查新报告应当采用科学技术部规定的格式;内容符合查新合同的要求;提交的时间和方式符合查新合同双方的约定。

(2) 查新报告应当采用描述性写法,使用规范化术语,文字、符号、计量单位应当符合国家现行标准和规范要求;不得使用含意不清、模棱两可的词句;应当包含足够的信息,使得查新报告的使用者能够正确理解。

(3) 查新报告中的任何分析、科学技术特点描述、每一个结论,都应以客观事实和文献为依据,完全符合实际,不包含任何个人偏见。

(4) “文献检索范围及检索策略”应当列出查新人员对查新项目进行分析后所确定的手工检索的工具书、年限、主题词、分类号和计算机检索系统、数据库、文档、年限、检索词等。

(5) “检索结果”应当反映出通过对所检数据库和工具书命中的相关文献情况及对相关文献的主要论点进行对比分析的客观情况。检索结果应当包括下列内容:① 对所检数据库和工具书命中的相关文献情况进行简单描述;② 依据检出文献的相关程度分国内、国外两种情况分别依次列出;③ 对所列主要相关文献逐篇进行简要描述(一般可用原文中的摘要或者利用原文中的摘要进行抽提),对于密切相关文献,可节录部分原文并提供原文的复印件作为附录。

(6) 查新结论应当客观、公正、准确、清晰地反映查新项目的真实情况,不得误导。查新结论应当包括下列内容:① 相关文献检出情况;② 检索结果与查新项目的科学技术要点的比较分析;③ 对查新项目新颖性的判断结论。

(7) 查新人员应当根据查新项目的科学技术要点,将检索结果分为密切相关文献和一般相关文献。

(8) 检索附件包括密切相关文献的题目、出处及其原文复制件;一般相关文献的题目、出处及其文摘。

(9) 有效的查新报告应当具有查新人员和审核人员的签字,加盖查新机构的科技查新专用章,同时对查新报告的每一页进行跨页盖章。

3. 查新人员、审核人员声明

查新报告应当包括经查新人员、审核人员签字的声明。声明的内容可以参考下面的内容进行撰写:

(1) 报告中陈述的事实是真实和准确的。

(2) 我们按照科技查新规范进行查新、文献分析和审核,并作出上述查新结论。

(3) 我们获取的报酬与本报告中的分析、意见和结论无关,也与本报告的使用无关。

10.4 科技查新报告示例

报告编号:××××××××××××××

科 技 查 新 报 告

项目名称:FeZrB系软磁合金薄膜的其巨磁阻抗效应研究

委 托 人:×××××××××
委托日期:××××年××月××日
查新机构(盖章):×××××××××
查新完成日期:××××年××月××日

中华人民共和国科学技术部
二○○○年制

<table>
<tr><td rowspan="2">查新项目名称</td><td colspan="6">中文：FeZrB 系软磁合金薄膜的其巨磁阻抗效应研究</td></tr>
<tr><td colspan="6">英文：GMI effect of FeZrB soft magnetic alloy films</td></tr>
<tr><td rowspan="5">查新机构</td><td>名　称</td><td colspan="5">×××</td></tr>
<tr><td>通信地址</td><td colspan="3">×××</td><td>邮政编码</td><td>×××</td></tr>
<tr><td>负 责 人</td><td>×××</td><td>电　话</td><td>×××</td><td>传　真</td><td>×××</td></tr>
<tr><td>联 系 人</td><td>×××</td><td>电　话</td><td colspan="3">×××</td></tr>
<tr><td>电子信箱</td><td colspan="5">×××</td></tr>
</table>

一、查新目的

科技立项

二、查新项目的科学技术要点

① 研究磁性层和非磁性层交替间隔组成的比三层膜更复杂的多层调制 FeZrB 薄膜的软磁性能和 GMI 效应研究膜的磁性能和 GMI 效应。

② 对 FeZrB 系合金单层膜和多层膜的磁特性和 GMI 效应的系统研究。

三、查新点与查新要求

1. 磁性层和非磁性层交替间隔组成的 FeZrB 薄膜的软磁性能和 GMI 效应研究具有新颖性。

2. FeZrB 系合金单层膜和多层膜的磁特性和 GMI 效应的系统研究的创新性。

仅对以上属于新颖性的要点给予肯定。

四、文献检索范围及检索策略

文献检索范围及手段

(一) 机检：

1. 中文科技期刊数据库，1989～2000；

(二) 联机检索：

2. 中国学术文献数据库，1997～2001；

3. 中国科技成果库，1985～2001；

4. 中国学术会议论文数据库，1980～1998；

5. 中国专利数据库，1985～2001；

6. 美国专利数据库，1978～2001；

7. 欧洲专利数据库，1980～2001；

8. 日本专利数据库，1980～2001；

9. 世界专利数据库，1980～2001；

10. APS 数据库，1985～2001；

11. Elsevier Science Direct 数据库 1985～2001

检索策略

(一) 检索词

中：FeZrB　GMI　单层膜 多层膜

英：FeZrB　GMI　Monolayer Multilayer

(二) 检索式

中：FeZrBand GMI and (单层膜 or 多层膜)

英：FeZrB and v and (Monolayer or Multilayer)

续表

五、检索结果

用 FeZrB 薄膜的软磁性能、GMI 效应的研究国内外专利文献均没有报道，但国外有相关非专利文献报道，具体如下：

在国内非专利文献中，没有查到 FeZrB 单层膜或多层膜的 GMI 效应相关研究，以及磁性层和非磁性层交替间隔组成 FeZrB 薄膜的软磁性能方面的研究。对 FeZrB 系软磁合金薄膜的软磁特性、GMI 效应的研究及其开发应用仍然极少，在国内几乎是空白。

在国外非专利文献中，查到的相关研究较多。

1. 1988 年日本的 Yoshizawa 首次成功地研制出 FeSiBCuNb 纳米晶软磁合金。

2. 1992 年，Mohri 等人首先发现了在 CoFeSiB 软磁非晶丝中的巨磁阻抗效应(简称 GMI)效应。

3. Aragoneses 等人对 FeZrB 系合金的磁性、磁结构、巨磁阻抗效应以及通过过渡元素掺杂改善其软磁性能等方面进行了研究，但主要集中在对非晶和纳米晶薄带的研究上，对 FeZrB 系软磁合金薄膜的磁特性和巨磁阻抗效应的研究没有报道。

4. Panina 等人研究了几 μm 的单层膜中出现显著的 GMI 效应需要近百 MHz，而多层膜则可在较低的频率(1～10MHz)范围内获得远高于同类单层膜的 GMI 效应。因此，寻找高灵敏度的 GMI 多层膜材料，发掘多层膜 GMI 效应的优点，探知材料结构和磁性能对多层膜 GMI 效应的影响等都需要有突破性研究。

但是这些文献报道的内容 1～3 为 FeB 掺杂或者是纳米晶等内容，与磁性层和非磁性层交替间隔组成的 FeZrB 薄膜的软磁性能、GMI 效应以及 FeZrB 系合金单层膜和多层膜的磁特性、GMI 效应的系统研究无关。故作为一般相关文献处理。只有文献 4 密切相关。

综合检出文献，与本查新项目的新颖性分析对比如下：国际上关于薄膜的软磁性能和 GMI 效应研究还不是太多，而研究磁性层和非磁性层交替间隔组成的比三层膜更复杂的多层调制膜的磁性能和 GMI 效应则没有，因此本课题的研究是处于国际前沿领域；对 FeZrB 系合金单层膜和多层膜的磁特性和 GMI 效应的系统研究，国际上至今还未见有此报道，本课题的工作具有开创性。

六、查新员、审核员声明

(1) 报告中陈述的事实是真实和准确的。

(2) 我们按照科技查新规范进行查新、文献分析和审核，并作出上述查新结论。

(3) 我们获取的报酬与本报告中的分析、意见和结论无关，也与本报告的使用无关。

查新员(签字)：××× 审核员(签字)：×××

××××年××月××日 ××××年××月××日

七、附件清单

1. 密切相关文献 1 篇(附原文，略)；

2. 一般相关文献 3 篇。

八、备注

参考文献

[1] 段伟,黄光焕,等. 大学生素质教育指南[M]. 北京:科学出版社,2008

[2] 谷茂兰,黄云. 信息检索与利用[M]. 北京:北京理工大学出版社,2007

[3] 贾永堂. 大学素质教育:理论建构与实践审视[M]. 武汉:华中科技大学出版社,2006

[4] 卢小宾,李景峰. 信息检索[M]. 北京:科学出版社,2009

[5] 洪全. 信息检索与利用教程[M]. 北京:清华大学出版社,2009

[6] 潘懋元. 现代高等教育思想的演变[M]. 广州:广东高等教育出版社,2008

[7] 潘树广. 语言文学文献检索与利用[M]. 武汉:武汉大学出版社,1988

[8] 秦殿启. 文献检索与信息素养教育[M]. 南京:南京大学出版社,2008

[9] 宋如忆. 科技信息检索与利用[M]. 上海:同济大学出版社,2003

[10] 孙丽芳. 信息资源检索与利用[M]. 北京:电子工业出版社,2005

[11] 王同亿. 语言大典[M]. 海口:三环出版社,1990

[12] 夏征农. 辞海[M]. 上海:上海辞书出版社,1999

[13] 谢德体,陈蔚杰,徐晓琳. 信息检索与分析利用[M]. 北京:清华大学出版社,2007

[14] 严大香. 社会科学信息检索[M]. 南京:东南大学出版社,2006

[15] 严怡民. 情报学概论[M]. 武汉:武汉大学出版社,1983

[16] 叶晓风. 网络信息资源检索与利用[M]. 南京:南京大学出版社,2008

[17] 张基温,叶继元,等. 大学信息检索[M]. 北京:中国水利水电出版社,2004

[18] 张振华. 工程信息检索与论文写作[M]. 北京:清华大学出版社,2009

[19] 徐天秀. 信息检索[M]. 北京:科学出版社,2006

[20] 徐庆宁. 新编信息检索与利用[M]. 上海:华东理工大学出版社,2008

[21] 张久珍. 国外参考资源检索与利用[M]. 北京:北京大学出版社,2008

[22] 燕今伟,刘霞. 信息素质教程[M]. 武汉:武汉大学出版社,2008

[23] 焦玉英,温有奎,陆伟,等. 信息检索新论[M]. 武汉:武汉大学出版社,2008

[24] 丛玲. 我国专利文献编号体系的变迁[J]. 图书馆工作研究. 2007(3):61-63

[25] 姜春林,刘则渊,梁永霞. H指数和G指数——期刊学术影响力评价的新指标[J]. 图书情报工作,2006,(12):63-65,104

[26] 邱均平. 信息计量学在科学学与科技管理中的应用[J]. 情报理论与实践,2001(6):474-478

[27] 谢新洲,柯贤能,滕跃,等. 科技查新机构评价指标体系研究[J]. 图书情报工作,2009(6):13-16

[28] 邹荣,范爱红,姜爱蓉. 基于DSpace构建科研论文管理系统[J]. 现代图书情报术,2009(10):90-94

[29] Braun T. Scientometric versus socio-economic indicators, scatter plots for 51

countries,1978～1980[J]. Scientometrics,1988,13(1－2):3－9

[30] Hollcy R P. Cooperative collection development: Yesterday, today, and tomorrow[J]. Collection Management,1998(4):19－35

[31] JE Hirsch. An index to quantify an individual's scientific research output[J]. PANS,2005,15(102):16569－16572

[32] Lancaster F W. Toward Paperless Information Systems [M]. Academic Press, Inc,1978

[33] MG Banks. An extension of the Hirsch index: Indexing scientific topics and compounds[J]. Physics, 2006(4):1－4

[34] Small, HG, et al. The structure of scientific literature I: Identifying and graphing specialities[J]. Science Studies,1974(4):17－40

[35] Weinstock, M. Citation indexes[J]. Encyclopedia of library and information science,1971(5):16－40

[36] 林英.学术论文写作[EB/OL].[2010－05－17]. http://lib.zjfc.edu.cn/article/uploadfiles/200912/20091221165327347.ppt

[37] Derwent Innovations Index(德温特专利索引)使用说明[EB/OL].[2009－12－29]. http://www.library.fudan.edu.cn/eresources/help/derwent.htm

[38] JCR使用说明[EB/OL].[2009－12－30]. http://www.library.fudan.edu.cn/eresources/help/jcr.htm